EDUCAR SEM SURTAR

COMO FORMAR CRIANÇAS E JOVENS PARA SE TORNAREM ADULTOS EMOCIONALMENTE SAUDÁVEIS

DECLARAÇÃO DE ISENÇÃO DE RESPONSABILIDADE MÉDICA

As informações apresentadas neste livro são o resultado de anos de experiência prática e pesquisas clínicas conduzidas pelos autores. As informações que constam no livro, por necessidade, são de caráter geral e não substituem a avaliação ou o tratamento realizados por médicos competentes ou especialistas em psicologia. Se você acha que precisa de intervenção médica ou psiquiátrica, por favor, procure um profissional de saúde o mais rápido possível. Os estudos de caso neste livro são verídicos. Nomes e circunstâncias da maioria dos casos descritos foram alterados para proteger o anonimato dos pacientes.

DANIEL G. AMEN | CHARLES FAY

Prefácio de Jim Fay, cofundador do Love and Logic Institute

EDUCAR SEM SURTAR

COMO FORMAR CRIANÇAS E JOVENS PARA SE TORNAREM ADULTOS EMOCIONALMENTE SAUDÁVEIS

TRADUÇÃO
Kícila Ferreguetti

Latitude é o selo de aperfeiçoamento pessoal da VR Editora

GERENTE EDITORIAL Tamires von Atzingen
EDITORA Silvia Tocci Masini
ASSISTENTE EDITORIAL Michelle Oshiro
COLABORAÇÃO Júlia Staianof
PREPARAÇÃO Ligia Alves
REVISÃO Bonie Santos
DESIGN DE MIOLO Laura Cruise
DIAGRAMAÇÃO Pamella Destefi
PRODUÇÃO GRÁFICA Alexandre Magno

Dados Internacionais de Catalogação na Publicação (CIP)
(Câmara Brasileira do Livro, SP, Brasil)

Amen, Daniel G.
Educar sem surtar: Como formar crianças e jovens para se tornarem adultos emocionalmente saudáveis / Daniel G. Amen, Charles Fay; prefácio por Jim Fay; tradução Kícila Ferreguetti. – São Paulo: Latitude, 2024.

Título original: Raising mentally strong kids: how to combine the power of neuroscience with love and logic
Bibliografia.
ISBN 978-65-89275-60-2

1. Adolescentes – Desenvolvimento 2. Crianças – Desenvolvimento 3. Educação de filhos 4. Emoções – Controle 5. Neurociência 6. Pais e filhos - Relacionamentos 7. Parentalidade 8. Psicologia 9. Saúde emocional I. Fay, Charles. II. Fay, Jim. III. Título.

24-222658 CDD-155.4

Índices para catálogo sistemático:
1. Crianças e adolescentes: Psicologia infantil 155.4
Cibele Maria Dias – Bibliotecária – CRB-8/9427

VR Editora S.A.
Av. Paulista, 1337 – Conj. 11 | Bela Vista
CEP 01311-200 | São Paulo | SP
vreditoras.com.br | editoras@vreditoras.com.br

SUMÁRIO

Prefácio

Por Jim Fay, cofundador do Love and Magic Institute (Instituto Amor e Lógica)

Quando você abrir este livro, já terei completado setenta anos de trabalho com crianças e educadores. Gostaria de lhe dizer que sempre foi um trabalho bem-sucedido, mas infelizmente a primeira parte desse tempo foi utilizando alguns dos antigos métodos tradicionais de grito, fúria e resgate. Esses métodos funcionavam com crianças meigas e obedientes, mas frequentemente davam errado com crianças teimosas e donas de personalidades fortes. Cunhei os termos *Pai-Helicóptero* e *Pai-Sargento* porque me dei conta de que era um misto dos dois.

Também gostaria de me gabar por ter criado minhas duas filhas mais velhas, mas na verdade elas foram criadas pela versão do meu pai que vivia dentro da minha cabeça. Toda vez que eu abria a boca, eram suas palavras e voz que saíam. Eu tentava ser mais paciente, mas sempre voltava para o padrão de tentar disciplinar no grito e correr para ajudar (fazendo um resgate de helicóptero) toda vez que algo dava errado. Meu pai ainda estava no controle da minha vida. Eu não gostava disso, ainda que tenha aprendido a amá-lo.

Em 1968, quando era professor, vivia trocando os pés pelas mãos por causa da minha falta de capacidade para gerenciar uma sala de aula. As crianças meigas tinham medo de mim, e as rebeldes e não cooperativas me achavam fraco. Consequentemente, eu temia não conseguir aguentar até o fim do ano e estava prestes a desistir. Mas, por ter sido criado por um irlandês teimoso, que sempre insistia na ideia de que nada que não fosse desagradável valia a pena ser feito, eu não me permitia desistir daquele tormento. Não podia desistir de ser professor. Precisava me especializar nessa tarefa, então me dediquei ao máximo ao longo de um mestrado na Universidade de Denver. Isso ajudou um pouco, mas o que realmente fez a diferença foi a oportunidade de trabalhar com especialistas excepcionais da área, frequentar uma quantidade enorme de treinamentos e dividir tudo isso com meu filho Charles. Embora na época estivesse ainda no início do ensino fundamental, ele ouvia com bastante interesse e não reclamava muito quando eu o usava como cobaia nos experimentos. Nosso relacionamento floresceu durante nossas conversas sobre a natureza humana, teorias da psicologia e carros esportivos. Não demorou muito para que eu descobrisse que tinha facilidade para transformar teorias em habilidades práticas.

Também me beneficiei da oportunidade de conduzir experimentos com vários estudantes, de observar diversos pais e professores altamente bem-sucedidos e outros que não tiveram tanto sucesso, identificando claramente o que funcionava e o que não funcionava. À medida que os anos foram passando e eu acumulando uma enorme quantidade de prática clínica, descobri verdades sobre a parentalidade de maneira prática e orgânica. Isso foi extremamente útil, ainda que meus métodos de estudo e experimentação fossem quase primitivos se comparados àqueles utilizados pelos neurocientistas que conduziam pesquisas formais em universidades.

Meu sonho era fazer pais e professores pensarem e falarem de formas diferentes sobre a relação adulto-criança. Foi nessa época que conheci o Dr. Foster Cline, um psiquiatra inovador. Juntos criamos o que seria o início da *Love and Logic Philosophy* (Filosofia do Amor e Lógica) e estabelecemos o Love and Logic Institute. Quando começamos a ensinar essas aplicações práticas, fiquei impressionado com o quanto as pessoas ficavam empolgadas com a simplicidade e efetividade delas. Nós ouvíamos constantemente: "Uau! Funciona mesmo!".

Com o passar dos anos, meu sonho se tornou poder refinar e simplificar as técnicas, fazendo com que fosse mais fácil aprendê-las e colocá-las em prática. Naquela época, o meu pequeno Charles tinha se tornado um pesquisador, autor e palestrante respeitado chamado Dr. Charles Fay. Quando ele entrou formalmente para nossa equipe, continuamos as conversas inovadoras que tínhamos quando ele era criança. Seu ponto de vista, experiência e trabalho incansável fizeram o Amor e Lógica ser respeitado no mundo todo.

O trabalho e a paternidade estavam indo bem, mas uma nuvem ainda pairava sobre minha cabeça. Na minha insegurança, eu continuava me perguntando: *E se minhas descobertas caírem por terra diante das pesquisas modernas que estão sendo feitas sobre o cérebro? E se um dia eu tiver que encarar a realidade de que nenhuma delas é relevante? E se um dia eu tiver que vir a público me desculpar por apontar o caminho errado para as pessoas?*

Felizmente eu fiquei doente... bem doente. Quando fui diagnosticado com uma doença autoimune severa chamada miastenia grave, procurei a ajuda de um famoso neurocientista e psiquiatra chamado Dr. Daniel Amen. Ele me ajudou com minha condição, praticamente me curando desse mal incurável. Em pouco tempo descobri que ele conhecia a Filosofia do Amor e Lógica e tinha interesse em correlacionar o que estava descobrindo por meio das tomografias do crânio com o que nossa abordagem podia fazer para ajudar pais e crianças a desenvolverem comportamentos e cérebros mais fortes e saudáveis. Esse cientista e psiquiatra brilhante fez desaparecerem anos de preocupação minha.

Que alívio, pensei. *É reconfortante saber que a Filosofia do Amor e Lógica e a ciência do cérebro se encaixam com tanta facilidade. Com ambas, as crianças e suas famílias têm mais poder para escolher cérebros e futuros saudáveis.* É por isso que estou sentindo uma empolgação enorme, que mal cabe em mim, por este livro. Estou empolgado por você, leitor, porque nunca antes houve uma combinação tão poderosa de abordagens em um único livro prático. É extremamente emocionante e gratificante saber que inúmeras famílias poderão desfrutar de mais harmonia e alegria por causa do que Daniel e Charles reuniram neste livro.

Jim Fay

Introdução

Você está preparado para conhecer estratégias práticas e embasadas cientificamente para educar crianças que o respeitem e o amem a ponto de adotar seus valores primordiais? E se essas estratégias o ajudassem a evitar discussões sem fim e disputas pelo poder? Como seria se essas estratégias também ajudassem seus filhos a desenvolver cérebros fortes e os hábitos comportamentais necessários para serem confiantes e resilientes neste mundo em constante transformação?

Juntos somamos mais de oitenta anos ajudando pais a criarem crianças e adolescentes respeitosos, responsáveis e mentalmente fortes. Então, as páginas deste livro não foram escritas por iniciantes, mas sim por dois homens que dedicaram suas carreiras e suas vidas à ciência e às práticas parentais. Não menos importante, ambos constituímos famílias e vivenciamos os altos e baixos, bem como a lição de humildade que é a vida em família e a experiência de transformar pacotinhos de alegria em adultos.

Nós sabemos o que educar já foi e o que é hoje em dia. Sim, somos velhos o bastante para lembrar dos dias em que os maiores desafios tecnológicos que os pais enfrentavam eram a televisão e o telefone com fio. Algumas crianças, acredite se quiser, desafiavam seus pais vendo televisão escondido e passando o fio do telefone por baixo das portas de seus quartos. Esses fios muitas vezes eram camuflados por tapetes peludos, o que dificultava sua detecção por pais preocupados.

Embora fossem tempos mais simples, também ofereciam grandes desafios que afetavam praticamente todas as famílias. A bebida sempre foi um problema. A maconha e outras drogas estavam se tornando mais populares e acessíveis. Mais crianças se sentiam livres para demostrar um desrespeito evidente, e muitas se desinteressavam da escola. A gravidez na adolescência era outra grande preocupação. Durante as últimas quatro décadas, esses e inúmeros outros desafios atingiram proporções épicas para muitas famílias.

Com o crescimento da internet e o surgimento da tecnologia sem fio, um universo de informação ficou disponível por meio de um dispositivo pequeno o bastante para caber no bolso da calça jeans mais justa. Agora, nós educamos em uma era na qual os dispositivos disponíveis para nossas crianças carregam mais tentações do que encontramos durante toda a nossa infância. Com certeza, algumas das informações disponíveis são saudáveis e benéficas. Infelizmente, a grande maioria é enganosa, negativa e perigosa. As empresas que desenvolvem esses dispositivos e os softwares que eles utilizam são especialistas na ciência do vício: oferecer um conteúdo empolgante de forma aleatória e imprevisível para que os usuários tenham sempre a sensação de que estão perdendo alguma coisa se não estiverem constantemente conectados à internet. Oferecer um conteúdo que toca diretamente no seu desejo mais profundo de ser notado, amado e valorizado como parte de uma rede social. Viciar os cérebros das crianças em dopamina, a substância química da recompensa, tornando o uso desses dispositivos mais empolgante do que qualquer outra coisa no mundo (com exceção, claro, do sexo arriscado, das drogas e de outros comportamentos perigosos).

Como todos sabemos, no fundo a verdadeira alegria vem de relações autênticas, de um sentimento de propósito, de ajudar os outros e de buscar desafios saudáveis que gerem sentimentos de competência. Nós também sabemos que uma vida preenchida com distrações pouco saudáveis sempre leva à decepção, à ansiedade e à depressão profunda. Enquanto a maioria de nós entende isso, muitos se sentem sobrecarregados com a ideia de serem responsáveis por prover um lar feliz e seguro e por criar crianças que tomem boas decisões, tenham relacionamentos saudáveis, sejam gentis com os outros, se tornem membros produtivos da sociedade, não sucumbam diante de desafios e se responsabilizem por seus objetivos e atitudes.

A boa notícia é: você é mais inteligente do que o celular dos seus filhos. Você tem mais sabedoria do que os dispositivos sem fio deles. Você tem mais esperança e motivação genuína do que o maior HD externo do mundo. E, para melhorar ainda mais, você está lendo um livro como nenhum outro, um livro que combina quarenta anos de pesquisas sobre como desenvolver cérebros saudáveis com quarenta anos de estratégias psicológicas sobre como cuidar de si mesmo enquanto educa crianças que entendem uma verdade inequívoca: a qualidade de vida delas — e dos outros — dependerá da qualidade de suas escolhas. E isso não deve ser difícil.

SOU DANIEL AMEN, MÉDICO

Fui criado em uma família libanesa de sete filhos e estava no meio em termos de idade. Por que isso é importante? Na nossa cultura, o filho mais velho era visto como muito especial, assim como a filha mais velha. O bebê, com certeza, era mimado. Ainda que minha mãe fosse presente e amorosa, você pode imaginar como ela era ocupada. Meu pai também. Eles trabalhavam muito para poder cuidar de nós, mas a mistura de preferências culturais e o malabarismo que tinham que fazer com tantas crianças, bem como com outras responsabilidades, me faziam sentir irrelevante.

Quando completei 18 anos, a Guerra do Vietnã ainda estava no auge, me tornei médico de infantaria, e foi quando nasceu meu amor pela medicina. Porém, um ano depois, percebi que não gostava nada de levar tiros e fiz um novo treinamento para ser técnico de raio X, me apaixonando pela medicina diagnóstica por imagem. Quando estava no segundo ano do curso de medicina, me casei com minha namorada da época da escola, mas dois meses depois ela começou a ter tendências suicidas. Eu a levei a um psiquiatra maravilhoso, o Dr. Stanley Wallace, e me dei conta de que, se ele a ajudasse, o que ele fez, não estaria ajudando apenas a ela, mas a mim também e aos nossos futuros filhos e netos. Eu me apaixonei pela psiquiatria porque percebi que ela podia ajudar gerações de pessoas. Amei a psiquiatria durante todos os dias pelos últimos 45 anos.

Só havia um problema: me apaixonei por uma especialidade médica que praticamente nunca examina o órgão que trata. Por isso, o meu amor pela psiquiatria e pela medicina diagnóstica por imagem se viram em um impasse. Era o que meus professores do curso de medicina costumavam dizer: "Como você vai saber se não examinar?". Em outras palavras, como podemos realmente compreender o que de fato está acontecendo dentro do corpo... dentro do cérebro... se não tivermos imagens dos órgãos que nos interessam? Não fazia sentido os psiquiatras não examinarem o cérebro, e eu sabia que isso precisava mudar. Só não sabia que faria parte dessa mudança.

Em 1991, assisti a uma palestra sobre cintilografia de perfusão cerebral, também conhecida como SPECT (tomografia computadorizada por emissão de fóton único). O exame de cintilografia avalia a circulação do sangue e a atividade cerebral, basicamente dizendo aos médicos três coisas: se o cérebro está saudável, hipoativo ou hiperativo. Nos anos seguintes, minha prática psiquiátrica mudou radicalmente. E nos últimos 33 anos as Clínicas Amen realizaram mais de 250 mil cintilografias de perfusão cerebral em pacientes de 155 países. Aprendemos inúmeras lições durante nosso trabalho com imagens do cérebro. A mais importante é que, em vez de considerar problemas psiquiátricos como "doenças mentais", devemos considerá-los como questões de saúde do cérebro. Essa única lição muda tudo. Faça seu cérebro funcionar direito e sua mente também funcionará. Isso me levou a enfatizar repetidas vezes o seguinte:

Quando seu cérebro está com problemas, crianças, adolescentes e jovens adultos ficam mais tristes, doentes e têm menos sucesso em tudo o que fazem, incluindo tarefas escolares, esportes e relacionamentos. Um cérebro com problemas significa uma vida com problemas, da mesma forma que um cérebro mais forte e saudável significa uma vida mais forte e saudável.

Neste livro, ofereço uma grande quantidade de informação que ajudará você e seus filhos a desenvolver cérebros mais fortes. Como pode ver, essa tem sido a paixão da minha vida, e é uma honra dividi-la com você. No geral, você aprenderá a:

1. **Desenvolver um caso de amor com seu cérebro.** Você precisa amar esse um quilo e meio de massa entre seus ouvidos — porque seu cérebro controla a maneira como você pensa, age, se sente e lida com aquelas situações difíceis que o fazem querer dar um sermão, ameaçar, gritar ou usar qualquer outra estratégia educativa ineficaz. Seu cérebro, com certeza, o ajuda a permanecer centrado em vez de ser reativo, uma das principais características de um bom pai ou mãe. Quando você se apaixona pelo seu cérebro, passa a cuidar melhor dele. Você o alimenta, o exercita e o deixa descansar. Seu cérebro também o ajuda a demonstrar *firmeza* e *gentileza* de forma consistente. Décadas de pesquisas mostram que essa combinação de *firmeza* e *gentileza* é um dos principais fatores que diferenciam os pais bem-sucedidos dos malsucedidos.[1]

2. **Ensinar seus filhos a amar e proteger os cérebros deles.** Como você deve saber, o exemplo é o meio mais poderoso para ensinar seus filhos. Conforme eles forem vendo você se apaixonar perdidamente pelo seu cérebro, isso os ajudará a desejar o mesmo tipo de caso de amor com o deles. Seus filhos serão receptivos a aprender que o cérebro é macio, enquanto o crânio é duro e tem sulcos acentuados. Quando a cabeça sofre algum tipo de impacto, o cérebro ricocheteia dentro dessa proteção dura e acentuada. Nas tomografias cerebrais, já vi casos de crianças de 8 anos que sofreram lesões graves no cérebro jogando futebol durante apenas uma temporada. Você leu certo: dano cerebral em crianças de 8 anos! Na verdade, recentemente tive uma paciente que esteve entre os melhores jogadores de futebol tanto no ensino médio como na faculdade. Embora ela nunca tenha tido uma concussão, o cérebro dela não era saudável — e havia muitos anos. Os traumas cerebrais que ela sofreu *sem nem ficar sabendo* dificultaram todos os aspectos da sua vida como mãe, esposa, profissional e amiga.

3. **Ensinar seus filhos a cuidar de seus cérebros.** Não é difícil. Quando minha filha Chloe tinha 2 anos, comecei a ensiná-la a fazer escolhas para cuidar de seu cérebro (você aprenderá mais sobre isso no Capítulo 1). Ensine pelo exemplo a evitar qualquer coisa que machuque o cérebro (por exemplo, traumas, drogas, álcool, má alimentação) e a fazer coisas que o ajude (por exemplo, se alimentar de maneira adequada, fazer exercícios, dormir bem, aprender coisas novas, resistir a pensamentos equivocados e negativos, evitar a superexposição às telas e ingerir suplementos de alta qualidade).

SOU CHARLES FAY, PhD

Um pai e uma mãe de coração bom, que admitiam abertamente não ter noção do que estavam fazendo quando o assunto era a educação dos filhos, criaram minhas duas irmãs mais velhas e eu. Como sempre digo, minha mãe, Shirley, tinha o trabalho mais difícil dos dois: ficar em casa com três crianças. Meu pai, Jim, músico de bar e de circo, logo se cansou das viagens e implorou por uma vaga de professor de música e artes em uma escola do centro da cidade. Ele conseguiu esse emprego.

Não demorou muito para que um aluno com sérios problemas de comportamento fosse colocado na sala de aula dele. Scott apresentava todos os traços de um sociopata insensível: falta de empatia, crueldade extrema, obsessão por começar incêndios e nenhum respeito por figuras de autoridade. Isso foi no final dos anos 1960, e a maioria dos professores não recebia nenhum tipo de treinamento para lidar com um aluno como Scott. Dar ordens, chamar a atenção e ameaçar com castigo, nada funcionava. Na verdade, tudo isso só fazia Scott ficar com mais raiva ainda, a ponto de descontá-la em seus colegas e no animal de estimação da turma. Na primavera daquele ano letivo, os nervos do meu pai estavam à flor da pele e ele se viu em uma situação com Scott que mudou tudo:

— Senta e para de incomodar seus colegas! — meu pai gritou.

Sorrindo, Scott respondeu com vários xingamentos e palavrões. Desesperado e com raiva, meu pai deu nele um tapa forte o bastante para causar um pequeno corte no lábio. Anos depois, meu pai admitiu que seu primeiro pensamento foi: *Eu sou imprestável e horrível. Amo meus alunos, mas olha só o que acabei de fazer.*

Seu segundo pensamento foi: *Eu amo ensinar, mas esse é o fim da minha carreira.*

Até aquele momento, bater ainda era algo banal, e a mãe solteira de Scott também não sabia mais o que fazer com ele. A escola não conseguiu encontrar um substituto que quisesse trabalhar naquele lugar difícil, então meu pai não perdeu o emprego. Parecia um milagre, exceto por um fato inevitável que pesava em sua consciência: *Não tenho competência para trabalhar com crianças difíceis. Estou tendo problemas até mesmo com as tranquilas que tenho em casa! Preciso aprender algumas estratégias positivas para fazer as crianças se comportarem sem precisar gritar ou ameaçar.*

Completamente motivado pela culpa e pelo desejo de descobrir técnicas positivas, meu pai passava praticamente todo o tempo disponível lendo livros sobre o comportamento humano, estudando pesquisas sobre educação e psicologia e participando de treinamentos com alguns dos especialistas mais renomados da época. Fascinado pela paixão dele, comecei a estudar os mesmos materiais, por volta dos 8 anos de idade. Eu estava tendo dificuldades nas minhas aulas de matemática e inglês na escola, mas devorava o conteúdo que meu pai e eu aprendíamos juntos. Algumas das minhas melhores lembranças da infância são de nós dois conversando sobre a natureza humana.

Quando ele começou a usar as estratégias comigo e com minhas irmãs, fui pego de surpresa. Aos 15 anos, fiquei obcecado com a ideia de ter uma moto de motocross. A versão antiga do meu pai diria: "Pelo amor de Deus! Você acha que dinheiro dá em árvore?".

A nova versão do meu pai respondeu serenamente: "Eu entendo um jovem querer uma moto dessas. Qual é o seu plano para comprá-la?".

Bolei um plano para financiar minha nova paixão fazendo alguns bicos pela cidade. Depois de meses trabalhando duro, comprei uma Yamaha usada de um amigo. Meu pai respondeu dizendo duas coisas: "Estou feliz por você, filho" e "Você pode ficar com ela, contanto que todas as regras de segurança sobre as quais conversamos sejam seguidas e que você continue cumprindo suas obrigações".

Não segui as regras de segurança e não continuei cumprindo minhas obrigações.

— Que tristeza — ele disse, em um tom genuinamente empático, um mês depois. — Eu amo você demais para ficar insistindo, lembrando ou para ter que vê-lo se machucar. Por isso, paguei uma pessoa para fazer as obrigações que você negligenciou. Glenn, o faz-tudo, aceitou sua moto como forma de pagamento.

Meu pai não levantou a voz nem voltou atrás. À medida que as semanas foram passando, minha raiva se transformou em respeito. Meu pai se importava comigo o bastante para estabelecer limites e me cobrar por não respeitá-los. Ele se importava o bastante para fazer isso com amor e firmeza em vez de raiva e frustração.

Conforme meu pai, Jim Fay, e seu bom amigo, o Dr. Foster Cline, foram expandindo seus conhecimentos, estudaram milhares de crianças, famílias e escolas ao redor do mundo e produziram uma variedade de materiais bastante admirados sobre a abordagem Amor e Lógica. Estudando ao lado deles e posteriormente obtendo meu doutorado em psicologia clínica e educacional, aprofundei a abordagem, garantindo que ela permanecesse consistente com as pesquisas recentes, bem como com as demandas enfrentadas por pais e educadores nos dias de hoje. Também viajei o mundo compartilhando essas estratégias poderosas com inúmeros pais e educadores que enfrentam uma quantidade vertiginosa de desafios do mundo real.

Ao ler este livro, você verá que as práticas médicas e neuropsiquiátricas pioneiras desenvolvidas pelo meu amigo Dr. Amen mudarão sua forma de educar. Você também se beneficiará da combinação deste trabalho com os princípios psicológicos abrangentes, mas de fácil implementação, presentes na abordagem Amor e Lógica. Os princípios básicos incluem:

1. **Dignidade mútua:** as crianças geralmente aprendem a tratar os outros e a si mesmas de acordo com a maneira como as tratamos e permitimos que elas nos tratem. Ambas as formas requerem que estabeleçamos limites que permitam que cuidemos bem de nós mesmos e das pessoas ao nosso redor.

2. **Controle compartilhado:** quando tentamos centralizar o controle nós o perdemos, mas quando o compartilhamos nós o ganhamos. As crianças se tornam mais felizes e respeitosas quando permitimos que elas aprendam a ser responsáveis, quando oferecemos a elas algumas pequenas escolhas e deixamos que vivam com as consequências.

3. **Pensamento compartilhado:** o cérebro se fortalece apenas quando incentivamos as crianças a assumir e resolver os problemas que encontram ou criam. Quando gritamos ordens ou descrevemos exatamente o que elas deveriam pensar ou fazer, atrapalhamos seu desenvolvimento. Os resultados se assemelham aos de quando somos permissivos e as resgatamos dos limites e das consequências que encontram pelo caminho. Em contrapartida, quando seguimos firmes e amorosos, guiando-as para que desenvolvam soluções para os dilemas que enfrentam, o cérebro delas se torna forte e capaz de enfrentar problemas maiores do mundo real — e o ato de educar se torna mais fácil.

4. **Empatia sincera:** quando respondemos aos erros ou ao mau comportamento das crianças com raiva e frustração, assumimos a responsabilidade pelo problema delas, tornando-nos as primeiras pessoas que elas culparão por essas atitudes. Quando respondemos com empatia, tornamos difícil que nos vejam como a causa do problema. À medida que for lendo este livro, você começará a enxergar com clareza que a empatia abre o cérebro para o

aprendizado. Também descobrirá que isso diminui seus níveis de estresse e sua ansiedade acerca da parentalidade.

5. **Relações amorosas:** nada funciona se os relacionamentos não forem saudáveis e amorosos. Quando educamos nossos filhos de acordo com os quatro princípios da abordagem Amor e Lógica, esse quinto princípio se torna mais ou menos automático. Depois que isso acontece, a vida se torna mais gratificante, e nossos filhos começam a adotar nossos valores de forma inconsciente. Quando eles criam laços conosco, criam laços com nossos valores mais profundos.

Há uma enorme esperança!

Há alguns anos, recebi um telefonema inesperado de Sam, um dos meus amigos de infância. Nós nos conhecíamos desde o maternal e estudamos juntos até o ensino médio, sempre nos divertíamos brincando.

— Oi, Charles, encontrei com seu pai um dia desses e ele me passou seu telefone — Sam disse. — Gostaria de apresentá-lo à minha esposa, Phoebe. Vamos jantar juntos qualquer dia.

Na sexta-feira seguinte, eu estava sentado a uma mesa diante de uma pessoa que não via fazia quase quarenta anos. Não demorou para que Sam perguntasse:

— Então, quando foi que você se tornou psicólogo? Quando éramos crianças você não gostava muito da escola. Foi uma mudança muito grande. Quando isso aconteceu?

— Bem, eu sempre me interessei por psicologia, mas não me achava inteligente o bastante para ir para a faculdade. Quando éramos crianças, fui picado por um carrapato comum nas Montanhas Rochosas do Colorado e tive febre maculosa. Eu também tinha infecções crônicas por estreptococos. Isso dificultava meu aprendizado. À medida que fui melhorando e ficando mais saudável, percebi que meus problemas de aprendizado estavam ligados a essas doenças — contei a ele

— Que coincidência! — Sam respondeu. — O Dr. Daniel Amen descobriu problemas parecidos com nossa filha, Jana. Eles causaram graves problemas de aprendizado e comportamento, mas as coisas estão melhorando. Por falar nisso, o Dr. Amen é só elogios para a abordagem Amor e Lógica. Tanto que a incluiu no nosso plano de tratamento.

Eu já tinha ouvido falar do Dr. Amen e fiquei surpreso por saber que um psiquiatra proeminente e mundialmente famoso, autor de livros, tinha incluído a abordagem Amor e Lógica como parte do tratamento que oferecia a seus pacientes.

Conforme a conversa com Sam e Phoebe fluía, descobri que eles tinham adotado Jana e que ela trouxera uma longa lista de rótulos, incluindo transtorno do déficit de atenção com hiperatividade (TDAH), transtorno opositor desafiador (TOD), transtorno de processamento sensorial (TPS), transtorno de comportamento e dificuldade de aprendizagem.

— Duas coisas fizeram uma enorme diferença — Phoebe acrescentou. — A primeira foi a tomografia cerebral que nos ajudou a ver que o cérebro dela não estava fisicamente saudável. Na verdade, foi uma boa notícia, porque nos motivou a aprender mais sobre como poderíamos melhorar algumas coisas, como a dieta dela, incluir atividades físicas, ajudá-la a ter uma rotina de sono melhor e tratar as questões bioquímicas com alguns suplementos bem simples.

— A abordagem Amor e Lógica ajudou muito também — Sam continuou. — Nos encorajou a abrir mão do controle e a permitir que Jana cometesse inúmeros pequenos erros. Como éramos pais de primeira viagem e ficávamos muito preocupados com ela por causa de seus problemas, nós tentávamos controlar tudo. Morríamos de medo de ela cometer qualquer tipo de erro.

— Nós éramos os típicos pais-helicóptero — Phoebe interrompeu. — Corríamos para resgatá-la de qualquer situação.

— Sim. Era demais — Sam concordou. — Estávamos vivendo mais a vida dela do que ela mesma, constantemente tentando fazer tudo perfeito. E não estava dando certo, longe disso. Então, decidimos soltar as rédeas e dar a ela a chance de estragar tudo. Era o que precisávamos. Ela estava discutindo conosco sobre a lição de casa, e Phoebe simplesmente demonstrou empatia: "Olha, nós amamos você, Jana. Na verdade, nós amamos você demais para ficar brigando por causa da lição. Vamos amá-la quer você faça a tarefa e tire uma nota boa, quer não faça, ou faça de qualquer jeito. Seu pai e eu decidimos que só vamos ajudar quando for divertido para todos nós".

— Ela ficou tão brava... brava porque eu não fiquei brava — Phoebe continuou. — Ela saiu furiosa, gritando: "Então tá! Se eu tirar nota ruim, a culpa é de vocês". Ela tirou nota ruim na tarefa e teve que lidar com as consequências na escola. Não foram muitas. Nada demais, mas possibilitou que começássemos a criar o hábito de permitir que ela aprendesse aquilo que vocês sempre ensinam: "Torça e reze para seus filhos cometerem muitos erros sem grandes consequências quando são pequenos para que se tornem mentalmente fortes e tenham uma boa noção de causa e efeito quando o custo de um erro for a vida ou a morte".

— As coisas mudaram completamente porque o Dr. Amen está nos ajudando a avançar no tratamento dos problemas relacionados à saúde do cérebro dela, ao mesmo tempo que a abordagem Amor e Lógica nos ajuda a sermos mais empáticos, a estabelecer limites melhores e a evitar começar brigas com ela e entre nós — Sam disse. — É uma ótima combinação de abordagens.

Depois do jantar daquela noite, fiquei sentado à mesa da minha cozinha, pensando como essa união maravilhosa tinha sido criada: uma abordagem poderosa sobre saúde do cérebro combinada com as competências psicológicas que meu pai e eu vínhamos ensinando e refinando havia anos. Não demorou muito para que eu estabelecesse uma amizade com o Dr. Amen e me dedicasse a depurar essa parceria.

Em 2021, oficializamos nossa parceria poderosa quando o Love and Logic se juntou à família das Clínicas Amen. À medida que for avançando na leitura dos conceitos e das estratégias presentes neste livro, estamos confiantes de que você ficará inspirado e cheio de esperança, pronto para enfrentar os grandes desafios de educar uma criança do útero até o mercado de trabalho. Não precisa ser difícil.

Aproveite a viagem!

Dr. Amen e Dr. Fay

PARTE 1

NEUROPSICOLOGIA PRÁTICA PARA TER SUCESSO NA EDUCAÇÃO DOS FILHOS

Você aprenderá que o segredo para ter sucesso na educação dos seus filhos está na combinação entre a neurociência e a psicologia clínica, ou neuropsicologia clínica, como comumente chamamos. É somente quando você considera tanto o cérebro quanto a mente dos seus filhos (e seu cérebro e sua mente também) que consegue efetivamente educar crianças e jovens adultos mentalmente fortes. Essa combinação poderosa o equipa com soluções que funcionam, inclusive nos momentos mais desafiadores e com crianças difíceis. Quando chegar ao final da Parte 1, você terá as ferramentas e estratégias necessárias para:

- Desenvolver uma atitude centrada no cérebro em relação a si mesmo e aos seus filhos;
- Ter expectativas realistas baseadas no estágio de desenvolvimento do seu filho;
- Estabelecer objetivos claros para você como pai ou mãe e para seu filho;
- Adotar um estilo de educação que estimule a tomada de decisão no seu filho;
- Cultivar laços e o relacionamento com seu filho;
- Estabelecer e impor regras familiares e limites claros;
- Aprender a permitir que seu filho erre e lide com pequenas consequências;
- Parar de ser servil e estabelecer limites saudáveis para você e seu filho;
- Pensar com clareza e lógica e ajudar seu filho a fazer o mesmo desde pequeno;
- Reforçar os comportamentos positivos do seu filho;
- Educar crianças de fibra, que não sucumbam diante dos obstáculos;
- Parar de se martirizar por não ser um pai ou mãe perfeito;
- Estabelecer consequências claras e não emotivas para situações de mau comportamento do seu filho;

- Fazer o seu filho obedecer de primeira (isso mesmo, de primeira!);
- Escolher os melhores alimentos e suplementos para ajudar o cérebro, a mente e o corpo do seu filho (e também o seu cérebro, a sua mente e o seu corpo);
- Ajudar seu filho a aprender a cultivar a própria felicidade;
- Virar a chave do baixo rendimento para que seu filho consiga atingir todo o potencial dele;
- Evitar que seu filho tenha problemas com a tecnologia;
- Saber o que fazer quando surgirem problemas de saúde mental ou do cérebro.

CAPÍTULO 1

CÉREBROS SAUDÁVEIS: PRINCÍPIOS FUNDAMENTAIS PARA TER FORÇA MENTAL, RESPONSABILIDADE, CONTROLE EMOCIONAL E SUCESSO

Você precisa ser o lobo frontal do seu filho até que o dele se desenvolva, mas você também precisa dar a ele as ferramentas necessárias para saber como assumir o controle quando seu cérebro amadurecer.

Você conhece alguém que simplesmente não entende as coisas? Aquele tipo de pessoa que comete os mesmos erros de novo e de novo, fazendo você se perguntar: *Onde ela estava com a cabeça?* Talvez você tenha um amigo ou um parente, ou até mesmo um parceiro, que tem sempre as melhores intenções, mas está sempre fazendo bobagem e criando dramas desnecessários na família.

Imagine que essa pessoa está dirigindo em uma rodovia movimentada e vê pelo retrovisor que o motorista do carro de trás está colado na sua traseira. Isso a deixa furiosa e a faz alimentar pensamentos sobre pisar no freio para se vingar do outro motorista. Porém, enquanto está de olho no retrovisor imaginando a vingança — BUM —, bate na traseira do carro à sua frente. Estava tão presa no momento que não conseguiu vislumbrar as consequências da sua ação.

Agora pense em outra pessoa que você conhece, alguém que tem a cabeça no lugar. Você sabe, aquele tipo de pessoa que é tão racional e toma decisões tão acertadas que nunca seria escolhido para participar de um reality show porque seria muito sem graça. Digamos que essa pessoa se encontre nessa mesma situação de trânsito. Pode ser que ela olhe para o retrovisor, se sinta momentaneamente irritada, mas logo deixe para lá e volte a prestar atenção na estrada à sua frente. Nenhuma batida na traseira para ela.

Qual é a principal diferença entre esses dois tipos de pessoa?

A saúde do cérebro.

Nas Clínicas Amen, examinamos o cérebro há mais de vinte anos. Temos mais de 250 mil tomografias do cérebro de pessoas de mais de 150 países — a maior base de dados do mundo de tomografias cerebrais relacionadas ao comportamento. Após examinar todas essas imagens durante as últimas décadas, uma coisa ficou muito clara: quando seu cérebro funciona bem, você funciona bem. Quando seu cérebro tem problemas — qualquer que seja o motivo —, você está mais propenso a ter problemas na vida.[1] Tudo o que você e seus filhos fazem pode tanto ajudar quanto atrapalhar o funcionamento do cérebro e o desenvolvimento dele — assim como qualquer aspecto do seu dia a dia e do seu futuro. Além disso, a saúde do seu cérebro impacta diretamente a saúde do cérebro e a força mental do seu filho.

Vamos apresentar noções básicas sobre o cérebro que você precisa conhecer para que ambos, você e seu filho, se apaixonem pela massa cinzenta que fica entre seus ouvidos. Mostraremos como vocês podem amar e cuidar dos seus cérebros para terem relacionamentos sem drama e vivenciarem mais situações de sucesso em casa, na escola e na vida. Quando seu cérebro está saudável, educar fica mais fácil. Pode acreditar. Também detalharemos a ideia de que a combinação entre um melhor funcionamento cerebral e as estratégias baseadas na psicologia da educação de crianças presentes na abordagem Amor e Lógica constitui o segredo principal do sucesso na educação dos filhos. É a junção dessas duas peças do quebra-cabeça parental que o colocará no caminho certo para educar crianças mentalmente fortes e fará você se divertir durante o processo.

FUNDAMENTOS DO CÉREBRO

Os cérebros comandam escolas, famílias, amizades, negócios, igrejas — e você. Ainda assim, a maioria das pessoas raramente pensa no seu cérebro, e muito menos nos cérebros dos seus filhos. No entanto, a saúde mental começa com um cérebro saudável. É muito importante conhecer o cérebro, amá-lo e talvez até ficar um pouco obcecado por ele — principalmente pelo bem dos seus filhos. E é igualmente essencial ensiná-los desde cedo a amar e a cuidar dos próprios cérebros. Isso tornará o ato de educar muito mais fácil, ao mesmo tempo que os ajudará a desenvolver a força mental necessária para que possam obter sucesso em todas as áreas da vida! E lembre-se, embora seja melhor começar cedo, nunca é tarde demais para ensinar seu filho pequeno, adolescente ou jovem adulto sobre a saúde do cérebro.

Vamos examinar profundamente esse supercomputador que está dentro da sua cabeça. O cérebro humano costuma pesar cerca de um quilo e meio, tem a consistência de manteiga em temperatura ambiente, de tofu ou de creme de leite e fica alojado em um crânio duro com sulcos acentuados.[2] Não é novidade para ninguém que o cérebro pode sofrer danos se ficarmos cabeceando bolas de futebol repetidamente ou se usarmos capacetes que colidem constantemente durante jogadas de futebol americano!

O cérebro é uma sinfonia de partes que trabalham juntas para criar e manter a vida. É o órgão responsável por aprender, amar, criar e se comportar. E é o órgão mais complexo e incrível do universo.

Curiosidades sobre o cérebro

- Corresponde a 2% do peso do corpo.
- Utiliza de 20% a 30% das calorias que consumimos e 20% do oxigênio e do fluxo de sangue do corpo.
- A informação viaja numa velocidade de até 430 quilômetros por hora dentro do cérebro.

- Sua capacidade de armazenamento é equivalente a 6 milhões de anos de edições do *Wall Street Journal*.
- Os homens têm 10% de neurônios a mais.
- As mulheres têm mais conexões cerebrais.

O DESENVOLVIMENTO DO CÉREBRO: DO NASCIMENTO À IDADE ADULTA

Ainda que 18 anos seja a idade em que seu filho se torna legalmente um adulto, nessa idade o cérebro ainda não está totalmente maduro. A verdade é que o cérebro só está completamente desenvolvido aos 25 anos (28 anos no caso dos homens). Até essa idade, as crianças precisam da nossa ajuda, e durante esse período de desenvolvimento você precisa dar a elas as ferramentas e técnicas necessárias para incentivar hábitos saudáveis para o cérebro.

Um jeito fácil de entender o desenvolvimento cerebral é tentar lembrar onde sua mente estava em diferentes idades. Quando você tinha 5 anos, o que achava interessante? Caminhões, bonecas, brincar na areia, salgadinhos? As decisões que você tomava eram simples: qualquer escolha oferecida pelo seu pai ou pela sua mãe. Quando você tinha 12 anos, seus interesses mudaram, talvez estivessem voltados para fazer mais amigos na escola, realizar atividades manuais ou ler livros por conta própria. Você com certeza pensava sobre as decisões de forma diferente: *Que roupa vou usar hoje? Será que se eu continuar ignorando a mamãe ela desiste de ficar insistindo para eu fazer minhas tarefas domésticas? Nossa, eu odeio essas tarefas*. Quando completou 18 anos, brinquedos e brincadeiras ganharam um novo significado. Talvez você tenha conseguido seu primeiro carro, um emprego ou até mesmo um namorado ou uma namorada. Cada ano do seu desenvolvimento trouxe mudanças no seu foco e na sua capacidade de tomar decisões.

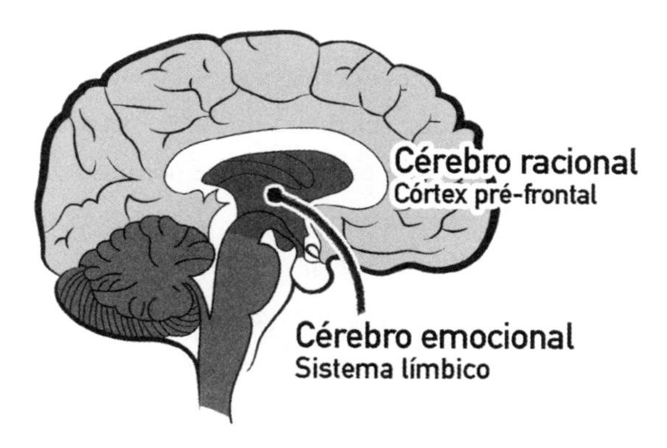

Acompanhe a seguir a linha do tempo que mostra como o cérebro se desenvolve desde o nascimento até a idade adulta.

Pré-natal e recém-nascido: Quando o bebê nasce, o cérebro dele já conta com 100 bilhões de neurônios. No entanto, apenas um pequeno número de neurônios está mielinizado, e eles fazem poucas conexões. Com o tempo, a mielina, uma substância branca gordurosa que funciona como isolante, vai envolvendo as células, mantendo a energia concentrada e se movendo na mesma direção. O cérebro de uma criança estabelece trilhões de conexões nos primeiros dez anos de vida, então você não vai querer que nada atrapalhe a mielinização.

Cerca de três quartos do cérebro se desenvolvem fora do útero, em resposta ao ambiente e à experiência, bem como à genética. Durante a primeira infância, as experiências criam o pano de fundo para o desenvolvimento e o aprendizado, além de influenciar na forma como o cérebro é conectado. Em contrapartida, as conexões afetam os sentimentos, a linguagem e o pensamento. As experiências moldam e esculpem o cérebro. A natureza e a educação sempre trabalham juntas.

O desenvolvimento do cérebro é rápido durante o primeiro ano de vida. Aos 12 meses de idade, o cérebro de um bebê por fora se assemelha ao de um jovem adulto comum. No que diz respeito ao desenvolvimento exterior e psicológico, é isso que está acontecendo com os bebês e crianças pequenas: do nascimento aos 18 meses, os bebês são completamente dependentes, incapazes de adiar desejos ou necessidades, acreditam que eles e suas mães são praticamente a mesma pessoa e aprendem principalmente por meio dos sentidos.

Dica para os pais: Pesquisas mostram que, mesmo antes da concepção, os hábitos de vida dos pais estabelecem a base para a saúde física e mental e para o bem-estar geral do seu bebê.[3] *O cérebro do bebê começa a se desenvolver no útero. Se a grávida fuma (ou é fumante passiva), se alimenta mal, consome muita bebida alcoólica, tem estresse crônico ou infecções durante a gravidez, isso pode influenciar negativamente o desenvolvimento do cérebro do bebê. Por outro lado, se a mãe grávida evita fumar, faz refeições saudáveis, toma vitaminas pré-natais, controla seu estresse e se mantém saudável durante toda a gravidez, isso estimula a saúde do cérebro do bebê. Cuide da saúde do seu cérebro para melhorar a saúde do cérebro do seu recém-nascido.*

Primeira infância: As crianças pequenas começam a perceber que são indivíduos independentes e a exercer essa independência dizendo "Não!" e "Eu quero fazer sozinho". Essa nova independência geralmente as assusta, por isso elas quase sempre têm medos e tendem a ficar grudadas em você. Se permitimos que exerçam esse comportamento independente (sob supervisão adequada), elas desenvolvem sentimentos de autoconfiança; mas se as controlamos demais elas desenvolvem inseguranças.

Aos 3 anos, o cérebro do bebê já formou cerca de 1 trilhão de conexões — duas vezes mais do que o cérebro adulto. É geralmente por volta dos 3 anos que ocorre um rápido desenvolvimento social, intelectual, emocional e físico. A atividade cerebral nessa faixa etária é duas vezes maior que a dos adultos. Novas sinapses se formam ao longo da vida, mas nunca mais o cérebro terá tanta facilidade para dominar novas habilidades ou para se adaptar a contratempos.

Os anos da pré-escola estimulam a independência e as descobertas contínuas. Crianças nessa faixa etária demonstram iniciativa e curiosidade — sabe aquelas perguntas que nunca parecem ter fim? Elas também têm grande capacidade de imaginação, podendo ter amigos imaginários e dificuldade para diferenciar a realidade da fantasia. Assim, não é surpresa para ninguém que tenham um pensamento mágico, o que significa que acreditam que seus pensamentos têm poder e que são as responsáveis por tudo o que acontece ao redor. Quando algo bom acontece, as crianças sentem orgulho. Quando algo ruim acontece (divórcio, morte de um irmão etc.), elas geralmente se sentem culpadas ou pensam que de alguma forma a culpa é delas, um sentimento que pode durar a vida toda.

Dica para os pais: Essa é uma fase importante para criar laços e estabelecer relações de confiança com seu filho e a idade ideal para começar a usar os conceitos da abordagem Amor e Lógica. Aos 18 meses, é hora de começar a carinhosamente estabelecer limites como forma de disciplina (veja mais sobre o funcionamento da disciplina como ferramenta de ensino e treinamento no Capítulo 6). Também é a hora de começar a permitir que os pequenos vivenciem o aprendizado por meio da experiência. Isso significa permitir que as crianças cometam pequenos erros sem grandes consequências e que experimentem a alegria dos primeiros sucessos. Apresente a elas o conceito de saúde do cérebro e comece a ensiná-las a amar seus cérebros. Alguns cursos online, como os disponíveis no site da Universidade Amen, podem ajudar (www.amenuniversity.com, conteúdo em inglês).

Ensino fundamental: Quando chegam à idade escolar, dos 6 aos 11 anos, as crianças começam a fazer amizades e a criar laços fora de casa (por exemplo, em aulas de música e praticando esportes); os meninos passam a se identificar com o pai, e as meninas, com a mãe. A capacidade de ter atenção aumenta drasticamente ao mesmo tempo que eles começam a pensar em termos mais literais, geralmente em preto e branco. Precisam de supervisão, regras e estrutura para se sentir confortáveis. E é então que seus cérebros chegam ao próximo grande estágio de desenvolvimento.

Dica para os pais: Durante essa fase, é bom empregar estratégias de solução de problemas e permitir que seus filhos tenham progressivamente maiores desafios. Quando eles começarem a andar de bicicleta, skate ou a praticar algum esporte, faça-os usar capacete para proteger o cérebro e os desencoraje a fazer algo que possa causar danos no cérebro, como o futebol. Incentive as crianças em idade escolar a começar a adotar hábitos mais saudáveis para seus cérebros (veja a página 42, princípio 6).

Pré-adolescentes: Aos 11 anos, o cérebro começa a podar conexões extras. Os circuitos que permanecem são mais específicos e eficientes. O cérebro é um dos melhores exemplos do princípio "use ou perca". Conexões que são usadas repetidas vezes nos primeiros anos se tornam permanentes, enquanto aquelas que não são usadas são podadas. Por isso, se uma criança não pratica esportes quando pequena, aqueles nervos são podados; se uma criança não começa a aprender um instrumento musical, seu cérebro poda aquelas conexões. É isso que dificulta o aprendizado de novas habilidades mais tarde na vida.

Na prática, é assim que esse novo estágio do desenvolvimento cerebral acontece: pré-adolescentes entre 12 e 14 anos começam a pensar de forma mais independente, a ter dificuldades com sua identidade ou a sentir vergonha de seus corpos. Também percebem que os pais não são perfeitos e passam a apontar as falhas deles. (Talvez só estejam nos dando uma lição de humildade.) Os pré-adolescentes tendem a ser mais influenciados pelos colegas, e os amigos próximos se tornam mais importantes. É nessa fase que eles começam a testar regras e limites.

Dica para os pais: Procure entender que é nessa fase que as crianças precisam aprender a equilibrar autonomia e individualidade com segurança. Continue estabelecendo limites e se concentre em dar exemplos de hábitos saudáveis. (veja a página 42).

Adolescentes: Por volta dos 14 anos, os adolescentes tendem a ser ainda mais independentes, começam a reclamar de seus pais ("Eu sei fazer sozinho!", "É sério, mãe?!") e se afastam emocionalmente da mãe e do pai. Ficam extremamente preocupados com a aparência física e seus amigos se tornam as pessoas mais importantes nas suas vidas, ainda que estejam sempre mudando de amigos. Durante os anos intermediários da adolescência, os jovens começam a demonstrar interesse em determinadas profissões.

Quando têm entre 17 e 19 anos, sentem-se mais seguros com relação às suas identidades e passam a manter relacionamentos mais estáveis. Conseguem antecipar consequências para suas ações e demonstram a capacidade de adiar desejos e necessidades. Também começam a se preocupar mais com os outros e com o próprio futuro.

Dica para os pais: Um dos principais motivos que levam pais e adolescentes a se desentender está no fato de que, à medida que as crianças crescem, os pais passam a esperar cada vez mais delas. No entanto, um adolescente não tem a capacidade cerebral de um adulto. Muitos podem estar de fato agindo "de acordo com a idade" quando demonstram dificuldade para fazer a coisa certa. Quanto melhor você entender o cérebro e suas principais funções, mais empatia e apoio será capaz de oferecer ao seu filho quando ele estiver passando dos limites. Nessa fase, você precisa ajudá-lo a entender a diferença entre aceitar e concordar. Mesmo que os adolescentes se considerem suficientemente maduros para tomar suas próprias decisões, ainda é obrigação dos pais agir como seu córtex pré-frontal quando necessário. Incentive comportamentos saudáveis para o cérebro. Um dos nossos cursos online oferece um passo a passo para que jovens e jovens adultos adotem hábitos saudáveis para o cérebro (www.amenuniversity.com, conteúdo em inglês).

Jovens adultos: Dos 18 aos 25 anos, a parte frontal do cérebro, chamada de córtex pré-frontal, responsável pelas funções executivas, continua se desenvolvendo. A mielina continua a ser depositada nessa região até os 25 ou 26 anos, fazendo o córtex pré-frontal funcionar em níveis mais altos e eficientes. A indústria de seguros automotivos sabe sobre esse aspecto de desenvolvimento e amadurecimento do cérebro há anos. Geralmente os valores dos seguros de carro mudam a partir dos 25 anos porque os motoristas estão mais conscientes e se envolvem em menos acidentes, uma vez que seus centros de tomada de decisão funcionam melhor.

Dica para os pais: Continuem incentivando os jovens adultos a assumir a responsabilidade pela saúde dos seus cérebros.

SETE PRINCÍPIOS DO CÉREBRO PARA PAIS E FILHOS[4]

1. **Seu cérebro participa de tudo o que você faz.** A maneira como você pensa, se sente, age e interage com seus filhos, parceiro e amigos, tudo está relacionado com o funcionamento minuto a minuto do seu cérebro. Ele é o órgão por trás da sua inteligência, caráter, personalidade e de cada decisão que você toma.

2. **Quando seu cérebro funciona bem, você funciona bem.** Quando seu cérebro tem problemas, você tem problemas na vida. Quando seu cérebro está saudável, você tende a estar mais feliz, mentalmente mais forte, mais saudável (devido a uma melhoria na sua tomada de decisões), a ser mais bem-sucedido (também devido a uma melhoria na sua tomada de decisões) e a ser um pai ou mãe melhor. Quando seu cérebro não está saudável, seja qual for o motivo (por exemplo, múltiplas concussões, má alimentação ou histórico familiar de problemas de saúde mental), você tende a estar mais triste, a ficar mais doente, a ter menos sucesso, a estar mais vulnerável a problemas de saúde mental e a ser um pai ou mãe menos eficiente. O mesmo vale para seus filhos.

3. **Seu cérebro é o órgão mais incrível do universo.** Seu cérebro pesa cerca de um quilo e meio e tem cerca de 100 bilhões de neurônios (células nervosas) e mais conexões do que o número de estrelas em nossa galáxia.

4. **Você precisa se apaixonar pelo seu cérebro e desenvolver a vaidade cerebral.** Uma vez que o cérebro comanda sua vida (e a do seu filho), você precisa cuidar dele. Infelizmente, não são muitas as pessoas que cuidam dos seus cérebros, simplesmente porque não conseguem enxergá-los. Você enxerga as rugas no seu rosto, a gordura ao redor da barriga e faz alguma coisa se isso o estiver

incomodando. A maioria das pessoas, entretanto, nunca tem a oportunidade de enxergar seus cérebros, portanto não sabe se já está com problemas ou prestes a apresentá-los.

5. **Muitos fatores machucam o cérebro.** Com base nas pesquisas com tomografias do cérebro desenvolvidas nas Clínicas Amen e nos mais de trinta anos de prática clínica, identificamos os onze maiores fatores de risco que fazem a educação dos filhos parecer mais difícil do que deveria. Se você ou seu filho apresentarem algum desses fatores, isso pode prejudicar a saúde mental, a resiliência e o foco de que necessitam para obter sucesso na vida. Esses fatores já foram descritos em outros livros,[5] mas foram adaptados aqui para mostrar como podem machucar o cérebro e impactar sua vida como pai ou mãe, bem como a do seu filho.

- **Fluxo sanguíneo.** O fluxo sanguíneo transporta não só oxigênio e nutrientes importantes de que o cérebro precisa para ter um funcionamento ótimo como também resíduos. Nossa pesquisa com tomografias cerebrais revelou que um baixo fluxo sanguíneo, seja por hipertensão, falta de exercício físico ou outros problemas, está associado a muitos aspectos que podem afetar pais e filhos em diferentes faixas etárias, incluindo problemas de foco, alterações de humor, vícios, entre outros.
- **Pensamento racional.** Todo pensamento aciona a liberação de neuroquímicos que impactam a função cerebral. Pensamentos podem ser positivos e benéficos ou negativos e prejudiciais. Se o seu cérebro está infestado de PANs (pensamentos automáticos

negativos), eles podem tomar conta da sua mente e tirar sua alegria ou a do seu filho.

- **Inflamação.** Níveis altos de inflamação prejudicam os órgãos do seu corpo, incluindo o cérebro. Muitas inflamações estão associadas ao mau humor, à falta de motivação, à síndrome do intestino permeável (que causa problemas gastrointestinais), a alergias, entre outros. Pesquisas mostram que, quando inflamações sistêmicas crônicas ocorrem nos primeiros anos de vida da criança, geram impactos de longo prazo no seu desenvolvimento cerebral.[6]
- **Genética.** Problemas de saúde do cérebro e de saúde mental costumam ser genéticos; no entanto, os genes não determinam seu destino. Seus hábitos cotidianos podem influenciar esses genes, tanto ativando-os quanto desativando-os.
- **Trauma cerebral.** Concussões e lesões na cabeça — até mesmo as consideradas leves que ocorrem em qualquer idade — podem contribuir para problemas de aprendizado e de foco, alterações de humor, ansiedade e para uma maior propensão ao abuso de álcool ou de drogas.
- **Toxinas.** A exposição às toxinas ambientais encontradas em produtos de cuidado pessoal, produtos não orgânicos, mofo, tinta, álcool, fumaça, pesticidas e outros itens do dia a dia é prejudicial ao cérebro. Pesquisas mostram que os cérebros em desenvolvimento das crianças são particularmente vulneráveis à exposição a toxinas.[7] Confusão mental, dificuldades de aprendizado, autismo, TDAH e outros problemas já foram associados a essa exposição.
- **Saúde mental.** Problemas de saúde mental tornam muito mais difícil ser um pai ou mãe eficiente e fazem as crianças encontrarem mais desafios na escola e na vida. Por exemplo, o TDAH dificulta manter o foco e dar sequência às atividades. A ansiedade pode fazer você se tornar mais superprotetor e interferir

na vida escolar, familiar e nas amizades das crianças. A depressão pode sugar sua motivação e sua alegria, bem como as do seu filho. Em média, há um intervalo de onze anos entre a primeira vez que uma pessoa tem um sintoma de saúde mental e a primeira vez que ela é avaliada e tratada.[8] Uma pesquisa publicada em 2020 revelou que jovens de até 25 anos têm o maior atraso entre o início dos sintomas e o início do tratamento.[9] É um intervalo muito grande.

- **Problemas no sistema imunológico e infecções.** Se o seu sistema imunológico está desregulado, você fica mais vulnerável a infecções que aumentam o risco de confusões mentais, problemas de saúde mental e de memória. Em algumas crianças, infecções como as causadas por estreptococos, doença de Lyme, covid-19 e mononucleose já foram identificadas como gatilhos para problemas neuropsiquiátricos.[10]
- **Problemas neuro-hormonais.** Hormônios desregulados impactam negativamente a função cerebral. Por exemplo, problemas de tireoide podem causar diminuição da energia, pensamentos confusos, dificuldades de concentração e de atenção. Esses problemas podem ser confundidos ou mal diagnosticados como transtornos de saúde mental.
- **"Diabesidade".** Essa palavra é uma combinação das palavras diabetes e obesidade. Ambas são condições que diminuem o tamanho e a função do cérebro. A "diabesidade" pode afetar o humor, a memória, o aprendizado, o foco, entre outros.
- **Sono.** O cérebro precisa dormir para se manter saudável. Para os adultos, dormir menos do que sete horas por noite está associado a um aumento do risco de ansiedade, depressão, demência, TDAH, entre outros.[11] A falta de sono afeta particularmente os adolescentes. Uma pesquisa realizada com 27.939 estudantes do ensino médio revelou que dormir uma hora a menos de segunda a sexta-feira resultou tanto em um

aumento de 38% nos sentimentos de desesperança quanto em um aumento significativo da propensão ao abuso de substâncias, ideações suicidas e tentativas de suicídio.[12]

6. **Muitos fatores ajudam o cérebro.** Procure desenvolver hábitos diários que promovam a saúde do seu. A notícia animadora é que existem muitas coisas que são boas para o cérebro e podem melhorar o funcionamento dele. Quando você as inclui em sua rotina, a tarefa de educar passa a ser menos cansativa e mais gratificante. Incorporá-las também à vida do seu filho aumenta a capacidade dele de alcançar todo o seu potencial. A seguir, apresentamos onze estratégias que você pode seguir para minimizar não só seus fatores de risco como os do seu filho também.

- **Fluxo sanguíneo.** Faça atividade física (trinta minutos por dia); pratique meditação e/ou faça uma oração; consuma alimentos como romã, frutas cítricas e nozes (elas aumentam o fluxo sanguíneo).
- **Pensamento racional.** Você não precisa acreditar em cada pensamento bobo que passa pela sua cabeça. Pensamentos vão e vêm e são influenciados pelo que você vê, escuta e come; só porque você pensou em algo não significa que deva dar atenção a esse pensamento. Ajudar as crianças a aprender isso ainda pequenas pode ter um efeito poderoso nas suas trajetórias de vida, pavimentando o caminho para que elas sejam mais confiantes, menos sensíveis a críticas construtivas e tenham atitudes proativas diante de obstáculos. Aprenda a matar os PANs questionando o que pensa. Ensine este método simples para

crianças de todas as idades: sempre que tiver um pensamento que faça você se sentir mal, bravo, triste ou fora de controle, pergunte a si mesmo se aquele pensamento é uma verdade. Veja o Capítulo 7 para mais informações sobre como eliminar os PANs.

- **Inflamação.** Adote uma dieta anti-inflamatória, incluindo mais alimentos ricos em ácidos graxos ômega-3 (como salmão). Tome suplementos como óleo de peixe e probióticos. Seus filhos também podem tomar. Use fio dental (e ensine seus filhos a fazer o mesmo) todos os dias.
- **Genética.** Se você tem histórico familiar de condições de saúde mental, problemas de comportamento ou memória, adote uma postura proativa sobre a saúde do cérebro o mais rápido possível. Procure fazer uma tomografia do cérebro e busque qualquer sinal de problema em seus filhos. Conheça os fatores de risco da sua família e tente preveni-los diariamente. O Dr. Amen, por exemplo, tem histórico de obesidade e doença cardíaca em sua família, porém, aos 69 anos, não tem nenhuma das duas. Ele segue um programa de prevenção à obesidade e à doença cardíaca todos os dias de sua vida.
- **Trauma cerebral.** Proteja sua cabeça e a dos seus filhos. Use capacete quando andar de bicicleta, de skate ou quando esquiar. Não permita que seus filhos pratiquem esportes de contato como futebol americano e evite que cabeceiem bolas de futebol. Use sempre cinto de segurança quando estiver em veículos e se segure no corrimão quando for subir escadas. Evite usar escadas dobráveis e nunca envie mensagens de celular enquanto estiver andando ou dirigindo.
- **Toxinas.** Evite se expor a substâncias tóxicas. Baixe algum dos muitos aplicativos disponíveis para ajudar a reduzir a exposição a produtos químicos, como o Think Dirt (conteúdo em inglês), e procure alternativas não tóxicas. Não use no seu corpo nem no

dos seus filhos produtos que contêm toxinas como oxibenzona (presente em protetores solares), parabenos e ftalatos (utilizados em fragrâncias de cosméticos). Sempre que possível, consuma alimentos orgânicos e evite bebidas alcoólicas, maconha e cigarros. Investigue suspeitas de mofo em sua casa. Além disso, ajude os quatro órgãos do corpo responsáveis pela desintoxicação:

- Rins: beba mais água.
- Intestino: consuma mais fibras e opte por alimentos orgânicos.
- Fígado: pare de fumar e evite drogas, limite a ingestão de álcool e consuma hortaliças brássicas (repolho, brócolis, couve-flor e couve-de-bruxelas).
- Pele: pratique exercícios em uma intensidade suficiente para suar.

- **Saúde mental.** Adote hábitos saudáveis para o cérebro e elimine pensamentos negativos automáticos (veja o item sobre pensamento racional). Pratique exercícios físicos diariamente, assim como técnicas de gerenciamento do estresse, e aumente a ingestão de ômega-3.
- **Problemas do sistema imunológico e infecções.** Verifique seus níveis de vitamina D; se eles estiverem baixos, procure tomar mais sol ou um suplemento. Consuma alimentos bons para a imunidade, como cebola, cogumelos e alho. Faça exames para identificar infecções comuns e procure tratamento para qualquer infecção, sua ou do seu filho, o mais rápido possível, assim que surgir.
- **Problemas neuro-hormonais.** Faça exames para verificar seus níveis hormonais e otimizá-los e evite disruptores endócrinos (encontrados em pesticidas, alguns produtos alimentícios e de higiene pessoal). Isso vale tanto para você quanto para seus filhos.
- **"Diabesidade".** Elimine ou limite o consumo de açúcar, adote uma dieta voltada para a saúde do cérebro e não consuma mais calorias do que o necessário.

- **Sono.** Faça do sono uma prioridade na sua família. Estabeleça uma meta de 11 a 14 horas de sono para crianças pequenas; 10 a 13 horas para crianças de 5 a 11 anos; 9 a 11 horas para adolescentes de 12 a 15 anos; 8 a 10 horas para adolescentes de 16 anos ou mais; e 7 a 8 horas para adultos. Desligue os dispositivos eletrônicos uma ou duas horas antes de ir dormir.

7. **Você pode mudar o seu cérebro e a sua vida.** A lição mais importante que aprendemos no estudo de mais de 250 mil tomografias do cérebro é que você não é refém do cérebro que tem — você pode melhorá-lo em qualquer idade. Antes de tomar qualquer decisão, uma das coisas mais simples que pode se perguntar é: "Será que isso é bom ou ruim para o meu cérebro?". Veja o quadro a seguir para aprender a ensinar essa técnica aos seus filhos. Todos nós precisamos trabalhar duro para melhorar a saúde do nosso cérebro, porque com um cérebro melhor temos uma mente melhor, melhor capacidade para educar e uma vida melhor.

Como fazer as crianças se interessarem pela saúde do cérebro: O Jogo da Chloe

Fazer seus filhos se interessarem desde pequenos pela saúde do cérebro e por aprender o que é bom ou ruim terá um impacto positivo e poderoso ao longo de toda a vida deles. E é algo até bem fácil de ser feito. O Dr. Amen descobriu que a forma mais fácil é transformar isso em um jogo. Ele começou a jogar com sua filha Chloe quando ela tinha 2 anos e o batizou como "O Jogo da Chloe", mas você pode usar o nome do seu filho.

Para começar o jogo e estimular o raciocínio sobre "Será que isso é bom ou ruim para o meu cérebro?", o Dr. Amen costumava perguntar coisas como "Nozes?" e Chloe respondia "São boas para o meu cérebro!". Se ele perguntasse "Salmão?", ela respondia: "Delícia, muito bom!". Mas se ele perguntasse "Andar de skate sem capacete?", ela respondia: "Muito ruim!". Você vai se surpreender com o quanto as crianças são boas em diferenciar o que é bom e o que é ruim para elas.

Eles continuaram a jogar enquanto Chloe crescia, e as perguntas foram evoluindo de acordo com a idade dela. Depois que a jovem tirou a carteira de motorista, o Dr. Amen perguntava "Dirigir sem cinto de segurança?", e, com um olhar de reprovação, ela respondia: "Nossa, ruim demais!". Quando ela estava prestes a ir para a universidade, ele perguntou: "Morar numa república?"; ela parou para pensar e respondeu: "Bom, a parte da socialização seria ótima, mas se tiver muita bebida e drogas será péssimo". O que torna esse jogo tão bom é o fato de ele poder ser jogado em qualquer lugar — no carro, no supermercado, durante o jantar —, além de poder ser uma boa forma de começar uma conversa.

A ABORDAGEM CLÍNICA DA NEUROPSICOLOGIA

Seu filho precisa ter um cérebro saudável para ser mentalmente forte. Qualquer coisa que interfira no funcionamento do cérebro dele também pode interferir no caráter. Danos causados ao cérebro por infecções, traumas, desnutrição ou exposição a toxinas (seja álcool ou outras drogas) podem prejudicar o caráter do seu filho. Se o cérebro não funciona de maneira saudável, as crianças não conseguem fazer tarefas básicas de um ser humano, como planejar, controlar seus instintos, dar e receber amor. O caráter e a moralidade estão interligados.

Estudos mostram que o mau funcionamento do cérebro pode estar associado com uma redução da moralidade.[13] Uma pessoa com valores morais é alguém que faz a coisa certa; essa pessoa é justa em suas ações e evita causar danos sem um motivo válido (como em situações de guerra). Pessoas com desvios morais são aquelas que não se preocupam em fazer a coisa certa; podem ser injustas em suas interações sem demonstrar remorso; assim como podem prejudicar os outros em benefício próprio.

A pessoa que seu filho se tornará é em grande parte moldada pelo funcionamento do cérebro dele. Um cérebro saudável permite que as crianças ajam de forma positiva consistentemente. Ter um cérebro saudável as ajuda a aprender com você, os irmãos e os professores; permite que elas aprendam com seus erros para que não os repitam e que percebam quais comportamentos as deixam felizes ou tristes.

Contudo, ter um cérebro saudável é apenas parte da equação da tarefa de educar crianças mentalmente fortes, confiantes e resilientes. Há também uma psicologia parental básica que precisa ser aplicada em casa. Pense no cérebro como um computador superpoderoso. Você pode ter o modelo mais moderno, mas, se tudo o que você faz nele é baixar games ou assistir a vídeos no YouTube, ele não está funcionando como poderia. Você precisa de um bom equipamento, mas também precisa de um software de alta qualidade.

Para educar crianças mentalmente fortes, precisamos combinar a neurociência e a psicologia clínica. Como pais, precisamos cuidar da saúde de nossos cérebros e do desenvolvimento do cérebro dos nossos filhos, ao mesmo tempo que usamos estratégias parentais comprovadas. Uma sem a outra nunca será suficiente.

OS QUATRO CÍRCULOS DA FORÇA MENTAL

Veja como os quatro círculos da força mental desempenharam um papel importante na vida de Susan, uma mulher de 45 anos, gerente de uma organização não governamental e mãe de quatro crianças (duas delas com TDAH). Quando Susan foi ao consultório do Dr. Amen, ela relatou:

— Eu não estou me sentindo nada bem. Vivo cansada o tempo todo, não faz diferença se eu durmo até mais tarde nos fins de semana ou não! Tenho dificuldade para me lembrar das coisas mais simples e parece que não consigo focar em nada por mais de um minuto antes que alguma outra coisa me distraia. Estou me sentindo muito sobrecarregada.

OS QUATRO CÍRCULOS DA FORÇA MENTAL

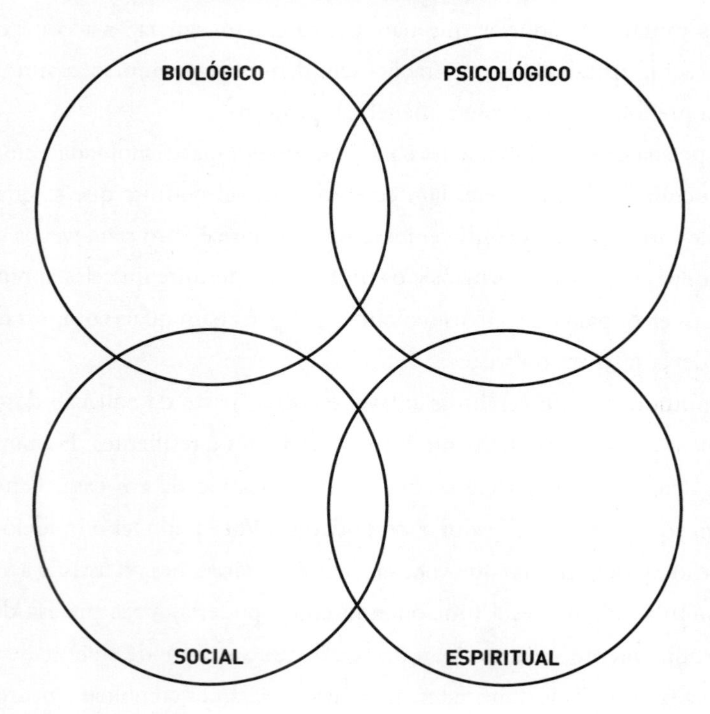

— E está piorando — ela continuou, suspirando. — Coisas que antes eu fazia com facilidade agora tenho que lutar muito para conseguir fazer.

Susan era a típica mãe-helicóptero que tinha chegado a uma fase de exaustão extrema. Seus filhos — principalmente os dois com TDAH — raramente terminavam as tarefas, tinham problemas na escola e gostavam de fazer coisas para tirá-la do sério. Susan sentia que estava deixando a desejar, se irritava facilmente com os filhos e achava que estava falhando como mãe. *O que estava fazendo de errado?*, ela se perguntava.

Susan é como muitas outras mães que buscaram ajuda nas Clínicas Amen. Ela pensava que tinha uma dieta saudável, mas começava todos os dias tomando café e comendo pão, além de ter o péssimo hábito de comer doces ao longo do dia. Ela queria fazer atividade física, mas não tinha tempo. À noite geralmente bebia duas taças de vinho para relaxar. E tinha uma parte grande do seu corpo sobre a qual ela nunca tinha pensado: seu cérebro. A ironia é que é o cérebro de Susan que decide o que ela come e o quanto ela dorme. É o cérebro dela que decide se perde a paciência com seus filhos ou se respira fundo e tenta uma abordagem mais amorosa e lógica.

É claro que nenhuma dessas decisões é necessariamente consciente. Mas o cérebro de Susan toma essas decisões independentemente disso. Se Susan soubesse como cuidar do seu cérebro, oferecendo os cuidados biológicos, psicológicos, sociais e espirituais de que ele precisa, então ela estaria mais propensa a se sentir bem e a ter a energia necessária para ser uma mãe mais eficiente.

Junto com Susan, o Dr. Amen desenhou quatro grandes círculos em um quadro branco no seu consultório. No primeiro círculo, ele escreveu *Biológico* e fez algumas perguntas para identificar fatores biológicos que influenciavam o cérebro dela. Havia um histórico familiar de depressão e a sua dieta não era boa, o que é algo muito ruim para fazer com seu cérebro. Ela também costumava fazer refeições no caminho para seus compromissos porque estava sempre muito ocupada, o que também não é bom para o cérebro.

Outro problema biológico importante no perfil de Susan eram as cinco horas ou menos que dormia por noite. Com quatro filhos e um trabalho que exigia muito, era difícil conseguir fazer tudo durante o dia. Porém, não dormir o suficiente é uma das piores coisas que você pode fazer com seu cérebro (e com seus filhos também); logo, isso era bem preocupante.

No segundo círculo, o Dr. Amen escreveu *Psicológico*. Psicologicamente, Susan estava pensando de forma indisciplinada e negativa. Seu cérebro ocupado vivia voltando para as mesmas preocupações, ansiedades e autocríticas: *Eu tinha que ter feito isso diferente. Minha filha provavelmente me odeia. Não estou fazendo o bastante pelos meus filhos. O que tem de errado comigo?* Susan tinha uma tendência para um tipo de perfeccionismo no qual ela maximizava seus defeitos e minimizava suas qualidades.

Na cabeça de Susan, as crises comuns da infância que seus filhos vivenciavam eram evidências claras de que ela não estava sendo uma mãe boa o bastante. O Dr. Amen se refere a esse tipo de pensamento negativo como PAN (Pensamento Automático Negativo). Esses problemas psicológicos eram tanto a causa como consequência dos índices ruins de saúde do cérebro dela.

No terceiro círculo, o Dr. Amen escreveu *Social*. Nesse aspecto, o cérebro de Susan também estava enfrentando vários desafios. Ela se sentia isolada das pessoas mais importantes na sua vida: distante do marido e irritada com seus filhos. No trabalho, se sentia sobrecarregada. O apoio que poderia obter dos amigos e de sua comunidade da igreja parecia fora de alcance, porque Susan se sentia exausta demais para pedir ajuda.

No último círculo, o Dr. Amen escreveu *Espiritual*. Nessa área, o cérebro de Susan estava bem. Ela tinha seus propósitos de vida muito bem definidos, que a sustentavam até mesmo naquele momento difícil. Sentia que seu trabalho era importante para os outros e sabia que sua presença em casa era crucial para o marido e os filhos. Tinha uma conexão profunda com Deus, o planeta e o futuro. O cérebro de Susan definitivamente se beneficiava dos seus propósitos.

OS QUATRO CÍRCULOS DE SUSAN

Quando Susan aprendeu a otimizar os quatro círculos da sua vida, usando as mesmas ferramentas e estratégias que você encontra neste livro, ela se tornou uma mãe muito mais eficiente e passou a ter mais prazer na relação com seus filhos. Compreender como os quatro círculos impactam sua vida é o primeiro passo para aprender a incentivar seus filhos a adotar essa abordagem nas próprias vidas. Quando as crianças descobrem logo cedo a otimizar essas quatro áreas, isso as ajuda a criar uma vida equilibrada que favorece tanto a força cerebral quanto a mental.

Vamos fazer um exercício rápido. Pense sobre esses quatro círculos na *sua* vida e na dos *seus* filhos e anote áreas que estão prejudicando seus cérebros, tornando a tarefa de educar mais difícil e sugando a saúde mental dos seus filhos; ao mesmo tempo, anote as que estão estimulando seus cérebros, facilitando a tarefa de educar e fortalecendo o bem-estar mental dos seus filhos.

MEUS QUATRO CÍRCULOS

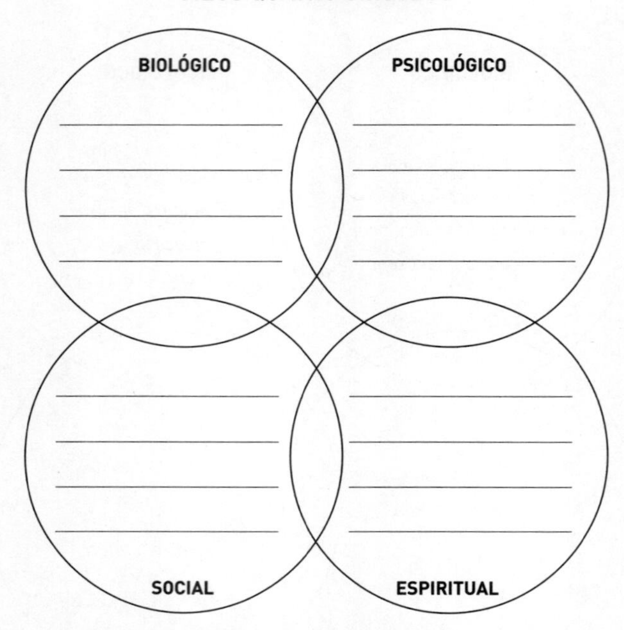

OS QUATRO CÍRCULOS DO MEU FILHO

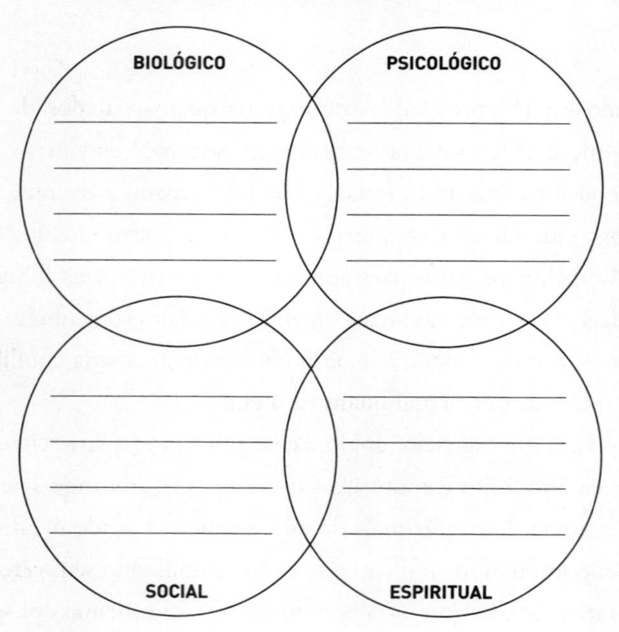

A HISTÓRIA DOS DOIS ARREMESSADORES DE BEISEBOL DO ENSINO MÉDIO

Para ilustrar como a saúde do cérebro e a psicologia estão interconectadas, veja a história destes dois arremessadores de beisebol do ensino médio: Keith e Troy. Keith cresceu em uma família em que os pais eram tão egocêntricos que não prestavam muita atenção nele. Quando bebê, Keith chorava e seus pais geralmente demoravam muito para ir até ele ou simplesmente deixavam que continuasse chorando. Isso afetou dois dos elementos mais fundamentais na vida de uma criança: o apego e a empatia.

Uma das primeiras coisas que os bebês aprendem é a relação de causa e efeito: quando eu choro, alguém aparece para me pegar no colo, brincar comigo ou atender às minhas necessidades. É uma equação simples do tipo "Se A, então B". Quando isso acontece com frequência, cria e fortalece os caminhos neurais ligados ao apego e à empatia. Pessoas que crescem sem pais atenciosos não desenvolvem esses caminhos neurais. Isso geralmente resulta em problemas comportamentais que se manifestam ainda na infância. Nessas crianças, a terrível "crise dos 2 anos" (*terrible 2s*) é ainda mais terrível.

Enquanto Keith crescia, um dos seus treinadores de beisebol percebeu que ele era canhoto e o convidou para um teste para ser arremessador. Keith era excelente em arremessar a bola de beisebol, e toda a sua atenção se voltou para o esporte. Seus pais ficaram muito empolgados e esperançosos de que o beisebol pudesse ser a garantia do sucesso para o garoto. Ele claramente não estava indo bem na escola. Como não tinha empatia e não teve muitas oportunidades para aprender sobre causa e efeito quando bebê, ele simplesmente não considerava as consequências de suas ações e tomava algumas péssimas decisões. Os pais corriam para socorrê-lo sempre que se envolvia em confusões.

Ainda assim, Keith conseguiu uma bolsa de estudos para jogar beisebol na faculdade. Apesar dos seus problemas do passado, ele estava com a vida encaminhada e o futuro parecia promissor. Na noite anterior ao seu primeiro dia na faculdade, no entanto, ele entrou no carro com um amigo e gritou: "Vamos roubar um caixa eletrônico!". Essa péssima decisão custou sua bolsa de estudos, e a carreira no beisebol desapareceu como em um passe de mágica.

Agora veja a história de Troy. Ele não tinha o mesmo talento natural de Keith para arremessar. No entanto, seus pais cuidaram dele quando bebê e ofereceram tudo de que precisava para desenvolver os quatro círculos da vida. Com essa base, Troy conseguiu se dedicar aos treinamentos para melhorar suas habilidades e acabou ganhando uma bolsa de estudos para a faculdade, assim como Keith. Também como Keith, ele entrou em um carro com um amigo na noite anterior ao primeiro dia de aula na faculdade. Troy e seu amigo estavam entediados e pensaram: "Deveríamos estar nos divertindo. O que poderíamos fazer?". Em vez de orquestrar um plano como o de Keith, Troy pensou melhor e disse: "Na verdade, preciso acordar cedo para a faculdade amanhã e não quero estar cansado, então acho melhor a gente voltar para casa e dormir um pouco".

Uma vida inteira construindo hábitos saudáveis para o cérebro e tomando boas decisões ajudou Troy a desenvolver força mental para fazer a coisa certa. Ele jogou beisebol na faculdade, se formou com honras e jogou profissionalmente por um breve período até se machucar. Como também tinha prestado atenção em suas aulas na universidade, sua transição para outra carreira foi bastante tranquila e ele teve muito sucesso.

NUNCA É TARDE DEMAIS PARA MELHORAR A SAÚDE DO CÉREBRO E AS ESTRATÉGIAS PARENTAIS

Depois de ter lido sobre a importância do desenvolvimento do cérebro desde a concepção, pode ser que você tenha ficado preocupado por não ter estimulado seus filhos a terem hábitos saudáveis para o cérebro desde cedo. A boa notícia é que nunca é tarde demais para começar. Ainda que não tenha estabelecido a melhor base, você ainda pode mudar isso. As pesquisas com imagens do cérebro conduzidas nas Clínicas Amen provam que o cérebro pode mudar mesmo que você não tenha cuidado tão bem dele ou que seu filho tenha desenvolvido hábitos ruins para o cérebro dele. E, ainda que tenha cometido erros como pai ou mãe no passado, você pode corrigi-los com as estratégias presentes neste livro.

Lembre-se dos exemplos dos dois motoristas no início deste capítulo. Se você se concentra na estrada à sua frente em vez de ficar se preocupando com o que está vendo pelo retrovisor, pode se tornar um pai ou mãe melhor e educar crianças mentalmente mais fortes.

Educando crianças com deficiência

Quando o assunto é parentalidade, crianças com deficiência são fontes de alegrias e desafios específicos. Se o seu filho tem uma deficiência física, um transtorno de aprendizagem, atraso no desenvolvimento, questões de saúde mental ou do cérebro (veja mais sobre isso no Capítulo 13) ou outras questões, não se preocupe: você pode usar as estratégias e técnicas deste livro.

Nós o incentivamos a se informar sobre a condição do seu filho e a procurar técnicas terapêuticas que tenham benefícios comprovados cientificamente. Além disso, é importante saber que obter o diagnóstico correto para o seu filho pode ser a chave para descobrir tratamentos mais eficazes. Nas Clínicas Amen, descobrimos que imagens do cérebro são uma peça importante do quebra-cabeça quando o assunto é o diagnóstico de várias condições. Tivemos casos de crianças com dificuldade de foco, baixo rendimento, tristes, irritadas ou até mesmo agressivas; quando realizamos a tomografia de seus cérebros, descobrimos que elas tinham sofrido lesões prévias na cabeça, sido expostas a toxinas ou haviam tido infecções crônicas (como a doença de Lyme), que estavam contribuindo para os sintomas. Saber o que está causando ou exacerbando qualquer problema pode ser muito útil para que você possa entender, amar e educar seu filho.

Encontramos muitos pais e filhos com deficiência e geralmente eles estão completamente estressados, ansiosos, tristes, em luto e lidando com um grande sentimento de culpa.

Esses fatores podem facilmente levar à exaustão ou ao *burnout*. Lembre-se de que cuidar de você mesmo é tão importante quanto cuidar do seu filho. Uma das coisas mais importantes que você pode fazer por si mesmo como pai ou mãe e pelo seu filho, independentemente das necessidades únicas dele, é adotar hábitos saudáveis para o cérebro (veja o Capítulo 9). Ao promover o bem-estar emocional do seu cérebro (e do cérebro do seu filho), você consegue desenvolver uma relação mais amorosa entre vocês, bem como melhorar a força mental de ambos.

Passo a passo

- Todo dia você é um bom exemplo de saúde ou de doença. Se você quer que seus filhos vivam suas vidas com um cérebro saudável, seja o exemplo.
- Lembre-se de pensar sobre onde o cérebro do seu filho está no processo de desenvolvimento.
- Conheça os sete princípios do cérebro para ter uma vida saudável e implemente-os em sua rotina.
- Incentive seus filhos a se responsabilizarem pela saúde dos seus cérebros.
- Incorpore os quatro círculos da força mental: biológico, psicológico, social e espiritual.

Para garantir maior eficácia, foque a saúde do cérebro ao mesmo tempo que utiliza as estratégias parentais já comprovadas que serão apresentadas nos próximos capítulos.

CAPÍTULO 2

CRIANÇAS MENTALMENTE FORTES VIVEM COM OBJETIVOS BEM DEFINIDOS

Os objetivos nos ajudam a começar a fazer coisas positivas em vez de ficarmos paralisados, preocupados com coisas negativas.

Tente se lembrar da época em que você não tinha filhos. Você e seu parceiro ficavam sentados no sofá compartilhando sonhos sobre como seus filhos seriam um dia? Todos nós já fizemos isso, embora duvidemos que qualquer futuro pai ou mãe já tenha dito algo como:

— Nossa, não vejo a hora de nossa filha crescer e se tornar desrespeitosa, arrogante e egoísta.
— Não vejo a hora de sermos chamados na escola para conversar sobre os problemas de comportamento do nosso filho.
— Quando nossos filhos crescerem, espero que continuem querendo morar conosco e que não queiram arrumar um emprego nem pagar aluguel.
— Não será ótimo se tivermos que criar nossos netos porque nossos filhos adultos não têm condições de cuidar deles sozinhos?

É claro que ninguém sonha com nenhum desses cenários. Queremos o melhor para nossos filhos; queremos que eles cresçam e se tornem independentes, autoconfiantes e bem-sucedidos, ou seja, mentalmente fortes. O amor que temos pelos nossos filhos nos motiva a trabalhar para sustentá-los, protegê-los, tomar conta deles e ensinar tudo o que pudermos. Nossos filhos certamente não querem crescer e se tornar adultos incapazes, dependentes dos pais. No entanto, as tendências apontam para uma maior probabilidade de adolescentes e jovens adultos estarem vivenciando a chamada "síndrome de Peter Pan": 56% daqueles que têm entre 18 e 24 anos ainda moram com os pais, de acordo com as estatísticas do Departamento de Censo dos Estados Unidos.[1] Infelizmente, muitos pais estão preocupados que, com base na maneira como foram criados ou naquilo que acontece em suas casas ou nas casas de outras famílias, exista uma grande possibilidade de os cenários hipotéticos acima se tornarem realidade.

Era isso que estava acontecendo na vida de Gina. Aos 41 anos, ela e seu marido, Tony, de 43 anos (dono de um restaurante italiano, herança de seus pais), estavam criando um adolescente de 16 anos, Luca. O sonho da vida deles era que Luca entrasse para o negócio da família e assumisse o comando do restaurante um dia. Eles achavam que ser um modelo de como trabalhar duro seria suficiente para inspirar o filho a querer realizar esse sonho deles; porém, o jovem não parecia interessado em nada além de se esconder em seu quarto, onde ficava desenhando quadrinhos e mexendo no computador. Embora fosse inteligente, Luca procrastinava as tarefas da escola, enquanto Gina costumava intervir e fazê-las por ele. Mesmo que ela pedisse para ele limpar o quarto, Luca continuava mantendo as pilhas de roupa suja espalhadas pelo chão até que Gina acabava por recolhê-las.

Gina e Tony levavam Luca para o trabalho com eles desde pequeno, para mostrar os vários aspectos do funcionamento do restaurante. Contudo, o filho demonstrava pouco entusiasmo por continuar o negócio da família, e muito menos entusiasmo ainda por se inscrever em uma faculdade. Gina, que cuidava da contabilidade do restaurante, tentou fazer Luca se interessar pelos números. Ela também tentou fazê-lo ajudar na cozinha auxiliando os cozinheiros, além de colocá-lo junto com Tony na tarefa de receber os clientes e garantir que o movimentado restaurante seguisse funcionando sem intercorrências. Luca demonstrava apatia diante de tudo isso. O casal se preocupava com o futuro dele e ficava inclinado a rotulá-lo como preguiçoso e desmotivado. Tony passou a tentar afastar Luca dos desenhos e do computador e a pressioná-lo para considerar seriamente o negócio do restaurante. Gina começou a se preocupar com a possibilidade de que Luca nunca desenvolveria as habilidades para essa função e estava começando a se perguntar se algum dia ele se sentiria motivado o bastante para sair de casa. O que ela poderia fazer?

Você tem preocupações parecidas sobre seu filho? Gostaria de saber a melhor conduta para mantê-lo na direção certa? Talvez seu filho ainda seja pequeno, mas você se pergunta quais são as melhores formas de motivá-lo enquanto ele cresce. E se você pudesse implementar algumas estratégias práticas agora mesmo que aumentassem significativamente a probabilidade de um futuro brilhante para você, seus filhos e seus netos? Educar é um dos trabalhos mais difíceis e importantes. Todos nós queremos fazer o melhor pelos nossos filhos e prepará-los para ter sucesso não apenas em suas carreiras, mas também nos relacionamentos, além de saúde, dinheiro e disposição. Por isso, vamos descrever como combinar um cérebro funcionando melhor com as estratégias de criação baseadas na psicologia da abordagem Amor e Lógica. É a junção dessas duas peças do quebra-cabeça parental que o colocará no caminho certo para educar crianças mentalmente fortes e fará você se divertir durante o processo.

Está na hora de começar a pensar sobre o que você está tentando extrair das suas interações diárias com seu filho. Nós apostamos que você é como a maioria dos pais e gostaria de ver certos traços serem desenvolvidos em seu filho, tais como:

- Confiança
- Resiliência
- Competência
- Responsabilidade
- Respeito
- Gentileza e cuidado
- Proatividade
- Autocontrole
- Capacidade de solucionar problemas
- Positividade nas atitudes
- Capacidade de se acalmar sozinho
- Capacidade de tolerar o desconforto
- Capacidade de adiar a gratificação
- Capacidade de aprender com os erros
- Facilidade para pedir ajuda quando necessário
- Capacidade de ter relacionamentos saudáveis e de estabelecer bons limites com os outros
- Capacidade de dizer "não" às tentações apresentadas pelos outros
- Habilidades e conhecimento para ter um emprego do qual ele goste e que também pague as contas
- Capacidade de ter um bom relacionamento e de passar tempo de qualidade com as pessoas
- Capacidade de cuidar de si mesmo e de ser saudável física e emocionalmente
- Capacidade de viver segundo objetivos e propósitos bem definidos

Esses são os traços de uma pessoa mentalmente forte — e você pode ajudar seus filhos a desenvolvê-los. Ainda que desejemos essas características para nossos filhos, pode ser que não saibamos como incentivá-las ou que fiquemos tão ocupados que deixemos de perceber o que realmente importa. Pode acontecer com qualquer um, até mesmo conosco, os autores deste livro — uma criança psiquiatra e uma criança psicóloga!

Você sabe qual é a sua meta como pai ou mãe, ou você sente que em alguns dias está simplesmente "improvisando"? A não ser que o objetivo seja que nossos filhos vaguem sem rumo pela vida ou a não ser que nosso desejo seja improvisar na criação deles, precisamos identificar aonde queremos chegar. Como pais, isso significa visualizar o tipo de adulto que queremos que nossos filhos se tornem. Incentivar a força mental, a motivação e uma atitude proativa em seu filho é mais fácil do que você pensa, e começa com estabelecer objetivos para você e para ele.

Depois que conheceram o Dr. Fay, Dina e Tony mergulharam de cabeça na abordagem Amor e Lógica e começaram a pensar seriamente sobre seus objetivos como pais e sobre o tipo de homem que eles gostariam que Luca se tornasse. Três coisas vieram à tona quase imediatamente, tornando-se objetivos iniciais que prontamente os ajudaram a começar a caminhada na direção de um melhor relacionamento com o filho:

- Ensiná-lo a se responsabilizar pela própria vida e pelas próprias decisões.
- Ajudá-lo a aprender a se preocupar com os outros e a demonstrar bom caráter.
- Ajudá-lo a concentrar toda a sua energia em seus pontos fortes.

Inicialmente, o casal parou de fazer as tarefas escolares de Luca por ele, permitindo-o que entrasse em contato com as consequências de não conseguir se esforçar o bastante. Eles também procuraram envolvê-lo na prestação de serviços comunitários e a cobrar que ajudasse em casa. Por fim, pararam de criticá-lo por aquilo que tinha dificuldade em fazer e se concentraram em identificar e encorajar seu amor pelo desenho e pelo design. Embora Luca tenha resistido no início, sua motivação mudou, e com isso seu interesse também mudou. Esse trabalho inicial deu aos pais o encorajamento necessário para continuar usando o poder de estabelecer objetivos.

COMO ESTABELECER OBJETIVOS EDUCACIONAIS PODE AJUDAR VOCÊ E SEU FILHO A SE TORNAREM MENTALMENTE FORTES

Sempre que o Dr. Amen fala sobre estabelecer objetivos pela primeira vez para seus pacientes que são pais, eles o contemplam com um olhar perdido ou murmuram algo vago sobre carreira ou dinheiro. Estabelecer objetivos não funciona só para algum sonho distante; funciona também agora, para você na condição de pai ou mãe, ao mesmo tempo que desempenha um papel importante na sua capacidade de criar uma criança confiante, competente e mentalmente forte. Estabelecer objetivos nos quais você pode focar diariamente não só fará uma diferença enorme na sua vida como manter o foco neles é crucial para que consiga educar com eficiência. Além disso, a saúde do cérebro é essencial para o estabelecimento desses objetivos e a manutenção do comportamento necessário para atingi-los.

Vamos direcioná-lo para as melhores estratégias e os melhores fundamentos baseados na neurociência e na abordagem Amor e Lógica, para que você consiga estabelecer objetivos, aprimorar a saúde do cérebro e fortalecer o relacionamento com seu filho. Foi assim que Gina e Tony alcançaram o sucesso. Os objetivos deles ajudaram seus cérebros a guiá-los na direção de comportamentos mais eficientes. Em outras palavras, seus objetivos permitiram que saíssem do limbo e começassem a *agir* em vez de só *se preocupar*.

Adivinhe qual é a parte do cérebro que controla a capacidade de estabelecer limites. O córtex pré-frontal, a parte mais evoluída do cérebro adulto e a menos evoluída do cérebro infantil e adolescente. O córtex pré-frontal, responsável pelo planejamento, antecipação, julgamento, controle de impulso e empatia, não está completamente desenvolvido até os 25 anos de idade. Logo, até que seu filho chegue a essa idade, você precisa intervir e agir como o córtex pré-frontal dele. (Você aprenderá mais sobre o cérebro ao longo deste livro.)

Para que essa parte do seu cérebro seja tão eficiente quanto pode ser, você precisa saber o que quer e o que é importante para você. Quando o córtex pré-frontal funciona bem, você consegue agir de acordo com seus objetivos e supervisionar com eficácia suas palavras e ações. Consegue pensar antes de falar e tende a dizer coisas que aumentam suas chances de atingir seus objetivos. Você também tende a pensar antes de agir, e o resto do cérebro o ajuda a criar comportamentos consistentes com seus objetivos.

Como descobrir seu propósito na vida

Para que seus objetivos sejam significativos e eficazes, é importante que você entenda qual é o seu propósito e que o tenha sempre em mente enquanto educa seus filhos. Para descobrir seu propósito, faça a si mesmo as seguintes perguntas:

1. O que você ama fazer? Você ama cozinhar, escrever, desenhar, ensinar, ser pai ou mãe, ou outra coisa? O que é que você se sente qualificado para ensinar aos outros?

2. Para quem você está fazendo isso? De que maneira o seu trabalho o conecta com os outros?

3. Existem mágoas ou dores do seu passado que você pode transformar em uma forma de ajudar os outros? Transforme sua dor em propósito.

4. O que os outros querem ou precisam que você faça?

5. De que maneira o que você faz afeta os outros?

6. Como você quer ser lembrado depois que morrer? Qual é o legado que quer deixar?

Observe que apenas duas dessas seis perguntas são sobre você; as outras quatro são sobre os outros. Felicidade e propósito geralmente são encontrados quando ajudamos outras pessoas.

A sua mente usa o que vê e faz acontecer. Por isso é imprescindível que você visualize o que quer para si mesmo como pai ou mãe e para seu filho e que aja de acordo para alcançar isso no longo prazo. Muitos pais se deixam levar por caprichos momentâneos (ou pelos caprichos dos seus filhos), em vez de usar o córtex pré-frontal para criar um plano estratégico para si mesmos e para seus filhos independentemente da idade. Será que é o seu córtex pré-frontal que está tomando as decisões ou será que são as suas emoções que estão no controle delas?

QUAL É SEU OBJETIVO COMO PAI OU MÃE? QUAIS SÃO SEUS OBJETIVOS PARA SEUS FILHOS?

Em última instância, seus objetivos determinam seu comportamento. Ter clareza sobre quais são seus objetivos como pai ou mãe fará seu comportamento sair do domínio da repetição inconsciente do passado e o direcionará para atitudes positivas. Quando você tem clareza sobre seus objetivos como pai ou mãe e para seus filhos, começa a ser mais proativo e positivo, além de introduzir os fundamentos necessários para que eles se tornem tanto emocionalmente fortes para lidar com os estresses do mundo real quanto adultos responsáveis. Sem essa clareza você pode se tornar reativo, ineficiente e se frustrar com facilidade (todo pai ou mãe já passou por momentos assim). Você também não terá capacidade de mostrar ao seu filho tudo o que é necessário para que ele tenha uma vida produtiva e com propósito. O resultado são filhos criados sem a força mental, a motivação e a confiança necessárias para serem bem-sucedidos em todas as áreas de suas vidas. É por isso que precisamos desenvolver e escrever cada objetivo para nos mantermos focados na tarefa de educar.

A palavra *escrever* é importante aqui. Um estudo feito em 2021 por pesquisadores japoneses, analisando imagens do cérebro para verificar a eficácia do ato de escrever no papel comparando com o ato de digitar no celular, sugere que o ato de escrever no papel estimula de forma significativa partes específicas do cérebro que estão diretamente relacionadas à memória.[2] Além disso, em um estudo realizado em 2015 que analisou o estabelecimento de metas, um professor da Universidade Dominicana dividiu 149 participantes em cinco grupos: escrever objetivos; não escrever objetivos; escrever objetivos e um plano de ação; escrever objetivos e um plano de ação e enviá-los a um amigo; escrever objetivos e um plano de ação e enviar um relatório de progresso semanal a um amigo. Depois de quatro semanas, estava claro que o grupo de pessoas que escrevia seus objetivos, estabelecia um plano de ação e enviava relatórios semanais de progresso a um amigo realizava seus objetivos significativamente mais do que qualquer outro grupo. O grupo de pessoas que não escrevia seus objetivos e simplesmente pensava sobre o que queria alcançar realizava o menor número de objetivos entre os demais.[3]

Nas próximas páginas, incluímos nossos objetivos pessoais como pais, bem como os nossos objetivos para nossos filhos — a filha Chloe, uma jovem universitária, e as sobrinhas adolescentes do Dr. Amen, assim como os filhos adultos e o filho adolescente do Dr. Fay. Os objetivos pessoais do Dr. Amen ficam na primeira gaveta da sua mesa no trabalho e os do Dr. Fay estão na parede do seu escritório. Cada um de nós começa o dia olhando para seus objetivos. Começar o dia dessa forma nos ajuda a manter nossos comportamentos consistentes com aquilo que queremos.

Os objetivos do Dr. Amen como pai

Como pai, meu objetivo geral é ser uma força positiva e competente na vida dos meus filhos.

1. Estar envolvido: Quero ser presente na vida dos meus filhos; para isso, farei o possível para ter tempo suficiente para eles.

2. Estar aberto: Conversarei com eles para que tenham facilidade para conversar comigo quando precisarem.

3. Ser firme/estabelecer limites: Supervisionarei e estabelecerei limites apropriados até que desenvolvam sua própria moral e os próprios controles internos.

4. Estar junto: Seja casado ou separado, o melhor para os filhos é quando ambos os pais estão de acordo e se ajudam no processo.

5. Ser gentil: Educarei meus filhos para que queiram vir me visitar depois que saírem de casa. Ser pai também é um trabalho egoísta.

6. Ser divertido: Farei piadas, palhaçadas e brincadeiras com meu filhos. O divertimento é essencial para a saúde física e emocional.

Os objetivos do Dr. Fay como pai

1. Ser amoroso: Estarei presente e demonstrarei aceitação incondicional.

2. Ser firme: Estabelecerei limites e formas de responsabilização por meio de consequências lógicas ou naturais.

3. Ser um bom exemplo: Agirei com bondade, humildade, honestidade e resiliência.

4. Ser confiável e digno de confiança: Manterei minha palavra sobre tudo o que eu disser que farei.

5. Ser grato e alegre: Vou me concentrar no que é positivo e demonstrar fé.

6. Ser generoso: Serei generoso em dividir meu tempo e recursos com os outros.

7. Ser honrado: Vou me esforçar para glorificar a Deus em tudo que eu faça.

Os objetivos do Dr. Amen para seus filhos

Para meus filhos, meu objetivo geral é promover o desenvolvimento e a força mental.

1. Estabelecer conexões: Vivemos em um mundo conectado. É imperativo que eu ensine meus filhos a se relacionarem bem com os outros.

2. Ser responsável: Meus filhos precisam acreditar e agir como se tivessem controle sobre suas próprias vidas. Seus problemas nem sempre são culpa do outro. Do contrário, eles agirão como vítimas.

3. Ser independente: Permitirei que meus filhos tomem algumas decisões sobre suas vidas para que sejam capazes de tomar decisões por conta própria.

4. Ser autoconfiante: Incentivarei meus filhos a fazerem diversas atividades nas quais possam se sentir competentes. A autoconfiança geralmente advém da nossa capacidade de dominar tarefas e esportes.

5. Ter autoaceitação: Procurarei apontar mais os aspectos positivos do que os negativos nos meus filhos para ensiná-los a se aceitarem.

6. Ter capacidade de adaptação: Permitirei que meus filhos sejam expostos a diferentes tipos de situações para que se tornem flexíveis o bastante para lidar com as pressões que encontrarem pelo caminho.

7. Ser livre emocionalmente: Permitirei que meus filhos se expressem em um ambiente acolhedor. Também procurarei ajuda para eles caso demonstrem sintomas prolongados de problemas emocionais.

8. Ser divertido: Ensinarei meus filhos a se divertirem e a darem risada.

Os objetivos do Dr. Fay para seus filhos

1. Ser responsável: Permitirei que meus filhos cometam erros (sem risco grave) quando pequenos, para que aprendam que cada escolha que fazem tem uma consequência. Permitirei que aprendam que culpar os outros pelos seus erros não funciona.

2. Ser respeitoso: Serei respeitoso e esperarei reciprocidade. Farei com que aprendam que comportamentos desrespeitosos têm consequências ruins.

3. Ser resiliente e proativo: Permitirei que enfrentem adversidades e percebam que têm a capacidade de resolver problemas e de lidar com frustrações.

4. Ser generoso: Serei um exemplo disso e proporcionarei oportunidades para que dividam com os outros o que têm.

5. Ser humilde: Ensinarei que todas as coisas boas são graças divinas.

6. Ser feliz nos relacionamentos: Demonstrarei que

relacionamentos duradouros são mais preciosos que as coisas que possuímos ou que as circunstâncias nas quais nos encontramos.

Se você gostou desses objetivos, copie-os. Revise-os para que se encaixem nos seus próprios objetivos e desejos para seus filhos, acrescentando seus próprios toques especiais. Depois os coloque onde possa vê-los todos os dias e se pergunte: "O meu comportamento está me proporcionando o que quero para mim mesmo como pai/mãe e para os meus filhos enquanto eles crescem?".

Nós acreditamos firmemente que você precisa olhar para os seus objetivos *todos os dias*. É isso que os tira do plano do desejo e os coloca no plano do comportamento diário. Se você só olha para os seus objetivos de vez em quando, é muito provável que tenham o mesmo destino que a maioria das resoluções de Ano-Novo: decepção.

Quando você sabe o que quer, está mais propenso a ajustar seu comportamento para conseguir o que deseja. Isso acontece porque seu cérebro recebe e cria realidade. Na verdade, quando estudamos crianças e pais bem-sucedidos, descobrimos que o que eles têm em comum são um senso de responsabilidade individual e objetivos claros.

É por isso que o Dr. Amen pede que seus pacientes — independentemente de terem 5 ou 75 anos — façam um exercício para estabelecer objetivos desenvolvido por ele, chamado *Uma Página Milagrosa (UPM).* Ele já escreveu sobre esse exercício em alguns dos seus livros anteriores,[4] mas neste o adaptou especificamente para pais e filhos. Esse exercício o ajudará a ser mais eficiente em praticamente todos os seus pensamentos, palavras e ações. E pode ajudar a você focar e a mudar rapidamente a sua vida e a do seu filho.

Seja específico sobre o que exatamente você quer (e não sobre o que não quer) nas principais áreas da sua vida como pai ou mãe — relacionamentos, trabalho, dinheiro e pessoal — a fim de encorajar uma postura mais equilibrada sobre a vida. Abaixo de "Pessoal", você considerará os quatro círculos da força mental. Dedique tempo para desenvolver a sua UPM e a revise com frequência. A exaustão acontece quando estamos sobrecarregados em uma área ou negligenciando uma ou mais áreas.

Uma Página Milagrosa para os Pais

O que eu quero para minha vida como pai/mãe?
O que estou fazendo para que isso aconteça?

RELACIONAMENTOS

Cônjuge/Companheiro: ______________________________

Filho(s): ______________________________

TRABALHO

____

____

DINHEIRO

____

____

PESSOAL

Físico: ______________________________

Emocional: ______________________________

Mental: ______________________________

Espiritual: ______________________________

A seguir apresentamos a UPM de Gina, mãe de Luca, mencionada no início deste capítulo. Ela passou bastante tempo preenchendo seus objetivos não só como mãe, mas também para seu filho adolescente.

Uma Página Milagrosa para os Pais: Gina

O que eu quero para minha vida como mãe?
O que estou fazendo para que isso aconteça?

RELACIONAMENTOS

Cônjuge/Companheiro: Quero que meu marido e eu nos entendamos sobre a educação do nosso filho, para que possamos agir juntos.

Filho(s): Quero conhecer melhor meu filho Luca. Quero ajudá-lo a ter mais motivação e a desenvolver as habilidades mentais necessárias para ser independente. Quero que ele encontre um emprego do qual goste e que pague o suficiente para ele viver com certo conforto.

TRABALHO/DINHEIRO

Quero ser um bom exemplo para o Luca de como pode ser gratificante ter um trabalho que amamos.

PESSOAL

Físico: Quero ser saudável e um exemplo de vida saudável para meu filho.

Emocional: Quero focar mais os aspectos positivos, para poder me sentir mais em paz.

Mental: Quero mudar meu padrão crítico.

Espiritual: Quero sentir que minha vida é importante.

COMO AJUDAR SEUS FILHOS A ESTABELECER OBJETIVOS

Estabelecer objetivos não é uma tarefa só para os pais, embora comece com eles. Também é uma das melhores formas de desenvolver o córtex pré-frontal do seu filho, bem como a força mental que o ajudará a ter sucesso. Assim como seus pais, quando os filhos sabem o que querem ficam mais propensos a ajustar seus comportamentos para conseguir o que desejam. Contudo, normalmente, quando perguntamos aos nossos filhos — pequenos e adolescentes — sobre seus objetivos, eles costumam responder que querem ser bombeiros, famosos ou bilionários da tecnologia quando crescerem. É importante ensinar crianças de todas as idades a tomar decisões de curto prazo e a estabelecer objetivos tanto para o agora quanto para o longo prazo.

Ajude seus filhos a refinar as próprias UPMs, para estimular que tenham cada vez mais clareza sobre o que querem da vida. Em vez de encarar isso como uma tarefa ou obrigação, explique a eles que o UPM é uma ferramenta que vai ajudá-los a tornar seus sonhos realidade. Dessa forma, eles terão mais vontade de participar. O UPM é um exercício apropriado para crianças de praticamente todas as idades, podendo ser feito quando elas estiverem na pré-escola ou na primeira série. Estabelecer limites também pode ser benéfico para crianças com deficiência, uma vez que as ajuda a se concentrar em objetivos realistas e alcançáveis. Pense nesse exercício como uma oportunidade maravilhosa para se conectar com seu filho e não apenas conhecê-lo como também suas vontades e desejos mais profundos. Pode ser que você se sinta tentado a "dizer" para seu filho quais são os objetivos que ele deveria ter, porém é muito importante que evite fazer isso. Para ajudá-lo a identificar seus objetivos, esteja preparado para fazer as seguintes perguntas:

- O que você gosta de fazer?
- Existe algo que você gostaria de fazer melhor?
- Existe alguma coisa que você nunca fez e gostaria de tentar fazer?
- O que o faria feliz?
- Como você demonstra para as pessoas que as ama?

- Como você pode ajudar alguém que está sofrendo?
- O que você acha que é o seu propósito na vida?

Perto de cada substituto da UPM (substitua "Trabalho" por "Escola" ou "Tarefas"; inclua "Dinheiro" se eles receberem uma mesada ou tiverem um emprego), peça ao seu filho para escrever com clareza o que é importante para ele naquela área. Deixe claro que é para ele escrever o que quer, não o que não quer. Se ele tiver dificuldade para responder algum dos tópicos, auxilie-o dando sugestões como: "Você parece gostar muito da aula de matemática" ou "Eu percebo que você tira fotos muito boas". Seja positivo e peça para ele escrever na primeira pessoa. Depois que ele terminar o rascunho inicial (é importante atualizar esse documento com frequência à medida que ele for crescendo), coloque essa folha de papel em um lugar em que você e ele possam vê-la todos os dias, por exemplo, na porta da geladeira, perto da cama dele ou no espelho do banheiro. Dessa forma, seu filho poderá direcionar todos os dias o olhar e o cérebro para aquilo que é importante para ele. Isso o fará ter mais facilidade para ajustar seu comportamento a fim de conseguir o que quer. A vida dele terá mais propósito e ele passará a gastar energia nos objetivos que são importantes para ele, em vez de desperdiçar seus esforços naquilo que não o ajuda. Isso criará a base para sua força mental, ajudando-o a construir a força de vontade necessária para seguir buscando aquilo que valoriza e a dizer "não" para tentações que não são saudáveis.

A primeira vez que Gina pediu a Luca que fizesse esse exercício com ela, o jovem revirou os olhos. Porém, quando ela explicou que era um exercício para que pudessem focar aquilo que *ele* queria para sua vida e não o que *ela* queria, ele concordou. Juntos, preencheram a Uma Página Milagrosa dele. Gina teve que se segurar várias vezes, mas acabou aprendendo muito sobre seu filho durante esse exercício simples. No fim das contas, não faltava motivação a Luca; ele simplesmente não tinha interesse em gerenciar o restaurante dos pais. Sua paixão era o desenho, o design e os computadores.

Luca foi até seu computador, abriu um arquivo e o mostrou para a mãe. Ele havia desenhado um novo logotipo para o restaurante, mas tinha ficado com muito medo de contar para os pais. Gina ficou impressionada com a qualidade do logotipo e prometeu mostrá-lo a Tony. Luca também contou a ela que tinha criado um plano para que pudessem começar uma loja online para vender o famoso molho marinara da família, mas havia pensado que eles não queriam ouvir suas ideias. A pressão que os pais colocaram nele para que seguisse os passos deles deixou Luca cheio de ressentimento e se sentindo desmotivado em outras áreas de sua vida. Tentar forçá-lo a fazer o que achavam que era o melhor para ele não tinha dado certo e o estava privando da força mental que ele merecia.

Uma Página Milagrosa Luca, 16 anos

RELACIONAMENTOS

Pais: Quero ter um relacionamento com meus pais no qual eu sinta que posso ser eu mesmo e que eles me aceitarão do jeito que sou.

Irmãos: Não tenho irmãos.

Amigos: Quero ter amigos que se interessem pelas mesmas coisas que eu, para que possamos incentivar um ao outro.

ESCOLA/TRABALHO/OBRIGAÇÕES

Escola: Quero ir para uma escola onde possa me concentrar nas coisas que amo: desenho, design e computadores.

Professores: Quero encontrar professores que possam ser meus mentores.

Trabalho/Obrigações: Quero dar um novo direcionamento para o negócio da família: abrindo uma loja online, em um site melhor e com uma identidade visual atualizada. Em casa, quero ter um cachorro, então me comprometo a levá-lo para passear uma vez por dia, todos os dias.

PESSOAL

Físico: Quero me sentir bem com meu corpo.

Emocional: Quero acordar animado para viver o dia.

Mental: Quero focar em fazer bem o que amo.

Espiritual: Quero me sentir mais conectado com algo maior que eu e quero tentar a meditação.

A seguir, apresentamos exemplos de UPMs de outras crianças com idades variadas, para que você possa ver os tipos de objetivos que podem ser apropriados para o seu filho.

Uma Página Milagrosa Allie, 6 anos

RELACIONAMENTOS

Pais: Quero que meus pais se orgulhem de mim.

Irmãos: Quero que meu irmão seja mais legal comigo.

Amigos: Quero fazer novos amigos na escola nova.

ESCOLA/TRABALHO/OBRIGAÇÕES

Escola: Quero ser boa aluna.

Professores: Quero que os professores gostem de mim.

Obrigações: Quero aprender a ajudar a fazer o jantar da família.

PESSOAL

Físico: Quero ser saudável.

Emocional: Quero me divertir.

Mental: Quero ser gentil.

Espiritual: Quero prestar mais atenção durante a missa.

Uma Página Milagrosa Joe, 9 anos

RELACIONAMENTOS

Pais: Quero ter uma relação boa e amorosa com minha mãe e meu pai. Quero que eles confiem e se orgulhem de mim.

Irmãos: Sei que meu irmão será sempre minha família. Mesmo brigando com ele às vezes, vou tratá-lo como gostaria que ele me tratasse.

Amigos: É importante ter amigos. Vou tratar as outras pessoas com gentileza e respeito. Vou fazer amizades com crianças que tenham os mesmos objetivos que eu.

ESCOLA/TRABALHO/OBRIGAÇÕES

Escola: O meu lugar é na escola. Lá, podem me ajudar a me tornar a melhor pessoa que posso ser. Eu dou o meu melhor na escola todo dia. Quero aprender e me tornar uma pessoa inteligente.

Professores: Meus professores estão lá para me ajudar. Vou tratá-los com respeito e gentileza.

Obrigações: Sempre que tiver obrigações para fazer, seja em casa ou no trabalho um dia, farei o meu melhor e terei orgulho do meu esforço. Vou ajudar em casa e fazer minhas tarefas sem reclamar. Sei que preciso ajudar minha família e fazer a minha parte.

PESSOAL

Físico: Ser saudável e cuidar do meu corpo.

Emocional: Me sentir bem e feliz.

Mental: Ser grato.

Espiritual: Viver de um jeito que me deixe orgulhoso, viver perto de Deus e ser o tipo de pessoa que Ele gostaria que eu fosse.

Uma Página Milagrosa Melissa, 20 anos

RELACIONAMENTOS

Pais: Quero continuar conectada com meus pais mesmo morando no dormitório da faculdade e não mais em casa.

Irmãos: Quero ser um bom exemplo para meu irmão e minha irmã mais novos.

Amigos: Quero ter alguns amigos mais próximos com os quais possa realmente contar e quero passar mais tempo com meu namorado.

ESCOLA/TRABALHO/OBRIGAÇÕES

Escola: Quero me sair bem nas disciplinas para passar no exame da Ordem dos Advogados.

Professores: Quero desenvolver bons relacionamentos com professores com os quais possa aprender ainda mais.

Trabalho/Obrigações: Embora meu trabalho nos fins de semana não seja na área na qual quero atuar, ainda assim é importante que eu faça o meu melhor e aprenda o máximo possível para ser bem-sucedida no ambiente profissional.

PESSOAL

Físico: Quero melhorar minhas habilidades como jogadora de vôlei para poder entrar no time da faculdade.

Emocional: Quero aprender formas de lidar com o estresse diário de fazer faculdade, trabalhar, treinar no time de vôlei e ter um namorado.

Mental: Quero descansar o suficiente para que meu foco e atenção sejam os melhores possíveis nas aulas e nos treinos.

Espiritual: Quero me envolver mais nas atividades da minha igreja.

Uma Página Milagrosa para crianças

O que eu quero para minha vida?

O que posso fazer para que isso aconteça?

RELACIONAMENTOS

Pais: ______________________________

____

Irmãos: ______________________________

____

Amigos: ______________________________

____

ESCOLA/TRABALHO/OBRIGAÇÕES

Escola: ______________________________

____

Professores: ______________________________

____

Trabalho/Obrigações: ______________________________

PESSOAL

Físico: ______________________________

____

Emocional: ______________________________

____

Mental: ______________________________

____

Espiritual: ______________________________

____

SERÁ QUE AJUDA?

As três palavras mais poderosas da nossa língua são "Será que ajuda?". Quando você se pergunta se seu comportamento ajuda nos seus objetivos como pai ou mãe, fica muito mais fácil alcançá-los. Toda vez que estiver falando alguma coisa para seus filhos ou pedindo que eles façam algo, pergunte-se: "Será que ajuda?". Será que suas palavras e ações ajudam seus objetivos como pai ou mãe? Será que ajudam seus filhos a alcançarem os objetivos pessoais deles? Será que estão alimentando a força mental deles? Se a resposta for "não", então não faça. Sempre que puder responder "sim", você saberá que está no caminho certo.

É igualmente importante ensinar seus filhos a se perguntarem "Será que ajuda?". A noção básica de ajustar o comportamento para conseguir o que realmente se quer é fácil de ser compreendida por eles, mesmo quando são pequenos. Esse é um dos passos fundamentais para se tornar um ser humano mentalmente forte, competente e responsável.

Ensine aos seus filhos que, para serem mentalmente fortes, é imprescindível que eles tenham objetivos claros e bem definidos, e que o caminho para conseguir praticamente tudo o que quiserem pode ser dividido em uma série de pequenos passos. Seguir qualquer um desses pequenos passos não está além da capacidade deles, o que significa que a conquista tem tudo a ver com terem clareza sobre o que querem e caminharem na direção dos seus objetivos todos os dias.

Passo a passo

- Separe um tempo para pensar sobre o que você quer para si mesmo como pai ou mãe e para seus filhos à medida que eles forem crescendo. Use essa informação para criar a sua própria *Uma Página Milagrosa*.
- Separe um tempo para ajudar seu filho a pensar sobre o que quer para a vida dele e para ajudá-lo a criar a sua própria *Uma Página Milagrosa*.

- Coloque suas UPMs onde você e seu filho possam vê-las todos os dias.
- Pergunte-se "Será que ajuda?" para checar se seu comportamento está ajudando seus objetivos e se está contribuindo para que você os alcance.
- Ensine seu filho a se perguntar "Será que ajuda?" para ter certeza de que as ações dele estão melhorando suas chances de alcançar seus objetivos.

CAPÍTULO 3

SERÁ QUE SEU ESTILO DE EDUCAR ESTÁ FOMENTANDO A FORÇA OU A FRAQUEZA MENTAL?

As palavras firmeza *e* gentileza *são a essência dos bons pais que educam boas pessoas.*

Você ama seus filhos e quer ser um pai ou mãe presente? É óbvio que quer! É por isso que está lendo este livro. Mas nem todo pai/mãe é igual. Alguns estilos de educar dificultam que você alcance os objetivos que estabeleceu para você e para seus filhos, contribuindo para falta de motivação, carência, sentimentos narcisistas ou de ansiedade. Outros estilos de educar facilitam a tarefa de desenvolver jovens competentes, e o melhor, nos permitem aproveitar mais nossos filhos no momento presente. Se você quer encontrar o caminho mais rápido para momentos de diversão e um futuro promissor, precisa olhar para si mesmo com honestidade. Pode ser que, inconscientemente, você esteja tornando sua tarefa de educar mais difícil do que precisa ser. Qual é o seu estilo de educar? Faça o teste a seguir para descobrir:

- Você costuma fazer as tarefas da escola para seus filhos?
- Você tem o hábito de resolver os problemas dos seus filhos no lugar deles?

- Você dá a seus filhos (independentemente da idade) instruções detalhadas para tudo o que fazem?
- Você costuma planejar o dia dos seus filhos?
- Quanto tempo você gasta com as necessidades dos seus filhos?
- Você permite que seus filhos errem e sofram as consequências?
- Você se vê fazendo ameaças que não pode cumprir?
- Você faz tratamento de silêncio, ignora, diminui, humilha ou é sarcástico quando está bravo?
- Você dá a seus filhos liberdade para fazer o que querem?
- Você acha que seu medo de frustrar seus filhos impede que você estabeleça e imponha os limites dos quais eles precisam?
- Você acha que a maioria das suas decisões se baseia em medos e mágoas do passado? Ou acha que estão baseadas naquilo que ajudará seus filhos a crescerem com responsabilidade e autoconfiança?

Com base nas suas respostas, você provavelmente se enquadrará em um dos quatro principais estilos de educar que apresentaremos neste capítulo. Antes de abordar esses estilos, gostaríamos que você entendesse que o seu estilo de educar geralmente resulta de vários fatores: exemplos que teve dos seus pais e cuidadores; de outros pais que admirava; influência cultural; sua saúde do cérebro e mental; entre outros. Pode ser que você se sinta confortável com seu estilo de educar ou talvez sinta que não está funcionando muito bem. Este capítulo vai ajudá-lo a refinar seu estilo, para que se torne um pai ou mãe mais eficiente e possa educar crianças resilientes, responsáveis e respeitosas.

Em seu trabalho, o Dr. Amen costuma identificar vários de estilos de educar e inúmeros problemas relacionados a eles. Décadas de pesquisas, que começaram com o trabalho clínico e experimental da psicóloga Diana Baumrind nos anos 1960, mostram que os estilos de educar seguem dois contínuos: do amoroso ao hostil e do firme ao permissivo.[1] Provavelmente você já ouviu esses termos.

AMOROSO Torço para o sucesso do meu filho e tenho profunda empatia e compaixão por ele.	FIRME Quando digo alguma coisa, estou falando sério e não volto atrás.
HOSTIL Exijo que meu filho faça tudo do meu jeito e o puno por seus erros.	**PERMISSIVO** Conserto os erros dos meus filhos por eles.

Jim Fay e o Dr. Foster Cline descrevem três tipos de pais:

- Helicópteros: Pais que combinam os estilos Amoroso e Permissivo.
- Sargentos: Pais que são Firmes mas Hostis.
- Consultores: Pais que são Amorosos e Firmes. Eles também incentivam seus filhos a assumirem a responsabilidade pelas suas decisões.[2]

Nós incluímos um quarto tipo de pai ou mãe, que denominamos "Ausente". Esse tipo de pai/mãe é tanto Hostil quanto Permissivo.

Antes de nos aprofundarmos nesses vários estilos, gostaríamos que você soubesse que nas Clínicas Amen temos a regra do "nenhum babaca". Esse conceito aparece em um livro de 2007, de Robert Sutton, com um nome considerado meio obsceno.[3] Basicamente, significa que não contratamos pessoas que tratam mal os outros porque não queremos nenhum comportamento tóxico contaminando a equipe. Acreditamos firmemente que essa regra começa conosco; nós, que estamos no topo, comandando nossas empresas. Nós damos o exemplo para toda a equipe. Em uma unidade familiar, isso significa que você não quer que um membro da família seja desrespeitoso ou ofensivo com o outro, pois isso criará dificuldades para todos. O mais importante é lembrar que tudo começa com você, o pai ou mãe. Se você age como um babaca, há uma grande chance de seus filhos agirem assim também. Não seja um babaca! Em vez disso, siga nossas regras sobre como agir em um lar com Amor e Lógica.

Como agimos em um lar com Amor e Lógica

- Vou tratá-lo com respeito para que você saiba como ser respeitoso comigo.
- Você tem liberdade para fazer tudo o que quiser, desde que não crie problemas para ninguém.
- Se você causar um problema, vou pedir que o resolva. Por favor, me avise se precisar de ideias sobre como resolvê-lo.
- Se você não conseguir resolver ou decidir não resolver o problema, vai haver consequências.
- As consequências dependerão da pessoa em questão e da situação em questão.
- Se em algum momento você achar que fui injusto, por favor, me avise, sussurrando para mim: "Não sei se acho isso justo".
- Podemos marcar um horário para conversar. O que você me disser pode ou não mudar minha decisão sobre as consequências.[4]

Agora, vamos examinar em detalhes esses estilos de educar, para que você consiga identificar melhor qual se aproxima mais do seu. Vamos apresentar os estilos que dificultam a tarefa de educar e aumentam as chances de as crianças se tornarem ineficientes, indefesas e mimadas. Também apresentaremos uma visão geral dos estilos que provavelmente o ajudarão a atingir seus objetivos e ajudarão crianças de todas as idades a se tornarem pessoas fortes, independentes e proativas, que conseguem conquistar seus objetivos com sucesso.

PAIS-HELICÓPTERO (AMOROSOS E PERMISSIVOS)

Esse tipo descreve os pais que costumam ser amáveis e gentis com seus filhos, bem como dar a eles tudo o que querem. São pais que relutam em desafiar ou frustrar seus filhos. Parece razoável, não parece? Querer proteger seus filhos e fazer suas vidas serem o mais fáceis e tranquilas possível. O problema acontece quando esses pais cedem a qualquer capricho dos filhos. O principal objetivo deles é criar um mundo perfeito para os filhos. Um exemplo são aqueles pais que estão sempre criticando os professores de seus filhos, exigindo que suas notas sejam revistas e que os filhos recebam mais oportunidades para acertar. São os mesmos pais que acabam se vendo obrigados a contratar advogados para defender seus filhos adolescentes ou jovens adultos acusados de dirigir embriagados, de cometer pequenos furtos ou de usar drogas. Esses pais têm boas intenções, mas estão confusos; eles entenderam errado. Querem que seus filhos gostem deles em vez de criá-los para que tenham cérebros saudáveis e sejam mentalmente fortes. Infelizmente, essa abordagem não oferece as competências e atitudes necessárias para que as crianças sejam bem-sucedidas no mundo real; muito pelo contrário, acaba criando adolescentes e adultos narcisistas.

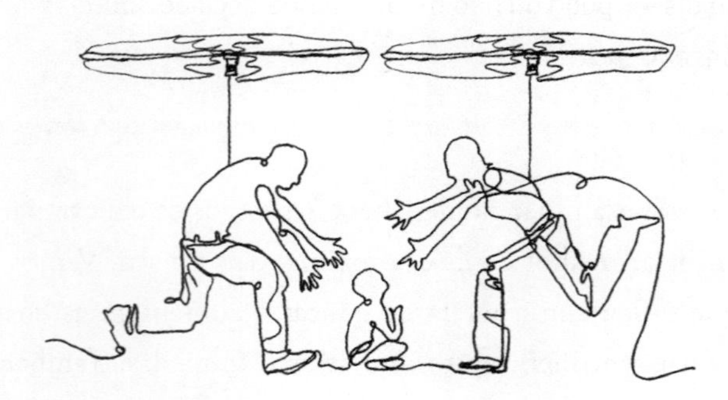

Dentro da abordagem Amor e Lógica, chamamos esse tipo de "Pai-Helicóptero", um termo que se tornou onipresente e que evoca imagens de pais entrando em cena para resgatar seus filhos dos mais singelos desafios da vida. Como mencionado, foram Jim Fay e Dr. Foster Cline que identificaram esse tipo comum de pai ou mãe.[5] Jim tinha acabado de se desligar de uma escola no centro da cidade, onde trabalhava com vários alunos que enfrentavam grandes dificuldades — famílias de baixa renda, insegurança alimentar, ter que passar por bairros com altos índices de violência no caminho para a escola, entre outros —, e estava empolgado para assumir o cargo administrativo em uma nova escola no subúrbio. Jim foi ingênuo em acreditar que trabalhar em uma escola onde as famílias tinham mais dinheiro significava que haveria menos problemas.

Ele estava errado!

Logo que chegou à nova escola, Jim percebeu que encontraria ali desafios que nunca tinha enfrentado antes. Pais por todo lado na escola, carregando lancheiras, meias, tarefas que seus filhos esqueceram. Mães e pais invadindo salas de aula para confrontar o professor e culpá-lo pessoalmente pelo desempenho escolar ruim de seus filhos e pelos seus comportamentos inaceitáveis dentro da sala de aula. Se os filhos tivessem qualquer tipo de problema, os pais logo apareciam, ficavam em cima deles e jogavam a corda metafórica para resgatá-los do terreno árido das causas e consequências. Para Jim e o Dr. Cline, esse simbolismo era tão claro que deu origem ao termo "Pai-Helicóptero". Enquanto os pais acham que estão agindo no melhor interesse dos seus filhos, todos esses resgates aéreos estão, na verdade, impedindo que seus filhos desenvolvam a força mental necessária para se defenderem ao longo da vida. (No Capítulo 4, falaremos sobre quando é permitido resgatar seus filhos.)

Anos depois, o Dr. Charles Fay (filho de Jim) conheceu uma mulher que era o exemplo perfeito desse estilo de educar. Miranda admitiu que costumava agir como um helicóptero superpotente que ficava o tempo todo sobrevoando sua filha, Wanda. Ela chamava a atenção no parquinho da escola por usar um binóculo para ficar de olho na menina, e, se notava qualquer tipo de conflito, corria e resolvia. De manhã, fazia questão de que Wanda estivesse impecavelmente vestida, mesmo que isso significasse que ela perderia o ônibus da escola e que teria que levá-la de carro. Miranda também se voluntariava para inúmeros eventos escolares, principalmente para que pudesse ficar de olho nos professores e ter certeza de que estavam fazendo um bom trabalho.

Com o tempo, todos esses "resgates" começaram a afetar o bem-estar mental de Wanda. Ela se tornou depressiva, apática, incapaz de tomar qualquer decisão e tinha medo de tentar qualquer coisa nova. Miranda, por sua vez, estava exausta, irritada e completamente esgotada. Os helicópteros gastam muito combustível e quando não são reabastecidos caem feito uma pedra. Miranda estava caindo rapidamente.

Pais-helicóptero

Você se identifica com um helicóptero soltando fumaça em pleno voo? Estes são os motivos pelos quais ser um pai-helicóptero pode ser tão desgastante. Pais-helicóptero costumam:

- Resgatar seus filhos mesmo quando o resgate não é necessário;
- Passar a seguinte mensagem para seus filhos: "Vocês são fracos e incapazes. É por isso que preciso protegê-los e resgatá-los do mundo";
- Criar filhos que se tornam irresponsáveis, incapazes e ressentidos;
- Vivenciar uma enorme exaustão parental;
- Educar com o sistema límbico (parte central do cérebro emocional) em vez de com o córtex pré-frontal (o CEO do cérebro, responsável pelas funções executivas e pelo pensamento lógico);
- Deixar de monitorar e atualizar ao longo do tempo Os Quatro Círculos de Saúde Mental (biológico, psicológico, social e espiritual), tanto os seus quanto os dos seus filhos;
- Tomar a maioria das decisões parentais baseadas no medo.

Como sempre resgatava sua filha, Miranda estava transmitindo para Wanda a mensagem de que a menina não era inteligente o bastante, forte o bastante ou mentalmente capaz de viver a própria vida. Miranda acreditava que precisava criar um ambiente ideal, sem nenhum tipo de obstáculo, porque Wanda não seria capaz de superá-lo sozinha. Agindo motivada pelo medo e pela necessidade de controlar os resultados, Miranda estava tentando projetar o futuro. Infelizmente, essa técnica dá errado da pior maneira possível: resultando em crianças irresponsáveis, despreparadas e cheias de ressentimento.

Existem vários registros de que nós, como humanos, crescemos diante dos desafios. Donald Meichenbaum, psicoterapeuta e um dos fundadores da terapia cognitivo-comportamental, escreveu em detalhes sobre um conceito chamado "treinamento de inoculação de estresse", que consiste na exposição a pequenos fatores estressores como forma de construir aos poucos a resiliência e os mecanismos de defesa necessários para lidar com fatores estressores ainda maiores.[6] Os pais-helicóptero impedem que seus filhos tenham essas oportunidades de aprendizado, deixando-os totalmente despreparados para lidar com a vida.

A boa notícia é que, mesmo para pais-helicóptero obstinados como Miranda, ainda há esperança; é possível adotar um estilo de educar mais eficaz. No final deste capítulo, vamos mostrar como Miranda foi de mãe-helicóptero para uma mãe capaz de permitir que Wanda assumisse o controle da sua vida, e como elas estão mais felizes, saudáveis e psicologicamente mais fortes por causa disso. Antes disso, contudo, vamos examinar outro tipo comum de pai ou mãe.

PAIS-SARGENTO (HOSTIS E FIRMES)

O Dr. Amen trabalhou como psiquiatra para o Exército americano durante sete anos e conheceu muitos pais assim. Sargentos responsáveis por treinamentos militares desempenham um papel fundamental na defesa do nosso país, e somos muito gratos pelo seu trabalho. No entanto, os pais que usam esse estilo de educar com seus filhos acabam tendo uma enorme dor de cabeça. Geralmente, ou eles mesmos foram criados assim, ou acreditam que essa é a melhor forma de educar crianças para que sejam responsáveis e respeitosas. Além de valorizarem a autoridade e as regras, os pais-sargento costumam ser rígidos e inflexíveis, provavelmente porque seus giros do cíngulo anterior — localizados na região do córtex cingulado anterior (CCA) — estão operando em um nível elevado. O giro do cíngulo anterior funciona como o sistema de câmbio de marcha do cérebro: ajuda as pessoas a serem flexíveis e irem de um pensamento ou ação para outro. Contudo, quando esse giro está muito ativo, as pessoas podem ficar presas em preocupações ou comportamentos que não as ajudam, bem como tendem a discutir e a se opor mais. Isso geralmente leva a criança a se tornar ansiosa e medrosa. Além disso, os filhos desses pais também podem herdar um giro do cíngulo anterior hiperativo e ter não só a mesma tendência contestadora e antagonista como também dificuldade de mudar seus focos de atenção.

Em resumo, os pais-sargento querem que tudo seja feito do jeito deles e usam a raiva, a intimidação e o medo para fazer seus filhos obedecerem. Esse estilo de educar gera muitos conflitos e passa mensagens veladas, tais como:

— Você tem que fazer quando eu mandar, como eu mandar e sem questionar. Espero que tenha entendido!

— Tive que grampear sua tarefa de casa nas suas luvas, para que você não a perca como sempre faz.

— Coloquei sua agenda no seu bolso, porque sei que você não consegue pensar sozinho.

— Aqui está sua lista de amigos pré-aprovados. Não vai perder, hein?

— Aqui está um quadro detalhado com tudo o que você deve pensar, escolher e fazer.

— Você vai para a mesma faculdade e vai se formar no mesmo curso que eu, porque seus interesses e vontades não são importantes para mim.

Talvez você ache que os pais-sargento estão sempre gritando essas ordens, mas eles também podem usar uma voz suave enquanto passam os comandos. (Um tom gentil não muda a abordagem ditatorial.) De qualquer forma, eles supercontrolam a vida dos filhos porque no fundo não acreditam que estes sejam capazes de tomar suas próprias decisões. Infelizmente, quase sempre isso se torna uma profecia que se autocumpre, uma vez que essas crianças são condicionadas a duvidar de si mesmas e a esperar pela aprovação de seus pais. Pesquisas sugerem que um estilo de educação autoritário também interfere no desenvolvimento do apego saudável, tornando mais difícil o estabelecimento de um vínculo forte entre pais e filhos.[7] No Capítulo 4 você vai ler sobre o motivo de os vínculos e as relações serem tão importantes para uma educação efetiva.

Veja a relação entre Tara e seu filho Chuck. Esse rapazinho saiu do útero com uma vontade natural de agradar. Tranquilo e sereno, Chuck cresceu gostando de arte, de cozinhar e de outras coisas pelas quais sua mãe não tinha nenhum interesse. Tara, por sua vez, era exigente e muito motivada. Ela tinha convicção de que não existia um problema no mundo que não pudesse ser resolvido com uma planilha do Excel. Segundo ela, ticar aquelas caixinhas era sinal de uma vida boa.

Para Chuck, pensar em ticar e caixinhas parecia muito limitante. Na sua opinião, o objetivo da vida era deixar a criatividade correr solta, socializar com amigos e descontrair. Porém, como uma pessoa que gosta de agradar, ele costumava fazer o que mandavam e conseguia se sair muito bem na escola. Até a chegada da adolescência, dos hormônios e de uma disciplina de escrita científica, que envolvia algumas daquelas tão temidas caixinhas e ticar.

Tara recebeu um telefonema da professora de Chuck.

— Temos um problema — a professora disse.

— O que houve? — perguntou Tara.

— Chuck não está fazendo seus trabalhos de ciência.

Tara ficou muito brava e garantiu à professora que resolveria esse problema. Quando Chuck chegou em casa naquela tarde, o sargento que existia em Tara brigou e deu um sermão sobre os trabalhos atrasados. Depois, sentindo-se culpada, elaborou um esquema e uma planilha com todas as tarefas passadas pela professora. Ela entregou os dois para Chuck e disse: "Nós vamos fazer todas essas tarefas. Vou trabalhar nelas com você a noite inteira até que estejam todas concluídas. Não se preocupe, Chuck, vai ficar tudo bem".

Esse é um exemplo clássico do Ciclo da Culpa que costumamos observar em pais-sargento. Eles ficam bravos quando os filhos erram ou não agem de acordo com suas expectativas, mas depois correm para resgatá-los porque se sentem culpados. Esse é um padrão muito perigoso, que perpetua a irresponsabilidade e o ressentimento nas crianças.

No caso de Chuck, Tara correu para resgatá-lo dizendo para ele o que escrever e como escrever. Ela praticamente fez os trabalhos de ciência dele sozinha, e Chuck simplesmente acatou o que sua mãe pediu. Tara achou que estava lidando muito bem com a situação, garantindo que Chuck teria sucesso e conseguiria uma nota boa na matéria. Cerca de um mês depois, entretanto, a professora ligou novamente.

— Ainda não recebi aqueles trabalhos — disse a professora.

Dessa vez, Tara ficou tão brava que se descontrolou e explodiu. Exigiu uma reunião para esclarecer a situação. Na sala de reunião da escola, a professora, Tara e Chuck se sentaram frente a frente, desconfortáveis. A professora contou a Tara que Chuck era um menino muito agradável, mas que não passaria em sua matéria se não entregasse os trabalhos. Esse foi o momento em que Chuck cresceu. Ele se virou em sua cadeira, olhou nos olhos da mãe e disse, totalmente relaxado: "Mãe, você pode me obrigar a escrever todos aqueles trabalhos, mas não pode me obrigar a entregá-los". Chuck não escondia drogas em seu armário da escola, e sim uma pilha de trabalhos de ciência. Por que ele não os entregava?

É surpreendente para você ver uma pessoa como Chuck sabotando a própria vida quando sente que está sendo controlada? Mas isso acontece. Em um esforço para ganhar algum senso de autocontrole, as crianças costumam se rebelar e agir de formas que não as ajudam. Isso faz algumas crianças, adolescentes e jovens adultos muito inteligentes acabarem tomando decisões ruins e autodestrutivas, que não contribuem em nada para que alcancem seus objetivos. Também contribui para que crianças escolham sistemas de crença opostos àqueles seguidos por seus pais, geralmente por raiva ou como forma de se vingarem por tentarem controlá-los. Pesquisas mostram que pais autoritários também podem influenciar no desenvolvimento de transtornos alimentares, nos quais as crianças restringem o que comem como forma de recuperar o controle de pelo menos uma coisa em suas vidas.[8]

A lição aqui é que, quando os pais-sargento tentam controlar o resultado, costumam desempoderar seus filhos. Assim como os pais-helicóptero, suas ações têm consequências duradouras que fomentam a incompetência, a infelicidade e a discórdia.

Pais-sargento

- Gritam ordens, ou dão ordens em tom gentil, ou tentam controlar tudo;
- Passam mensagens para seus filhos do tipo "Você não consegue pensar";
- Criam crianças que se tornam irresponsáveis, incapazes e ressentidas;
- Geralmente caem no Ciclo da Culpa de brigar e depois resgatar;
- Vivenciam uma enorme exaustão parental;
- Educam com o sistema límbico (parte central do cérebro emocional) em vez de com o córtex pré-frontal (o CEO do cérebro, responsável pelas funções executivas e pelo pensamento lógico);
- Deixam de monitorar e atualizar ao longo do tempo Os Quatro Círculos de Saúde Mental (biológico, psicológico, social e espiritual), tanto os seus quanto os dos filhos;
- Tomam a maioria das decisões parentais baseadas no medo, mascarado como raiva, ou em uma natureza extremamente controladora.

Assim como os pais-helicóptero, os pais-sargento se envolvem demais porque amam seus filhos e querem o melhor para eles. Com as estratégias apresentadas neste livro, pais que se enquadram nesses dois estilos contraproducentes podem virar a chave e passar a concentrar suas energias em uma abordagem mais efetiva, que os ajudará a educar crianças mais felizes, respeitosas, responsáveis e muito mais resilientes. Isso é ainda mais importante se eles estiverem educando crianças com algum tipo de deficiência.

PAIS AUSENTES (HOSTIS E PERMISSIVOS)

Resumindo, pais assim não se importam. Geralmente estão sobrecarregados pelas próprias vidas — podem ter tido lesões na cabeça, experiências traumáticas ou beber demais, fatores capazes de gerar impactos negativos no funcionamento do cérebro. Costumam ser pessoas irritadas e não demonstram apego por seus filhos. No geral, observa-se uma ausência de vínculos, cuidado e supervisão adequada. Quando o Dr. Amen descreveu esse tipo de pai ou mãe em uma de suas aulas sobre parentalidade, um policial deu o seguinte exemplo de pai ausente: "Conheci um pai que deu uma nota de 100 dólares para seu filho de 15 anos e falou que não queria ver a cara dele durante todo o final de semana".

Pais assim não oferecem estrutura nem supervisionam seus filhos, o que significa que não há ninguém agindo como seus lobos frontais enquanto os deles ainda estão em processo de desenvolvimento. No longo prazo, esse estilo de educar atrapalha o amadurecimento do cérebro porque as crianças tomam suas próprias decisões sem a orientação de uma figura paterna que as ajude a determinar o que é melhor para elas. Esse estilo de educar também atrapalha o processo de desenvolvimento mental. À medida que as crianças se tornam adultas, ficam mais propensas a cometer os mesmos erros, mais suscetíveis a ceder à pressão dos colegas e a não considerar as consequências de suas ações. Considerando que está lendo este livro sobre como ser um pai ou mãe melhor, é provável que você não se encaixe nessa categoria, por isso não vamos nos aprofundar muito nesse tipo de pai ou mãe.

CONSULTORES (AMOROSOS E FIRMES)

Bem-vindo ao maravilhoso mundo do pai-consultor. Enquanto os pais--helicóptero e os pais-sargento se esforçam a ponto de ficarem exaustos e obterem resultados indesejados, o estilo de educar do pai-consultor requer menos esforço ao mesmo tempo que facilita bastante o processo de conquista dos objetivos que traçou para si mesmo e para seus filhos, bem como torna mais tranquila a transição do filho para se tornar um adulto competente e confiante. Além disso, permite que os pais se divirtam muito mais ao longo do caminho.

Esse tipo de pai ou mãe demonstra respeito pelos filhos e espera ser respeitado em troca. Ensina-os a obedecer de primeira e espera que o façam. Está sempre agindo de maneira reforçadora, calorosa, positiva e motivadora diante dos filhos. Sabe tanto oferecer opções e escolhas quanto ter expectativas elevadas de bom comportamento. Como mencionado, uma forma de descrever esse tipo de pai ou mãe é *firme* e *gentil*. É possível usar um tom gentil enquanto reforça sua resposta ou instrução. Esse estilo de educar é a melhor forma de explicar como ser o lobo frontal de uma criança até que o dela termine de se desenvolver, na primeira metade dos seus 20 anos. Isso significa que você está dando a seu filho o treinamento mental necessário para que ele possa tomar as melhores decisões quando for adulto e estiver agindo por conta própria. Esse estilo de educar também pavimenta o caminho para um relacionamento mais tranquilo com seu filho e, segundo pesquisas, contribui para o desenvolvimento do apego seguro.[9]

Como as crianças demonstram respeito?

Como você vai saber quando seu filho está sendo respeitoso? Basicamente, seu filho está sendo respeitoso quando demonstra se preocupar com os outros. Estes são alguns exemplos de como crianças respeitosas agem:

- São educadas;
- Usam palavras gentis;
- Demonstram ter boas maneiras;
- Dizem "por favor", "obrigado" e "com licença";
- Dividem com os outros;
- Esperam pacientemente pela sua vez;
- São cuidadosas com as coisas dos outros para que não quebrem;
- Falam baixo em lugares públicos;
- Ficam calmas em lugares públicos;
- Não interrompem quem está falando;
- Fazem o que os pais pedem sem reclamar;

Qual é o tom usado pelas crianças para demonstrar respeito? O que importa não é apenas o que elas dizem, mas também como dizem. Ser respeitoso significa que o tom de voz delas não é sarcástico e que suas palavras não são acompanhadas pelo revirar de seus olhos.

Vamos voltar para o exemplo da mãe de Wanda, Miranda, e ver o que ela aprendeu. Quando Wanda entrou no ensino médio, Miranda ainda a ajudava a se vestir, a levava para a escola quando ela perdia o ônibus e a acompanhava até a sala de aula. Wanda era uma boa menina que estava começando a desenvolver alguns hábitos bem desagradáveis. Você já conheceu alguma criança assim?

Um dia, a professora de Wanda entregou um CD para Miranda e disse que achava que o conteúdo dele poderia ajudá-la. Miranda leu o título: "Helicópteros, Sargentos e Consultores". Curiosa, ela colocou o CD para tocar no carro e começou a ouvi-lo no caminho de volta para casa.

Quando Miranda percebeu do que se tratava, rapidamente ejetou o CD do aparelho. *Como aquela professora ousa me dizer como educar minha filha?*, ela pensou.

Pelos próximos dias, Miranda olhava para o CD no carro toda vez que precisava levar Wanda para a escola. Até que um dia, depois de ajudar a filha a escolher o que vestir, arrumar seu cabelo, fazer seu café da manhã, terminar sua tarefa e levá-la para a escola, atrasando-se para o próprio trabalho, Miranda se sentiu sobrecarregada e exausta. *Não posso continuar assim*, pensou. Então, colocou o CD novamente para tocar e logo precisou admitir que tinha um problema: ela era uma mãe-helicóptero.

Pela primeira vez, descobriu que precisava deixar Wanda cometer alguns erros para que pudesse aprender com eles e se tornar mais resiliente. Na manhã seguinte, decidiu fazer um teste. Como de costume, Wanda acordou e gritou: "Mãe, meu cabelo está uma bagunça. Onde está minha saia? Não consigo encontrar minha lição de casa! Estou com fome!". Miranda refreou sua reação inicial de correr para ajudar e simplesmente disse: "Wanda, imagino que tudo isso deva ser bem difícil. Mas, se toda a criança dá um jeito, você também consegue. Posso ajudar depois que tiver terminado de me arrumar".

Depois de alguns momentos de silêncio, Miranda ouviu uma reclamação, seguida do barulho inconfundível de cereal sendo despejado em uma cumbuca. Logo em seguida, ouviu a cumbuca se espatifar no chão. "Mãe, preciso que você limpe isso", Wanda gritou.

Wanda gritou de novo: "Preciso da minha lição de casa!".

"Tenho certeza de que você vai encontrar onde deixou", Miranda respondeu com tranquilidade, acrescentando: "Meu carro sai às sete horas. Se você perder o ônibus, pode pagar pela gasolina da carona, mas lembre-se que o preço do combustível subiu".

Wanda perdeu o ônibus e pagou sua mãe pela gasolina. Na manhã seguinte, aconteceu uma situação parecida. Wanda se queixou do cabelo, da lição de casa e de fome. Miranda disse que ficaria feliz em ajudá-la *depois* que ficasse pronta. Wanda conseguiu pegar o ônibus da escola naquela manhã, mas parecia um cachorro molhado e esqueceu a tarefa, o que afetaria suas notas.

Miranda percebeu que para educar uma filha confiante e independente precisava permitir que ela errasse e lidasse com as consequências lógicas ou naturais decorrentes. Ela também descobriu que era melhor deixar Wanda cometer erros quando as consequências ainda têm um "custo baixo". Se os jovens não têm a oportunidade de errar e aprender com seus erros desde pequenos, as consequências se tornam maiores e mais nocivas à medida que vão crescendo.

O que seriam consequências de custo baixo?

- Recusar-se a comer o que foi servido no jantar e ficar com fome até a hora do café da manhã;
- Esquecer a lição de casa e, consequentemente, tirar uma nota baixa;
- Perder o ônibus e ter que pagar sua mãe pelo tempo e a gasolina gastos na carona até a escola;
- Ficar com raiva, quebrar seu brinquedo favorito e ter que ficar sem ele;
- Comer demais e passar mal;

- Receber uma multa por excesso de velocidade e ter que pagar por ela;
- Gastar todo o dinheiro em algo que se quebra com facilidade;
- Esquecer os equipamentos esportivos e não poder participar do jogo;
- Ser respondão em casa e ter que lidar com as consequências de não ganhar carona para onde quiser ir;
- Ser grosseiro com os amigos no parquinho e ter que voltar para casa e passar um tempo em silêncio em seu quarto.

Com o tempo, Wanda aprendeu a gostar de resolver os próprios problemas e de assumir a responsabilidade por sua vida. A confiança floresceu, a tomada de decisão melhorou e ela ficou mais animada e preparada para encarar novos desafios. Miranda conseguiu desenvolver os tão necessários hábitos de autocuidado que propiciaram que ela tivesse mais energia, perspectiva e uma mentalidade mais positiva sobre a filha.

Com a prática, deixar que Wanda resolvesse as coisas sozinha se tornou algo natural para Miranda. Mas isso não quer dizer que não houve retrocessos. Quando chegou o momento de Wanda escolher uma faculdade, Miranda viu seus antigos medos retornarem e se preocupou que a filha não finalizasse sua inscrição a tempo. Ela chegou a acessar o computador de Wanda e a começar a preenchê-la. Quando Wanda chegou e viu o que a mãe estava fazendo, ficou brava. "Você está tendo uma recaída, mãe!", ela disse. As duas caíram na gargalhada e Miranda admitiu que estava errada. Mais uma vez, Miranda precisou fazer as pazes com a ideia de que está tudo bem não ser perfeita. Da mesma forma que não tinha problema Wanda errar; era permitido que ela errasse também.

Pais-consultores

- Resgatam ou supercontrolam seus filhos apenas quando é totalmente necessário (veja o Capítulo 4);
- Permitem que seus filhos cometam erros que não têm grandes consequências;
- Passam mensagens saudáveis e empoderadoras para seus filhos;
- Educam adultos responsáveis, capazes e otimistas;
- Guiam seus filhos para assumir e resolver os problemas que encontram;
- Concentram-se principalmente nos pontos fortes e nos sucessos de seus filhos;
- Sentem-se energizados e encontram alegria na tarefa de educar;
- Educam com o córtex pré-frontal (o CEO do cérebro, responsável pelas funções executivas e pelo pensamento lógico), juntamente com o sistema límbico (parte central do cérebro emocional) visando criar laços e não gerar medo;
- Trabalham para criar vínculos, dedicando tempo e escutando seus filhos e, assim, estabelecendo relações positivas que seguirão pela vida toda (veja o Capítulo 4);
- Monitoram Os Quatro Círculos de Saúde Mental (biológico, psicológico, social e espiritual), tanto os seus quanto os dos seus filhos;
- Tomam decisões baseadas na ciência e no senso comum saudável, em vez de baseadas nas próprias necessidades emocionais.

Passo a passo

- Se você é um pai-helicóptero ou um pai-sargento, pense em três ações que consegue parar de fazer amanhã para diminuir o excesso de controle sobre seu filho.
- Examine o que pode estar alimentando seus medos e ansiedade sobre o futuro do seu filho e procure resolver essas questões.
- Faça uma lista dos erros que você cometeu quando criança e do que aprendeu com eles.
- Escreva três erros que gostaria que seus filhos cometessem este mês, este ano e até que cheguem à fase adulta.

CAPÍTULO 4

NADA FUNCIONA SEM UM BOM RELACIONAMENTO

Nossos filhos não se conectarão com nossos valores se não se conectarem primeiro conosco.

Já enfatizamos a importância da saúde do cérebro, de estabelecer objetivos e do estilo de educar, bem como o quanto esses fatores são essenciais para o desenvolvimento e a manutenção da saúde mental tanto dos pais quanto dos seus filhos de qualquer idade. Construir relacionamentos fortes também é parte essencial do processo. Neste capítulo, apresentaremos cinco estratégias comprovadas para transmitir muito amor às crianças. Muito amor é sinônimo de um vínculo forte. E os vínculos contribuem para o desenvolvimento cerebral e emocional do seu filho.

O SEGREDO PARA QUE SEUS FILHOS ADOTEM SEUS VALORES

Você quer que seus filhos compartilhem dos mesmos valores que você? Então, converse com eles e aplique as estratégias apresentadas neste capítulo de forma consistente. As crianças adotam os valores dos pais com os quais estabelecem vínculos fortes. Assim, se você é de direita ou de esquerda, ou qualquer que seja a sua ideologia, e quer que seus filhos adotem essas mesmas crenças, passe tempo com eles, escute-os, seja gentil e demonstre compaixão. Agora, se, por algum motivo estranho, você quer que seus filhos adotem valores que frequentemente o incomodem como o som de marteladas na parede, então aja com indiferença, negligencie-os, não converse com eles e critique-os constantemente. Seja indiferente ou demonstre raiva e eles escolherão o lado o oposto ao seu. Filhos que adotam atitudes contraculturais (e geralmente tentam envergonhar os pais) estão basicamente repreendendo seus pais.

Estabelecer vínculos positivos oferece uma gama de benefícios que contribuem para a força mental e, em última instância, facilitam nossa tarefa de educar, tais como:

- *Valores compartilhados:* Quando existe uma relação de confiança, os filhos tendem a alocar os valores dos pais na parte emocional dos seus cérebros. Eles carregam esses valores consigo para todo e qualquer lugar, e é por isso que seus pais continuam a influenciá-los, mesmo quando não estão presentes. Os jovens que estabeleceram bons vínculos com os pais seguem seus exemplos, motivados pelo respeito e pelo amor que sentem por eles.

- *Desenvolvimento saudável do cérebro:* A ciência é clara: os relacionamentos saudáveis constituem a base para o desenvolvimento saudável do cérebro. O cérebro aprende melhor em um ambiente repleto de amor, incentivo e direcionamentos claros.
- *Maior capacidade para lidar com o estresse:* Pesquisas mostram que bebês cujos relacionamentos são majoritariamente positivos têm maior capacidade para lidar com o estresse em comparação com aqueles cujos relacionamentos são majoritariamente negativos.[1]
- *Melhorias no aprendizado e no desenvolvimento de habilidades vitais:* Crianças que desenvolvem um vínculo forte com seus cuidadores também têm a oportunidade de aprender e crescer em um ambiente saudável. Quando o cérebro se sente seguro, as partes ligadas à linguagem, às competências socioemocionais, ao autocontrole e ao aprendizado escolar são estimuladas para se desenvolver e florescer.
- *Redução de comportamentos arriscados:* Um estudo publicado pelo pesquisador e PhD Michael Resnick e seus colegas da Universidade de Minnesota no *Journal of the American Medical Association* revelou que adolescentes que se sentiam amados e conectados aos seus pais apresentavam chances significativamente menores de ter experiências como gravidez na adolescência, uso de drogas, violência e suicídio.[2] O vínculo entre pais e filhos é tão importante que sobrepõe outros fatores que são tradicionalmente correlacionados a problemas comportamentais. O artigo conclui que o grau de conexão — ou de "ligação límbica" que ocorre nos centros emocionais do cérebro — que os adolescentes estabelecem com seus pais e professores influencia diretamente na probabilidade de eles se envolverem em atividades sexuais arriscadas, abusarem de substâncias, bem como apresentarem comportamentos violentos ou suicidas.

CONSEQUÊNCIAS DE RELACIONAMENTOS TÓXICOS

Quando os pais não conseguem se conectar com seus filhos, criam condições favoráveis para o surgimento de problemas, a saúde mental de todos é prejudicada e a tarefa de educar se torna ainda mais difícil. Infelizmente, muitas crianças crescem com pais negligentes, frios e controladores. Gostaríamos de deixar bem claro que não estamos nos referindo aqui a lapsos momentâneos, quando você perde a paciência, reage com um tom mais duro do que gostaria ou erra. Todos cometemos erros como pais, e eles acabam sendo algo bom. Quando nossos filhos nos veem errar, assumir o erro e nos desculparmos, isso os ensina a se comportar quando o erro for deles. Vínculos tóxicos são estabelecidos quando os pais costumam ignorar seus filhos pequenos ou são supercontroladores. Nesses casos, um tipo diferente de vínculo se forma, causando inúmeras consequências negativas, incluindo:

- *Valores opostos:* Quando não têm um bom relacionamento com os pais, os filhos tendem a ser mais antagônicos e a se rebelar assumindo posicionamentos contrários aos valores dos pais.
- *Falta de independência:* Os filhos se sentem acorrentados aos pais e incapazes de se libertarem e de se sentirem independentes.
- *Piora na capacidade de tomar decisões:* Os jovens tendem a tomar decisões baseadas em suas necessidades não atendidas de carinho e controle em vez de baseadas em uma noção saudável de amor e lógica.
- *Adoção dos comportamentos nocivos dos pais:* Em muitos casos, os filhos crescem e passam a agir como seus pais, de formas nocivas para seu bem-estar, seus relacionamentos e suas próprias habilidades parentais. Os pais se alojam nos corações e cérebros dos filhos, controlando seus hábitos.
- *Prejuízo no desenvolvimento cerebral:* Crescer em lares onde a tensão, a decepção, a imprevisibilidade, o medo, o criticismo ou a falta de incentivo dominam o ambiente prejudica consideravelmente o desenvolvimento do cérebro e a força mental. Não é de admirar

que o cérebro da criança se adapte para sobreviver nesses ambientes, tornando mais difícil para elas desenvolver competências para se relacionar bem com os outros, demonstrar autocontrole e aprender os conteúdos da escola.

Mesmo que você tenha crescido em uma família controladora ou que não tenha se esforçado tanto para construir um bom relacionamento com seu filho, ainda é possível consertar essa relação.

CINCO MENSAGENS PARA CONSTRUIR OU CONSERTAR RELACIONAMENTOS

À medida que seguir com a leitura deste capítulo, tenha em mente que desenvolver ou consertar relacionamentos com seus filhos depende de que você seja capaz de transmitir cinco mensagens essenciais com consistência. Às vezes essas mensagens são passadas com palavras, embora frequentemente sejam comunicadas não verbalmente, por meio do nosso tom de voz, das nossas expressões faciais e do nosso tom emocional em geral. Também é importante enfatizar que as estratégias que você está prestes a aprender também podem ajudá-lo a curar e a superar dores na sua própria vida. Essas mensagens funcionarão com qualquer criança, mais nova ou mais velha, incluindo as com alguma deficiência.

Mensagem nº 1: Nós notamos você, você é importante para nós e nos comprometemos a atender às suas necessidades.

O ideal é que essa mensagem essencial comece a ser passada logo que o bebê nasce; ela é especialmente poderosa nos primeiros dois anos de vida. No primeiro ano do bebê, o foco é atender às necessidades dele. De acordo com inúmeros especialistas, incluindo o nosso amigo Dr. Foster Cline, o primeiro ano é essencial para o desenvolvimento de vínculos, comportamentos pró-sociais e para o aprendizado da relação entre causa e efeito.[3] Por exemplo, digamos que o seu bebê esteja com fome. Se ele chora e você aparece, ele aprende que alguém presta atenção nele. Se você sorri, faz contato visual, o pega no colo e o alimenta, isso faz com que a oxitocina (hormônio ligado ao desenvolvimento de vínculos e de confiança) seja liberada. Assim seu filho desenvolve um vínculo que possibilitará que ele se relacione de forma amorosa consigo mesmo e com os outros — elemento central da força mental.

No segundo ano de vida, esse ciclo muda das necessidades para as vontades. O bebê passa a querer algo — um brinquedo, um cobertor, uma mamadeira — e deixará claro esse desejo por meio de gestos ou palavras. Bebês que engatinham ou já começaram a andar costumam querer coisas que não são boas para eles ou que podem colocá-los em risco — tocar no fogão quente, correr para o meio da rua ou subir em móveis altos. Nessa fase, eles estão testando para ver se os pais os amam o bastante para dizer "não". Em última instância, esse ciclo constrói um vínculo de confiança, ainda que possa causar choros breves ou birras.

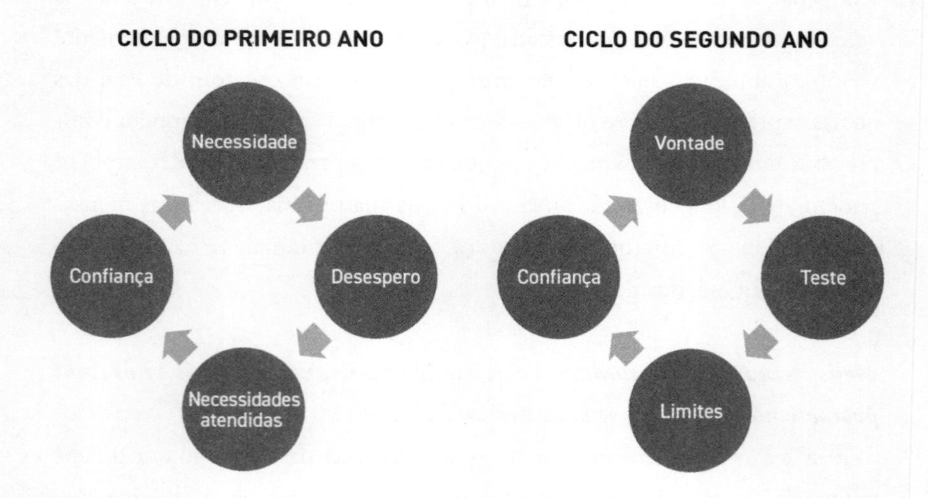

O denominador comum entre os ciclos do primeiro e do segundo ano é que os pais estão cientes das necessidades da criança e demonstram uma devoção consistente por atendê-las. Como podemos continuar ajudando nossos filhos a perceber que são valorizados? Vamos dar uma olhada.

ESTRATÉGIA EDUCATIVA EFETIVA: TEMPO EXCLUSIVO

Os relacionamentos precisam de dois fatores: tempo e disposição para ouvir. Infelizmente, muitos de nós não conseguimos ter tempo de qualidade para nos comunicarmos com nossos filhos. Uma pesquisa feita em 2018 revelou que mais de 70% dos pais têm dificuldade para se comunicar com seus filhos de forma significativa,[4] e 40% dos entrevistados admitiram que suas conversas com os filhos costumam durar menos de dez minutos. Não é possível estabelecer um vínculo ou construir um relacionamento em poucos minutos. O sistema límbico do cérebro — ou o centro emocional — possibilita que nos conectemos socialmente com os outros. Quando estabelecemos vínculos positivos com os outros, é como se eles vivessem dentro de nós, nos nossos cérebros.

A seguir apresentamos um exercício recomendado pelo Dr. Amen para melhorar, em pouco tempo, a qualidade do seu relacionamento e da sua ligação límbica com seu filho. O *tempo exclusivo* funciona independentemente da idade dele. Talvez você sinta que seu filho está ocupado demais ou não tem interesse em passar um tempo com você. Quando isso acontecer, recomendo que você levante essa questão com ele e lhe diga que ele é importante para você e que você precisa passar mais tempo com ele. É claro que o modo como você passará esse tempo com ele é crucial.

Frequentemente, os pais dizem a seus filhos como pensar antes mesmo de entender qual é a situação. Esse comportamento corta a comunicação e diminui a chance de seus filhos procurarem por você no futuro. Quando você responde de forma dura, condescendente ou crítica, está diminuindo a comunicação, o que pode causar sentimentos de solidão e alienação na criança ou no adolescente. Veja o quadro a seguir sobre como transformar essa estratégia em uma prática diária.

Instruções para o tempo exclusivo[5]

1. **Passe vinte minutos por dia com seu filho fazendo uma atividade de que ele goste.** Aborde seu filho de um jeito positivo e diga algo como: "Sinto que não estamos passando tempo suficiente juntos, e você é importante para mim. Que tal termos algum tempo só para nós dois todos os dias? O que você gostaria de fazer?". O objetivo desse tempo é construir um relacionamento com seu filho e mantê-lo positivo. Quando nossa filha Chloe era pequena, minha esposa, Tana, costumava ler para ela todos os dias. À medida que foi crescendo, Chloe passou a ler para Tana. Esse tempo foi maravilhoso para criar um vínculo entre as duas.

2. **Durante o tempo exclusivo, não dê nenhuma ordem ou direcionamento nem questione seu filho.** Isso é muito importante. Esse é um tempo para construir um relacionamento e não para disciplinar um mau comportamento. Se, por exemplo, vocês estiverem jogando e a criança começar a trapacear, você pode reformular seu comportamento dizendo

algo como: "Estou vendo que você mudou as regras do jogo, e vou jogar de acordo com as suas regras, então". Lembre-se: o objetivo do tempo exclusivo é melhorar sua relação com seu filho, não ensinar algo para ele. (É claro que se, em outros momentos, a criança trapacear você deve lidar de maneira firme com esse comportamento.)

3. **Aponte comportamentos positivos.** Sinalizar o que é bom é muito mais efetivo para moldar um comportamento do que sinalizar o que é ruim. Leia a história sobre "Fred, o pinguim gordo" no fim deste capítulo.

4. **Ouça mais do que fala.** Uma boa comunicação é essencial para qualquer relacionamento. Para fazer seu filho conversar com você, é preciso primeiro demonstrar que está disposto a aceitar e a ouvir o que ele tem a dizer. Também é preciso acreditar que seu filho tem capacidade de resolver muitos dos próprios problemas se puder falar sobre eles.

Mensagem nº 2: Nós valorizamos sua opinião e seus sentimentos.

É muito importante fazer nossos filhos saberem que nós valorizamos o que eles estão pensando e sentindo. Isso melhora a autoestima e autoconfiança. O Dr. Fay se lembra claramente de uma das muitas vezes em que seu pai, Jim, demonstrou que valorizava sua opinião, atitude que deixou uma marca nele: "Eu tinha só 10 anos na época e a nossa família estava jantando com o Dr. Cline, que morava perto. Meu pai e o Dr. Cline estavam se queixando de que seus ensinamentos sobre limites e responsabilização só funcionavam com metade das crianças. Eles não conseguiam entender por que as mesmas estratégias não funcionavam para a outra metade das crianças, que, basicamente, acabavam detestando ainda mais seus pais. De repente, eles se viraram para mim e perguntaram: 'O que você acha, Charles?'. 'Quem, eu?', perguntei. Eu não tinha uma resposta para dar, mas o fato de aqueles dois homens adultos com décadas de experiência quererem saber minha opinião me fez sentir especial".

No fim, eles acabaram encontrando a solução que procuravam, que, em parte, veio da observação das ações de uma mulher que trabalhava na secretaria da escola. A Sra. MacLaughlin era uma mulher firme, mas carinhosa e a primeira pessoa que os alunos procuravam quando tinham alguma "emergência", como esquecer o lanche, perder o casaco, machucar o joelho ou brigar com outro aluno. Naquela escola, os estudantes acreditavam que "crises" assim demandavam um resgate na forma de uma rápida ligação para um dos pais ou para ambos — e isso foi antes dos telefones celulares.

Quando eles imploravam para usar o telefone da secretaria, a Sra. MacLaughlin sorria carinhosamente, olhava em seus olhos como se eles fossem as coisas mais preciosas na face da Terra e dizia: "Ei, querido, o que aconteceu?". As crianças contavam seus problemas, ela ouvia demonstrando grande interesse e, em seguida, respondia com empatia: "Puxa, você deve estar se sentindo mal por isso. Não é legal ter um problema desses. Sinto muito, mas só posso deixar que você use o telefone se for uma emergência. Mas tenho certeza que você vai conseguir resolver".

As crianças geralmente descobriam como resolver seus problemas sozinhas, sem precisar ligar para seus pais, o que as deixava cheias de autoconfiança e amor pela Sra. MacLaughlin. Jim Fay e o Dr. Foster Cline logo descobriram o caminho para fazer a abordagem Amor e Lógica funcionar para todas as crianças: empatia.[6] A Sra. MacLaughlin sempre oferecia uma dose forte de empatia milagrosa antes de estabelecer um limite ou responsabilizar os alunos por suas ações. Assim, ela demonstrava a eles que valorizava seus sentimentos.

A empatia abre o coração e a mente da criança para o aprendizado, enquanto a raiva fecha a porta para o aprendizado e os relacionamentos.

RAIVA X O PODER DA EMPATIA

A empatia, quando usada corretamente, passa uma mensagem de amor e competência. Alguns pais acreditam que levantar o tom de voz ou dar ultimatos é a melhor forma de fazer seus filhos andarem na linha. As crianças acabam obedecendo por medo, mas isso tem seu preço. Os filhos de pais que, com frequência, perdem a paciência ou gritam com eles ficam vulneráveis a várias implicações que podem afetar negativamente sua saúde mental, incluindo:

- Sentimentos de estresse, que geram impactos negativos no desenvolvimento do cérebro;
- Sentimento de culpa por tudo o que deixa seus pais com raiva;
- Adoção de comportamentos agressivos em resposta à raiva dos pais;
- Problemas para dormir;
- Manifestação de sintomas físicos, como dores de estômago;
- Maior risco de desenvolver problemas de saúde mental ao longo da vida.

Ainda mais preocupante é o fato de que essas práticas educacionais rigorosas também impactam negativamente a forma como o cérebro se desenvolve e seu funcionamento. Um estudo de 2021 revelou que gritar ou se irritar com frequência com as crianças está associado à possibilidade de elas terem um cérebro menor na adolescência.[7] Quando o assunto é o cérebro, o tamanho importa.

Quando o pai ou mãe se irrita, o cérebro da criança pode interpretar isso como uma ameaça, o que ativa a amígdala, região do cérebro associada às emoções, como medo e ansiedade, bem como às reações de lutar, fugir ou paralisar. Adivinhe o que isso faz com as áreas de pensamento do cérebro no córtex pré-frontal. As atividades são desviadas das áreas de pensamento, tornando a criança mais propensa a reagir com emoções exacerbadas.

É claro que todos nós perdemos a paciência de vez em quando, mas existem algumas estratégias simples que podemos usar para aplacar a raiva. Por exemplo:

Respirar fundo algumas vezes. Controlar a respiração pode ajudar a diminuir a irritabilidade e a levar mais oxigênio para o cérebro, contribuindo para que você consiga responder mais racionalmente à situação. Assim que começar a sentir que a raiva está crescendo, respire fundo, inspire por quatro segundos, segure por um segundo e então solte o ar por oito segundos. Repita esse processo por dez vezes e você se sentirá mais calmo.

Conhecer seus gatilhos. Registre tudo aquilo que o deixa com raiva ou irritado. Será que é quando você fica muito tempo sem comer? Será que é quando tem um dia estressante no trabalho? Será que é quando não dorme o suficiente à noite? Quando você conhece seus momentos de vulnerabilidade, pode criar planos para contornar a raiva antes que ela comece.

Fazer um intervalo. Se você sentir que está prestes a descontar a raiva no seu filho, simplesmente diga "Preciso de um tempo" e tire alguns momentos para si mesmo. Sair para dar uma volta, fazer alongamento ou escutar músicas alegres por alguns minutos costumam ser suficientes para neutralizar a raiva.

A empatia, por sua vez, é mais poderosa e benéfica do que a raiva. Empatia é a capacidade de sentir o que os outros sentem. Ser empático ao lidar com seus filhos pode gerar excelentes resultados. Um estudo de 2020 mostrou que a empatia parental aumenta as competências sociais das crianças, o que está associado a riscos menores de desenvolvimento de problemas emocionais e comportamentais.[8] Existem evidências[9] de que a empatia também desempenha um papel fundamental no funcionamento do cérebro, ativando áreas envolvidas nas competências cognitivas,[10] como o aprendizado e a formação de vínculos.

RAIVA X EMPATIA

RAIVA	EMPATIA
Ameaças ou sermões tornam mais fácil para as crianças culpar os pais pelas consequências que enfrentam.	A empatia torna mais difícil para as crianças culpar os pais pelas consequências de suas decisões ruins.
Raiva e frustração fecham as portas para o aprendizado.	A empatia abre o coração e a mente para o aprendizado.
A raiva faz os pais se sentirem estressados e gera sentimento de culpa.	A empatia permite que os pais se sintam livres do estresse e da culpa.
A raiva ensina as crianças a reagirem com raiva.	A empatia ensina as crianças a demonstrar empatia, perdão e capacidade de resolução de problemas.

EMPATIA X PENA

A empatia geralmente é confundida com a pena. As duas não poderiam ser mais diferentes. Enquanto ter empatia é ser capaz de entender e compartilhar os sentimentos de outra pessoa, ter pena é sentir dó de outra pessoa. Os quatro exemplos a seguir ilustram a diferença entre esses dois sentimentos:

> **Pena:** "É uma pena que você não tenha sido escolhida para a equipe de dança. Talvez, se fizer mais aulas, pode ser que consiga entrar para a equipe no ano que vem".

Empatia: "Deve ser uma sensação ruim não ser escolhida para a equipe de dança. Estou aqui para você, se quiser conversar sobre isso".

Pena: "É terrível que o seu amigo tenha sido desrespeitoso com você. Pelo menos você tem outros amigos".

Empatia: "Não tem problema ficar chateado quando alguém é desrespeitoso. Eu entendo".

Ambos os sentimentos são amplamente comunicados por meio de elementos sutis, embora muito poderosos, tais como tom de voz, expressão facial e outras formas de comunicação não verbal.

A pena gera falta de confiança e medo.
A empatia constrói confiança e resiliência.

A PENA COMUNICA

- *Pobrezinho. Não sei como você vai conseguir.*
- *Fiquei tão chateado com isso que aconteceu com você.*
- *O foco está nos meus sentimentos.*
- *Você é uma vítima.*
- *Esse problema é meu; eu resolvo.*
- *Você precisa ser resgatado por mim.*

A EMPATIA COMUNICA

- *Isso é muito difícil, mas sei que você vai conseguir.*
- *Sei que você está muito chateado com o que aconteceu com você.*
- *O foco está nos seus sentimentos.*
- *Você é forte.*
- *Esse é um problema para você resolver.*
- *Talvez você precise de ajuda, mas é capaz de resolver esse problema.*

Mensagem nº 3: Nós valorizamos e aceitamos a sua opinião.
Quantas vezes você saiu correndo para resolver um problema, aliviar ansiedades e tristezas dos seus filhos, e até mesmo dos adultos de quem gosta, ou

para ajudá-los a evitar uma situação desconfortável só para, no final, descobrir que não ajudou tanto assim? Nessas horas, é da sua presença e não da sua capacidade para resolver problemas que eles precisam.

ESTRATÉGIA EDUCATIVA EFETIVA: ESCUTA ATIVA

A escuta ativa é uma técnica que os terapeutas usam para melhorar a comunicação, e pode ajudá-lo a ouvir e a compreender melhor o que seu filho está dizendo. É uma estratégia simples, que envolve três passos:

1. Repetir o que você ouviu sem julgamento.
2. Procurar o sentimento escondido por trás das palavras.
3. Refletir sobre o que seu filho está dizendo e sentindo.

Dizer simplesmente "Se eu entendi bem, você... Foi isso mesmo que você quis dizer?" pode ajudá-lo a evitar mal-entendidos e a escalada de conflitos, bem como melhorar a comunicação entre você e seu filho. A escuta ativa com crianças e adolescentes melhora o nível de compreensão e de comunicação, fazendo com que eles, por se sentirem compreendidos e valorizados, se sintam mais próximos de você.

A seguir um exemplo de como isso pode ser feito:

1. **Repetir o que é dito sem julgar o conteúdo das palavras.**
   Filha adolescente: Quero pintar meu cabelo de azul.
   (Pode ser uma provocação)
   Mãe ineficiente: Não enquanto você morar na minha casa!
   (Encerra a conversa ou inicia uma discussão)
   Mãe eficiente: Você quer pintar seu cabelo de azul?
   (Depois, fica em silêncio tempo o bastante para que a adolescente explique)

2. **Procure ouvir os sentimentos que estão por trás das palavras.**
   Filha adolescente: Todo mundo da minha idade usa o cabelo assim.
   (Como se ela, de alguma forma, tivesse conduzido uma pesquisa científica)
   Mãe ineficiente: Não quero saber o que todo mundo faz; você não vai ter o cabelo azul. Se todo mundo resolver pular de uma ponte, você vai querer pular também?
   (Novamente, cria condições para o início de uma discussão com a filha adolescente ou faz com que ela se feche)
   Mãe eficiente: Parece que você está dizendo que quer ser como os outros adolescentes da sua idade.
   (Demonstra compreensão e incentiva a continuidade da comunicação)

3. **Reflita sobre o que ouviu seu filho dizer e sobre o que ele está sentindo.**
   A filha adolescente pode responder: Às vezes sinto que não me encaixo; pensei que uma mudança no visual talvez pudesse ajudar.

Mãe ineficiente: Não seja boba. É claro que você se encaixa. Sua aparência não tem nada a ver com isso.
Mãe eficiente: Você acha que a sua aparência faz com que você não se encaixe?
(Dá espaço para a filha elaborar mais sobre seus sentimentos)[11]

Nove armadilhas comunicativas para evitar com seus filhos[12]

1. *Atitude negativa.* Você acha que a conversa não vai chegar a lugar nenhum e, por isso, nem tenta direcioná-la de forma positiva.

2. *Fazer suposições negativas sobre a criança.* Desde o início você já desconfia do que seu filho pequeno ou adolescente vai lhe dizer, permanecendo rígido e fechado durante o tempo que passam juntos.

3. *Não fazer uso de linguagem corporal reforçadora.* A linguagem corporal é importante porque envia tanto mensagens conscientes quanto inconscientes. Quando pai/mãe e filho estão tendo uma discussão e um deles não faz contato visual ou não reconhece a presença do outro por meio de gestos faciais ou corporais, a pessoa que está falando se sente perdida, sozinha e sem ânimo para continuar a conversa. Fazer contato visual e reconhecer a presença do outro é essencial para uma boa comunicação.

4. *Competir com distrações.* Distrações geralmente dificultam a comunicação. Não é uma boa ideia, por exemplo, tentar conversar quando a criança está assistindo a seu programa

favorito na televisão ou quando está no meio de um jogo de videogame.

5. *Nunca pedir opinião sobre o que você está dizendo.* Muitos pais presumem que estão passando uma mensagem clara para seus filhos e se chateiam quando eles não fazem o que foi pedido. Os filhos podem prestar pouca atenção ou ter dificuldade para ouvir dependendo do que sentirem ou pensarem sobre um determinado assunto. Assim, é muito importante pedir que repitam o que você disse para esclarecer se eles realmente entenderam o que foi dito.

6. *Virar a mesa.* Isso ocorre durante discussões nas quais você se sente encurralado e, por isso, traz à tona questões do passado que não têm nada a ver com o assunto, para se proteger ou intensificar a discussão. Concentre-se na discussão atual até que a questão esteja completamente resolvida.

7. *Ler a mente.* Você arbitrariamente prevê o que seu filho pequeno ou adolescente está pensando e reage com base naquela informação "imaginária". Demonstre curiosidade sobre o que ele está realmente pensando e sentindo.

8. *Disputa verbal.* Fazer comentários maldosos, ser sarcástico ou desmerecer as sugestões dos seus filhos prejudica a construção de um diálogo verdadeiro e cria distância no relacionamento de vocês.

9. *Falta de persistência.* Geralmente, para se comunicar bem com as crianças é preciso um esforço de repetição. Não desista. Lembre-se de que as crianças não pensam como adultos e que talvez você precise continuar tentando.

SERÁ QUE DEVEMOS MESMO OUVIR OPINIÕES QUE PARECEM ABSURDAS?

Alguma vez seu filho já disse algo absurdo, que não fazia sentido (como querer pintar o cabelo de azul)? Quando isso acontece, sua tendência é ignorá-lo assim que começa a falar coisas sem sentido? Você se preocupa que, se não verbalizar veementemente sua desaprovação, ele vá presumir que você está silenciosamente dando sua aprovação? Saiba que é possível ouvir sem estar aprovando um comportamento não desejado.

Veja como o Dr. Charles Fay, quando tinha 16 anos, tentou convencer seu pai, Jim, de que ele, Charles, deveria ter um carro esportivo, apesar de morarem em uma cidade onde nevava muito durante o inverno e as ruas ficavam cobertas de neve e perigosas. Jim poderia ter facilmente encerrado a conversa dizendo que carros esportivos não são bons para dirigir na neve. Em vez disso, Jim deixou que Charles falasse sobre por que gostava tanto de carros esportivos e os dois criaram um vínculo, concordando sobre como esse tipo de carro é legal. A conversa foi mais ou menos assim:

Charles: Pai, eu preciso ter um carro esportivo! Dá para dirigir na neve se você usar pneus próprios para isso.

Pai: Nossa, eu adoro esses carros. Do que você mais gosta neles?

Charles: Gosto do estilo esportivo com as duas portas, da possibilidade de ter um câmbio de quatro marchas e do fato de existirem várias peças de reposição para eles.

Pai: Parece ser um carro muito legal, mas não sei se funcionaria para mim. Eu acho que, se tivesse um carro assim, perderia o controle da direção assim que começasse a nevar. Seria muito frustrante.

Charles: É, mas eles são tão descolados.

Pai: Bom, eu não vou comprar esse carro, mas tenho certeza que você vai tomar a melhor decisão.

Depois de pensar sobre como seria a realidade de dirigir um carro esportivo em ruas cobertas por neve, Charles acabou decidindo não comprar um. No entanto, o pai deixou que ele sentisse que a decisão final havia sido sua. Além disso, os dois se divertiram conversando sobre o que gostavam nesse tipo de carro e tiveram um ótimo momento entre pai e filho.

Às vezes as crianças dizem coisas absurdas só para testar se seus pais as amam o bastante para ouvi-las. Imagine esta situação: seu filho adolescente chega em casa um dia e diz: "Não tem problema experimentar drogas. As culturas antigas usavam inúmeras substâncias alucinógenas. As drogas não fazem mal; o que acontece é que algumas pessoas são burras e acabam usando demais".

Como pai ou mãe, um alarme começar a soar imediatamente dentro da sua cabeça; e deve estar pensando: *Preciso cortar o mal pela raiz.* Contudo, se você exagera e começa a dar um sermão no seu filho adolescente sobre os perigos das drogas, simplesmente encerrará a conversa. Uma tática diferente poderia ser pedir para ele falar mais sobre essas culturas antigas. Depois de ouvir o que ele tem a dizer, você pode explicar por que aquilo não funcionaria para você, dizendo, por exemplo: "Eu ficaria com medo de experimentar uma dessas drogas, de ficar muito fora de controle e acabar indo parar dentro de uma caçamba de lixo".

Não espere que seu filho adolescente aplauda sua sabedoria. O que você está fazendo é plantando a semente sobre os pontos negativos daquilo que ele está considerando. Fazer isso deixa claro para ele que você não aprova esse tipo de comportamento, mas que está disposto a ouvir. Quando você ouve, tem um relacionamento melhor com seu filho, e, quando se conecta com ele, aumenta as chances de que ele tome decisões melhores.

Mensagem nº 4: Você é capaz. Nós acreditamos em você.

Há décadas o Dr. Amen coleciona pinguins. Sua coleção tem mais de 2.500 pinguins e começou no Sea Life Park, na ilha Oahu, no Havaí. Ele passou um dia inteiro lá uma vez com seu filho de 7 anos. No meio do dia, eles foram assistir ao show de um pinguim. O nome do pinguim era "Freddy, o Gordo". Durante o show, Freddy saltou de uma plataforma de 5 metros, jogou boliche com o bico e mostrou que sabia contar. Ele, inclusive, atravessou um círculo de fogo. Pai e filho ficaram muito impressionados com esse pinguim.

Quando o show estava quase no fim, a treinadora pediu que Freddy buscasse algo para ela. Freddy obedeceu e buscou o que a treinadora pediu. O Dr. Amen, então, pensou: *Quando eu peço para meu filho buscar algo para mim, ele quer ter uma discussão de vinte minutos sobre isso e depois não quer fazer o que eu pedi. Qual é a diferença? Eu sei que meu filho é mais inteligente que esse pinguim.*

Depois do show, o Dr. Amen perguntou para a treinadora como ela conseguia que Freddy fizesse todos aqueles truques legais. A treinadora olhou para pai e filho e então disse: "Ao contrário do que os pais fazem, sempre que o Freddy faz algo que quero que ele faça, eu reconheço isso. Eu lhe dou um abraço e um peixe".

Uma luz se acendeu no cérebro do médico: sempre que seu filho fazia coisas de que o Dr. Amen gostava, este não notava. Mas, sempre que o filho fazia algo de que o médico não gostava, o Dr. Amen percebia e fazia questão de demonstrar isso porque não queria ter um filho malcriado. Bom, adivinhe o que o Dr. Amen estava fazendo na verdade. Ele estava incentivando seu filho a ser difícil: quando ele se comportava mal, recebia cada vez mais atenção do pai.

O que você acha que "Freddy, o Gordo" teria feito se estivesse tendo um dia ruim e não seguisse as instruções da treinadora e ela então dissesse "Seu pinguim burro. Nunca vi um pinguim mais burro que você. Precisamos colocá-lo em um navio de volta para a Antártica e arrumar um substituto"? Se Freddy pudesse entender o que ela disse, poderia tê-la mordido ou saído correndo para chorar em um canto (dependendo do seu temperamento). A resposta da treinadora fez toda a diferença.[13]

A coleção de pinguins do Dr. Amen serve para nos lembrar de moldarmos o comportamento de forma positiva e reconhecermos mais quando for bom do que quando não for. Afinal, todos gostamos de ser reconhecidos e aplaudidos pelo nosso comportamento, não é mesmo?

Se você quer que seu filho continue seguindo as regras e buscando alcançar seus objetivos, reforce os bons comportamentos dele que contribuem para isso. Quando você pensa sobre um comportamento apropriado, imagine um campo de futebol. Quando o comportamento da criança é apropriado, está dentro dos limites do campo; já quando o comportamento dela se torna inapropriado, está fora desses limites. Se você reconhece e elogia seu filho quando ele age dentro dos limites do campo, aumenta a chance de ele continuar fazendo o que você gosta.

QUANDO ELOGIAR NÃO FUNCIONA

Alguns pais dizem que elogiar seus filhos é como enxugar gelo: não dá certo. Seus filhos têm baixa autoestima e, não importa o quanto ofereçam reforços positivos, nunca é suficiente. É em vão. Infelizmente, algumas crianças têm noções preconcebidas sobre si mesmas e relutam em abrir mão delas, mesmo que sejam negativas. Elogios bem-intencionados podem, sem querer, alimentar suas inseguranças.

Nesses casos, é melhor pensar na palavra *amar* como verbo e como ação. Agir para ajudar seus filhos a provarem para si mesmos que são capazes e importantes pode ser mais poderoso que fazer um elogio. Nesse sentido, *Os quatro passos para a responsabilidade* propostos por Jim Fay podem ajudar. Veja a seguir.[14]

Estratégia educativa efetiva: Os Quatro Passos para a Responsabilidade

Passo 1: Dê a seu filho uma tarefa que ele consiga executar.

Passo 2: Torça para ele errar ou se comportar mal.

Passo 3: Demonstre empatia sincera e permita que ele lide com as consequências do erro ou do mau comportamento.

Passo 4: Dê a mesma tarefa para ele novamente.

Veja como esses quatro passos funcionaram para os pais de uma criança muito curiosa: Brian, de 9 anos, tinha dificuldades na escola, mas gostava de desmontar objetos para ver como funcionavam. Seus maravilhosos pais lhe deram um relógio com alarme para que ele pudesse acordar sozinho todas as manhãs (passo 1). O relógio tinha números que giravam quando os minutos passavam, e Brian não conseguiu resistir à vontade de tirar os parafusos da parte de trás do relógio para abri-lo e ver como funcionava por dentro. Não foi esse o erro (passo 2) que seus pais esperavam que ele cometesse — eles achavam que Brian não saberia programar o alarme corretamente, perderia a hora e o ônibus da escola e teria que pagar pela carona que receberia dos pais. Mesmo assim, sua mãe e seu pai demonstraram empatia (passo 3), reconhecendo o quanto ele deve ter ficado empolgado para desmontar o relógio e dizendo: "Se existe uma criança que consegue remontar esse relógio, com certeza é você".

Brian trabalhou duro para remontar o relógio e, quando conseguiu, experimentou um sentimento incrível de realização e amor-próprio. Nenhum elogio que ele pudesse ter recebido dos outros poderia fazê-lo se sentir tão bem consigo mesmo. Ele aprendeu a confiar que, se cometesse um erro, seus pais não se descontrolariam. Em vez disso, eles acreditariam que Brian seria capaz de resolver seus próprios problemas.

Naquela noite, depois que Brian consertou o relógio, seus pais lhe deram a mesma tarefa (passo 4), perguntando para qual horário ele programaria o relógio para despertá-lo. Na manhã seguinte, o alarme soou como planejado, Brian levantou e pegou o ônibus no horário, sozinho. Uma ótima forma de construir a autonomia!

Pais de crianças pequenas ou com deficiência geralmente e compreensivelmente relutam em aplicar essa estratégia. Eles costumam questionar: "Será que funciona mesmo com uma criança tão pequena?" ou "Será que funciona mesmo com uma criança com os desafios que a minha enfrenta?".

Observe que o primeiro passo envolve dar a seu filho uma tarefa que ele consiga executar. Pode ser algo bem pequeno, como pedir a uma criança de 4 anos para colocar o prato dela perto da pia depois das refeições, ou algo muito maior, como pedir a um adolescente de 17 anos para ir de carro até o supermercado comprar algo para a família. Independentemente do tamanho ou da complexidade da empreitada, os pais ensinam à criança como realizar a tarefa antes de sugeri-la. Na verdade, pais de crianças pequenas ou com deficiência têm a sabedoria de treinar as habilidades e de oferecer dicas visuais, tais como uma lista de fotos ilustrando a sequência de passos envolvidos na tarefa.

Também é permitido dar algumas sugestões sobre como lidar com os erros cometidos pelas crianças. Guiá-las na direção de soluções as ajuda a aprender a discutir possibilidades quando outros problemas surgirem. É importante lembrar que conduzi-las, oferecendo soluções, não é o mesmo que dar um sermão e tentar forçá-las a aceitar seu conselho. Simplesmente compartilhe algumas sugestões e permita que elas decidam se as seguirão ou não.

Usar Os Quatro Passos para a Responsabilidade é ainda mais importante para crianças que não se valorizam. A seguir apresentamos outras formas tanto de construir quanto de destruir a autonomia.

ESTRATÉGIA EDUCATIVA EFETIVA: CONSTRUA A AUTOCOMPETÊNCIA AO INVÉS DE DESTRUÍ-LA

CONSTRUTORES DE AUTONOMIA	DESTRUIDORES DE AUTONOMIA
Permitir que as crianças tomem decisões mesmo quando erram.	Resgatar as crianças de seus erros.
Demonstrar empatia sincera.	Sarcasmo.
Elogiar de forma específica: "Mesmo perdendo o gol, você lidou bem com tudo e continuou calmo".	Dizer: "Você perdeu o gol, mas aquele árbitro precisa de óculos".
Permitir que as crianças tenham dificuldades.	Facilitar tudo para as crianças.
Ter relacionamentos familiares amorosos.	Permitir que as crianças testemunhem desavenças familiares (elas tendem a se culpar pelos problemas da família).
Concentrar sua energia nos pontos fortes.	Concentrar sua energia nos pontos fracos.

Mensagem nº 5: Você merece ser protegido.

Dave Sanders foi um herói. Há uma rodovia com seu nome no estado do Colorado, nos Estados Unidos. Quem foi ele? Um professor que salvou inúmeras vidas na escola de ensino médio da cidade de Columbine — localizada na região metropolitana de Denver, capital do Colorado — quando dois estudantes entraram atirando no dia 20 de abril de 1999. Em vez de correr e se salvar, Sanders ajudou os alunos a procurarem abrigo para se proteger dos tiros e acabou sacrificando sua vida para resguardar a deles. Esse é um exemplo do verdadeiro significado do amor.

Ainda que, felizmente, muitos de nós nunca cheguem a uma situação como a de Sanders, como pais, costumamos passar por circunstâncias nas quais precisamos sacrificar, momentaneamente, nosso conforto e bem-estar para resgatar nossos filhos do perigo. Esse perigo pode vir tanto de fora como de dentro das nossas casas. Perigos fora de casa são situações como, por exemplo, quando a criança pequena corre em direção à rua na mesma hora em que um carro passa em alta velocidade. Perigos dentro de casa incluem os próprios impulsos e más decisões dos nossos filhos.

O resgate passou a ser criticado porque muitos pais costumam socorrer seus filhos além do necessário. No entanto, o Dr. Foster Cline oferece algumas dicas úteis sobre quando é permitido ou mesmo necessário resgatar crianças e adolescentes (veja o quadro a seguir). Quando nossos filhos sabem que nós acreditamos que eles merecem ser protegidos, isso fortalece nosso relacionamento com eles. Quando realizado corretamente, o resgate ocasional de nossos filhos constrói um vínculo de confiança, aumentando as chances de eles estarem dispostos a nos resgatar quando realmente precisarmos!

ESTRATÉGIA EDUCATIVA EFETIVA: ENTENDA AS REGRAS DE RESGATE DO DR. FOSTER CLINE

É PERMITIDO RESGATAR QUANDO...	NÃO É PERMITIDO RESGATAR QUANDO...
Seu filho corre risco de vida ou de perder uma parte do corpo.	Seu filho está enfrentando um problema que pode ser uma fonte de aprendizado e crescimento.
Seu filho não tem o hábito de precisar ser resgatado.	Seu filho está sempre contando com o resgate.
Seu filho demonstra gratidão por ter sido resgatado.	Seu filho exige ser resgatado ou sente que é algo a que tem direito.
Seu filho é uma criança confiante.	Seu filho não tem segurança e precisa perceber que é capaz de lidar com a adversidade.

Quando você constantemente envia essas mensagens de amor para seu filho, ele cresce e se torna autoconfiante e seguro de si. Os sentimentos de segurança e proteção que resultam dessas mensagens amorosas oferecem ao cérebro do seu filho senso de identidade e espaço para que a saúde mental dele se desenvolva.

Passo a passo

- Passe vinte minutos exclusivamente com seu filho hoje.
- Na próxima vez que seu filho tiver uma dificuldade, tente apenas estar presente e deixar que só ele fale.
- Pratique a escuta ativa com seu filho.
- Escolha dois tópicos de discussão que pode usar com seu filho.
- Pense sobre como você pode usar a expressão "Isso não funcionaria para mim" quando seu filho disser algo absurdo.
- Pense em uma tarefa que pode dar ao seu filho para usar a estratégia dos Quatro Passos para a Responsabilidade.
- Use estratégias construtoras de autonomia.
- Entenda as regras de resgate.

CAPÍTULO 5

LIMITES E REGRAS CONSTROEM A FORÇA MENTAL

Limites e regras não só sinalizam, de forma clara, para a criança o que você espera dela como fazem com que ela se sinta segura e protegida.

As crianças precisam de limites e regras. Isso é o principal. Mas o que os limites e regras têm a ver com criar vínculos e manter relacionamentos positivos no desenvolvimento da força mental? Estabelecer limites transmite as seguintes mensagens para nossos filhos:

- Eu amo você o bastante para prestar atenção nas suas ações.
- Eu amo você o bastante para protegê-lo.
- Eu amo você o bastante para discipliná-lo.
- Eu amo você o bastante para mostrar como cuidar de si mesmo.
- Eu amo você o bastante para lhe dar o que seu cérebro precisa.

Veja este exemplo da poderosa mensagem de amor que enviamos quando estabelecemos limites. Quando a filha do Dr. Amen, Kaitlyn, era adolescente, ela gostava de insistir. Em uma ocasião, ela queria ir a um show com seus amigos. O Dr. Amen disse "não", mas ela continuou insistindo com ele para deixá-la ir. Geralmente esse é o momento em que os pais desistem exasperados; nós entendemos! Se o Dr. Amen tivesse desistido, no entanto, estaria reforçando a hiperatividade do giro do cíngulo anterior do cérebro de Kaitlyn — região do cérebro associada com o comportamento de oposição e desafiador. O resultado não significaria paz para Dr. Amen; Kaitlyn se tornaria ainda mais contestadora e insistente na próxima vez.

Assim, o Dr. Amen deu uma resposta bem direta: "Querida, eu já disse que não. E você já me perguntou mais de uma vez. Você conhece a regra: 'Não discuta com os pais'. (Veja a regra número 4 neste capítulo.) Então, se você me perguntar de novo, a resposta continuará sendo não e haverá uma consequência: ficar sem telefone ou internet pelo resto do dia. A decisão é sua se vai querer arcar com a consequência ou não". Depois disso, Kaitlyn desistiu. Ao ser resistente, firme e gentil, o Dr. Amen ensinou ao cérebro da filha que ela deveria parar com o comportamento opositor ao qual se apegava. Na verdade, essa tática é parte de uma terapia comportamental que ajuda pessoas com transtorno obsessivo-compulsivo, mas que também pode ser altamente efetiva em crianças de todas as idades.

POR QUE AS CRIANÇAS E OS PAIS PRECISAM DE LIMITES

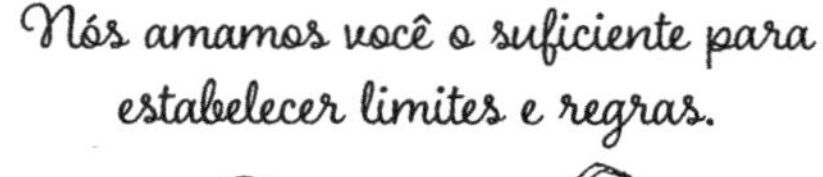

O cérebro do seu filho precisa de limites. Regras e limites geram um sentimento de segurança, e pesquisas[1] mostram que isso contribui para o desenvolvimento do eixo hipotálamo-pituitária-adrenal (HPA) do cérebro, mais conhecido como o sistema de resposta ao estresse. O funcionamento saudável do HPA reduz os níveis do hormônio do estresse, o cortisol, no cérebro, melhorando, assim, o funcionamento geral do cérebro. O funcionamento saudável do cérebro aumenta a força mental. Décadas de pesquisa[2] mostram que educar com autoridade — sem *ser autoritário* —, estabelecendo limites firmes e amorosos, ajuda as crianças a desenvolverem:

- Responsabilidade
- Independência
- Competências sociais
- Desempenho acadêmico
- Bom comportamento

Além disso, crianças e adolescentes que crescem com limites e regras são menos propensos a desenvolver problemas de saúde mental e de comportamento, tais como ansiedade, depressão e abuso de substâncias.

Por outro lado, um estudo de 2022 revelou que educar de forma imprevisível ou inconsistente pode interferir no desenvolvimento saudável dos circuitos do cérebro emocional da criança.[3] Isso pode contribuir para um maior risco de problemas mentais e vícios na fase adulta. Nas Clínicas Amen, o Dr. Amen já viu muitos casos de jovens adultos com ansiedade, síndrome do pânico, alterações de humor e abuso de substâncias. Na maioria dos casos, esses jovens cresceram sem limites, em lares permissivos.

As regras beneficiam os pais também, permitindo que eles saibam quando uma criança está seguindo as regras e lhe dão base para reforçá-las com consequências claras e racionais. Particularmente, regras escritas têm poder. As crianças geralmente se orientam por regras e respondem a sinais físicos (como as regras pregadas perto da piscina). Por exemplo, quando o sobrinho do Dr. Amen, Andrew, tinha 3 anos, ele tinha medo de monstros durante a noite. Por semanas, seus pais procuraram com ele por monstros no quarto, em uma tentativa de assegurá-lo de que não havia nenhum monstro ali. Juntos, eles procuraram por todos os lados: debaixo da cama, no guarda-roupa, atrás da porta e debaixo das cobertas. Depois, os pais perceberam que, ao procurar pelos monstros, estavam contribuindo para aumentar o medo de Andrew.

Seguindo a sugestão do Dr. Amen, a mãe de Andrew decidiu fazer uma placa para colocar no quarto do filho. Ela e Andrew fizeram um desenho de um monstro, colocaram um círculo vermelho ao redor dele, com uma faixa na diagonal, e escreveram: "PROIBIDA A ENTRADA DE MONSTROS". Supreendentemente, o medo de Andrew desapareceu, porque ele acreditou que a placa mantinha os monstros do lado de fora do seu quarto.[4]

PROIBIDA A ENTRADA DE MONSTROS

LIMITES SÃO NECESSIDADES INEGOCIÁVEIS

Limites e regras precisam ser inflexíveis. Não são desejos opcionais. Porém, existe uma coisa importante que você precisa saber: as crianças — e os adultos — geralmente resistem aos limites, e, se você não entender isso, sua paciência pode ser testada, gerando raiva e frustração, fazendo você ceder quando sabe que não deveria.

Veja o exemplo de um casal que costumava sair uma vez por semana para namorar até quando a filha tinha cerca de 3 anos. Um dia, os pais contrataram uma babá e estavam quase na porta para ir ao cinema quando a menininha começou a fazer birra.

— Não é justo que vocês possam ir ver um filme e eu não — ela berrava.

Quando a birra se intensificou, os pais se entreolharam, resignados, fecharam a porta e ficaram em casa para acalmar a filha. Essa foi a última noite em que saíram sozinhos.

Você percebe o problema aqui? Os pais cederam à reação de curto prazo da filha, ao invés de permanecerem focados no desenvolvimento de longo prazo dela, transmitindo uma mensagem clara de que era ela quem estava no comando. Os pais da menininha foram bem-sucedidos em modificar o comportamento dela, mas de uma forma negativa, que sinalizava problemas no futuro. A criança descobriu que se agisse como uma tirana conseguiria fazer os pais cederem e atenderem suas vontades.

Esse é um exemplo de educar como uma máquina caça-níqueis. Normalmente é muito difícil ganhar algo nessas máquinas, mas quem continua insistindo acaba conseguindo ganhar alguma coisa. Para as crianças, isso significa que, se elas continuarem insistindo com você, existe uma possibilidade de você ceder. B. F. Skinner,[5] em sua pesquisa pioneira sobre o behaviorismo, descobriu que oferecer reforço intermitente era uma maneira muito mais poderosa de treinar um animal — ou uma pessoa — quando comparado ao reforço constante. Recompensas variáveis alimentam aquilo em que todo apostador acredita: "Da próxima vez eu vou ganhar muito!". Veja como isso funciona com as crianças: digamos que você faça uma pausa na tarefa constante de reforçar uma regra, por exemplo, permitindo que seu filho coma a sobremesa *antes* do jantar durante as férias. Quando as férias terminam, essa exceção à regra pode fazer seu filho insistir em tentar ganhar essa recompensa variável de novo. Isso o incentiva a pensar: *Da próxima vez que eu insistir muito, pode ser que meus pais cedam e me deem a sobremesa antes do jantar.*

Essa não é uma crença que você quer plantar no cérebro do seu filho, uma vez que prejudica seus esforços para estabelecer limites e propicia que você entre no Ciclo de Culpa sobre o qual escrevemos no Capítulo 3 (errar, sentir-se mal e depois resgatar). Além disso, leva as crianças a se viciarem em manipular o comportamento dos pais.

SEIS PASSOS PARA ESTABELECER LIMITES EFETIVOS

Antes que você mergulhe de cabeça e corra para seguir os seis passos para estabelecer limites para seus filhos, separe um tempo para se preparar, pois é possível que, se você se precipitar, encontre imprevistos pelo caminho. Foi o que aconteceu quando o Dr. Fay decidiu remar no lago. Ele pulou no barco e imediatamente começou a remar, pensando no quanto o dia estava maravilhoso. Não demorou muito para perceber que a proa estava quase no nível da água; ele estava afundando, e muito rápido, dentro do lago gelado. Foi então que percebeu que tinha esquecido de colocar o tampão na parte de trás do barco. Ele conseguiu voltar para a margem a tempo, mas a história serve para ilustrar que todos nós precisamos vedar nossas estratégias educativas.

Bons pais aprendem e começam a praticar essas estratégias *antes* de introduzir grandes mudanças. Leia com atenção os seis passos para estabelecer limites, tentando antecipar o que pode dar errado e o que fará para contornar isso. Lembre-se de que comunicar limites para crianças com deficiência pode exigir certa sutileza. Certifique-se de utilizar termos simples e de incluir ilustrações, músicas, recursos táteis ou encenação para ajudá-las a entender o que você espera que elas façam.

Passo 1: Volte aos seus objetivos.

Quando estiver tentando estabelecer limites, volte aos objetivos que estabeleceu para si mesmo como pai ou mãe e para seus filhos. Pergunte-se:

- Que tipo de adulto você quer que seus filhos se tornem?
- Que tipo de exemplo você precisa reforçar *regularmente* para que eles alcancem seus objetivos?
- De que maneira você pode estabelecer limites que lhe permitam contribuir *regularmente* para o alcance desses objetivos?
- Como você pode seguir seus objetivos *regularmente* em vez dos seus sentimentos de curto prazo?

Quando conseguir responder a essas perguntas, você estará preparado para escolher os limites que gostaria de estabelecer. Além disso, tenha certeza de que os limites estabelecidos podem ser impostos. Senão, eles não serão respeitados.

Passo 2: Esteja preparado para a reação dos seus filhos.

Esteja ciente de que estabelecer limites pode gerar inúmeras reações — lembre-se da garotinha que fez birra quando os pais quiseram sair sozinhos para ver um filme à noite. Em alguns casos, regras e limites podem fazer as coisas parecerem piores antes de melhorarem. Na psicologia e na psiquiatria chamamos isso de "pico de extinção". Em sua Clínica, o Dr. Amen já viu crianças reagirem a novos limites com raiva, reclamação, birra, choro, grito, negociação e outros problemas comportamentais. Quando encontram esse tipo de reação intensa, os pais tendem a pensar que os limites não estão funcionando e chegam a cogitar abandoná-los. Não faça isso! Desistir e ceder não só faz com que os pais pareçam volúveis como fomenta o comportamento manipulativo das crianças.

Compreender antes de tudo que seu filho pode não gostar das novas regras e limites e responder de modo indesejável pode evitar que você se sinta irritado, frustrado, desencorajado ou culpado. Saber que esse pico de extinção é temporário — dura no máximo uma semana — pode encorajá-lo a continuar impondo os novos limites apesar das reações explosivas de curto prazo. Manter o foco no resultado de longo prazo é um ponto-chave para conseguir superar esse difícil período de transição. Quando os pais demonstram que a mudança é permanente, logo começam a conviver com crianças mais respeitosas, responsáveis e felizes.

Passo 3: Aprenda a neutralizar as discussões com seu filho.

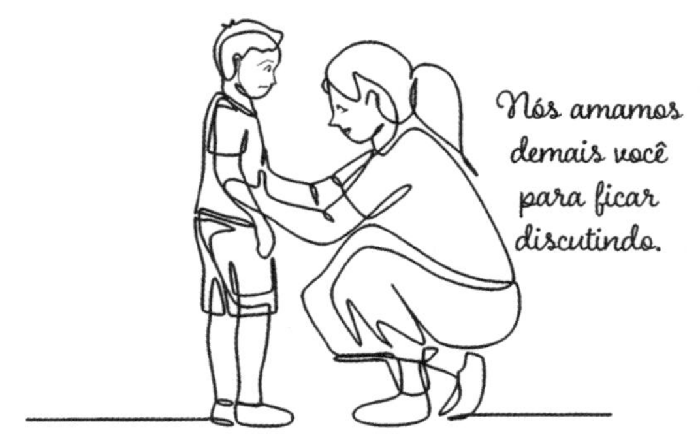

Como observado no passo 2, quando você começa a estabelecer limites pode encontrar resistência por parte dos seus filhos. Felizmente, a abordagem Amor e Lógica tem ajudado pais a neutralizar essa reação há décadas. (Veja o tópico "Neutralizando a discussão", a seguir.) Considerada uma das ferramentas mais importantes do kit educativo "firmeza e gentileza", essa estratégia simples o ajuda a manter os limites e as regras que contribuirão para que você alcance os objetivos que estabeleceu para si mesmo e para seus filhos.

Neutralizando a discussão

Poucas coisas são mais prejudiciais do que permitir que as crianças acreditem que discutir, responder com um desaforo ou manipular são meios aceitáveis de conseguir o que querem, chatear ou transferir a responsabilidade. É por isso que pais sensatos, que educam crianças mentalmente fortes, usam a estratégia de duas etapas a seguir todas as vezes que isso começa a acontecer. Adote essa estratégia assim que as crianças tiverem idade suficiente para começar a tentar discutir, geralmente por volta dos 3 ou 4 anos.

A primeira estratégia é: não pense demais. Resistir à tentação de pensar demais sobre o que a criança está dizendo ou fazendo aumenta nossas chances de permanecer calmos. É muito mais fácil ter paciência quando não estamos pensando muito sobre aquilo que pode nos irritar. Além disso, fica mais fácil segurar a ânsia de dar um sermão ineficaz.

A segunda é repetir, com calma, as "respostas prontas" da abordagem Amor e Lógica. Em vez de tentar contra-argumentar com seu filho, o que só validará os argumentos dele, concentre-se nas "respostas prontas" já testadas pela abordagem Amor e Lógica. Alguns exemplos são:

- "Eu amo você demais pra ficar discutindo sobre isso".
- "O que foi que eu disse?".
- "Eu sei".
- "Só vou ouvir quando o seu tom de voz estiver calmo e respeitoso".

> ***Atenção!*** *Essas respostas não vão funcionar se forem ditas com sarcasmo, frustração ou raiva.*

Passo 4: Aprenda a silenciar a discussão que acontece dentro da sua própria cabeça.

Talvez mais difícil do que evitar discussões com seu filho seja aprender a silenciar o diálogo que ocorre dentro da sua própria cabeça. Você sabia que toda vez que pensa o seu cérebro libera substâncias químicas? Sempre que você tem um pensamento de irritação, desamparo, depressivo ou assustador, seu cérebro libera um conjunto de substâncias químicas que fazem seu corpo inteiro reagir e se sentir mal. Lembre-se da última vez que ficou muito irritado com seu filho. O que aconteceu no seu corpo quase imediatamente? Se você for como a maioria das pessoas, seus músculos provavelmente ficaram tensos, sua respiração ficou acelerada e mãos começaram a suar e a esfriar, ao mesmo tempo que sua frequência cardíaca aumentou. (Esse é o princípio por trás dos testes de detecção de mentiras: seu cérebro reage ao que você pensa.)

Em contrapartida, toda vez que você tem um pensamento positivo, feliz, esperançoso, agradável ou pensa no sucesso, seu cérebro libera substâncias químicas diferentes, que fazem você se sentir bem e relaxado, ocorrendo o oposto em termos de respostas físicas: sua frequência cardíaca diminui, suas mãos esquentam e secam e seus músculos relaxam. Os pensamentos são poderosos. A não ser que você pense sobre seus pensamentos, eles são automáticos: simplesmente acontecem. Logo, o que você pensa é crucial para o modo como se sente e como educa.

Educar requer clareza de pensamentos. E seus pensamentos nem sempre dizem a verdade; pelo contrário, os pensamentos mentem e muito. São seus pensamentos não questionados que podem causar estragos na sua tarefa de educar. Você não precisa acreditar em cada pensamento louco, desvairado ou reativo que passa pela sua cabeça.[6]

É importante refletir sobre seus pensamentos para verificar se eles o estão ajudando ou prejudicando. Infelizmente, se você nunca questionar seus pensamentos automáticos negativos (PANs), eles invadirão sua mente como formigas em um piquenique. Os PANs surgem praticamente do nada no seu cérebro e, quando não são questionados, mordem, beliscam, torturam e infestam sua mente. Quando você está tentando estabelecer limites, os PANs podem fazê-lo duvidar de si mesmo ou convencê-lo a abandonar suas novas regras. Entretanto, se você não permanecer mentalmente forte, não poderá ensinar seus filhos a serem mentalmente fortes.

No Capítulo 7, apresentaremos uma visão mais aprofundada sobre esse assunto e detalharemos um processo testado ao longo do tempo, que vai ajudá-lo a permanecer firme e ser amoroso a partir do combate aos pensamentos negativos e aos sentimentos de raiva, frustração, culpa e desamparo associados a eles. Também vamos demonstrar como você pode ajudar seus filhos a aprender a combater os próprios PANs, para que eles também possam controlar seus pensamentos e viver com mais alegria e propósito.

Para começar, relacionamos a seguir alguns dos PANs mais comuns da tarefa de educar e seus pensamentos alternativos ou compensatórios (PACs):

PANs	PACs
Essas novas regras não estão funcionando; meu filho está ainda mais difícil de lidar.	Essas novas regras estão causando um pico de perda temporária, mas valerão a pena no longo prazo.
Sou um fracasso como pai/mãe.	Estou fazendo o melhor que posso e aprendendo com meus erros.
As coisas seriam mais fáceis se eu simplesmente deixasse meu filho fazer o que quer.	Ser permissivo acabará dificultando muito a minha vida e a do meu filho.

Como seria sua vida como pai ou mãe se sua cabeça estivesse cheia de PACs em vez de PANs? Como seria a vida do seu filho se pudesse aprender a fazer o mesmo? Veja como isso é possível no Capítulo 7.

Passo 5: Tenha certeza de que os limites estabelecidos podem ser impostos. Escolher limites que podem ser impostos não fará diferença a menos que você consiga comunicá-los de forma clara e efetiva para seus filhos. A maneira como você comunica as regras determina o índice de efetividade delas, bem como sua capacidade de mantê-las. Os especialistas em comunicação argumentam que existem dois tipos de instruções: beta (ineficientes) e alfa (eficientes).

INSTRUÇÕES BETA (INEFICIENTES)

1. Instruções em série: muitas instruções juntas. Crianças com dificuldades de concentração podem conseguir assimilar apenas uma ou duas instruções por vez.
2. Instruções interrompidas: dar uma instrução e em seguida ter uma longa discussão antes que a criança tenha que segui-la.
3. Instruções repetidas: também conhecidas como irritantes.
4. Instruções vagas: instruções pouco claras costumam resultar em nenhuma ação.
5. Instruções na forma de perguntas: "Você faria isso, por favor?" não é bem uma pergunta. Não dê instruções na forma de perguntas ou de um pedido de favor, a menos que seja intencional.

6. Instruções do tipo "Vamos fazer juntos": oferecer-se para fazer uma tarefa ou obrigação com a criança quando ela se recusa a fazer. Isso funciona como reforço positivo para a criança não obedecer ao seu comando. Contudo, é importante esclarecer que sugerir fazer uma tarefa junto com a criança primeiro para ensinar algo novo é um exemplo de instrução eficiente.
7. Instruções do tipo "ameaça": essas instruções passam uma mensagem extremamente inapropriada. Por exemplo: "Se você não fizer, vou te abandonar ou mandar você embora etc.".

INSTRUÇÕES ALFA (EFETIVAS)

1. Fale sério quando estiver dando uma tarefa ou uma direção e deixe claro que está disposto a estabelecer consequências se a criança desobedecer.
2. Comunique a instrução de maneira simples e direta.
3. Dê uma única instrução por vez.
4. Tenha certeza de que a criança está prestando atenção enquanto você está dando a instrução. Estabeleça contato visual com ela primeiro.
5. Verifique se reduziu ou eliminou as distrações ao redor.
6. Se não tem certeza de que a criança entendeu a instrução, peça que ela a repita para você.
7. Se a instrução é complexa ou a criança costuma ter dificuldade em segui-la, anote todo o passo a passo necessário para a realização da tarefa. Por exemplo: "Um quarto arrumado significa: cama arrumada, gavetas fechadas, roupas e brinquedos nos devidos lugares e nada embaixo da cama". Isso facilita tanto na hora da conferência quanto na hora de recompensá-los por cumprirem a tarefa corretamente.

As instruções alfa promovem uma melhora impressionante nas taxas de adesão, principalmente de crianças que têm dificuldade em obedecer. Os pais tendem a achar que as crianças deveriam saber como agir sem que as regras tenham sido comunicadas a elas com clareza. Estabelecer regras e expectativas claras e por escrito direciona o comportamento do seu filho. Quando ele sabe o que você espera dele, aumenta sua capacidade de conseguir atender às expectativas.

Outro elemento-chave na comunicação de limites e regras está ligado a falas do tipo "Você vai" ou "Eu vou". Introduzir novas regras e limites para crianças usando frases que começam com "Você vai" coloca a ênfase no comportamento *delas*. O problema nesse caso é que não podemos sempre controlar as ações delas; a única coisa que pode ser consistentemente controlada é nosso próprio comportamento. Em última instância, começar com "Você vai" promove disputas de poder das quais ninguém sai vencedor.

Em contrapartida, comunicar limites dizendo "Eu vou" coloca o foco no *nosso* comportamento, algo que está em *nosso* controle. Isso é o que a abordagem Amor e Lógica denomina "afirmações reforçadoras", que nossas palavras valham ouro e não sejam como dinheiro na mão de um tolo. Veja os seguintes exemplos de afirmações com "Você vai" e "Eu vou".[7]

AFIRMAÇÕES "VOCÊ VAI" X AFIRMAÇÕES "EU VOU"

Você não vai falar assim comigo!	Eu só vou ouvir quando a sua voz estiver tão calma quanto a minha.
Você vai tirar o lixo.	Eu vou levá-lo ao treino só depois que você tirar o lixo.
Estou cansado de ter que arrumar a sua bagunça. Você vai guardar esses brinquedos... Agora!	Eu vou deixar que você fique apenas com os brinquedos que guardar.
Você vai me respeitar. Eu só quero ajudar.	Vou ajudá-lo com a lição de casa desde que eu sinta que estou sendo bem tratado.

Passo 6: Lembre-se de que a empatia abre o coração e a mente para o aprendizado.

Assim como qualquer estratégia parental, estabelecer e impor limites com empatia favorece o desenvolvimento do cérebro da criança, gera vínculos e constrói força mental. Como vimos no capítulo anterior, a empatia está associada ao funcionamento de regiões do cérebro ligadas ao aprendizado e às funções executivas. A raiva e a frustração, no entanto, podem ativar no cérebro reações de lutar, fugir ou paralisar, aumentando o estresse e interferindo no desenvolvimento saudável.

Veja como um pai pode usar a empatia com uma criança de 4 anos. Enquanto faziam compras, a criança viu um carrinho em uma das prateleiras. Ela corre para o brinquedo, pegou-o e o mostrou ao pai dizendo "Eu quero". É claro que pais eficientes nunca cedem a exigências, mas também demonstram firmeza de um jeito amoroso. Em vez de dar um sermão dizendo "Você não precisa desse carrinho. Não vou comprar para você!", eles demonstram empatia e cuidado dizendo algo como: "Se eu tivesse a sua idade também ia querer um carro desses. Mas não vai ser legal quando você tiver dinheiro para comprá-lo?". Em seguida, o pai retorna rapidamente para as compras, sinalizando para a criança que eles estão seguindo em frente. Se a criança se jogar no chão em um acesso de raiva, pode ser que o pai precise ganhar tempo para pensar em uma consequência, respondendo calmamente: "Nossa, que pena! Eu vou ter que pensar numa consequência para esse comportamento quando chegarmos em casa".

Embora exista ainda a possibilidade de que seu filho faça birra mesmo quando você lida com a situação dessa forma, você pode se surpreender com o quanto uma boa dose de empatia e reconhecimento pode prevenir, ou pelo menos minimizar, muitas birras e disputas de poder. Um pouco de empatia opera milagres, ajuda as crianças a aderirem aos limites que estabelecemos e nos impede de cair no Ciclo da Culpa, no qual reagimos mal, nos sentimos culpados e recorremos ao resgate porque sentimos culpa pela maneira como reagimos.

QUANTOS LIMITES VOCÊ DEVE ESTABELECER?

Não existe um número mágico quando o assunto é estabelecer regras, mas alguns de nós podem se empolgar e estabelecer regras demais. Veja o exemplo da consciente Camilla. Ela tinha uma regra para quase tudo. Sua lista de limites era tão longa que ela, o marido e as crianças ficavam sobrecarregados tentando atendê-los. Ela procurou o Dr. Fay e relatou que todos aqueles limites a estavam deixando muito estressada. O Dr. Fay explicou a ela que ter alguns limites mais amplos pode facilitar as coisas para todos. Em seguida, ele a ajudou a reduzir sua lista para dois limites básicos, para começar:

- "Você tem liberdade para fazer tudo o que quiser, desde não crie problemas para ninguém."
- "Se você causar um problema, vou pedir que o resolva."

Esses limites funcionaram bem na família de Camilla, mas em outras pode ser útil ter regras mais concretas. Lembre-se de que cada família — e cada criança — é diferente e é melhor adaptar as regras de acordo com as necessidades. Pode ser que você tenha que passar por algumas tentativas e erros para encontrar as que funcionam melhor para sua situação ou então começar com algumas regras essenciais já testadas e ir adicionando outras à medida que for necessário.

AS OITO REGRAS ESSENCIAIS DO DR. AMEN PARA CRIANÇAS

Depois de mais de três décadas trabalhando com pais e filhos, o Dr. Amen descobriu que todas as famílias são únicas. Entretanto, algumas regras básicas são benéficas para todos.

Regra nº 1: Diga a verdade. A honestidade é um valor importante na nossa família. Se você quebra essa regra, enfrentará as consequências não só de ter feito algo que não deveria como de ter mentido. A regra é muito clara: diga a verdade!

Essa regra se aplica tanto para mentiras pequenas quanto grandes. Quando você permite que uma criança ou adolescente não arque com as consequências de mentir, torna fácil para ele contar mentiras maiores. Um dos melhores presentes que você pode dar a uma criança é ensiná-la a ser honesta. Se ela consegue ser honesta com o mundo, tende a ser honesta consigo mesma. Consequentemente, isso significa que, se você quer que seu filho siga essa regra, você também não pode mentir. As crianças fazem o que você faz e não o que você lhes manda fazer. Por isso, quando estiver com seu filho, alguém ligar para convidá-lo para um evento e seu telefone estiver no viva-voz, *não* minta sobre o motivo de não poder ir.

Regra nº 2: Trate todo mundo com respeito. Isso significa sem gritar, sem bater, sem chutar, sem xingar e sem insultar. Relacionar-se com os outros de forma positiva é uma habilidade que muitas crianças (e adultos) não têm. Desrespeito gera conflito, isolamento social e solidão. O respeito é essencial para um bom relacionamento com os outros. Quando você se relaciona com os outros de maneira respeitosa e positiva, consegue atrair muito mais pessoas e situações positivas. Ensinar essa lição às crianças as ajudará a evitar anos de frustrações.

Regra nº 3: Obedeça pai e mãe de primeira. Demonstrar autoridade é bom, é necessário e realmente faz as crianças se sentirem seguras. Mesmo assim, os pais têm tido cada vez mais receio de exercer a autoridade. Como não têm certeza de que seja algo bom, acabam tendendo mais para o lado da permissividade. Pior do que isso é a possibilidade de se tornarem ambíguos — às vezes são severos, às vezes não —, o que confunde as crianças. Como mencionado, pesquisas mostram que pais que são permissivos tendem a ter mais problemas com seus filhos. Alguns pais costumam chegar ao consultório do Dr. Amen e relatar que precisam pedir de dez a doze vezes para que seus filhos obedeçam. Isso os faz se perguntarem: *Quem está mandando em quem nesta situação?* Se você pede dez vezes para a criança fazer uma coisa e só depois disso se chateia, o que está ensinando para ela? Você está ensinando que não tem problema nenhum ela desobedecer você até enlouquecê-lo.

Quando o Dr. Amen pedia a seu filho Antony para tirar o lixo, se ele não o fizesse dentro de um intervalo razoável de tempo, digamos dez segundos, o Dr. Amen lhe dava um aviso: "Filho, eu pedi para você tirar o lixo. Você pode fazer isso agora ou lidar com a consequência se deixar para depois, mesmo assim continuará tendo que tirar o lixo. A decisão é sua". O Dr. Amen treinou seu filho para perceber que estava falando sério na primeira vez que pedia algo. Quando você comunica que espera que seu filho lhe obedeça e que está disposto a sustentar sua posição, ele entende o recado e começa a fazer o que você pede *assim que solicitado*.

Regra nº 4: Não discuta com seus pais. Muitas crianças — principalmente quando se tornam adolescentes — costumam discutir com seus pais. Essa regra vem com um adendo para lembrar seu filho de que: "Eu quero ouvir o que você tem a dizer, mas só quero ouvir *uma vez*". Um dos meus pacientes tinha o apelido de "Argumentador" porque sempre falava o oposto daquilo que os pais haviam dito para ele. Algumas crianças nascem com tendência a argumentar — geralmente por causa de hiperatividade no giro do cingulado anterior do cérebro, que discutimos no Capítulo 3. Elas simplesmente questionam, questionam, questionam e questionam tudo o que você diz. Se você permitir que esse comportamento continue, adivinhe quem mais elas vão questionar. Seus professores e outras figuras de autoridade.

Regra nº 5: Respeite o que é do outro. Isso significa pedir permissão para usar algo que não nos pertence e inclui atitudes como pedir emprestado e não devolver, bem como roubar. Se uma criança não tem permissão para retirar coisas do quarto do irmão, essa regra acaba evitando muitas brigas. Se você pegar seu filho furtando de uma loja, leve-o de volta à loja, faça-o confessar o furto para o gerente e, em seguida, peça que ele não só devolva o item mas *também* pague por ele, para compensar a loja pela confusão. Essa estratégia fará seus filhos aprenderem, diminuindo as chances de que furtar se torne um problema no futuro. Quando a criança furtar ou quebrar algo na casa de alguém, faça-a assumir a responsabilidade pelo acontecido e pagar (com dinheiro ou com trabalho) para que o item seja substituído.

Regra nº 6: Guarde tudo o que tirar do lugar. Eu acredito em conscientizar e responsabilizar as crianças. As mães costumam fazer coisas demais por seus filhos e acabam tendo problemas para delegar. Os pais e mães que fazem tudo acabam ficando irritados, exaustos, frustrados e deprimidos. Ensine as crianças a trabalhar, fazendo-as ajudar em casa e arrumar a própria bagunça.

Um grande estudo longitudinal de mais de cinquenta anos conduzido pela Universidade Harvard examinou 450 crianças, de escolas da região de Boston, que agora têm 60 anos, para verificar as causas de depressão, alcoolismo, transtornos de ansiedade e inúmeras outras doenças relacionadas à saúde mental.[8] O estudo também examinou questões de autoestima. O único fator externo às quatrocentas variáveis que estão correlacionadas com a autoestima é o fato de a criança ter trabalhado na adolescência, fosse em casa, cuidando de outras crianças ou da casa, fosse fora dela. Se você fizer tudo pelo seu filho, ele não desenvolverá a autoestima. Por isso, comece aplicando essa regra desde cedo. Se você fizer tudo por ele e depois pedir sua ajuda quando ele tiver 12 anos, por exemplo, é bem provável que ele demonstre teimosia porque não está acostumado a ajudar.

A recompensa por ter estabelecido tarefas domésticas como parte da rotina diária da família na casa do Dr. Amen veio quando sua esposa, Tana, foi buscar a filha deles, Chloe, e uma amiga. Elas estavam no banco de trás do carro, visivelmente exaustas depois de um dia cheio de brincadeiras. Chloe vinha ajudando mais nas tarefas domésticas todos os dias para ganhar um dinheiro extra e poder comprar um brinquedo que queria, e estava muito determinada. Mas nesse dia ela estava muito cansada.

— Mãe, eu sei que eu deveria ajudar a fazer o jantar hoje, mas estou muito cansada — ela disse. — Preciso mesmo ajudar hoje?

Tana respondeu que Chloe não precisava ajudar se não quisesse, uma vez que já tinha feito suas tarefas diárias.

Nessa hora, a amiga de Chloe virou para ela e disse:

— Ainda bem que a minha mãe não me obriga a fazer tarefas domésticas.

— O que você quer dizer com não ter que fazer nenhuma tarefa doméstica? — Chloe respondeu. — Todo mundo tem que fazer alguma tarefa doméstica! Eu estou fazendo tarefas extras para ganhar mais dinheiro.

— Eu não tenho que fazer tarefa doméstica nenhuma! Minha mãe e meu pai simplesmente me dão dinheiro porque me amam.

Chloe olhou para a amiga de um jeito que só ela olhava e disse:

— Isso não faz sentido *nenhum*! Dinheiro não tem nada a ver com amor!

Sua amiga discordou:

— Tem sim. Minha mãe e meu pai me dão dinheiro porque me amam *muito*. Minha mãe me dá dinheiro todos os dias, e meu pai, toda semana.

Nessa hora, Tana começou a suar, pensando que teria que pensar em uma ótima explicação para quando Chloe questionasse por que outras crianças não tinham que fazer tarefas domésticas. Em vez disso, Chloe revirou os olhos e disse:

— As tarefas domésticas fazem parte da vida em família. É assim que trabalham juntas... e eu sou boa nas tarefas que faço. Gosto de aprender a cozinhar e a fazer outras coisas.

Tana sentiu um orgulho imenso da filha naquele momento. Além disso, ter essas regras claras sobre as tarefas domésticas ajuda a manter a harmonia na casa.

Regra nº 7: Peça permissão antes de ir a algum lugar. Ainda que muitos filhos reclamem disso, os pais precisam checar onde eles estão, com quem estão e o que estão fazendo. Procure verificar fisicamente e frequentemente se a criança, o adolescente ou o jovem adulto está onde disse que estaria. A supervisão adequada é essencial para o bem-estar emocional de uma criança, pois fortalece os vínculos e contribui para que ela se sinta segura.

Regra nº 8: Procurem ser gentis e prestativos um com o outro. Todo pai ou mãe sabe que esses não são comportamentos comuns entre irmãos. Na verdade, se você tem dois filhos ou mais, sabe que a rivalidade entre irmãos existe e segue firme e forte na casa. Não existe um motivo claro para que irmãos se desentendam tanto, mas olhamos para a primeira história bíblica sobre irmãos e lembramos que ela não terminou muito bem. Quando você faz essa regra se tornar parte da cultura familiar, gentileza e presteza passam a acontecer com mais frequência. Para tornar isso um hábito, elogie e recompense a criança por se esforçar para ser gentil e prestativa com os outros. Esse reforço a fará desenvolver esses traços.

Quando você diz ao seu filho o que espera dele, é muito mais provável que ele aja de acordo com suas expectativas. As regras determinam o tom e os valores para a família, demonstrando claramente que existe uma hierarquia de autoridade em casa e que você espera que as crianças sigam as regras. Sem contar que estamos falando de expectativas sociais e de etiqueta que são simples e úteis para todos.

Regras claras para crianças com TDAH

Ao estabelecer expectativas em casa, é importante usar pistas visuais, como ilustrações, versões resumidas e impressas das instruções. Tente minimizar instruções verbais, uma vez que crianças com TDAH costumam ter dificuldade para processá-las, sobretudo em um ambiente barulhento. Anotar as expectativas no papel também tem a vantagem de facilitar a referência futura, se a criança esquecer ou negar que você passou as instruções. Você encontra mais dicas para crianças com essa condição no livro *Healing ADD* [Curando o TDA, em tradução livre], do Dr. Amen.

ESTABELECENDO LIMITES QUANDO O COMPORTAMENTO ESTÁ FORA DE CONTROLE

Talvez o princípio de estabelecer limites já faça muito sentido para você. Mas como ele funciona quando o comportamento do seu filho parece incontrolável? Separamos três dicas importantes:

- **Procure ajuda especializada.** Sempre que enfrentamos uma crise, é normal sentir medo. Quando o medo invade o cérebro fica difícil manter a perspectiva, identificar e avaliar corretamente as opções de solução do problema, bem como responder efetivamente. O medo também aumenta a probabilidade de você alternar entre soluções ineficientes, criando ainda mais problemas. Um profissional competente e cuidadoso pode ajudá-lo a desenvolver um plano para que seu filho se sinta seguro enquanto você implementa soluções que vão até a raiz do problema.

- **Cuide da sua própria saúde física, mental, social e espiritual.** Seu filho precisa que você esteja saudável. Com frequência, os pais tentam manter a saúde geral de seus filhos sem cuidar do próprio bem-estar. Contudo, pelo bem de todos, você precisa se cuidar primeiro, para que consiga manter a força e a perspectiva necessárias para guiar seu filho na direção da saúde e da esperança que deseja para ele. Gostaríamos de enfatizar que autocuidado não é egoísmo. É o que você precisa para manter o otimismo e a força que seus filhos precisam ver em você.
- **Cultive seus relacionamentos com os outros.** Se a tarefa de educar for do casal, o casamento se torna parte do plano de tratamento. Geralmente os casais tendem a colocar o relacionamento no fim da lista de prioridades, achando que devem focar completamente nos problemas dos filhos. Esse é um grande erro. Garantir que vocês se relacionem com amor e respeito, se confortem e eduquem em conjunto é essencial. Assim como cuidar de si, cuidar do casamento é um ato de amor supremo por seu filho.

Se você é pai solteiro ou mãe solteira, construa e cultive relacionamentos carinhosos e de apoio mútuo com outros adultos. É claro que com isso não queremos dizer para dedicar tempo a esses relacionamentos a ponto de negligenciar as necessidades do seu filho, mas queremos que procure dedicar um tempo toda semana para demonstrar cuidado pelos outros e para aceitar que eles cuidem de você. Esse também é um ato de amor por seu filho, uma vez que proporciona o incentivo e a força de que você precisa para amá-lo da melhor forma possível.

ESTABELECENDO LIMITES PARA CRIANÇAS PEQUENAS

E as crianças pequenas, principalmente aquelas que ainda estão começando a falar? Como estabelecemos limites para elas? O Dr. Amen simplifica essa tarefa quando a compara ao mercado imobiliário. Tudo se resume a três fatores: localização, localização e localização.

1. **Mude sua localização.** Digamos que a criança comece a gritar descontroladamente ou a bater. Esse é o momento de dar as costas e não dar atenção para ela. Se seu filho protestar, responda da seguinte forma: "Vamos tentar de novo quando você estiver calmo".
2. **Mude a localização de um objeto.** Se seu filho está estragando um brinquedo ou se, quando vocês estão jogando, ele começa a fazer birra porque está perdendo, em silêncio retire o brinquedo dele ou guarde o jogo de volta na caixa. Experimente dizer: "Ah, que pena. Está na hora de isso desaparecer". Use seu bom senso para determinar quando o objeto pode ser reintroduzido.
3. **Mude a localização da criança.** Em alguns casos, a melhor estratégia para lidar com o mau comportamento de crianças pequenas é dizer cantando: "Hum, parece que está na hora de você ir para o cercadinho (ou carrinho, ou carrinho de compras ou quarto)". Você simplesmente coloca a criança naquele local até que ela tenha se acalmado. (Veja a "Música do Hum" na próxima página.)

Quando você repete esse comportamento com coerência, a criança logo compreende que os pais estão no controle. Simplesmente dizer "hum..." de maneira carinhosa pode alertá-la e levar a uma mudança no comportamento.[9]

A "Música do hum": uma estratégia para crianças pequenas

- Quando seu filho começar a se comportar mal, cante "Hum" e, gentilmente, conduza-o ou o carregue até seu quarto ou cercadinho. Simplesmente cante essa expressão, sem adicionar nenhum tom de raiva, sermão, ameaça ou frustração.
- Controle sua vontade de falar demais. Quanto mais você fala quando seus filhos estão se comportando mal, menos efetivo se torna.
- Se você o levar para o quarto, dê a ele a opção de escolher o que fazer com a porta. Pergunte: "Você quer ficar com a porta aberta ou fechada?". Mas feche a porta se a criança tentar sair.
- Diga: "Você pode sair quando voltar a se comportar bem". Só permita que seu filho saia do quarto depois de ter ficado calmo por três a cinco minutos consecutivos.
- Não faça sermão ou lembre seu filho de sair quando estiver pronto; simplesmente o abrace e diga: "Eu amo você".
- Procure se divertir com ele quando estiver se comportando bem e repita conforme necessário. Quando nossos filhos gostam de estar conosco, a "Música do Hum" se torna mais poderosa.

Estabelecer limites firmes e gentis funciona como os muros de contenção em uma estrada montanhosa e sinuosa: eles oferecem a direção e a segurança de que nossos filhos precisam para explorar e encontrar o próprio caminho para o bom caráter e a alegria.

Passo a passo

- Aceite o fato de que as crianças de todas as idades precisam de limites e que esses limites são necessidades inegociáveis.
- Prepare-se antes de começar a estabelecer limites.
- Revise seus objetivos para garantir que os limites o ajudarão a alcançá-los.
- Entenda que, quando estiver introduzindo novos limites, seus filhos podem reagir mal no começo.
- Pratique formas de neutralizar discussões.
- Aprenda a silenciar discussões que ocorrem dentro da sua própria mente.
- Comunique os limites de forma clara e efetiva.
- Quando estiver estabelecendo e impondo limites, seja empático.
- Considere implementar as oito regras essenciais para todas as crianças.
- Lembre-se de que ainda é possível estabelecer limites, mesmo quando o comportamento do seu filho fica fora de controle.
- Aprenda as três regras simples de localização, para estabelecer limites para crianças pequenas.

CAPÍTULO 6

DISCIPLINAR COM AMOR CONSTRÓI A FORÇA MENTAL

O preço pago pelos erros dos nossos filhos aumenta todo dia. Ajude-os a aprender quando as consequências são pequenas, e não depois, quando podem significar viver ou morrer.

Matt era diretor de uma escola de ensino fundamental I. Rene, sua esposa, era professora no ensino fundamental II, no mesmo distrito. A cada ano ambos viam mais alunos com dificuldades de autodisciplina, autoestima e de aceitar serem responsabilizados por suas ações. Por isso, eles não pensaram duas vezes antes de se inscrever para a semana de conferências intitulada *Soluções de Amor e Lógica para lidar com alunos difíceis*. Além disso, era verão, as conferências seriam realizadas em um ótimo lugar no Colorado e eles poderiam se revezar para assistir às conferências e passar tempo com a filha de 5 anos, Amelia.

Rene compareceu ao primeiro dia, fazendo muitas anotações para passar para Matt depois. O Dr. Fay começou perguntando para a plateia: "Quantos dos seus alunos — e dos seus filhos — estão errando o suficiente?".

Rene riu da pergunta, assim como a maioria dos participantes. "Os meus erram até demais!", a moça sentada atrás dela respondeu.

Jim Fay continuou: "Será que não existe a possibilidade de vocês estarem privando-os quando tentam evitar demais que eles comentam erros? Será que não existe a possibilidade também de alguns de vocês estarem privando essas crianças de ter responsabilidade e autoestima quando as resgatam das consequências dos erros cometidos por elas?".

Surpresa, Rene pensou: *Eu vejo pais fazendo isso todo ano.* Em seguida, um pensamento mais preocupante passou pela sua cabeça: *Às vezes Matt e eu fazemos as duas coisas no mesmo dia.*

A ansiedade de Rene foi diminuindo gradativamente enquanto ouvia sobre diversas estratégias simples para administrar uma sala de aula e sobre disciplina positiva, muitas das quais ela também poderia usar em casa. Mas o que ela achou mais revolucionário foi a noção de que devemos torcer e rezar para que as crianças cometam muitos erros sem grandes consequências quando são pequenas, com o objetivo de que desenvolvam as habilidades necessárias para que evitem cometer erros fatais ou que ameacem suas vidas quando forem mais velhas. Ela nunca tinha pensado sobre isso.

No fim do primeiro dia de conferência, ela estava empolgada para reencontrar sua família e não via a hora de dividir com Matt o que aprendera. Quando abriu a porta do quarto do hotel, porém, sua empolgação se transformou em preocupação ao ver lágrimas escorrendo pelo rosto da filha e o marido com uma expressão de completa irritação.

— Eu pedi três vezes para parar de pular na cama, mas ela não obedeceu — ele murmurou, segurando pelo fio a luminária de mesa quebrada. — Felizmente não se machucou, mas derrubou a luminária no chão, e agora vamos ter que pagar por ela.

René teve um pensamento estranho: *Que maravilha!* Mais estranho foi perceber que seu pensamento era sincero e não sarcástico. Sabendo que tanto o marido quanto a filha precisavam de um tempo para se acalmar, ela esperou até tarde da noite para dividir seus pensamentos com Matt.

— Querido, acho que essa pode ser uma boa oportunidade de aprendizado para ela, se tivermos calma e perguntarmos como ela planeja ajudar a pagar pela luminária.

— Mas ela só tem 5 anos — Matt respondeu, um pouco irritado.

René continuou explicando seu plano: ela perguntaria a Amelia como a menina planejava ajudar a pagar pela luminária. Em seguida, daria algumas opções, como usar o dinheiro que tinha economizado, fazer tarefas extras em casa ou vender alguns de seus brinquedos.

Matt começou a se acalmar, sorriu e acrescentou:

— É ótimo que ela só tenha 5 anos. Se a maioria dos alunos da minha escola tivessem pais que os responsabilizassem dessa forma, eles seriam mais felizes e nosso trabalho, muito menos estressante. Além disso, ela não precisa pagar integralmente pela luminária, só o suficiente para perceber que suas escolhas têm consequências.

Quando Rene e Matt dividiram essa história conosco, contaram que Amelia havia trabalhado mais ou menos um mês para repor parte do dinheiro que tinham emprestado a ela para pagar pela luminária. René contou ainda que também tinham ficado com alguns dos brinquedos dela como garantia pelo empréstimo.

O casal aprendeu que é importante ver situações assim como momentos de aprendizado em vez de punição, e se lembrou disso quando Amelia começou a dirigir aos 16 anos e rasgou um pneu subindo no meio-fio.

— Até então, ela já tinha cometido tantos erros e resolvido tantos problemas sozinha que já estava preparada para a resposta, antes mesmo que tivéssemos a chance de falar alguma coisa — Matt contou. — "Eu já sei, mãe, pai, já tenho um plano. Já até liguei para a borracharia. Pneu é caro, né? Mas eu tenho um dinheiro guardado e acho que consigo o restante se vender meus equipamentos antigos de futebol." Quando ela disse isso, me lembrei do que aprendemos naquela conferência. Facilitou demais a nossa tarefa como pais, e agora ela é uma menina relativamente feliz e divertida de se ter por perto na maior parte do tempo.

O QUE SIGNIFICA DISCIPLINA?

Em última instância, disciplinar tem a ver com ensinar. Na verdade, a palavra *disciplina* vem do latim *disciplina*, que significa instrução ou treinamento. Ela também vem da palavra *discere*, que significa "aprender". Basicamente, disciplinar envolve oferecer instrução e treinamento para aprender a diferenciar certo de errado, bom comportamento de mau comportamento e decisões saudáveis de decisões nocivas.

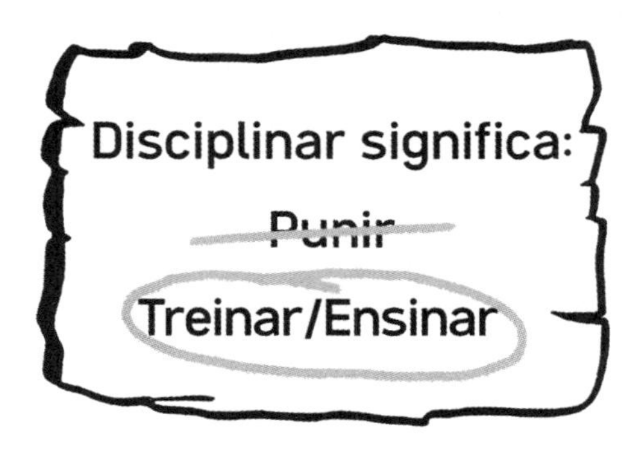

Entretanto, em algum momento o significado de disciplina foi deturpado em nossa consciência coletiva. Essa confusão fica evidente nestas definições conflitantes para o verbo disciplinar:

1. Punir ou penalizar para reforçar a obediência e aperfeiçoar o caráter moral.
2. Treinar ou desenvolver, por meio de instruções e exercícios, principalmente o autocontrole.

Muitos pais acreditam na primeira definição, aquela que envolve a punição ou a penalização de crianças para forçá-las a obedecer e para aperfeiçoar seu caráter moral. Contudo, há um problema com essa definição. Ninguém tem o caráter moral perfeito. Com certeza, existem inúmeras pessoas nas quais confiamos o bastante para tomar conta dos nossos filhos, emprestar nossos carros, administrar nosso dinheiro, mas nenhuma delas é perfeita. Como pais, precisamos entender que, se estivermos usando a disciplina em uma tentativa de fazer nossos filhos serem perfeitos, estamos caminhando em direção a uma situação em que todos perdemos: nós e nossos filhos. A perfeição não é um objetivo alcançável.

Vamos considerar por um momento o que a história nos ensina sobre apontar o dedo para as outras pessoas e tentar fazê-las obedecer. Não é uma imagem bonita. Temos que agradecer aos psicólogos Kurt Lewin, Ronald Lippitt e Ralph White pela pesquisa pioneira sobre estilos de liderança iniciada nos anos 1930.[1] O objetivo final de Lewin, considerado o pai da "psicologia social", era compreender um conceito de cunho pessoal. Sendo um homem judeu que tinha conseguido fugir da Alemanha nazista, ele queria entender como uma sociedade havia permitido que o Holocausto acontecesse. Como um grupo de pessoas foi capaz de acreditar que tudo estava bem apesar da enorme evidência do contrário.

Assim, Lewin e seus colegas psicólogos desenvolveram uma série de experimentos fascinantes. Eles examinaram como grupos de meninos de 10 anos se comportavam quando os professores ensinavam alternando três estilos distintos de liderança:

- *Autoritário* — quando o professor ditava o comportamento e o grupo não tinha voz. Esse estilo é parecido com o do pai-sargento, que diz: "Eu mando e você obedece".
- *Permissivo* — quando o professor lavava as mãos e o grupo tomava decisões sozinho. Esse estilo é similar ao dos pais passivos que colocam um tablet na mão dos filhos para mantê-los quietos.
- *Democrático* — quando o professor agia como facilitador e o grupo contribuía para a tomada de decisão em sala de aula. Esse estilo é semelhante ao do pai-consultor, que permite que os filhos tomem a maioria de suas decisões, mas que também intervém, quando é necessário, para manter a segurança.

Quer saber os resultados do estudo? O grupo autoritário obteve o maior índice de produtividade (70%), o que não surpreende quando consideramos que os ditadores podem ser muito intimidadores, principalmente quando nos dizem para fazer algo, *senão*... No entanto, Lewin e os outros psicólogos estavam mais interessados no que acontecia quando os professores não estavam por perto. Quando o professor autoritário saía da sala, a produtividade caía para cerca de 30%. Era como se o lugar virasse uma festa para as crianças. As que estavam com o professor permissivo tiveram o menor índice de produtividade: 33%, independentemente de o professor estar presente na sala de aula ou não, o que também não surpreende, uma vez que estavam basicamente sem supervisão o tempo todo. E as crianças que estavam com o professor democrático? Elas tiveram um índice de produtividade de 50%, porém esse número caiu pouco, para 46%, quando o professor saiu da sala. Esses alunos tiveram a experiência de tomar decisões e desenvolveram autocontrole e automotivação suficientes — elementos centrais da força mental — para serem produtivos na ausência do professor.

QUAL ESTILO DE LIDERANÇA ENSINA O AUTOCONTROLE?

ESTILO DE LIDERANÇA	PRODUTIVIDADE COM O PROFESSOR DENTRO DA SALA	PRODUTIVIDADE COM O PROFESSOR FORA DA SALA
Autoritário	70%	29%
Permissivo	33%	33%
Democrático	50%	46%

Lewin resumiu os experimentos concluindo que os seres humanos são como molas de compressão, iguais àquelas que encontramos em carros ou dentro de colchões. Mas o que isso quer dizer? Imagine que uma criança é como uma mola que pode ser comprimida. Como pai ou mãe, pode ser que você seja capaz de comprimir temporariamente uma mola bem forte, porém cedo ou tarde você se cansará, precisará viajar a trabalho ou enviar aquela "mola" para a faculdade. De repente não existe mais a pressão parental naquela mola e ela vai saltar com uma força proporcional à força que a comprimia. A criança ficará fora de controle.

Como pais, precisamos nos perguntar se fomos induzidos a acreditar naquela primeira definição de disciplina, segundo a qual precisamos educar nossos filhos de maneira autoritária. Se a resposta for "sim", nossos filhos podem se comportar quando estão na nossa frente, mas estar despreparados para se autogerenciar à medida que crescem, passam mais tempo fora de casa e enfrentam decisões e tentações mais difíceis. Não seria, então, melhor ajudá-los a aprender a se comportar de dentro para fora ao invés de gastarmos tanto tempo tentando controlá-los de fora para dentro?

Também precisamos ser honestos conosco sobre quando nossa tarefa de educar cai do outro lado do espectro e falhamos em estabelecer e impor limites suficientes. Será que estamos sendo muito permissivos e passivos? Como pais que também somos, sabemos que encontrar o equilíbrio certo nunca é fácil. Por isso, tenha sempre em mente o que mencionamos antes:

Pais eficientes são, ao mesmo tempo, amorosos e firmes.

EM QUAL DEFINIÇÃO DE *DISCIPLINAR* VOCÊ ACREDITA?

Olhe bem para o espelho e se pergunte em qual das duas definições do dicionário para *disciplinar* você acredita. Não precisa se envergonhar de sua resposta. Muitos de nós repetimos o que vimos nossos pais fazendo. Outros fazem o extremo oposto. Onde quer que você esteja no espectro dessas duas definições, é importante reconhecer qual delas adotou para que possa fazer ajustes se necessário.

1. Você acha que disciplinar significa reforçar regras e punições?

Esse costuma ser o caso de pessoas que foram criadas por pais ditadores e que construíram com eles um vínculo mais baseado no medo do que no amor. Pode ter sido o seu caso, se você se identificar com qualquer uma das seguintes afirmações:

- Fui criado por pais frios e exigentes.
- Meus pais eram muito rígidos.
- Nunca me senti amado.
- Sempre me senti como se estivesse encrencado.
- Sempre me sentia pisando em ovos para evitar problemas.
- Eu sentia que não tinha opinião sobre minha própria vida.

Se isso soa familiar para você, nós sentimos muito. Crescer nesse tipo de ambiente gera inúmeros desafios. Também pode fazer você querer educar seus filhos de maneira totalmente diferente, movido pelo desejo de evitar qualquer atitude semelhante à punição ou que cause qualquer tipo de angústia. Vemos isso com frequência no nosso trabalho — um giro de 180 graus na direção contrária. Isso acontece não apenas de maneira individual como também no nível social. Chamamos de *Onda de Permissividade*.

Se você olhar para o fim da década de 1960 e o início da década de 1970, verá que houve um movimento que provavelmente começou com pessoas que sofreram com pais autoritários quando crianças. Elas então se rebelaram, ignorando o estilo ditatorial dos pais e adotando uma atitude permissiva, permitindo que seus filhos tivessem liberdade total, sem limites ou regras. Esse movimento deu origem a inúmeros livros sobre o tema, que defendiam essa filosofia de "liberdade para todos", "nunca diga 'não'", fazendo esse estilo de liderança se disseminar.

Infelizmente, a *Onda de Permissividade* passou como um trem desgovernado. E as crianças que cresceram com pais permissivos juraram nunca deixar seus filhos sem supervisão, em mais um giro de 180 graus, que novamente abriu caminho para uma nova leva de livros que prometiam ensinar a parar de ser desrespeitado por seus filhos, como controlá-los e puni-los, e assim por diante.

Esse é um Ciclo de Culpa social que segue girando e girando a cada duas ou três décadas.

CICLO DE CULPA SOCIAL

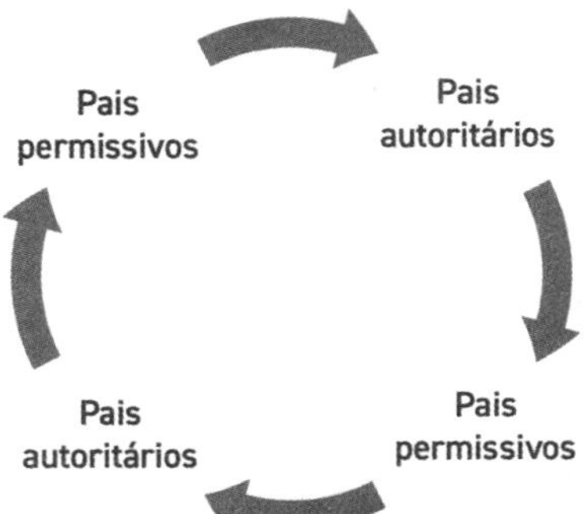

Pais permissivos
Pais autoritários
Pais permissivos
Pais autoritários

2. Você acredita que é sua obrigação fazer seus filhos se sentirem mal e ficarem extremamente angustiados quando tomam decisões ruins?

Essa é outra crença comum entre os pais, que costuma ter consequências problemáticas. Se o seu estilo de disciplinar envolve gritar, ameaçar ou bater, as consequências são ainda piores. Décadas de pesquisa mostram que a punição corporal, principalmente a palmada, tem impacto negativo na função cognitiva, no desenvolvimento social e emocional e no autocontrole,[2] bem como prejudica o desenvolvimento da força mental das crianças. Além disso, um estudo de 2021, publicado na revista *Child Development*, que examinou imagens do cérebro, revelou que a palmada causa mudanças no cérebro das crianças, ativando áreas ligadas ao medo e à resposta a ameaças.[3] O mais alarmante é que essas mesmas mudanças neurais, que aumentam a percepção de ameaças, também foram observadas em crianças que sofreram maus-tratos severos. Logo, o cérebro da criança interpreta aquela palmada do mesmo jeito que as formas mais extremas de maus-tratos.

Até mesmo os treinadores de animais sabem o quanto o castigo corporal pode ser prejudicial. Anos atrás, o Dr. Amen visitou o Marine World, um parque aquático no norte da Califórnia. Ele estava assistindo ao show das baleias e uma delas estava realizando truques incríveis enquanto a outra ignorava a treinadora. Quando a treinadora percebeu que a baleia não estava se comportando como ela queria, sinalizou para que aquele mamífero gigante fosse para uma área diferente da piscina para fazer um intervalo. No fim do show, a treinadora perguntou se alguém queria fazer alguma pergunta. O Dr. Amen levantou a mão. Ele queria fazer uma pergunta sobre a baleia que não estava obedecendo e saber por que a treinadora não deu um tapa ou bateu nela com uma vareta, que é o que muitos pais fazem quando seus filhos se comportam mal. A treinadora olhou escandalizada, mas logo percebeu que ele estava brincando. Ela respondeu: "Se eu tivesse batido, ela nunca mais me obedeceria, porque não confiaria mais em mim e eu me tornaria uma fonte de estresse para ela". Nós podemos aprender muito com os treinadores de animais.

Por que nem todos os pais entendem esse conceito? A punição física ou o enfrentamento de consequências extremas podem ter sido recursos usados com você ou podem ter sido pregados no púlpito, por isso você acredita que são a forma "certa" de disciplinar. Talvez você não queira educar seus filhos desse jeito, mas se sinta obrigado a fazê-lo como se fosse sua obrigação punir. Pode ser o seu caso se você responder "sim" para qualquer uma das seguintes perguntas:

- Você se sente culpado ou angustiado por tentar disciplinar assim, mas também sente que estaria falhando com seus filhos se não o fizesse?
- Você deseja ter um relacionamento melhor com seus filhos?
- Você se preocupa que seus filhos se rebelem, principalmente quando forem jovens adultos e saírem de casa?
- Você gostaria de ter uma alternativa melhor?

3. Você acha que "disciplina" é uma palavra ofensiva, que interfere no desenvolvimento da criatividade e na liberdade da criança?

Você se sente mal quando ouve a palavra *disciplina*? Talvez tenha crescido em uma casa com um pai ou mãe autoritário que disciplinava de maneira dura e você tenha jurado nunca impor o mesmo tratamento aos seus filhos. Ou talvez você pense que é um conceito ultrapassado que não tem lugar na educação infantil moderna. Pessoas que pensam dessa forma tendem a ter um estilo de educar permissivo e estão inclinadas a:

- Permitir que as crianças vivam sem regras;
- Recusar-se a impor limites;
- Recusar-se a verbalizar suas expectativas sobre os filhos;
- Permitir que os filhos se comportem mal, sem corrigir os comportamentos deles;
- Incentivar o individualismo em detrimento do bem-estar coletivo da unidade familiar.

No geral, as pessoas que desdenham da palavra *disciplina* agem dessa forma por amor. Elas têm um enorme desejo de incentivar a criatividade e a liberdade dos seus filhos, mas a ausência de disciplina instrutiva pode tanto não funcionar quanto causar problemas de autoestima, egoísmo e infelicidade.

4. Você acredita que disciplinar é diferente de punir, além de ser uma maneira de ensinar seu filho a desenvolver o autocontrole?
Se você vê a disciplina como uma ferramenta instrucional em vez de uma forma de punição, acaba de tornar a tarefa de educar ainda mais fácil. Parabéns! Considere-se um membro do grupo de pais sortudos se responder "sim" a estas perguntas:

- Você acredita que pode disciplinar seus filhos e ao mesmo tempo garantir o amor e o respeito deles?
- Você está lendo este livro porque sabe que a repetição é a chave para o aprendizado e para se manter no caminho certo?

Se essa for uma perspectiva nova para você, a boa notícia é que vamos apresentar uma alternativa melhor que ajudará ambos: você e seu filho. Você não precisa escolher entre duas alternativas extremas; quando paramos de ser reativos e começamos a ser pais proativos, que usam o estilo de liderança democrática ou consultora, podemos ter o melhor dos dois mundos. Podemos disciplinar e ainda assim sermos amorosos — é esse estilo amoroso e firme, sobre o qual já falamos, que fomenta a saúde mental e é o pilar da abordagem da neuropsicologia prática para os pais.

DISCIPLINAR COM AMOR DEVE COMEÇAR DESDE CEDO

Jim Fay sempre conta a história comovente de como uma professora da pré-escola usou a disciplina positiva com um dos seus alunos. Enquanto lê, lembre-se de que disciplinar não é sinônimo de punir, mas sim de construir um relacionamento discipulador, ou de ensinar. Muitas das competências que ensinamos funcionam bem em inúmeros cenários, incluindo o familiar, o escolar e o das creches. O aluno em questão, Max, tinha 6 anos e às vezes reagia com acessos de raiva em função de um perfeccionismo extremo. Ele queria que tudo desse certo o tempo todo, até mesmo quando estava colorindo. Max ficava focado em colorir dentro dos limites dos desenhos. Mas nesse dia ele coloriu um pouco fora dos limites, e, como estava pintando com giz de cera e não podia apagar, ficou tão irritado que quebrou todos os seus gizes de cera.

Sua professora foi até ele e percebeu que, naquele momento, ela não precisava ser uma instrutora, mas sim ter empatia e permitir que a situação ensinasse uma lição a Max. Ela disse a ele:

— Ei, Max, você está tendo um dia difícil, né?

— Odeio esses gizes idiotas — Max respondeu.

— O que você vai fazer com os que estão quebrados, agora? — a professora perguntou, gentilmente.

— Não sei — Max respondeu, com o lábio inferior já tremendo, enquanto deitava a cabeça na mesa e começava a chorar.

Em seguida, o sinal para o recreio tocou e Max se levantou para sair. A professora, no entanto, impediu que ele saísse junto com as outras crianças, dizendo:

— Você ainda não resolveu o problema dos gizes quebrados, Max. Gostaria de algumas sugestões sobre como consertá-los?

— Não! — Max gritou, deitando a cabeça novamente na mesa.

A professora se sentiu muito mal, mas mordeu a língua e esperou. Momentos depois, Max levantou a cabeça e perguntou:

— Você tem fita adesiva?

— Tenho sim — ela respondeu, entregando a fita para ele. Em sua cabeça, ela pensava: *Isso nunca vai funcionar*. Porém, como é que as crianças aprendem? Elas aprendem tentando um monte de coisas que não funcionam. Assim, ela deu a ele uma fita adesiva daquelas mais largas. Imagine uma criança usando uma fita adesiva larga. Grudou nos dedos dele e o chão ficou cheio de bolinhas de fita adesiva. Max ficou irritado e as lágrimas voltaram a cair. A professora, então, disse:

— Eu sei que isso é frustrante, mas tenho certeza de que você consegue resolver.

Pouco tempo depois, Max pegou o jeito com a fita adesiva e conseguiu colar um dos gizes com ela. Isso o fez sorrir. Depois de consertar o primeiro, ele partiu para o segundo e para o terceiro. No fim, ele colou todos os gizes e os colocou de volta na caixa. Max ficou tão empolgado por ter terminado e poder finalmente ir para o intervalo. Porém, logo o sinal tocou novamente e todas as crianças voltaram para a sala de aula.

A professora, então, pensou que Max ficaria muito chateado por isso, mas ele não parecia triste. Na verdade ele parecia muito satisfeito consigo mesmo.

Ainda assim ela continuou se sentindo mal pelo resto do dia, por ele ter perdido o intervalo. Para sua surpresa, no fim do dia, Max saiu correndo da sala, mas logo voltou depressa e a abraçou com força. Ele nunca tinha feito isso antes.

Quando damos um passo atrás e deixamos as crianças resolverem seus próprios problemas, simplesmente incentivando-as em vez de tentando resolvê-los por elas, permitimos que se sintam como os heróis da história, enquanto ficamos como os ajudantes porque possibilitamos que elas tentassem e conseguissem. Essa é uma situação em que todos ganham, que nos permite começar a ensinar sobre responsabilidade quando as crianças têm entre 4 e 5 anos. É eficaz até mesmo com adolescentes, jovens adultos e nossos pais idosos.

OS CINCO OBJETIVOS DA DISCIPLINA

Se disciplinar é sinônimo de ensinar, o que queremos que as crianças aprendam com a disciplina? Antes de detalharmos os cinco objetivos da disciplina, vamos relembrar a importância dos objetivos que discutimos no Capítulo 2. Para descobrir como a disciplina pode ajudá-lo a alcançar seus objetivos, incentivamos você a revisitar seus objetivos agora. Volte às páginas 71 e 79 e copie-os no espaço a seguir.

Uma Página Milagrosa para os Pais

O que eu quero para minha vida como pai/mãe?
O que estou fazendo para que isso aconteça?

RELACIONAMENTOS

Cônjuge/Companheiro: ______________________________

____

Filho(s): ______________________________

____

____

TRABALHO/DINHEIRO

____

____

____

____

____

PESSOAL

Físico: ___________________________________

____

____

Emocional: ________________________________

____

____

Mental: ___________________________________

____

____

Espiritual: ________________________________

____

____

Uma Página Milagrosa para crianças

O que eu quero para minha vida?

O que posso fazer para que isso aconteça?

RELACIONAMENTOS

Pais: ____________________________________

____

Irmãos: __________________________________

____

Amigos: ____

____

ESCOLA/TRABALHO/OBRIGAÇÕES

Escola: ____

____

Professores: ____

____

Trabalho/Obrigações: ____

____

____

PESSOAL

Físico: ____

____

Emocional: ____

____

Mental: ____

____

Espiritual: ____

____

A maioria dos pais descobre que os objetivos que estabeleceram para si mesmos e para seus filhos se encaixam perfeitamente nos cinco objetivos da disciplina a seguir. Tenha seus objetivos em mente enquanto explora os da disciplina.

Objetivo da disciplina nº 1: Ajudar as crianças a diferenciar entre o que é sensato e gentil e o que é tolice e insensibilidade. O primeiro objetivo da disciplina é ajudar as crianças a discernir o certo do errado, o bom do ruim. É bom senso básico e um dos pilares da abordagem Amor e Lógica:

- *Seja um exemplo de comportamento saudável:* Durante uma sessão de aconselhamento com um casal, o pai pediu desculpas à esposa por ter levado os filhos adolescentes para caçar com alguns de seus amigos, que ficaram bebendo e falando palavrões o tempo todo. O pai se sentia mal por ter exposto seus filhos àquele ambiente. Mas a terapeuta argumentou que o pai não tinha bebido nem falado palavrões, por isso tinha sido um bom exemplo de comportamento para os filhos. Essa é a essência da disciplina: ensinar pelo exemplo.
- *Permita que pequenos erros aconteçam:* Permitir que as crianças tenham experiências, convivam com as consequências de suas atitudes e resolvam seus próprios problemas — da mesma forma que o pequeno Max fez com seus gizes de cera quebrados — é um elemento crucial da disciplina.
- *Seja empático:* Demonstrar para as crianças que você se preocupa com o que elas sentem — assim como a professora de Max demonstrou — faz com que elas se sintam respeitadas, aumentando a probabilidade de que o ouçam quando você for discipliná-las.

Objetivo da disciplina nº 2: Ajudar as crianças a aprender quando ainda são pequenas e o preço pago pelos erros não é alto. Pedimos desculpas, querido leitor, se estamos sendo repetitivos nesse ponto, porém esse conceito é fundamental para que você seja bem-sucedido na tarefa de educar. Ajudar as crianças a aprender quando as consequências são pequenas — como os gizes de cera quebrados, perder o intervalo do recreio, até mesmo tirar nota baixa em uma tarefa — é um aspecto-chave. Em sua essência, a disciplina ajuda nossos filhos a vivenciar menos dores autoinfligidas em suas vidas, enquanto crescem e se tornam adultos. Pense nisso como o caminho para a paz. Disciplinar desde cedo permite que nossos filhos desfrutem de mais paz e produtividade.

Lembre-se disso toda vez que seu filho estiver chorando, fazendo birra ou dizendo que você é o pior pai ou mãe do mundo. Diga a si mesmo que está propiciando um momento de aprendizado que trará recompensas no futuro. Um pequeno desconforto no curto prazo pode proporcionar muito mais paz no longo prazo.

Infelizmente, se você tende a ser um pai-helicóptero ou um pai-sargento, pode ser que passe facilmente por cima desse conceito. Esses estilos de educar operam de forma a evitar o desconforto de curto prazo, ao invés de focar os objetivos de longo prazo. E, sejamos honestos, geralmente é o *seu* desconforto que você está tentando contornar nesses casos. Por exemplo, quando seu filho está fazendo birra no supermercado e você coloca um tablet na mão dele para acalmá-lo em vez de usar o momento para ensiná-lo, ou seja, discipliná-lo. Boa parte dessa fuga tem a ver com o fato de que muitos pais querem manter as aparências de que têm tudo sob controle e não vivem em meio ao caos. Veja a seguir um exemplo do que queremos dizer.

Abordagem sanitária: Você é o tipo de pessoa que quer que tudo esteja limpo e organizado? Você gostaria de poder limpar as confusões da vida com lenços umedecidos? Os pais de Benny eram assim. Ambos trabalhavam, então o menino de 3 anos ia para a creche todos os dias. Porém, levá-lo para a creche era uma tarefa desafiadora. Crianças são como aviões; geralmente são a decolagem e o pouso que causam problemas. No caso das crianças, isso significa acordar de manhã e ir dormir à noite. As decolagens eram especialmente difíceis para Benny. Toda manhã ele fazia hora, tinha acessos de raiva, se jogava no chão, chorando e fazendo birra. Seus pais tinham que pegá-lo no colo, lutar para vesti-lo, alimentá-lo e colocá-lo no carro. Benny não fazia nada. Você consegue ver o problema aqui? Os pais estavam ensinando a ele que, se fizesse birra, eles fariam tudo por ele, para que tudo desse certo. Você acha que essa abordagem ajudará Benny quando for um jovem adulto, entrando no mercado de trabalho?

Abordagem caótica: Os pais que usam as práticas da neuropsicologia aceitam que disciplinar pode ser caótico. Em vez de buscar a perfeição, o que requer a intervenção parental, eles buscam a responsabilização individual. Quando os pais de Benny decidiram tentar a abordagem caótica, eles disseram para o menino:

— Bom dia, Benny! Esperamos que você consiga se trocar até a hora de sairmos para a creche. Mas não tem problema se não conseguir; você pode ir pronto para a creche ou levar as roupas na mochila. Também gostaríamos de saber se você vai de barriga cheia ou vazia. A decisão é sua.

Adivinhe. Como de costume, Benny não fez nada. E lá foi ele de pijama para a creche Pequenos Preciosos (você já notou que as creches sempre têm esses nomes maravilhosos e nunca algo do tipo Pequenos Tiranos ou Central da Birra?). Os pais haviam ligado antes para avisar o pessoal da creche sobre seu plano e, quando chegaram, entregaram as roupas de Benny para a professora e se despediram dele com um rápido "Boa sorte hoje!". Benny ficou bem chateado por cerca de trinta segundos antes de virar para a professora e perguntar:

— O que tem de lanche hoje? Estou com fome!

Durante as semanas seguintes, Benny começou a tomar as próprias decisões, como comer e trocar de roupa antes de sair de casa. Os pais não precisaram puni-lo ou chamar sua atenção, mas tiveram que se dispor a deixar as coisas ficarem um pouco caóticas por um tempo.

Pergunte a si mesmo se está disposto a lidar com um pouco de caos agora para que você e seu filho possam enfrentar menos situações caóticas no futuro.

Objetivo da disciplina nº 3: Ajude seus filhos a desenvolver a autodisciplina para que eles possam ser livres. Uma das coisas mais comuns que ouvimos de pré-adolescentes e adolescentes é que eles gostariam de ter mais liberdade. A maioria acha que a liberdade é algo que pode simplesmente ser entregue a eles. O que não entendem é que a liberdade tem um custo. No âmbito social, ela custa a vida de muitos homens e mulheres corajosos que defendem nosso país. No âmbito mais pessoal, requer autocontrole e responsabilidade. Como sempre dizemos aos pré-adolescentes e adolescentes que aconselhamos, o segredo para ganhar mais liberdade é se tornar o tipo de pessoa que não precisa ser controlada. Quando uma criança prova que pode ser responsável, respeitosa e resiliente, as portas da liberdade se abrem por completo.

Objetivo da disciplina nº 4: Ajudá-los a aprender a se manter mentalmente fortes diante das dificuldades. A disciplina ajuda as crianças a aprender a lidar com situações difíceis. Mais adiante neste livro, dedicaremos o Capítulo 8 a esse tópico, mas vamos introduzir brevemente o conceito aqui. Quando você pensar sobre educar crianças mentalmente fortes, pense em uma simples garrafa térmica, que fica bem vedada para manter o café quente. Isso pode ser ideal para o café, contudo não queremos vedar a vácuo a vida dos nossos filhos para que não tenham que lidar com decepções, decisões difíceis ou serem disciplinados. Se protegermos nossos filhos das dificuldades, eles não se tornarão as pessoas corajosas, capazes e cheias de caráter que esperamos que sejam. Ao contrário, eles se tornarão adultos sem bom senso ou sem a coragem necessária para sair de uma situação difícil.

Objetivo da disciplina nº 5: Preserve sua sanidade e seus relacionamentos com os filhos. O último objetivo da disciplina é fortalecer nossos relacionamentos e facilitar nossas vidas. Crianças que crescem sem serem disciplinadas com amor acabam se ressentindo de seus pais, ao passo que estes se veem contando os dias para que elas se tornem adultas e saiam de casa. Infelizmente, muitas dessas crianças nunca amadurecem completamente nem se tornam independentes. Assim, o ressentimento e o caos tendem a continuar por toda a vida.

Relacionamentos saudáveis sempre demandam tanto o desenvolvimento de bons limites quanto a responsabilização saudável, dois aspectos fundamentais da neuropsicologia prática.

CRIE UM GPS DA DISCIPLINA PARA SUA FAMÍLIA

Quando o assunto é disciplina, precisamos criar um bom GPS que nos ajude a transitar por situações difíceis. Existem duas estratégias básicas que você pode seguir: uma baseada em um roteiro e outra baseada em princípios. Vejamos as diferenças entre as duas:

- *Estratégia baseada no roteiro:* Essa estratégia envolve uma lista fechada de etapas que você precisa seguir toda vez. Por exemplo:
    - Etapa 1: A criança faz uma coisa.
    - Etapa 2: Você responde de acordo.

- Etapa 3: A criança reage.
- Etapa 4: Você reage de acordo.

O quanto você acha que essa estratégia funciona? Acredite quando dizemos que não funciona! Um dos problemas dessa estratégia é que ela nos força a tratar toda criança do mesmo jeito, apesar das diferenças em termos de personalidade, estilo de aprendizagem, questões de saúde mental, estágios de desenvolvimento cerebral, entre outras. Na nossa experiência, descobrimos que as crianças vão testar esse roteiro, os pais começarão a culpar um ao outro e, no fim, as crianças não receberão o que precisam.

- *Estratégia baseada em princípios:* Uma alternativa melhor é listar uma série de princípios básicos que guiarão sua tomada de decisão com relação a como disciplinar. Isso permitirá que você lide com cada situação de forma diferente, baseando-se na personalidade de cada criança, desde que seus filhos sigam os princípios básicos. Essa alternativa também permite que você ajuste as implicações disciplinares de acordo com cada criança, baseando-se nas suas necessidades específicas e em cada situação. O resultado é uma família mais tranquila, na qual as crianças são menos propensas a testar e a manipular os adultos. Além disso, os pais ficam menos angustiados e os filhos aprendem a ter flexibilidade na hora de resolver problemas, em vez de simplesmente seguir um roteiro. Essa estratégia funciona como o GPS de um carro configurado de acordo com o motorista, que sabe as rotas preferidas e os hábitos de direção de cada um. Você não preferiria ter um recurso assim?

OS QUATRO PRINCÍPIOS BÁSICOS E INEGOCIÁVEIS DA DISCIPLINA

Para criar uma estratégia baseada em princípios para estabelecer a disciplina, inclua os seguintes princípios:

1. **Seja o exemplo e ensine o tipo de comportamento que almeja.** Seus filhos aprendem não só cometendo os próprios erros e lidando com as consequências, mas também observando como nos comportamos quando as coisas dão errado. Uma vez, um homem contou que se lembrava de seu pai demonstrando como agir com gentileza e perdoar os outros. Ele e o pai estavam saindo do supermercado. Logo que entraram no carro, outro carro bateu neles, com uma força considerável. "Fiquei tão bravo", o homem contou, enquanto relembrava o acidente. "Eu estava a ponto de perder a cabeça e queria que meu pai falasse poucas e boas para o outro motorista. Mas meu pai saiu do carro e disse: 'Olha, não foi nada demais. Ninguém se machucou. Foi só um arranhão. Não vale a pena se estressar com isso'."

2. **Permita que seus filhos cometam vários pequenos erros.** Permitir que as crianças errem quando o custo é menor compensa no longo prazo. Veja o exemplo desta avó que criava a neta de 13 anos. Um dia a neta disse que precisava de dinheiro para comprar roupas novas para o início do ano escolar. A avó deu a ela algum dinheiro, com uma condição: "Esse dinheiro precisa dar para comprar todo o seu material escolar, pagar pelas atividades extraclasse e pelas roupas novas". A adolescente foi até uma loja e comprou duas peças de roupas caras, gastando todo o dinheiro. Na escola, os outros alunos começaram a zombar dela perguntando: "Por que você sempre usa as mesmas duas roupas?". A menina, então, foi até a avó e pediu mais dinheiro, mas não conseguiu nenhum. Em vez disso, a avó perguntou: "Como você acha que poderia fazer por merecer esse dinheiro?". A adolescente teve que fazer muitas tarefas domésticas para ganhar mais dinheiro

e poder comprar roupas diferentes. Essa é uma lição que ela nunca esquecerá.

Aprender essa lição na adolescência garante que ela lidará melhor com o dinheiro quando for adulta. Ela, por exemplo, provavelmente não gastará todo o salário em algo supérfluo a ponto de não conseguir pagar o aluguel, uma implicação muito maior e que poderia resultar em ser despejada ou ter que voltar a morar com a avó.

3. **Quando seu filho errar, demonstre empatia, em vez de ficar com raiva, dar sermão, ameaçar ou ser sarcástico.** Manter a calma e ter empatia pelo seu filho é essencial. Veja como o Dr. Fay lidou com um problema assim em sua casa. Seu filho Cody amava brinquedos de pirata, mas tinha o hábito de deixá-los espalhados pelo chão. O Dr. Fay vivia chamando sua atenção sobre isso, mas logo percebeu que não estava adiantando. Então, um dia, o Dr. Fay recolheu todos os brinquedos e os guardou em um lugar que chamou de "Triângulo das Bermudas dos brinquedos" (um lugar que deveria existir em toda casa). Quando o filho chegou, logo perguntou onde estavam seus brinquedos de pirata. O Dr. Fay então explicou que guardaria sem problemas os brinquedos que o filho deixava espalhados pela casa, mas o problema era que, toda vez que precisasse guardá-los, eles não voltariam mais. Na vez seguinte em que o filho deixou os brinquedos espalhados, o Dr. Fay perguntou se o menino queria que ele pegasse os brinquedos para guardar, e seu filho logo correu para guardá-los, dizendo: "Não, eu quero ficar com eles!".

   Às vezes, quanto menos palavras utilizamos, melhor é o resultado. Ações podem falar mais alto do que palavras. Além disso, limitam o número de avisos que você tem que dar e eliminam a necessidade de sermões ou ameaças.

4. **Sempre que possível, dê a seu filho a oportunidade de resolver o problema.** É sempre uma boa ideia deixar que ele tente resolver o problema antes de correr para resgatá-lo. Veja este exemplo de um

pai cujo filho de 15 anos estava tendo dificuldades com um de seus professores:

Adolescente: O Sr. Conrad está sempre pegando no meu pé. Nunca fica satisfeito com nada que eu faça.

Pai (com empatia): Puxa, isso deve ser chato demais.

Adolescente: Ele me irrita tanto. Nenhum dos outros professores passa tarefa de casa às sextas-feiras.

Pai: Você acha que consegue resolver?

Adolescente: Como assim? Eu?

Pai: Sim, você. O que poderia fazer para resolver essa situação com o Sr. Conrad?

Adolescente: Ah, não sei.

Pai: Essas coisas nunca são fáceis. Eu posso contar, se quiser, o que já vi outras pessoas fazerem em situações parecidas.

O que é possível aprender com esse breve exemplo? Quando uma criança, principalmente um adolescente, encontra um desafio só aprende e cresce quando precisa se dedicar para superá-lo. Deixar que encontrem a solução também aumenta a autoestima deles, ajudando-os a desenvolver independência e resiliência.

5. **Quando for necessário pensar em consequências, escolha as que têm alguma conexão com o mau comportamento ou com o erro do seu filho.** Como você deve ter percebido nos exemplos anteriores, as consequências geralmente estão relacionadas ao mau comportamento: quebrar uma luminária e ter que pagar por uma nova; deixar os brinquedos espalhados pelo chão e não poder mais brincar com eles, por exemplo. Mas o que acontece quando você não consegue pensar em uma consequência lógica? Em vez de falar a primeira coisa que vier à sua cabeça, escolha uma consequência testada ao longo dos anos e desenvolvida pelo nosso amigo, o Dr. Foster Cline. Ele a

chama de "sugador de energia"; use essa estratégia quando se sentir perdido.[4] Veja como ela ajudou uma mãe chamada Tracy.

Um dia, Tracy estava dirigindo quando seus dois filhos começaram a brigar no banco de trás do carro. Eles estavam se empurrando sem parar. Ela já estava enlouquecendo, mas não conseguia pensar numa consequência lógica para o mau comportamento deles. Então, com um tom triste e exausto, ela disse:

— Nossa, quando vocês brigam assim, sugam toda a minha energia.

Sem usar um tom que causasse um sentimento de culpa nos meninos, ela explicou que os amava, mas que as briguinhas tinham se transformado em um "sugador de energia". Mas será que é verdade? Será que é correto e, às vezes, apropriado dizer que várias formas de mau comportamento causam esse efeito em nós?

Depois que eles chegaram em casa, Tracy descansou, pensou um pouco e resolveu continuar a conversa:

— O que vocês acham que podem fazer para substituir a energia que sugaram de mim discutindo e brigando no carro?

Os meninos não tinham ideia do que poderiam fazer, mas ela ficou feliz em dar algumas sugestões.

— Algumas crianças repõem a energia dos seus pais ficando em casa depois da escola e permitindo que os pais descansem, já que não precisam sair para levá-los ou buscá-los de carro. Outras crianças repõem essa energia fazendo algumas das tarefas domésticas para os pais. Outras fazem algum trabalho voluntário, o que faz os pais se sentirem bem, pois seus filhos estão ajudando a fazer do mundo um lugar melhor.

Os meninos reclamaram muito, mas se ajudaram na tarefa de limpar os banheiros, porque sabiam que se não o fizessem estariam sugando ainda mais a energia da mãe. E quem sabe em qual outra consequência a mãe pensaria depois? Semanas depois, Tracy estava dirigindo novamente com os meninos no banco de trás quando eles começaram a brigar. Ela levantou a mão e começou a dizer:

— Estou ficando sem energia...

Antes que ela terminasse de falar, ambos a interromperam:

— É melhor pararmos de brigar, senão ela vai ficar cansada e vamos ter que fazer as tarefas da casa.

Use a desculpa da energia sugada sempre que não conseguir pensar em algo imediatamente. Ela permite que você ganhe tempo para pensar numa consequência apropriada, que tenha uma conexão lógica com o mau comportamento do seu filho. Além disso, todos nós concordamos que o mau comportamento dos filhos realmente suga nossa energia. Outra grande qualidade dessa desculpa é que você pode adaptá-la para usá-la com crianças com idades entre 5 e 105 anos.

Quando coloca em prática esses cinco princípios básicos, você aprende a disciplinar seus filhos com amor e empatia, fortalecendo o relacionamento entre vocês, ao mesmo tempo que os ajuda a desenvolver um melhor autocontrole.

Passo a passo

- Lembre-se de que cada erro que seu filho comete quando pequeno é uma oportunidade para que ele desenvolva habilidades que o ajudarão a cometer menos erros no futuro.

- Envie pelo menos um e-mail ou mensagem de texto para si mesmo por semana com a seguinte mensagem: "Todo erro corrigido com amor e firmeza é uma oportunidade de aprendizado".
- Pratique os cinco objetivos da disciplina:
  - > Ajudar as crianças a diferenciar o que é sensato e gentil do que é tolice e insensibilidade.
  - > Ajudar as crianças a aprender quando ainda são pequenas e os erros não custam tanto.
  - > Ajudar seus filhos a desenvolver a autodisciplina para que possam ser livres.
  - > Ajudar seus filhos a aprender a se manter mentalmente fortes diante das dificuldades.
  - > Preservar a sua sanidade e seu relacionamento com seus filhos.
- Crie uma estratégia baseada em princípios para disciplinar seus filhos que contemple estes cinco princípios inegociáveis:
  - > Seja o exemplo e ensine o tipo de comportamento que almeja.
  - > Permita que seus filhos cometam vários pequenos erros.
  - > Quando seu filho errar, demonstre empatia em vez de ficar com raiva, fazer sermão, ameaças ou ser sarcástico.
  - > Sempre que possível, dê a seu filho a oportunidade de resolver o problema.
  - > Quando for necessário pensar em consequências, escolha as que têm alguma conexão com o mau comportamento ou com o erro do seu filho. Se não conseguir pensar em uma consequência lógica na hora, use a desculpa do "sugador de energia" e deixe para pensar nessa consequência depois.

CAPÍTULO 7

HIGIENE MENTAL É ESSENCIAL PARA PAIS E FILHOS

Desinfete seus pensamentos e ensine seus filhos a fazer o mesmo.

Seus pensamentos são poderosos. E, se você deixa pensamentos automáticos negativos (PANs) infestarem sua mente, eles podem alimentar a ansiedade, as dúvidas e causar inconsistências no seu estilo de educar. O mesmo vale para as crianças de todas as idades. O Dr. Amen cunhou o termo PANs no início da década de 1990, depois de um dia cansativo na clínica, durante o qual ele atendeu quatro pacientes com tendências suicidas, dois adolescentes fujões e dois casais rancorosos com sérios problemas matrimoniais. Depois de chegar em casa naquela noite, o Dr. Amen foi até a cozinha, acendeu a luz e levou um susto. Formigas tinham infestado o lugar. Aquelas criaturas minúsculas estavam por toda parte: nas bancadas, na pia, na comida dentro dos armários.

Foi então que a metáfora sobre o fato de os PANs agirem da mesma forma que as formigas se concretizou na sua mente. Assim como as formigas tinham invadido sua cozinha, os PANs tinham infestado as mentes dos seus pacientes, roubando a alegria e acabando com o dia deles. O Dr. Amen percebeu que os PANs podem afetar qualquer pessoa em qualquer idade, incluindo crianças pequenas e seus pais.[1] Ele já escreveu sobre os PANs em vários dos seus livros, mas neste capítulo vamos mostrar como eles podem impactar sua capacidade de ser um pai ou mãe eficiente, bem como podem roubar a força mental dos seus filhos. Mais importante ainda, mostraremos como desinfetar sua mente para ter mais força mental.

Veja o exemplo de Allison, uma jovem mãe de três filhos, todos com menos de 5 anos. Allison vivia infestada de PANs, mas nunca tinha pensado em questionar seus pensamentos.

— Eu não sou boa o bastante — ela disse ao Dr. Amen. — Não consigo manter a casa limpa. Estou sempre atrasada. Nunca tenho tempo suficiente para dar aos meus filhos tudo de que precisam.

Ela não conseguia enxergar nenhuma das suas qualidades como mãe, e ficava claro que isso estava prejudicando o relacionamento com seus filhos.

Allison precisava pensar sobre o que ela pensava. Assim como ela, todos os pais e filhos podem se beneficiar da prática da higiene mental e desinfetar seus pensamentos.

CONHEÇA OS NOVE TIPOS MAIS COMUNS DE PANs

Quando você não questiona os pensamentos negativos que passeiam pelo cérebro, seu subconsciente automaticamente acredita neles, e eles, por sua vez, podem acabar com seu dia. Um único pensamento negativo, assim como uma única formiga em um piquenique, não é grande coisa. Dois ou três pensamentos negativos, assim como duas ou três formigas em um piquenique, começam a ficar mais irritantes. Já dez ou vinte pensamentos negativos podem causar problemas reais.[2] Por isso, é necessário reconhecer os pensamentos que passam pela sua cabeça e corrigi-los. Dessa forma você conseguirá pensar com clareza e lógica como pai ou mãe e poderá ensinar seus filhos a identificar e eliminar os próprios PANs para que possam se tonar mais fortes mentalmente.

A seguir, apresentamos os nove tipos de PANs que distorcem as situações, podendo afetar você e seus filhos.

1. *PANs pessimistas:* Esses pensamentos funcionam como uma lente de negatividade que só permite enxergar o lado ruim das situações. O Dr. Amen teve um paciente que tinha se mudado de cidade com a família fazia pouco tempo. Ele estava com 80% da mudança já organizada na nova casa, mas não era nisso que se concentrava. A única coisa em que ele pensava eram os 20% que ainda não estavam no lugar. Ele disse ao Dr. Amen que era 100% incapaz, 100% inferior e 100% desorganizado. Embora estivesse cuidando sozinho dos três filhos pequenos enquanto a esposa cumpria o aviso prévio no trabalho em outra cidade a quilômetros de distância, ele só enxergava o que não tinha conseguido fazer, ao invés de focar em tudo o que já tinha feito.

Quando você tem uma lente de negatividade, costuma desconsiderar qualquer sucesso ou experiência positiva. Quando os filhos que costumam ser difíceis de lidar têm um bom dia, seus pais relevam essa experiência e preveem que as coisas logo vão desandar novamente. A maioria das pessoas e a maioria das experiências são uma mistura de pontos positivos e pontos negativos. Uma mente disciplinada consegue enfatizar os pontos positivos e, ao mesmo tempo, encontrar vantagens nos negativos.

O Dr. Fay identificou uma temática bem comum no pensamento de muitos pais que estão frustrados com a falta de motivação ou de habilidade dos filhos em diversas áreas. Esses pais bem-intencionados ficam remoendo a crença de que são responsáveis por sempre identificar o que os filhos estão fazendo de errado. Eles pensam mais ou menos assim: "Se eu não concentrar minha energia em ajudar meu filho a corrigir suas fraquezas, então ele nunca será bem-sucedido". Esses pais temem que, sem suas correções constantes, os filhos fracassarão e se tornarão irresponsáveis, desrespeitosos etc. Assim, são sempre críticos, por acharem que estão ajudando seus filhos.

Esse PAN geralmente domina os pensamentos dos pais que adotaram o estilo pai-sargento de educar. Muitos deles realmente acreditam que, se enfatizarem os pontos negativos, ajudarão seus filhos a se tornarem pessoas melhores no futuro. Será que essa crença é verdadeira?

Imagine ter um supervisor, colegas de trabalho ou mesmo um parceiro que pensa assim e só emite uma opinião quando algo está errado. Infelizmente, pode ser que você vivencie isso diariamente. Contudo, essa abordagem não inspira crescimento; pelo contrário, faz a pessoa se sentir irritada, frustrada e, frequentemente, desencorajada. Em vez de melhorar os relacionamentos, ela pode destruí-los. Além disso, sempre focar o comportamento negativo abre caminho para que as crianças, adolescentes e jovens adultos desenvolvam uma colônia de PANs na cabeça, o que acaba alimentando inseguranças, ansiedade, depressão e outros sentimentos.

Pessoas de todas as idades são mais propensas a crescer e a aprender quando estão rodeadas por indivíduos que enfatizam majoritariamente aquilo que elas fazem bem. Elas também são mais propensas a fazer o trabalho árduo, necessário para corrigir as áreas em que têm dificuldades, quando se sentem valorizadas por suas qualidades.

Dica para os pais: Ajudar seus filhos a desenvolverem crenças saudáveis sobre suas capacidades de lidar com as dificuldades baseia-se nesta verdade testada ao longo do tempo: é preciso incentivar os pontos positivos para que seus filhos tenham a força mental para superar os pontos negativos.

2. *PANs da culpabilização:* Culpar os outros começa cedo. Quando a filha do Dr. Amen, Kaitlyn, tinha 18 meses, ela culpava o irmão de 11 anos por todo problema que tinha. Ela apelidou o irmão de Didi e costumava dizer "Didi que fez", mesmo quando ele não estava em casa. Um dia, ela derrubou uma bebida na mesa enquanto sua mãe estava de costas na cozinha. Quando a mãe se virou e viu a bagunça, Kaitlyn disse a ela: "Didi derrubou minha bebida". Mesmo quando a mãe respondeu que o irmão estava na casa de um amigo, Kaitlyn continuou insistindo que o irmão tinha derrubado sua bebida.[3]

Culpabilizar continua sendo algo fácil até mesmo na fase adulta. Entretanto, mesmo quando a outra pessoa faz algo que nos machuca, culpá-la acaba nos prejudicando. Quando você diz "Se você não tivesse feito X, eu estaria bem", o que está realmente dizendo é "Você controla a minha vida toda e eu não tenho controle nenhum". Quando você culpa alguém pelos seus problemas, torna-se impotente para fazer qualquer coisa para resolvê-los. E adivinhe quem está ouvindo quando você diz essas coisas. Seus filhos. Em vez disso, assuma a responsabilidade e se concentre no que você pode fazer para resolver a situação em questão e no que quer fazer em seguida.

Enquanto terminava sua pesquisa de doutorado em psicologia, o Dr. Fay teve a sorte de estudar a produção acadêmica de duas pessoas extremamente inteligentes: o Dr. Bernard Weiner e a Dra. Carol Dweck.[4] Com base nos artigos deles, o Dr. Fay descobriu uma forma de culpa que contribui diretamente para a falta de responsabilidade e para a pouca motivação. No geral, somos fascinados pela motivação por trás das nossas próprias atitudes e dos comportamentos dos outros. O interessante é que tendemos a atribuir nossos erros e falhas a fatores que estão além do nosso controle (por exemplo, culpamos a falta de sorte, os genes ruins que herdamos, a falta de apoio dos outros etc.). Por outro lado, achamos que a culpa pelos erros dos outros está em fatores que eles controlam, como a falta de preparo, a preguiça, a irresponsabilidade crônica ou o mau-caratismo generalizado. Psicologistas sociais chamam isso de "erro fundamental de atribuição",[5] que representa um tipo de PAN muito disseminado.

A perversidade desse PAN está no fato de nos fazer sentir de mãos e pés atados: "Como eu posso melhorar qualquer coisa em minha vida quando tudo está fora do meu controle?". Ele também alimenta a falta de empatia pelos outros. Quando criamos o hábito mental de ignorar as dificuldades dos outros, nos tornamos mais estressados e intolerantes.

Exterminar esse tipo de PAN e ajudar seus filhos a agir da mesma forma pode fazê-los aprender a se responsabilizar, sobretudo pela própria felicidade.

Existe outro lado dos PANs da culpabilização que envolve culpar-se pelos problemas dos outros. As mulheres costumam ter mais dificuldade com a autoculpa. Um exemplo clássico é o pensamento "Meu marido não ligou; ele provavelmente não me ama mais". Talvez o motivo para ele não ter ligado não tenha nada a ver com você; ele pode estar estressado, distraído ou lidando com um problema no trabalho. Outro exemplo: "Minha filha foi mal na prova de matemática da faculdade. Eu deveria ter passado mais tempo estudando com ela na época da escola". Culpar-se pelo desempenho ruim da filha é uma atitude de uma mente indisciplinada, porque, estando sua filha na faculdade, os hábitos de estudo dela deveriam ser responsabilidade só dela e não sua também. Culpar-se por tudo o que dá errado ou presumir que as ações de outras pessoas giram em torno de você não é um reflexo correto da realidade. São só PANs.

O Dr. Fay trabalhou com inúmeras famílias nas quais a tensão e o conflito constantes eram a regra. Na origem dessa situação difícil estavam geralmente PANs perigosos, chamados "interpretação negativa". Por mais de três décadas, o Centro de Estudos Familiares e Matrimoniais da Universidade de Denver estudou esse padrão de pensamento extremamente prejudicial, identificando-o como um dos cinco principais fatores que levam ao divórcio e à instabilidade familiar.[6] A interpretação negativa é uma mistura de vários PANs e ocorre quando criamos o hábito de pensar automaticamente que a intenção do outro é sempre negativa e está pessoalmente voltada para nos atingir.

Dica para os pais: Assuma o compromisso com o outro e com seus filhos de ficarem com o sonar ligado. Fazer isso significa criar o hábito de presumir que a maioria dos comportamentos não tão agradáveis dos outros está calcada em suas dores e não são esforços planejados para roubar nossa alegria. Significa buscar em nossos corações os motivos pelos quais temos a tendência de ignorar os corações dos outros. Será que seus filhos terão relacionamentos mais saudáveis se você ensinar a eles que as pessoas são como icebergs, cuja profundidade está escondida debaixo da superfície? Se não tivermos consciência disso, afundaremos em nossas interações com os outros. Afinal de contas, qual foi a parte do iceberg que causou o buraco fatal no Titanic? Navios modernos que navegam pelo norte do Oceano Atlântico são avisados pelos barulhos de seus sonares sobre esses perigos.

Uma história sobre o sonar

Uma vez, quando o Dr. Fay e suas irmãs estavam no banco de trás do carro da família, eles ouviram os pais conversando sobre o que estava acontecendo em suas vidas. A maioria das coisas os ajudou a enxergar os outros de um jeito mais saudável. Não seria essa uma maneira poderosa de ensinar nossos filhos a ter pensamentos mais saudáveis?

Uma das histórias relatadas pelo pai naquele dia teve um grande impacto na maneira como o Dr. Fay enxergava os outros.

— Tivemos uma reunião hoje no trabalho — meu pai contou a minha mãe. — Uma das pessoas simplesmente ficou o tempo todo lá sentada, olhando para o chão e bufando sempre que eu falava alguma coisa. No intervalo, decidi confrontá-lo. Estava prestes a repreendê-lo quando pensei: Deve estar acontecendo alguma coisa na vida dele que o está levando a agir assim. Em vez de fazer um comentário sarcástico, perguntei: "Parece que você está tendo uma manhã difícil. Posso fazer alguma coisa para ajudar?". Ele me olhou envergonhado e respondeu: "Não, Jim. Eu gostei das suas ideias. É que minha cachorrinha morreu ontem à noite. Ela ficou comigo por treze anos, e perdê-la me deixou muito abalado. Mas obrigado por perguntar".

Moldando as crenças dos nossos filhos sobre o sucesso

Quando seus filhos passam a acreditar que o sucesso é o resultado de fatores que estão fora de seu controle, é muito menos provável que elas façam o esforço, a perseverança e a prática necessários para conquistá-lo.

Use esse processo para ajudá-los a perceber que o trabalho árduo é a chave para o sucesso.

1. Quando eles acertarem, descreva o acerto sem elogiar.
   - "Você acertou a questão número 9 do seu exercício de matemática."

2. Pergunte a eles:
   - "Como você fez isso?"

3. Dê a eles três opções:
   - "Você se esforçou muito?"
   - "Você continuou tentando apesar da dificuldade?"
   - "Você tem estudado/praticado mais?"

   Cada uma dessas opções representa um pensamento correto que os ajudará a exterminar os PANs da desesperança.

4. Certifique-se de que seus filhos sempre verbalizem tudo, porque o que dizemos geralmente reflete nossa realidade. Assim, é provável que o que eles dizem se torne sua realidade.

5. Se tiverem dificuldade para responder ou disserem que não sabem, sorria e pergunte:
   - "Se você soubesse, qual dessas opções seria?"

3. ***PANs do tudo ou nada:*** Toda vez que você pensa em termos absolutos caracterizados por palavras como sempre, nunca, ninguém, todo mundo, toda vez ou tudo, seu pensamento negativo faz uma situação temporária parecer uma realidade permanente. Esses pensamentos

também fazem as situações parecerem completamente boas ou completamente ruins — sem meio-termo. Preto no branco.

Você provavelmente já ouviu seus filhos verbalizarem esse tipo de pensamento quando dizem: "Não tem nada para fazer!". Geralmente quando dizem isso estão se sentindo desanimados, entediados ou desmotivados. Outros exemplos de verbalizações de PANs do tudo ou nada seriam: "Ele nunca me escuta" ou "Eu sempre tenho que fazer o que ela quer". Se seu filho costuma retrucar, pode ser que você pense: "Ele tem sempre uma resposta na ponta da língua!" Ou, se sua filha não faz as tarefas domésticas, você pensa: "Ela nunca faz o que eu peço!" No entanto, esse pensamento não é racional; é só um pensamento. Raramente uma situação é tão simples e fácil assim.

Veja o exemplo de Celeste, de 48 anos, divorciada e mãe de cinco filhos. Ela foi ao consultório do Dr. Amen porque estava com dificuldades para lidar com sentimentos de depressão e inadequação. Depois do seu divórcio, cinco anos antes, ela começou a se sentir triste, solitária e indigna de ser amada. Ela adorava estar em um relacionamento amoroso, por isso o divórcio realmente a abalou emocionalmente.

— Quem vai querer uma mulher "mais velha" com cinco filhos? — ela perguntou ao Dr. Amen.

Esse tipo de PAN fecha sua mente para as outras possibilidades, mantendo-o focado nos aspectos negativos, o que deixa você ainda mais ansioso e/ou depressivo. Então, você acaba agindo com base nos seus pensamentos e não na situação real. Se você realmente acredita que seu filho sempre tem a resposta na ponta da língua, está mais propenso a ter um acesso de raiva quando ele retrucar, sendo que, na realidade, é possível que ele só faça isso 5% a 10% das vezes.

Dica para os pais: Combata esse PAN em seus filhos perguntando: "Quando foi a última vez que [insira aqui qualquer situação generalizada da qual eles estejam reclamando]? ou "Você se lembra quando...?". Por exemplo, se eles disserem "Eu sempre tenho que andar no banco de trás. Nunca posso andar no banco da frente", você pode perguntar: "Quando foi a última vez que você andou no banco da frente? Você se lembra quando...?".

4. ***PANs bola de cristal:*** Quando você tenta prever o futuro, está antevendo de modo arbitrário o pior, mesmo que não tenha nenhuma evidência definitiva para isso. Pensamentos do tipo bola de cristal aumentam imediatamente seus níveis de estresse: seu coração começa a bater mais rápido, a respiração acelera e fica ofegante e as glândulas adrenais começam a liberar cortisol e adrenalina. Um exemplo de como isso ocorre nos pais seria quando preveem que seus filhos não os obedecerão em uma dada situação e se irritam com eles antes mesmo de sair casa. Ninguém pode prever o futuro e, a não ser que você seja um advogado especialista em contratos, não existe nenhum bom motivo para ficar tentando prever o pior.

   Para piorar, ficar prevendo possíveis problemas pode acabar fazendo com que eles, de fato, aconteçam. Por exemplo, se você prevê que seu filho não vai lavar a louça direito, pode ser que comece a falar demais na cabeça dele, até que ele se irrite e decida não lavar direito só para provocar você. Além disso, se você tem certeza de que vai ter um dia difícil com seus filhos, ficará de péssimo humor assim que qualquer coisa de ruim acontecer, fazendo o seu dia, com certeza, só piorar depois disso.

   Dica para os pais: Ensine seus filhos a questionar os próprios PANs quando eles começarem a tentar prever o futuro. Peça que escrevam ou repitam frases que são mais racionais ou realistas. Por exemplo, se seu filho está convencido de que vai tirar uma nota ruim na próxima prova, mesmo tendo estudado, ajude-o a escrever ou a dizer: "Estou preparado para esta prova, por isso provavelmente vou tirar uma nota boa. Se não tirar, pedirei ao meu professor ou aos meus pais para me ajudarem a estudar para a próxima".

5. ***PANs da ruminação:*** Pensamentos de culpa ocorrem quando você se martiriza com palavras como deveria, poderia, tinha que. Esse tipo de pensamento é comum entre muitos pais e é completamente destrutivo. Essas palavras não ajudam a fazer você se sentir melhor ou mais conectado com seu filho. É muito melhor substituir os "deveria" por frases do tipo "Isso me ajudaria...", "Seria melhor para o meu filho fazer..." ou "O que me ajudaria a cumprir o objetivo de ter um relacionamento melhor seria fazer...", entre outras.

   As mães, principalmente, são ensinadas a colocar as necessidades dos outros em primeiro lugar, por isso se sentem culpadas quando priorizam a si mesmas ou tiram um tempo para desestressar. Esses PANs também desempenham um papel importante na armadilha do Ciclo da Culpa — perder a paciência, sentir-se mal depois e correr para resgatar seu filho — que mencionamos anteriormente. Reformule a culpa fazendo afirmações sobre o que você realmente quer. Em vez de dizer "Eu deveria ser mais participativa nas atividades escolares dos meus filhos", pergunte a si mesma se isso se encaixa nos seus objetivos e no seu tempo disponível. Se a resposta for "não", siga em frente. Ter uma forma de se libertar dos PANs da ruminação o ajudará a silenciar as vozes na sua cabeça, para que você consiga tomar decisões melhores.

Dica para os pais: A culpa não é uma emoção construtiva. Quando escutar seus filhos dizendo "Eu deveria...", ajude-os a reformular essa frase, dizendo "Eu quero..." ou "O melhor para os meus objetivos é...". Por exemplo, se o seu filho diz "Eu deveria comer meus legumes", ajude-o a reformular para "Eu quero comer meus legumes, porque eles fazem bem para a minha saúde"; ou se ele disser "Eu tenho que fazer a lição de casa", instrua-o a dizer "Fazer a lição ajuda nos meus objetivos, porque quero ir bem na escola".

6. ***PANs rotuladores:*** Esses pensamentos são muito nocivos para as crianças. Os pais costumam atribuir rótulos negativos aos filhos que têm muita energia, déficit de atenção, TDAH, entre outros, sem perceber que estão, inconscientemente, programando-os para se tornarem mais "difíceis". Por exemplo, se você chama seu filho de "moleque mimado" ou de "folgado", está igualando-o a todos os "moleques mimados" e todos os "folgados" que conhece. Isso afeta sua capacidade de ter uma visão realista dele. Procure evitar rótulos negativos. Além disso, se seu filho realmente for um "moleque mimado", provavelmente a culpa não é dele; foi você, pai ou mãe, quem o mimou. Rótulos não o ajudarão a resolver um problema específico ou a fazer julgamentos válidos sobre si mesmo ou sobre seus filhos.

   Dica para os pais: Se você ouvir seus filhos rotulando a si mesmos ou outras crianças, gentilmente os lembre de que só porque alguém erra ou faz algo ruim não significa que essa pessoa é ruim ou burra. Depois, você pode fazer uma lista de motivos pelos quais a pessoa pode estar agindo daquela forma; isso também pode ajudar a fomentar a empatia em você e nos seus filhos.

7. ***PANs leitores de mente:*** Assim como os PANs bola de cristal, esses pensamentos ocorrem quando você prevê, de modo arbitrário, o que seu filho está pensando antes mesmo de confirmar com ele. Geralmente as crianças não sabem por que fazem o que fazem. Ainda assim, quando se comportam mal, seus pais costumam atribuir motivações negativas para elas. Por exemplo, "Meu filho está tentando me envergonhar. Ele sabe exatamente o que está fazendo e gosta de me ver chateado". Você não é capaz de ler a mente de outra pessoa, e seus filhos têm problemas suficientes para decifrar as próprias mentes.

Saber distinguir entre a intuição produtiva e o venenoso PAN leitor de mentes não é fácil. Mas, quando você aprender a eliminar esse tipo de PAN, seus relacionamentos e seu humor, provavelmente, melhorarão.

Dica para os pais: Esse tipo de pensamento costuma aparecer em situações de rivalidade entre irmãos, que abordaremos no Capítulo 15. Por enquanto, ensine a seus filhos que tirar conclusões precipitadas sobre os outros é um jeito fácil de criar mal-entendidos. Invente uma regra divertida para ajudar a evitar esse tipo de PAN, ensinando a frase: "Se você não sabe, admita". Basicamente isso significa que se você não tem certeza sobre o que o outro está pensando, ou sobre o porquê de ele ter feito algo, admita e pergunte, demonstrando curiosidade, em vez de usar um tom acusatório. Nós gostamos de dizer que é melhor ser curioso do que furioso.

8. *PANs da inferioridade:* Sempre que você se compara aos outros de forma negativa, está permitindo que esses PANs infestem sua mente e prejudiquem sua autoestima. Com o crescimento das redes sociais, nossa sociedade está vivenciando uma verdadeira invasão desses PANs. Pessoas de todas as idades passam horas se comparando com os outros, cujas imagens foram cuidadosamente escolhidas e digitalmente melhoradas, fazendo com que sintam que estão deixando a desejar. Isso está contribuindo para um aumento das expectativas irreais e da pressão, que se torna insuportável, principalmente entre pré-adolescentes e adolescentes. Contudo, esses PANs podem atingir os pais também.

   Veja o exemplo de Marley, uma mãe solteira de 52 anos, com um cargo importante no setor bancário. Embora fosse bem-sucedida no trabalho e seus filhos estivessem indo bem, Marley se preocupava constantemente e achava que não era boa o bastante. Ela é um exemplo claro de mulher inteligente e capaz, com uma mente indisciplinada e um cérebro obstruído. Ela sempre se sentia uma impostora ou uma fraude, então exigia de si mesma uma perfeição extrema, na esperança de, assim, evitar que os outros percebessem quem ela era "de verdade" e, de alguma forma, a prejudicassem em seu trabalho.

   Os piores PANs de Marley eram o leitor de mentes e o da inferioridade. Ela constantemente presumia que não era digna de conviver com as outras mães do bairro, acreditando que não gostavam dela e falavam mal pelas costas, e desejava se mudar para outra parte da cidade. Ela se convenceu de que as outras mães estavam intencionalmente excluindo ela e os filhos das atividades e brincadeiras no parque quando, na realidade, as outras mães acreditavam que Marley não tinha interesse em participar da organização dessas atividades porque parecia estar sempre muito ocupada. Os PANs dela lhe causavam infelicidade, ansiedade, agitação enormes e desnecessárias.

Dica para os pais: Ninguém tem uma vida perfeita. Pare de se comparar com os outros e ajude seus filhos a fazerem o mesmo quando sentirem inveja ou acharem que foram deixados de lado. A história do outro tem sempre mais coisas por trás que você não sabe, e a inveja só alimenta outros PANs, como os do ressentimento e da pena de si mesmo. Para ajudar seus filhos a parar de se comparar com os outros, verifique se você não tem o hábito de compará-los com seus amigos e colegas de sala. Lembre seus filhos de que, em vez de tentar ser "o melhor", é mais saudável tentar "fazer o seu melhor".

9. *PANs do "e se" e do "serei feliz quando...":* Esses PANs consistem em brigar com o passado ou ansiar por um futuro imaginário. Ficar ruminando arrependimentos por coisas que aconteceram no passado alimenta o sentimento de frustração. Perder tempo pensando em como sua vida poderia ser melhor se as coisas fossem diferentes, sem ter um plano para realizar mudanças positivas, contribui para uma

mentalidade autodestrutiva. Também alimenta a insatisfação com o presente e a falta de motivação.

Dica para os pais: A gratidão é o antídoto certeiro para esse tipo de PAN, e ser grato ajuda a combater inúmeros pensamentos e sentimentos negativos. Pratique a gratidão diariamente e faça disso um hábito em sua casa.

OS PANs NA CULTURA POP... E COMO PROTEGER E PREPARAR SEUS FILHOS

Todos nós já ouvimos a expressão "pane no sistema". No mundo de hoje, quase tudo que usamos tem pelo menos um chip, principalmente nossas televisões, telefones e demais dispositivos eletrônicos. Quando estão funcionando bem, esses dispositivos estão cheios de bugs, ou melhor, de PANs.

A maioria das músicas, das redes sociais, dos jogos, dos filmes e de outras mídias atuais está repleta de montanhas de PANs. Essa infestação não acontece em seus circuitos. Quer dizer, seus circuitos servem simplesmente como uma janela para as batalhas emocionais e espirituais disputadas pela humanidade desde o início dos tempos. Ainda que tentar proteger nossos filhos limitando a exposição, supervisionando-os cuidadosamente e implementando medidas de segurança seja importante, muita proteção e pouca preparação impedirá que eles estejam bem equipados para se proteger.

Como pais, podemos preparar nossos filhos para resistir a esses PANs reconhecendo-os pelo que são e envolvendo nossos filhos em conversas sobre o assunto. Essas conversas não precisam ser sermões; pelo contrário, considere-as uma oportunidade para explorar a maneira como esses PANs afetam todos nós. Dessa forma, seus filhos terão a oportunidade de escolher o próprio caminho positivo em vez de acreditar que devem tropeçar pelo que frequentemente está permeado pelos quatro PANs a seguir. Esses PANs adicionais foram identificados pelo Dr. Fay, mas temos certeza de que você consegue pensar em outros.

1. ***PANs do "siga o seu coração":*** Esse tipo de PAN nos incentiva a acreditar no que sentimos. Porém, nossos sentimentos podem ser tão traiçoeiros quanto nossos pensamentos. Por isso é importante prestar atenção não só no que eles estão transmitindo mas também se o que dizem é verdade.

   Dica para os pais: Reconheça os sentimentos mas, em seguida, incentive a si mesmo e seu filho a questionar se esse sentimento está dizendo algo verdadeiro ou traiçoeiro.

2. ***PANs do "querer o que não se tem":*** Mais do que nunca, mensagens de que a felicidade só pode ser encontrada em coisas novas e caras bombardeiam diariamente pais e filhos.

   Dica para os pais: Se você pratica a felicidade e desfruta do que possui, seus filhos seguirão seu exemplo.

3. *PANs da vingança:* Às vezes o Dr. Fay percebe que está alimentando esse PAN quando trata alguém tão mal ou pior do essa pessoa o tratou. Essa temática pode ser o enredo de ótimos filmes e de inúmeros dramas nas redes sociais, alimentando sentimentos temporários de poder. Na vida real, porém, esse PAN funciona como o álcool: a ressaca nunca vale a pena.

   Dica para os pais: Cite esta verdade: "Não se deixe vencer pelo mal, mas vença o mal com o bem" (Romanos 12:21, NAA). Procure criar um lar onde você trata os outros melhor do que eles tratam você.

4. *PANs do "Se é bom, faça... AGORA!":* Autocontrole, perseverança, altruísmo e abnegação são conceitos antiquados e puritanos, criados para fazer as pessoas se sentirem infelizes. Essa é uma mentira que nossos filhos escutam com frequência quando interagem com a cultura pop. Como bem sabemos, a verdade é o oposto. Essas qualidades de caráter, quando colocadas em prática, são essenciais para os sentimentos de bem-estar, especialmente quando o foco está em

ajudar os outros. Pesquisas também estão começando a identificar efeitos neurológicos dessa ajuda, por meio do aumento dos níveis de dopamina, serotonina e oxitocina, substâncias químicas associadas à melhora do humor e ao aumento dos sentimentos de conexão social.[7]

Dica para os pais: Faça a pergunta "E depois?", repetindo-a algumas vezes para ter certeza de que a escolha que parece boa agora continuará sendo boa depois, tanto para você quanto para seu cérebro.

ELIMINE OS PANs

Você não precisa acreditar em todo pensamento que passa pela sua cabeça. Se quiser manter sua mente saudável, é importante se concentrar mais nas partes boas do que nas partes ruins da sua vida. Eliminar os PANs não é difícil. O primeiro passo para mudar suas percepções ou padrões de pensamento é identificar a maneira como você pensa. O exercício a seguir é tão simples que talvez você não acredite em como é poderoso; porém, o Dr. Amen é testemunha de quanto isso mudou a vida de muitas pessoas, inclusive a dele. Aprenda primeiro a fazer esse exercício para si mesmo e depois o ensine a seus filhos, quando notar que eles estão sendo tomados por PANs. O sofrimento diminuirá e sua saúde e alegria aumentarão. Também vamos apresentar uma versão para usar com seus filhos. Inúmeras pesquisas revelaram que essa técnica é tão efetiva e poderosa quanto remédios antidepressivos utilizados no tratamento de ansiedade, depressão e transtornos alimentares.

Passo 1: Sempre que perceber um pensamento autocrítico ou distorcido invadindo sua mente, ou quando se sentir triste, irritado, nervoso ou fora de controle, identifique o pensamento e anote-o. O ato de anotar os pensamentos o ajudará a tirar esses invasores irritantes da sua cabeça.

Passo 2: Utilize a Lista de PANs para identificar o tipo de PAN ou de pensamento negativo e anote-o.

PAN	TIPO
Meu filho nunca vai me obedecer.	*Bola de cristal*
Eu sou um fracasso como pai/mãe.	*Rotulador*
A culpa é do meu filho!	*Culpabilização*
Eu deveria ser um pai/mãe melhor.	*Ruminação*
Meu filho nunca faz nada certo.	*Tudo ou nada*

Passo 3: Responda aos seus PANs. Se for parecido com o Dr. Amen, você era bom em responder aos seus pais na adolescência. Se você tem filhos adolescentes, incentive-os a usar suas habilidades para responder aos próprios PANs. Da mesma forma, você precisa aprender a ser bom em responder às mentiras que conta a si mesmo. Pergunte-se se esses pensamentos fazem sentido e se são realmente verdadeiros. Para fazer isso, você precisará responder a quatro perguntas e a uma afirmação invertida, sugerida pela minha amiga e escritora Byron Katie.[8] O objetivo é pensar com precisão.

Pergunta 1: Isso é verdade? (O pensamento estressor ou negativo é verdadeiro?)
Pergunta 2: Isso é verdade mesmo? Eu tenho 100% de certeza?
Pergunta 3: Como me sinto quando acredito nesse pensamento?
Pergunta 4: Como me sentiria se não tivesse esse pensamento?
Inversão: Pegue o pensamento inicial e inverta-o para algo completamente contrário a ele; em seguida, diga para si mesmo que essa nova versão pode ser a verdadeira ou mais verdadeira do que o pensamento inicial.

Veja como a jovem mãe Allison fez esse exercício.

PAN: Eu não sou boa o bastante.
Tipo de PAN: Pessimista

1. **Isso é verdade?** Sim.
2. **Isso é verdade mesmo? Eu tenho 100% de certeza?** Bom, não tenho como saber se realmente não sou boa o bastante e se não estou à altura dos "padrões" de uma boa mãe.
3. **Como me sinto quando acredito nesse pensamento?** Eu me sinto deprimida, ansiosa, estressada e frustrada.
4. **Como me sentiria se não tivesse esse pensamento?** Eu ficaria aliviada e muito mais calma durante o dia. Provavelmente aproveitaria mais o convívio com meus filhos e não ficaria tão preocupada em terminar minha lista de afazeres.
5. **Pegue o pensamento inicial e inverta-o para algo completamente oposto, em seguida diga para si mesmo que essa nova versão pode ser a verdadeira ou mais verdadeira do que o pensamento inicial.** Eu sou boa o bastante. Sou como qualquer outra mãe que está fazendo o melhor que pode.

Esse pensamento final deixou Allison com os olhos marejados. Ela percebeu que, se continuasse repetindo que nunca seria boa o bastante, então, com certeza, sempre se sentiria derrotada; mas, se acreditasse que era boa o bastante e que isso era mais verdadeiro do que seu pensamento inicial, ela agiria e viveria como uma mãe confiante e segura. Esse método tem o poder não apenas de ajudá-lo a corrigir percepções distorcidas mas também de melhorar seu humor, sua autoestima e sua capacidade de lidar com seus filhos de forma mais racional e efetiva.

ENSINANDO CRIANÇAS PEQUENAS SOBRE OS PANs

As crianças pequenas, a partir dos 4 anos, podem enfrentar dificuldades com infestações de PANs, da mesma forma que pais e filhos adolescentes podem estar repletos de negatividade. Crianças pequenas podem ter medos ou pensamentos ansiosos sobre suas famílias, tarefas da escola, amizades, aparência, entre outros.

Veja alguns dos PANs mais comuns em crianças pequenas:

PAN	TIPO
Ninguém gosta de mim	*Tudo ou nada*
Das dez perguntas da prova, eu errei uma. Isso é péssimo.	*Pessimista*
Eu sou burro.	*Rotulador*
Minha mãe não sorriu para mim; ela deve estar brava comigo.	*Leitor de mentes*
A culpa não é minha; foi ela que começou!	*Culpabilização*

É imprescindível treinar crianças desde pequenas, a partir dos 4 anos, para questionar seus pensamentos. Você pode transformar esse treino em um jogo para ver quem consegue identificar mais PANs estraga-prazeres. Isso criará um hábito para seu filho, que questionará todo pensamento que passe pela cabeça dele.

Eliminar os PANs é tão fácil que até as crianças pequenas podem fazê-lo. O Dr. Amen vê crianças fazendo isso o tempo todo. Uma vez ele ajudou uma criança que estava com depressão. No início o menino só conseguia pensar nas coisas negativas que aconteciam com ele. A família tinha acabado de se mudar, então ele dizia que nunca faria novas amizades (mesmo já tendo vários amigos novos). Ele acreditava que se sairia mal na nova escola (mesmo tirando notas boas) e achava que nunca teria momentos de diversão (mesmo que sua casa nova fosse próxima do litoral e de um parque de diversões). Ao se concentrar somente nos pontos negativos da sua nova situação, ele estava dificultando a própria adaptação. Ele estaria muito melhor se olhasse para todos os pontos positivos da situação ao invés de só para os negativos. Depois de três semanas de terapia para lidar com os PANs, ele declarou: "Meu cérebro parece uma cidade-fantasma de PANs".[9]

No geral, com crianças pequenas é melhor reduzir as cinco perguntas para apenas duas perguntas superpoderosas:

1. **Isso é verdade?**
2. **Você tem 100% de certeza de que [insira a afirmação negativa] é verdade?** Como você sabe?

Veja alguns exemplos sobre como trabalhar PANs com crianças pequenas:

PAN: Ninguém nunca brinca comigo.

1. **Isso é verdade?** Bom, talvez. Ninguém quer brincar comigo agora.
2. **Você tem 100% de certeza de que esse pensamento é verdadeiro e ninguém nunca brinca com você?** Bom, claro que não. Eu brinquei com meus amigos hoje de manhã no recreio e foi muito divertido.

PAN: Estou entediado. Não tenho nada para fazer.

1. **Isso é verdade?** Sim! Estou muito entediado. Não consigo pensar em nada para fazer!
2. **Você tem 100% de certeza de que esse pensamento é verdadeiro e não existe nada que você possa fazer?** Bom, é claro que não. Eu tenho uma caixa cheia de brinquedos no meu armário, massinha de modelar, papel e canetas para desenhar e muito mais. Acho que consigo encontrar alguma coisa para fazer.

Ensinar seus filhos pequenos a investigar os próprios pensamentos criará novos caminhos neurais no cérebro em desenvolvimento, que os ajudarão a controlar suas mentes pelo resto da vida. No entanto, nunca é tarde para começar a aprender essa importante habilidade. Aprender a desinfetar seus pensamentos, em qualquer idade, pode ter efeitos significativos na sua mentalidade e impactos positivos tanto na forma como você educa quanto na sua vida familiar.

QUESTIONE SEUS PIORES PENSAMENTOS

Em um dos primeiros exercícios que o Dr. Amen passa para seus pacientes, tenham 8 ou 80 anos, eles devem escrever cem dos seus piores PANs. Ele pede que sigam o passo a passo para eliminar cada um deles. Fazer isso com diligência reduz o estresse emocional e elimina pensamentos autodestrutivos.

Uma vez que o cérebro aprende por repetição, fazer esse exercício cem vezes facilita a eliminação de pensamentos indisciplinados, para que você possa desenvolver uma melhor higiene mental. As rotinas se formam por meio de um processo chamado potencialização de longo prazo (PLP), que acontece quando os neurônios que disparam juntos se conectam para criar hábitos automáticos. Quando você dedica tempo para investigar e eliminar cem PANs, consegue quebrar seu padrão antigo de pensamento negativo e desenvolver padrões de pensamento mais racionais.

Use o formulário de eliminação de PANs a seguir para começar.

Formulário de eliminação de PANs

PAN: ____

____

Tipo de PAN: ______________________________________

____

1. Isso é verdade? ______________________________

   ____

2. Isso é 100% verdade? __________________________

   ____

3. Como eu me sinto quando acredito nesse pensamento?__

   ____

   ____

4. Como eu me sinto sem esse pensamento? __________

   ____

5. Pensamento contrário: Será que ele pode ser verdadeiro ou mais verdadeiro que o pensamento inicial? ______________
____
____

Novo pensamento no qual me concentrar: ______________
____
____

O Dr. Amen gosta de lembrar que, quando o seu cérebro funciona bem, você funciona bem. Quando o seu cérebro tem problemas, você está mais propenso a ter problemas na vida. Quando nossos filhos sabem como combater os PANs que causam problemas e infestam suas mentes, o cérebro deles se fortalece, o comportamento deles se torna mais positivo em relação aos outros e eles desfrutam dos benefícios neuroquímicos. Incentive seus filhos — e a si mesmo — a começar a pensar sobre seus padrões de pensamento e a aprender a controlar suas mentes. A higiene mental diária é pré-requisito para a força mental.

Passo a passo

- Comece a questionar seus pensamentos e ensine seus filhos a fazer o mesmo.
- Identifique os PANs mais comuns que infestam sua mente.
- Aprenda os três passos que podem ajudá-lo a eliminar os PANs.
- Comece a anotar e a questionar os seus cem piores pensamentos.
- Ensine seus filhos sobre os PANs e como eles podem eliminá-los.

CAPÍTULO 8

EDUCANDO CRIANÇAS FORTES E CAPAZES

As crianças aprendem a lidar com desafios e atribulações quando permitimos que elas os enfrentem.
Com sabedoria, oferecemos amor, incentivos e sugestões.
Nós só as resgatamos quando é necessário.

A clássica história dos *Três Porquinhos* proporciona uma metáfora poderosa sobre como educar crianças fortes. Um porquinho construiu uma casa de gravetos, o outro de palha e o terceiro de tijolos. O Lobo Mau logo destruiu as duas primeiras casas, simplesmente porque foram construídas na correria e com materiais muito frágeis. Os dois primeiros porquinhos não foram bons construtores porque priorizaram a felicidade de curto prazo em vez da estabilidade de longo prazo. O Lobo Mau precisou soprar com força para derrubar as casas dos dois. Somente a terceira casa, que levou mais tempo e investimento para ser construída, sobreviveu para proteger seu construtor — e os outros dois porquinhos, que fugiram para lá.

Construir algo resistente demanda muito mais trabalho e sacrifício do que construir algo frágil. Para criar crianças fortes e capazes, devemos deixar de lado nosso desejo de sempre proporcionar alegria e conforto para nossos filhos. Isso significa que devemos prepará-los para o mundo real, onde nem tudo são flores.

Da mesma forma que um empresário, o Dr. Fay recebeu a visitas de inúmeros pais em seu consultório exigindo que suas "crianças" recebessem oportunidades e salários melhores. Nenhum pai ou mãe almeja educar um filho para ser mimado, egoísta, preguiçoso ou frágil diante das adversidades. Contudo, a sociedade e as famílias estão contribuindo para uma maior porcentagem de pessoas que são levadas por qualquer brisa leve ou que desabam diante de qualquer dificuldade. Infelizmente, esses adultos são os que não puderam desenvolver a confiança, o caráter e as competências necessárias para lidar com as tempestades da vida quando crianças. Em 2010, os psicólogos e pesquisadores Kenneth Stewart e Paul Bernhardt identificaram declínios significativos de saúde mental, habilidades acadêmicas, controle de impulso e autoconfiança nos jovens adultos participantes da pesquisa que ambos conduziam naquela época, quando comparados àqueles que haviam participado de uma pesquisa anterior deles, anos antes.[1] Os pesquisadores também verificaram um aumento significativo do comportamento narcisista. Simine Vazire e David C. Funder, outra dupla de psicólogos, pesquisadores e professores universitários, observou uma tendência semelhante.[2] Atualmente, professores universitários presenciam, com frequência, pais indo aos campi das universidades para exigir que as notas de seus filhos sejam alteradas.

Quando tantos pais estão fazendo resgates assim, muitos filhos começam a acreditar que isso é um direito deles. Por isso, tornam-se autocentrados, ofendem-se logo que qualquer pessoa discorda deles e desabam diante dos desafios.

Houston, temos um problema!

E não é fruto da nossa imaginação. Na verdade, Denver (Colorado), Elephant Butte (Novo México), Elk Springs (Tennessee), Nova York (Nova York), Bemidji (Minnesota), Boston (Massachusetts), Pierre (Dakota do Sul), Mt. Pleasant (Carolina do Sul), Grant (Missouri), Grand Rapids (Michigan) ou qualquer outra grande metrópole ou cidade pequena dos Estados Unidos têm esse mesmo problema. Como impedir que essa situação piore?

Não perca a esperança; dezenas de pessoas jovens, extremamente talentosas, maduras e comprometidas estão trabalhando por todo o país. Na próxima vez que vir uma delas, lembre-se de que é possível educar crianças assim. Deixe que a força delas impulsione sua determinação de proporcionar aos seus filhos as raízes para que se tornem jovem adultos com a coragem necessária para enfrentar um mundo cheio de tentações, adversidades e pessoas difíceis. Permita que a maturidade delas o relembre de que seus filhos podem ter uma vantagem imensa no mundo se você der a eles presentes como resiliência, propósito, boa ética no trabalho, proatividade, habilidades concretas de resolução de problemas, autocontrole e empatia.

CRIANÇAS FORTES OU FRACAS? A ESCOLHA É NOSSA

Os pais de Erica acreditavam que nada era bom o bastante para sua garotinha. Então, procuravam garantir que ela sempre tivesse as melhores roupas, os melhores brinquedos, os melhores professores particulares e a melhor educação que podiam oferecer. Esse estilo de educar, de acordo com a mãe, Debbie, significava o envolvimento constante dos pais para estimular e proporcionar atividades divertidas à filha. Significava que eles garantiam que Érica fosse o centro das atenções e sempre se sentisse especial. Significava que asseguravam que ela nunca tivesse um professor ou um treinador exigente demais. Significava que eles buscavam preparar o mundo para Erica, em vez de prepará-la para o mundo.

Steven, o pai, não tinha tanta confiança nesse estilo de educar. Em determinado momento ele chegou a sugerir a Debbie que a filha era quem deveria conversar com uma de suas professoras da sétima série sobre suas dificuldades com as tarefas da escola. Debbie concordou, mas informou a ele que, naquela semana, não teria tempo para estar presente na reunião para ajudar. Steven acabou perdendo a paciência:

— Ela tem 13 anos, pelo amor de Deus. Acho que ela dá conta sozinha, sem que você esteja lá!

Depois, Steven se sentiu culpado pelo que disse e concordou em pedir dispensa no trabalho para garantir que tudo corresse bem na reunião.

Quando a adolescente Erica foi presa por furto, a mãe prontamente contratou o melhor advogado para defendê-la. Embora isso tivesse comprometido o orçamento da família, Debbie lembrou Steven de que nada era bom o bastante para a garotinha deles. Steven sentiu um misto de raiva e culpa, enquanto relutantemente concordou em ajudar a limpar a última bagunça da filha.

Você acha que Erica cresceu e se tornou uma jovem forte e de bom caráter ou que ela se tornou completamente incontrolável e infeliz?

Durante seu primeiro ano na faculdade, Erica rapidamente gastou dezenas de milhares de dólares dos pais e tirou notas baixíssimas. Quando ficou claro que ela tinha se viciado em heroína, Steven finalmente se recusou a ser parte do problema.

— Nós a resgatamos tanto que agora ela realmente precisa ser resgatada — ele lamentou. — Devíamos ter procurado ajuda profissional há muito tempo!

Não demorou muito para que a terapeuta identificasse o padrão e fosse direta com Steven e Debbie:

— Vocês investiram muito mais na vida de Erica do que ela mesma. Para que ela consiga vencer esse vício e desenvolver um senso de dignidade, vocês precisam parar de resgatá-la. Ela precisa perceber que é capaz de viver sem que vocês fiquem tentando facilitar para ela. Quando e se isso acontecer, ela terá a oportunidade de desenvolver a autoestima e a força de que precisa para reconstruir sua vida. Estou disposta a continuar trabalhando com vocês, se perceber que estão verdadeiramente comprometidos a parar com esse comportamento.

Enquanto Debbie dividia essa história conosco, ela admitiu:

— Comecei a acordar e a perceber que nós tínhamos limitado nossa filha ao superprotegê-la. Foi preciso anos de trabalho árduo da nossa parte e mais árduo ainda da parte de Erica. Quando ela começou a se dar conta da própria força e de que o único caminho para se sentir bem era fazendo algo bom, ela começou a se curar. E vai lutar contra isso pelo resto da vida. Estou compartilhando nossa história para que outros não cometam os mesmos erros.

Os Cinco Passos de Jim Fay para Ajudar as Crianças a se Responsabilizarem e a Resolverem os Próprios Problemas

Passo 1: Ofereça uma dose forte de empatia.

Diga: "Isso deve ser muito difícil".

Passo 2: Devolva o problema de um jeito amoroso.

Pergunte: "O que você acha que deve fazer?".

Passo 3: Quando seu filho responder "Eu não sei", peça permissão para contar o que algumas crianças decidem fazer em situações parecidas.

Pergunte: "Você gostaria de saber o que outras crianças fazem nesse caso?".

Passo 4: Apresente duas ou três opções.

Diga: "Algumas crianças decidem fazer ______________________.

Outras decidem fazer ______________________________

ou ____.

Você acha que alguma dessas opções funcionaria para você?".

Passo 5: Permita que seu filho resolva o problema como ele achar melhor, lembrando-se de usar esse processo somente quando os problemas não forem situações cujas consequências são de vida ou morte.

Diga: "Estou curioso para saber o que você vai fazer. Acredito em você!".

DIFICULDADES, APOIO E HABILIDADES SÃO FORTALECEDORES

O Dr. Fay teve a sorte de ter pais fortes. E foi por isso que eles conseguiram ser firmes e amorosos ao mesmo tempo. Quando ele tinha 10 anos, presenciou um acontecimento triste, que ficou marcado para sempre na sua memória como um exemplo do valor da resiliência. Esse acontecimento sempre faz o Dr. Fay se lembrar das evidências científicas que mostram que nós desenvolvemos força quando encontramos desafios e temos alguém para nos guiar, demonstrando habilidade, ânimo e compaixão.[3]

"O acontecimento envolve um cão bem maltrapilho que minha família tinha encontrado e adotado. Nós, crianças, ficamos com pena do cachorrinho e decidimos que ele precisava de um nome. 'Guloso' foi o nome que escolhemos. Doce e leal, Guloso era provavelmente uma mistura de Border Collie e outro tipo de cão pastor; e ele perseguia qualquer coisa que se movesse, tentando garantir que permanecesse com o rebanho, incluindo os carros.

"Uma tarde, meu pai e eu estávamos nos preparando para sair para aquilo que meu pai costumava chamar de 'experiência formadora de caráter'. Essa experiência nada mais era do que eu tocando um solo de trombone no Elks Club, um restaurante da cidade. Segundo meu pai (corroborado por pesquisas consolidadas sobre psicologia), fazer coisas difíceis nos ajuda a construir o caráter. Enquanto eu relutantemente colocava meu trombone no bagageiro, vi um vulto de relance.

"Era o Guloso correndo pela rua, em direção a um carro. O carro desviou, mas ele não. Muito machucado, ele conseguiu cambalear até mim. Ele morreu aos meus pés.

"Meu pai e eu choramos juntos. Meu pai me deu um forte abraço e disse que me amava. Eu tinha certeza disso e de que ele amava o Guloso. Em seguida, ele disse: 'Charlie, precisamos ir. Resolvemos o que fazer com o Guloso quando voltarmos'.

"Sim, meu pai esperava que eu honrasse o compromisso que tínhamos feito de ser uma atração musical no Elks. Enquanto tocava o meu solo, fiquei concentrado no rosto do meu pai, cheio de amor e compaixão. Aquela não era primeira vez que ele enfrentava um desafio, e provavelmente não seria a última. Com sabedoria e força, misturadas com uma grande empatia, meu pai foi aos poucos me ensinando a viver em meio aos acontecimentos imprevisíveis e, muitas vezes, difíceis. Será que seus filhos estão aprendendo o mesmo, ou será que eles acreditam que tudo acaba quando algo de ruim acontece?

"O ditado antigo 'o show tem que continuar' surgiu no mundo do circo no final do século XIX, para sinalizar que, mesmo que algo de ruim acontecesse durante uma das apresentações, o show deveria continuar como se nada tivesse acontecido. Desde aquela época, seu uso e significado se expandiram para muitas áreas do entretenimento, dos negócios e da vida, para dizer que não podemos permitir que as dificuldades nos desviem de nossas responsabilidades, relacionamentos e esperanças. A chave é recebermos apoio e empatia durante os momentos difíceis, enquanto, se possível, continuamos a cumprir nossas obrigações. Ao mesmo tempo, precisamos entender que os planos, às vezes, precisam mudar devido às emergências ou às sequelas de algum acontecimento (por exemplo, uma perna quebrada pode ser o fim de uma temporada esportiva, mas a criança ainda pode ficar no banco e apoiar o time).

"Aprender a tocar um instrumento é um bom exemplo desse princípio. Meu pai foi um músico profissional. Durante as décadas de 1950 e 1960, um dos seus trabalhos 'fixos' era tocar no circo e no circuito de rodeio profissional. Ele também dava aulas de música, e eu fui um dos seus primeiros alunos. Ele acreditava que a música ajuda a desenvolver a inteligência e a resiliência, e pesquisas mostram que o palpite dele estava certo. O falecido Dr. Peter Benson do Search Institute, um importante especialista no desenvolvimento positivo humano, identificou a música como uma ferramenta fundamental no desenvolvimento e peça-chave no caminho dos jovens para o sucesso.[4]

"'Se você encontrar uma passagem difícil ou errar na hora em que estiver tocando com a banda, não pare', meu pai costumava dizer. 'Simplesmente retome o ritmo o mais rápido que puder e continue tocando. Se você focar mais no que consegue tocar bem, seu cérebro automaticamente vai ajudá-lo a aprender com seus erros e suas dificuldades.' Essa regra básica me ajudou muito quando tocava na banda da terceira série. E também ajuda as pessoas no dia a dia. Se permitirmos que nossos desafios e erros nos parem ou se ficarmos ruminando tudo isso, eles vão nos desviar do nosso caminho. Se continuarmos tocando, aprenderemos, cresceremos e ficaremos mais fortes."

DIFICULDADES, APOIO E HABILIDADES ESTIMULAM O ALTRUÍSMO

Nós temos muitas pessoas trabalhando duro em nosso país: homens e mulheres que servem ao exército, às forças policiais, ao corpo de bombeiros, aos hospitais, motoristas de caminhão, encanadores, eletricistas, instaladores de linhas telefônicas e de energia elétrica, técnicos de ar-condicionado e aquecedores, repositores de supermercados, profissionais da limpeza de rua, motoristas de caminhões de lixo, mecânicos que cuidam dos nossos carros e muitos outros que fazem trabalhos difíceis que nos mantêm e mantêm a nossa economia funcionando. O denominador comum entre essas pessoas é que elas têm uma postura altruísta que as motiva a trabalhar, mesmo em situações perigosas ou difíceis.

Enquanto escrevíamos este livro, testemunhamos uma grande queda no número de homens e mulheres fortes e dispostos a fazer esses trabalhos tão essenciais. Esse é um dos motivos pelos quais defendemos tanto que os pais eduquem seus filhos para que sejam fortes e capazes de terem atitudes do tipo "o show tem que continuar". O outro motivo para essa nossa defesa é porque acreditamos que as pessoas ficam perdidas quando não têm um propósito. Enquanto o significado de ter uma vida boa para algumas pessoas pode ser ter um lugar onde não tenham responsabilidades, demandas ou impedimentos, a verdade é que o cérebro humano precisa de desafios, dificuldades, conexões sociais e da dignidade que advém de trabalhar para o bem-estar do outro. Quando as pessoas não têm esse propósito, apresentam padrões de desespero, desconexão e desesperança. Elas ficam mais propensas a desenvolver depressão e ansiedade, e ficam desmotivadas e sem foco. Os índices de abuso de drogas, pequenos furtos, crimes violentos e revoltas generalizadas também aumentam.[5]

Muitas das pessoas que estão lutando contra questões de saúde mental e procuram o Dr. Amen demonstram não ter propósitos de vida bem definidos, e ele explica a elas que encontrar significado em suas vidas (o quarto ciclo da força mental) pode ter um impacto significativo em seu bem-estar. Um estudo importante sobre os efeitos de ter propósitos de vida acompanhou cerca de mil pessoas por quase sete anos.[6] A equipe de pesquisadores concluiu que ter propósitos bem definidos fazia com que as pessoas:

- Ficassem menos deprimidas;
- Ficassem mais felizes;
- Demonstrassem maior capacidade de autoaceitação;
- Demonstrassem maior satisfação com suas vidas;
- Ficassem mais abertas ao crescimento pessoal;
- Ficassem mais saudáveis tanto mental quanto emocionalmente;
- Dormissem melhor;
- Demonstrassem maior longevidade.

Ter propósitos de vida bem definidos também diminui a probabilidade de que sua autoestima seja afetada por aspectos negativos das redes sociais, incluindo receber comentários negativos em suas postagens e não ganhar um número de *likes* ou de seguidores suficientes.[7] Sempre que conversa sobre propósito de vida com seus pacientes, o Dr. Amen menciona o psiquiatra Viktor Frankl, sobrevivente do Holocausto e autor do livro *Em busca de sentido*.[8] O ditado "A vida nunca se torna insuportável em função das circunstâncias, mas sim da falta de significado e propósito" é atribuída a Frankl, que aponta três fontes de propósito:

- Ser produtivo ou fazer um trabalho que tenha propósito. Isso inclui se perguntar duas coisas: "Por que o mundo se torna um lugar melhor com a minha presença?" e "Como eu contribuo?".
- Amar e cuidar das outras pessoas.

- Ter coragem diante dos desafios. Lidar com as dificuldades da vida e ajudar os outros a lidar com as deles.

É essencial que você ajude seus filhos a descobrir o significado das próprias vidas, auxiliando-os a aprender a trabalhar duro, a identificar seus talentos e a encontrar formas de utilizar esses talentos para auxiliar os outros. Isso significa que você precisa primeiro saber qual é o seu propósito para, então, ajudar seus filhos a descobrir os deles. Consulte o seu exercício Uma Página Milagrosa, no Capítulo 2.

Como ajudar nossos filhos a encontrar seus propósitos

Da mesma forma que pode ajudar seus filhos a identificar seus objetivos (Capítulo 2), você também pode incentivá-los a descobrir seus propósitos de vida. Este exercício se aplica mais a adolescentes e jovens adultos, embora você possa começar a conversar sobre o significado de uma vida com propósito com crianças mais novas. São estes os cinco passos:

1. **Converse sobre o que lhe dá senso de propósito.** Os filhos aprendem com os pais, então é importante que você esteja aberto para conversar sobre seu trabalho e atividades voluntárias e como dão sentido à sua vida.

2. **Faça perguntas.** Pergunte a seus filhos o que é importante para eles.

3. **Apoie.** Compartilhe do entusiasmo de seus filhos por suas paixões e ajude-os a desenvolver seus interesses, apresentando-os para outros adultos que podem se tornar mentores.

4. **Enfatize o impacto causado por seus filhos.** Ajude os pré--adolescentes, adolescentes e jovens adultos a entender como seus esforços impactam os outros. Pergunte a eles quem se beneficia daquilo que gostam de fazer.

5. **Crie um diagrama de propósitos.** Peça a seu filho para mapear seus propósitos em uma folha de papel, para que possa olhar todos os dias juntamente com a sua Uma Página Milagrosa. Para esse diagrama de propósitos, desenhe um círculo no centro e quatro círculos adicionais ao redor. Em cada um dos quatros círculos escreva as respostas para estas perguntas:

- Quais são meus interesses?
- Quais são meus talentos/dons?
- Como meus talentos/dons ajudam os outros?
- Como eu gostaria de mudar a sociedade/o mundo?

CONSTRUINDO UMA CASA RESISTENTE: USE TIJOLOS EM VEZ DE PALHA

Os tijolos que constroem a força se resumem a atitudes simples que você pode ter, começando quando seus filhos ainda são pequenos (embora nunca seja tarde demais para começar, contanto que eles estejam debaixo do seu teto). Esses tijolos construirão crianças com força interior (coragem) para seguir em frente quando as coisas ficarem difíceis. E, assim que você tiver assentado esses tijolos, a tarefa de educar se tornará mais fácil.

Tijolo nº 1: Ensine-os a fazer coisas. "Coisas" é um termo da psicologia para as tarefas cotidianas que ajudam seus filhos a se sentirem fortes quando as realizam. Também é um termo para o conjunto de habilidades que fará com que eles se tornem competentes e livres em vez de continuarem dependendo dos outros para resolver tudo que acontece de errado em suas vidas, carros, relacionamentos de trabalho e outras responsabilidades. Pessoas que sabem como consertar as coisas vivem vidas muito mais felizes do que aquelas que não sabem.

"Eu tinha 13 anos e não sabia usar o abridor de lata para fazer uma sopa enlatada", uma mãe admitiu em um dos nossos seminários. "Minha mãe fazia tudo na nossa casa. Quando ela morreu em um acidente de carro, ficamos completamente perdidos. Foi quando eu decidi que, se um dia tivesse filhos, eles aprenderiam a ser independentes o mais cedo possível."

Bons pais são bons líderes: estão sempre trabalhando agora para que não precisem trabalhar depois. São obcecados por ensinar e capacitar aqueles que estão sob sua responsabilidade até que não sejam mais necessários. Quando líderes fazem isso, alcançam níveis de liderança. Quando pais fazem isso, seus filhos se tornam líderes e não seguidores indefesos.

Nós criamos um exercício para que você se torne mais objetivo no ensino dessas habilidades de força interior. Nós o chamamos de Encontrando a Coragem.

Encontrando a CORAGEM com seus filhos

Para ajudar seus filhos a encontrar a CORAGEM, comece fazendo a si mesmo as seguintes perguntas:

- **Quais são minhas tarefas que mantêm a família funcionando?** Os exemplos podem incluir cozinhar, limpar, lavar roupa, pagar as contas etc.

- **Meus filhos podem aprender a fazer essas tarefas?** Sim. Até mesmo as crianças podem ajudá-lo a pagar as contas, contanto que você esteja junto para garantir que elas estão fazendo tudo certo. Assim que os filhos do Dr. Fay aprenderam a escrever, começaram a ajudá-lo a preencher cheques. E o Dr. Fay ficava se perguntando: *Será que alguém está notando que a letra da assinatura é totalmente diferente daquela que preencheu o restante do cheque?* Provavelmente sim, mas ninguém nunca reclamou.

- **Como vou ensiná-los?** Visualize a si mesmo fazendo a tarefa. Quais são os passos necessários? Anote-os e siga-os com seus filhos. Por exemplo, uma criança de 18 meses já consegue seguir instruções sobre como colocar itens pequenos na lixeira.

- **Como posso tornar esse aprendizado espontâneo e memorável?** As lições geralmente ficam gravadas em nossas psiques quando ocorrem de forma inesperada. Elas também se fixam em nossos cérebros quando são divertidas e lúdicas em vez de sérias demais. Uma amiga nossa nos contou, uma vez, como o pai a ensinou a trocar um pneu "furado":

— Nunca vou esquecer. Estávamos voltando do supermercado para casa em uma tarde quente de verão. Meu pai abriu um sorriso enorme e disse: "Que maravilha! Procure um local seguro para parar. Acho que precisamos trocar o pneu". Eu estava aprendendo a dirigir fazia pouco tempo e fiquei bem confusa porque parecia estar tudo bem com o carro. Nós descemos e trocamos um pneu que estava perfeitamente intacto. Não tinha nada de errado; estava com a aparência de novo e calibrado. Então, perguntei ao meu pai por que estávamos fazendo aquela maluquice. Ele apenas sorriu e disse: "Para que você saiba que consegue fazer".

Certifique-se de reconhecer os esforços e contribuições deles para ajudar.

- **Como lembrar a mim mesmo de que o tempo e o esforço necessários valem a pena?** Observe seus filhos e perceba a satisfação e o orgulho que demonstram quando conseguem fazer aquilo que você ensinou a eles. Grave essa imagem na mente. Visualize-a com frequência. Imagine também como será bom vê-los se tornarem adolescentes e jovens adultos capazes de fazer coisas que os amigos deles não conseguem nem imaginar. Outro detalhe importante para se lembrar é que, se uma criança consegue fazer, ela deve fazer.

Tijolo nº 2: Garanta que eles passem mais tempo criando do que surfando a onda. O Dr. Fay, na condição de empresário, vivenciou um exemplo disso quando identificou dois tipos de funcionários em sua empresa. Ambos eram brilhantes. Ambos eram capazes. Um passava a maior parte do seu tempo mexendo naquilo que o outro tinha criado. Vivia mudando caixas de lugar, produtos, programas de computador, contratos de vendedores, papéis e até mesmo ideias. Parecia estar se esforçando, mas o Dr. Fay percebeu que ele não só nunca criava nada novo como também não tentava fazer coisas novas.

O outro tipo de funcionário criava processos, produtos, sistemas, entre outras coisas novas e executáveis, que permitiam que a empresa crescesse. A partir dessa experiência, o Dr. Fay passou a acreditar que algumas pessoas aprendem a surfar a onda, enquanto outras desenvolvem habilidades e posturas que as fazem se tornar criadoras e não ter medo de aprender coisas novas. É verdade que precisamos ter pessoas que mudem as coisas de lugar, cuidando para que estejam onde precisam estar. Contudo, a sofisticação e o valor do trabalho delas são menores se comparados ao valor do trabalho daquelas que estão focadas em criar e sair de suas zonas de conforto.

Na mesma época em que começou a notar essas diferenças, o Dr. Fay encontrou uma professora muito querida de uma pequena faculdade particular de educação e de elite. Ela também tinha começado um negócio para ajudar jovens estudantes a melhorar suas chances de serem aprovados em universidades concorridas. O Dr. Fay perguntou a ela: "Qual é a coisa mais importante que os pais podem fazer para ajudar seus filhos a se preparar para a universidade? E o que eles podem fazer para preparar seus filhos para serem bem-sucedidos quando entrarem na universidade?".

Ela respondeu sem hesitar: "Ensinar a eles o máximo de coisas difíceis que conseguirem". Ela continuou: "Eu me lembro de trabalhar com uma estudante do sexto ano muito inteligente e com seus pais. Ela estava tendo dificuldade em uma das disciplinas e parecia não ter a ética de trabalho necessária para lidar com matérias mais avançadas. Quando perguntei aos pais se ela os ajudava, aprendendo a cozinhar, ajudando outras pessoas na comunidade, criando projetos de arte, descobrindo como consertar as coisas em casa, aprendendo sobre a manutenção do carro, desafiando-se fisicamente ou fazendo qualquer coisa nova ou que exigisse sua dedicação, eles ficaram confusos. Aparentemente ela passava todo o tempo livre lendo e eles se sentiam culpados por tentar limitar uma atividade que costuma ser considerada extremamente importante".

Sejamos claros: todo mundo precisa de um tempo para relaxar. Todo mundo precisa de um tempo para recarregar as baterias mentais, emocionais e físicas, surfando a onda. A leitura é uma atividade maravilhosa que pode ser feita apenas por lazer. Nós também precisamos de um tempinho para desfrutar de filmes leves e outros tipos de entretenimento. Surfar a onda só se torna um problema quando a vida de uma pessoa jovem se torna desequilibrada a ponto de não haver oportunidades suficientes para que ela exercite a criatividade e os neurônios.

Quando paramos de aprender ou de fazer coisas novas, nossos cérebros caem na rotina. É preciso agir fora da nossa zona de conforto para criar e fortalecer novos caminhos neurais. O aprendizado aumenta as conexões dentro do cérebro. Mais conexões são sinônimos de um cérebro mais forte, e as pesquisas mostram que continuar aprendendo ao longo da vida mantém o cérebro forte, não importa a idade.[9] São necessários apenas quinze minutos por dia dedicados ao aprendizado de algo novo. Vamos falar mais sobre como o cérebro se beneficia do aprendizado de coisas novas no próximo capítulo.

Eles estão surfando a onda ou estão criando?

Cinco perguntas para fazer a si mesmo semanalmente:

- **Seus filhos estão sacrificando tempo, energia ou outros recursos para ajudar alguém de modo significativo?**
  Exemplos incluem: fazer trabalho voluntário na comunidade, estar presente nas competições dos irmãos

mais novos e torcer por eles, levar o jornal do vizinho até a porta dele etc.

- **Seus filhos estão criando coisas que demandam criatividade e não apenas uma busca no Google?** Os pais podem perguntar a seus filhos: "Como você faria para que esse objeto funcionasse melhor?", "Que tipo de ferramenta ajudaria a limpar mais rápido o cocô do cachorro? Faça uma lista de possibilidades".

- **Como seus filhos estão exercitando seus grandes músculos?** Fazer exercícios é bom para a saúde do cérebro, e crianças que brincam ao ar livre, correm, andam de bicicleta (usando capacete para proteger o cérebro) ou praticam esportes são mais propensas a se tornar pessoas que usam a criatividade para resolver problemas do que aquelas que ficam sentadas encarando seus dispositivos eletrônicos. O exercício físico produz novas células cerebrais e aumenta os níveis de dopamina (a substância química do cérebro que envia mensagens de prazer).

- **Seus filhos estão tentando fazer uma coisa nova nesta semana que eles achavam que não conseguiriam?** Crianças que são incentivadas a sair de suas zonas de conforto e a tentar coisas novas tendem a crescer e a ser mais flexíveis e adaptáveis.

- **Seus filhos estão se esforçando o suficiente quando tentam fazer algo novo ou desistem rapidamente?** Crianças que continuam tentando diante dos desafios desenvolvem autoconfiança e persistência, enquanto aquelas que desistem facilmente quando encontram dificuldades são mais propensas a desenvolver ansiedade, medo de rejeição, perfeccionismo e dificuldade para aceitar críticas construtivas.

Tijolo nº 3: Certifique-se de que eles cumpram as tarefas domésticas. Crianças que fazem suas tarefas domésticas sem precisar serem cobradas ou pagas se tornam muito mais felizes e bem-sucedidas na escola do que aquelas que não o fazem. É como disse uma professora uma vez: "Se um pai ou mãe não consegue fazer o filho levar a louça suja da mesa de jantar para a lava-louças, quais são as chances de que a professora consiga fazer a mesma criança fazer suas tarefas na escola?". Crianças que fazem tarefas domésticas tendem a ser mais bem-sucedidas na escola.[10] Isso é um fato científico.

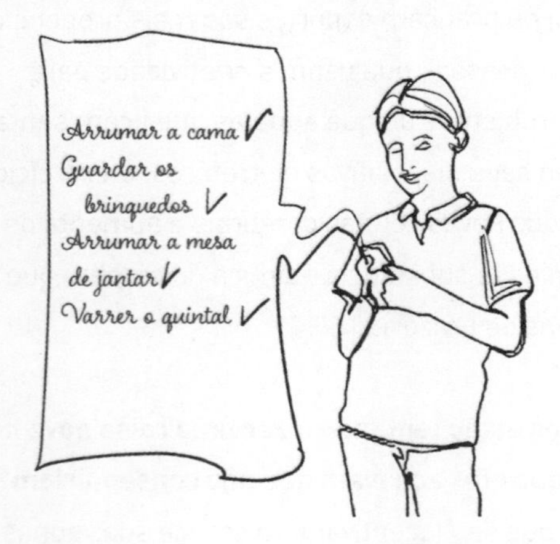

Tarefas domésticas não são punições. Elas são oportunidades para que os jovens contribuam com a família de formas concretas e significativas. Faz parte do processo de conectá-los aos seus propósitos como um membro. Quando você estabelece tarefas domésticas para as crianças, elas aprendem a ter fibra e a desenvolver um sentimento de conexão com a família e seus valores. É isso mesmo. Quando somos tratados como membros necessários e valiosos para qualquer time, nós internalizamos os valores daquele time.

Portanto, crianças que apenas surfam a onda em casa geralmente não desenvolvem as raízes necessárias que as ajudam a resistir à pressão dos colegas. Em vez de receber os valores dos pais e da família, elas os recebem dos colegas, da música pop e de outras fontes pouco confiáveis.

Há décadas a abordagem Amor e Lógica incentiva os pais a usar o termo "contribuições para a família" em vez de "tarefas domésticas". Quando o foco está na contribuição, as crianças ficam menos propensas a interpretar ajudar em casa como uma punição arbitrária. Elas também ficam mais abertas para aprender que uma das principais alegrias da vida é contribuir para o bem-estar dos outros. Relacionamos a seguir seis formas de ajudar seus filhos a aprender a contribuir com a família:

1. *Seja um exemplo de como contribuir.* Deixe que seus filhos vejam você fazendo as tarefas domésticas. É importante lembrar que eles vão perceber rapidamente se você está feliz ou não fazendo essas tarefas, e, quando notarem que você gosta de fazê-las, ajudarão com mais facilidade.

2. *Trabalhem juntos.* Quando você realiza as tarefas domésticas com bom humor e alegria, seus filhos tendem a associar essas contribuições a bons sentimentos. Além disso, trabalhar junto é uma boa oportunidade para criar laços. Perceba que isso é diferente das diretrizes apresentadas no Capítulo 5, que dizem para não fazer uma tarefa junto quando a criança se recusar a fazê-la. Existe uma diferença entre dizer "Ei, que tal fazermos uma salada juntos para o jantar?" e "Já que você se recusou a fazer a salada, vou fazê-la com você".

3. *Crie uma lista incluindo todas as tarefas necessárias para ajudar no funcionamento da família.* Faça isso junto com seus filhos e inclua as responsabilidades que apenas os adultos podem assumir. As crianças precisam ter uma ideia do todo, então inclua os trabalhos de ambos os pais, levar e buscar de carro, pagar as contas, tirar a poeira dos

móveis, alimentar o gato, passar aspirador na casa, cortar a grama, varrer a calçada etc.

4. *Seja o primeiro.* Isso significa dizer: "Estas são as coisas que eu tenho orgulho de fazer para a nossa família". Coloque seu nome na frente dessas responsabilidades.

5. *Se possível, permita que eles escolham as próprias responsabilidades.* Caso não consigam, você pode colocar os nomes deles na frente de algumas responsabilidades e acrescentar um prazo para cada uma. Observação: seus filhos podem trocar as tarefas entre si de tempos em tempos, desde que isso não cause problemas para nenhum outro membro da família.

6. *Permita que eles se esqueçam de fazer, e deixe que a empatia e as consequências ensinem.* Não insista, não os lembre nem fique repetindo avisos. Quando você insiste e lembra, seus filhos aprendem a contar com essa insistência e lembrança. Em seguida você passa a precisar fazer isso cada vez mais. Não caia nessa armadilha. Proporcione a eles uma vantagem na vida que é aprender a concluir tarefas sem precisarem ser lembrados ou que você segure a mão deles para tudo. Cobre-os se esquecerem. Faça isso oferecendo empatia sincera e alguma forma de consequência razoável. Exemplos seriam: fazer algumas das suas tarefas domésticas, ficar em casa em vez de ir a um lugar aonde queiram muito ir, pagar alguém de fora para fazer as tarefas etc.

Uma mãe recentemente compartilhou que seu filho de 6 anos esqueceu completamente de varrer as folhas do quintal. Como era uma área bem pequena, era razoável esperar que ele conseguisse varrer.

— Eu não disse uma palavra quando ele esqueceu. Em vez disso, paguei o vizinho adolescente para fazer. Quando meu filho perguntou por que aquela criança grande estava fazendo o trabalho dele, eu respondi, com toda a empatia que consegui reunir: "É uma pena, mas você se esqueceu de fazer essa contribuição e eu amo você demais para ficar insistindo ou brigando com você por causa disso. Eu paguei o Theo para fazer no seu lugar. Vai ficar em torno de 20 dólares. Como você acha pode me pagar de volta esse dinheiro?". Ele chorou, gritou, me acusou de ser malvada. Foram coisas difíceis de ouvir, mas é melhor do que vê-lo crescer sem ter a responsabilidade necessária para ser bem-sucedido.

É importante lembrar que o "preço" dos erros aumenta todos os dias. É bem menos doloroso para nossos filhos aprender essas lições quando ainda são pequenos.

Lidando com a resistência a fazer as tarefas domésticas

Quando uma criança de qualquer idade resiste passivamente ou até mesmo faz comentários do tipo "Eu não vou fazer isso! Você não pode me obrigar!", tente este passo a passo.

Passo 1: Diga "Não tem problema. Eu amo você demais para brigar sobre isso. Deixa que eu resolvo". Use um tom tranquilo e calmo. Deixe-o acreditar que se livrou da tarefa ao oferecer resistência e desafiá-lo. Assim, você ganha tempo para pensar em um plano sobre o que fazer.

Passo 2: Pense nas consequências que pode impor. Exemplos incluem: ficar em casa em vez de sair para fazer uma atividade favorita, pagar alguém para fazer a tarefa, ficar sem acesso a um privilégio valioso.

Passo 3: Permita que a empatia sincera e a consequência ensinem. Você pode dizer: "É uma pena, mas você se recusou a limpar os banheiros, então eu tive que fazer. Agora estou muito cansado para levá-lo ao treino de basquete".

Tijolo nº 4: Peça demissão do seu trabalho como diretor de entretenimento. Antigamente, eram poucos os pais que agiam como diretores de entretenimento e se sentiam responsáveis por garantir que seus filhos nunca ficassem entediados. Hoje em dia, muitos pais bem-intencionados fazem de tudo para assegurar que seus filhos nunca vivenciem um segundo de ócio sequer. Muitos fatores levaram a esse tipo de comportamento. Alguns pais foram criados por pais frios e ausentes que falharam em atender às suas necessidades. É compreensível, então, que eles se vejam gravitando em direção à indulgência excessiva para evitar repetir esse padrão doloroso com os próprios filhos. Outros viram reféns da culpa que sentem por algo de ruim que aconteceu com os filhos. Por amarem seus filhos, se sentem mal por eles e querem compensá-los por isso assumindo esse papel. Há também os pais que simplesmente estão cercados por tantos outros pais que estão criando os filhos dessa forma que acabam acreditando que esse é um comportamento normal e saudável. Independentemente da causa, pais do tipo diretor de entretenimento não percebem que estão criando as condições perfeitas para que seus filhos se tornem mimados e cronicamente infelizes quando não só preenchem os dias deles com tantas atividades como também os tornam o centro das atenções. Felizmente nunca é tarde demais para mudar.

Hora de Treinar o Tédio

Em vez de fazerem isso, é melhor que os pais permitam que seus filhos lidem com o desconforto de às vezes não terem nada para fazer. Quantos dos melhores trabalhos de arte, descobertas científicas e invenções da humanidade aconteceram porque as pessoas tinham tempo para pensar, questionar e imaginar algo melhor? É no tédio que se encontram as sementes da criatividade. Quando perturbado, esse terreno fértil não consegue dar frutos. É por isso que o Dr. Fay recomenda que os pais instituam a Hora de Treinar o Tédio. E, para aproveitar ao máximo esse momento, siga estes passos:

- Ofereça vários materiais que não precisem de bateria nem ficar ligados na tomada, como papel, caneta, giz de cera, madeira, ferramentas de artesanato, argila, torradeiras quebradas, cafeteiras velhas etc. Isso mesmo, o que está parado e entulhando o armário pode ser educativo.
- Planeje momentos sem nenhum tipo de entretenimento com pelo menos uma hora de duração, uma vez por semana, durante os quais não seja permitido nenhum tipo de dispositivo eletrônico, TVs, brincadeiras coletivas nem outros itens ou atividades estimulantes.
- Quando a criança reclamar que está entediada, você pode responder dizendo: "Parece que você está bem insatisfeito. O que acha que pode fazer para melhorar isso?". Perceba que, assim, você está entregando o problema para ela em vez de se sentir responsável por resolvê-lo.
- Quando a criança responder "Eu não sei! Estou entediaaaaada!", contraponha dizendo, por exemplo: "Geralmente, quando as crianças se sentem assim, elas tentam fazer algum trabalho manual criativo ou ver como um objeto é por dentro. Estou curioso para saber o que você vai decidir fazer".
- Se a criança se comportar mal ou fizer pirraça, não dê muita atenção e não ceda. Em vez disso, ofereça uma dose rápida de empatia e pergunte se ela quer ajuda para pensar em ideias, quando tiver se acalmado.

Não precisamos nem dizer que não apoiamos que você seja frio, cruel ou negligente, mas estamos preocupados com o número de adultos hoje em dia que acreditam que a melhor forma de aliviar o tédio é se comportar mal ou fazer drama. A vida deles deve ficar muito triste quando se veem sem ter alguém disposto a lidar com esse tipo de comportamento nem um pouco saudável. Ao contrário disso, esperamos que seus filhos se tornem adultos com uma imaginação tão ativa e criativa que nunca se sintam entediados.

Tijolo nº 5: Ensine seus filhos a dizer "não" para si mesmos. Crianças mentalmente fortes precisam ter autocontrole. Uma das coisas mais difíceis na vida — quer seu filho tenha 5, 15 ou 25 anos — é conseguir fazer um sacrifício no curto prazo em nome de um ganho no longo prazo. Uma série de experimentos que começaram há mais de meio século revela que o conceito de adiamento da gratificação é um componente essencial da força mental. O psicólogo Walter Mischel conduziu um dos experimentos mais famosos na Universidade Stanford, envolvendo centenas de crianças em idade pré-escolar e uma recompensa bem gostosa: um marshmallow (ou, em alguns casos, um minipretzel, uma balinha de menta, um cookie ou outro tipo de lanche).[11]

Cada criança entrava em uma sala e se sentava a uma mesa diante de um delicioso marshmallow. O pesquisador dizia à criança que ela tinha que tomar uma decisão difícil: comer um marshmallow naquele momento ou esperar vinte minutos sozinha na sala e então ganhar dois marshmallows. Muitas das crianças devoraram o único marshmallow na hora, enquanto cerca de um terço delas encontrou formas criativas de se distrair da tentação da recompensa. Por exemplo, uma delas ficou batendo palmas, outras viraram a cadeira para ficar de costas para o marshmallow e algumas ficaram sussurrando "não" sem parar.

Cerca de doze anos depois, Mischel reavaliou as crianças, que agora eram adolescentes. Aquelas que haviam devorado o marshmallow na hora eram mais indecisas, desorganizadas e se frustravam com facilidade. Já aquelas que conseguiram adiar a gratificação se distraíam menos, tinham maior capacidade de concentração e menos tendência a desistir dos seus objetivos diante dos obstáculos. Além disso, elas fizeram uma média de 210 pontos a mais no SAT [prova semelhante ao Enem brasileiro] quando comparadas aos seus colegas que não conseguiram esperar. Quando essas crianças chegaram às idades de 25 a 30 anos, aquelas que demonstraram autocontrole com o marshmallow eram mais resilientes, tinham mais sucesso em alcançar seus objetivos, menos propensão para usar drogas, menor índice de gordura corporal e relacionamentos mais fortes. As diferenças continuaram durante a meia-idade, quando tomografias para verificar as funções cerebrais de funcionalidade dos dois grupos revelaram que o córtex pré-frontal, associado ao julgamento, planejamento e ao controle dos impulsos, estava mais ativo nos que tiveram maior autocontrole, enquanto naqueles com menor autocontrole os centros de recompensa e prazer do cérebro, associados com obesidade e vícios, estavam mais ativos.

Esses resultados podem parecer alarmantes para as crianças que não conseguiram controlar sua vontade de comer o marshmallow. No entanto, Mischel realizou outros testes que demonstraram que havia esperança para elas. O psicólogo recrutou adultos para mostrar para algumas das crianças várias estratégias que elas poderiam usar para se distrair do desejo de devorar o marshmallow. Depois de assistir à demonstração dessas técnicas, algumas das crianças que anteriormente não haviam conseguido esperar pela maior recompensa foram capazes de resistir à tentação e ganharam o marshmallow extra. Para ajudar seus filhos a aprender a dizer "não" a si mesmos, ensine a eles algumas destas técnicas de distração:

- Cantar uma música;
- Olhar para o outro lado;

- Conversar consigo mesmo e lembrar do motivo por que é melhor esperar;
- Dar uma volta;
- Lembrar de memórias agradáveis;
- Jogar um jogo.

Além disso, toda vez que seu filho pedir para fazer algo que não é bom para ele — nadar sem colete salva-vidas, andar de skate sem capacete, comer um pote inteiro de sorvete — e você disser "não", você o estará ensinando a dizer "não" para si mesmo. Quando você ajuda seu filho a resistir às tentações desde pequeno, está aumentando a força mental dele, o que trará inúmeras recompensas ao longo de sua vida.

* * *

Todas as coisas vivas precisam de certa dose de dificuldade para crescer e alcançar todo o seu potencial. O Dr. Fay testemunhou um exemplo disso quando a companhia elétrica rural substituiu a fiação elétrica na região. A fiação original tinha resistido a mais de sessenta anos de ventos extremos e variações de temperatura. Vivendo 3 metros acima do nível do mar, a comunidade do Dr. Fay geralmente recebia rajadas de vento no inverno acima de 130 quilômetros por hora. Durante os períodos de seca no verão, a região também era propensa a incêndios devido às florestas densas e a perigos como raios, fogueiras sem supervisão e rompimento de fiação elétrica.

Para substituir a fiação, as equipes usaram helicópteros para remover as árvores mais altas e antigas, retirar os postes velhos do terreno instável e substituí-los por outros mais novos e resistentes. Para não desmatar toda a área, eles mantiveram as árvores menores e mais novas. Contudo, não demorou muito para que o inverno chegasse, trazendo consigo seu vento forte. A primeira rajada arrancou quase todas as árvores menores, evidenciando o fato de que elas quase não tinham raízes estruturadas. Na verdade, as raízes ainda não tinham se desenvolvido o suficiente, e elas mal conseguiam sustentar o próprio peso.

A comunidade local aprendeu que o abrigo oferecido pelas árvores mais altas e antigas ajudava a sustentar as menores e mais novas, ao mesmo tempo que permitia que elas fossem expostas a algumas condições adversas. A adversidade sem apoio pode sobrecarregar seus filhos (é isso que geralmente acontece em situações traumáticas) e deixá-los sem chão. A adversidade com apoio permite que cresçam saudáveis e fortes. O segredo é oferecer a quantidade certa de apoio para não encobrir completamente as árvores novas nem deixá-las totalmente expostas. A escolha é sua como pai ou mãe. Se você continuar comprometido a apoiar seus filhos enquanto permite que enfrentem dificuldades, eles podem desenvolver a força daqueles que são capazes de resistir às fortes rajadas de vento desta vida.

Passo a passo

- Pratique os cinco passos para ajudar seus filhos a se responsabilizarem e resolverem os próprios problemas.
- Permita que as crianças enfrentem dificuldades, apoie-as e as ajude a desenvolver habilidades que as fortalecerão e estimularão o altruísmo.
- Ensine-os a fazer as coisas.
- Certifique-se de que eles passem mais tempo criando do que surfando a onda.
- Certifique-se de que cumpram as tarefas domésticas como forma de contribuir para a família.
- Peça demissão do seu emprego como diretor de entretenimento e estabeleça a "Hora de Treinar o Tédio" para seus filhos.
- Ensine seus filhos a dizer "não" para si mesmos.

CAPÍTULO 9

AJUDANDO AS CRIANÇAS A DESENVOLVER E MANTER CORPOS SAUDÁVEIS PARA FORTALECER A MENTE

Faça tudo para proteger o futuro do seu filho.

Se você quer que seus filhos sejam respeitosos, responsáveis e resilientes — *é o que todos queremos, não é?* —, é importante considerar não só as estratégias educacionais como também suas escolhas biológicas para ter um cérebro e um corpo saudáveis. Para ajudar seus filhos a construírem a base saudável da qual necessitam, você precisa ensinar três coisas a eles:

- Amar seus cérebros e corpos.
- Evitar aquilo que machuca o cérebro e o corpo.
- Fazer aquilo que ajuda o cérebro e o corpo.

No Capítulo 1, fizemos uma breve introdução sobre os onze principais fatores de risco que prejudicam o cérebro e o corpo e podem causar problemas de saúde. Também falamos brevemente sobre algumas estratégias simples que você pode utilizar para minimizar esses fatores de risco e melhorar a saúde do cérebro e do corpo. Neste capítulo, vamos nos aprofundar em alguns desses fatores de risco que podem ter um impacto significativo na vida do seu filho, bem como oferecer algumas estratégias práticas diárias para conter e eliminar esses impactos.

De modo geral, a melhor coisa que você pode fazer pelo seu filho é estimulá-lo a conviver com pessoas saudáveis. O Dr. Amen costuma dizer que a forma mais rápida de ficar saudável é encontrar as pessoas mais saudáveis que puder e então passar o máximo de tempo possível com elas. Incentive seus filhos a usar a mesma lógica para escolher os amigos. O que eles querem ser? O que querem para suas vidas?

Use seus objetivos para facilitar a introdução de atividades saudáveis na sua rotina diária. Você quer que seus filhos tenham boa capacidade de foco, energia, atenção e poder de decisão? Você quer que eles sejam bem-sucedidos na escola? Você quer que tenham bons relacionamentos? Então, ajude-os a chegar lá, fazendo boas escolhas alimentares e atividade física; dormindo bem; exercitando o cérebro e controlando o estresse.

NOVE REGRAS ALIMENTARES PARA CRIANÇAS MENTALMENTE FORTES

Você sabia que os alimentos que serve para seus filhos podem tanto fortalecê-los mental e fisicamente quanto enfraquecê-los? A comida pode ajudar sua família a se sentir relaxada, feliz, focada, ou cansada, triste e desatenta. A boa notícia é que comer regularmente bem ao longo da vida é a melhor forma de manter cérebro e corpo saudáveis. Coma melhor para pensar melhor.

Uma pesquisa revelou que a quantidade de frutas e verduras que você come pode afetar sua felicidade: quanto mais frutas e verduras você comer, mais feliz será (até oito porções por dia, com resultados em 24 horas).[1] Nenhum antidepressivo funciona tão rápido!

Adote uma postura proativa para ensinar seus filhos a comer melhor. Ajude-os a entender que só porque eles "amam" um certo alimento não quer dizer que seja bom para a saúde deles. Assim, encontre alimentos que sua família ame, mas que retribuam esse amor. Mantenha distância daquilo que faça mal a vocês. Trate seu relacionamento com a comida como qualquer outro relacionamento em sua vida. A experiência do Dr. Amen com quatro adolescentes e seus inúmeros amigos ensinou que, se você educá-los, oferecer opções gostosas e saudáveis e gentilmente guiá-los na direção correta, eles farão escolhas melhores. É claro que pode demorar um pouco para que embarquem nessa jornada, portanto exercite a persistência.

Há alguns anos, a filha do Dr. Amen, Chloe, disse a ele:

— Eu nunca vou ser tão rígida quanto você. — Ela achava que o Dr. Amen exagerava com relação à saúde e à nutrição. Porém, quando chegou à adolescência, a sua pele começou a se encher de espinhas e ela ganhou peso. Chloe logo procurou o pai:

— O que eu faço? — ela perguntou.

— Vamos até a loja de alimentos saudáveis e eu vou ensiná-la a ler os rótulos dos alimentos — ele respondeu. — Seu objetivo nessa Caça ao Tesouro é encontrar dez alimentos que você ame e que retribuam seu amor.

Desde então, Chloe lê os rótulos de todos os alimentos e tem consciência do que come. Ela sabia a quem recorrer porque seus pais a treinaram para amar seu cérebro e seu corpo desde pequena.

Relacionamos a seguir nove regras[2] principais sobre comida para crianças mentalmente fortes.

1. **Crianças mentalmente fortes consomem a quantidade certa de proteína.** A proteína alimenta as forças mental e física, melhora o foco e fornece a sustentação biológica necessária para a saúde do cérebro

e do corpo. Exemplos de ótimas fontes de proteína incluem: peixe, aves sem pele, feijão, nozes, verduras ricas em proteína, como brócolis e espinafre. Procure incluir pequenas quantidades desses alimentos em cada refeição. Se sua família comer peixe grelhado ou assado uma vez por semana, todos terão mais massa cinzenta (células cerebrais) em seus cérebros.

2. **Crianças mentalmente fortes ingerirem calorias de alta qualidade.** A qualidade dos alimentos que você e seus filhos consomem talvez seja ainda mais importante do que a quantidade. Pense em uma fatia de cheesecake de 500 calorias comparada a uma salada de espinafre com frango, cogumelo, beterraba e nozes de 500 calorias. O cheesecake fará você e seus filhos se sentirem felizes por um curto período de tempo, porém a energia e o foco de vocês acabarão logo, enquanto uma salada rica em nutrientes fará vocês continuarem se sentindo satisfeitos por mais tempo, melhorando a capacidade cerebral e alimentando o corpo para a escola, o trabalho, as responsabilidades familiares e a diversão.

3. **Crianças mentalmente fortes comem com mais frequência para equilibrar os níveis de açúcar no sangue.** Crianças mentalmente fortes precisam de níveis de açúcar no sangue equilibrados ao longo do dia, porque níveis baixos de açúcar no sangue são associados a ansiedade, irritabilidade, incapacidade de foco e dificuldade para tomar boas decisões. Pesquisas também mostram que níveis baixos de açúcar no sangue estão associados a problemas de autocontrole.[3] Por outro lado, níveis cronicamente altos de açúcar no sangue estão associados a um maior risco de diabetes tipo 2, uma condição que cresce rapidamente entre os jovens. De acordo com o CDC, o centro de prevenção e controle de doenças dos Estados Unidos, os índices dessa condição em pessoas com menos de 20 anos cresceu 95% entre 2001 e 2017.[4] Para manter o nível de açúcar no sangue equilibrado,

incentive seus filhos a comerem proteína em cada uma das refeições e a consumirem lanches proteicos, como ovos cozidos ou oleaginosas, antes de iniciarem as tarefas domésticas ou da escola. No geral, procure oferecer a seus filhos três refeições pequenas e pelo menos dois lanches por dia.

Sugestões de ótimos lanches para as crianças

Batata-doce
Homus
Guacamole
Maçã e pera
Pêssego
Frutas vermelhas
Banana congelada
Mix de nozes, frutas secas, coco e sementes
Ovo cozido
Figo
Manga e abacaxi
Laranja e tangerina
Asa de frango ou filé de frango (grelhado ou assado)
Uva
Oleaginosas sólidas ou em pasta

4. **Crianças mentalmente fortes evitam açúcar e adoçantes artificiais.** O doce não é tão doce quando o assunto é educar crianças mentalmente saudáveis. As tarefas da escola, da casa e o cotidiano ficarão muito mais fáceis se você reduzir ou eliminar alimentos que contêm açúcar. Todas as formas de açúcar aumentam os níveis de açúcar no

sangue, o que, como visto na regra anterior, impacta negativamente o cérebro, a mente e a saúde física. Alguns açúcares são pouco processados e menos tóxicos. Mel puro e açúcar demerara não passam por processos químicos e de branqueamento. Mel puro e não filtrado contém traços de minerais e vitaminas que, comprovadamente, têm contribuído para o tratamento de alergias ambientais (em pequenas quantidades). (Observação: nunca ofereça mel, principalmente o puro, não filtrado, para crianças menores de 1 ano. Ele contém bactérias que podem causar botulismo.)

Uma alternativa boa e natural ao açúcar é a stevia. O Dr. Amen gosta da stevia por ser a alternativa que registrou menos relatos de problemas e os melhores resultados com relação à saúde. O extrato de stevia é de duzentas a trezentas vezes mais doce que o açúcar, por isso, se você usar demais, descobrirá que seu gosto é amargo. A stevia não interfere nos níveis de açúcar no sangue da mesma forma que o açúcar. Contudo, use stevia apenas em pequenas quantidades, uma vez que nossas papilas gustativas registram sua doçura com mais intensidade e por mais tempo.

Pode parecer lógico substituir o açúcar por adoçantes artificiais. No entanto, os adoçantes artificiais se tornaram um substituto nocivo. Os adoçantes artificiais dizem ao cérebro que "a doçura está vindo". Logo, embora não aumentem o nível de açúcar no sangue, elevam consistentemente a produção de insulina, o que também aumenta o risco de doenças do coração, diabetes, síndrome metabólica, Alzheimer e outros problemas de saúde. Além disso, os produtores desenvolvem a maioria dos adoçantes artificiais usando produtos químicos que não são seguros para o corpo, podendo causar efeitos de longo prazo desconhecidos.

5. **Crianças mentalmente fortes se mantêm hidratadas.** Oitenta por cento do cérebro é composto de água. Quando estamos hidratados, otimizamos a força mental, mas quando estamos levemente

desidratados não só a ansiedade, a tristeza e a irritabilidade podem aumentar como a energia e a concentração podem diminuir.[5] Quando as crianças bebem a quantidade necessária de água, elas pensam melhor, se sentem melhor e se tornam mais fortes fisicamente. Uma regra geral é que todo mundo na sua casa deveria beber, diariamente, 35 mililitros de água por quilo de peso corporal. Quando seus filhos transpirarem enquanto fazem atividade física ou brincam, faça com que eles se reidratem. Manter-se hidratado também evita que eles comam em excesso. Normalmente, quando as crianças acham que estão com fome, costumam estar com sede.

A bebida favorita do Dr. Amen é água misturada com um pouquinho de suco de limão e um pouquinho de extrato de stevia. Tem gosto de limonada e quase nenhuma caloria. Muitos de seus pacientes fazem "água de spa": uma jarra de água com algumas fatias de pepino, limão ou morango dentro.

6. **Crianças mentalmente fortes consomem gordura saudável.** As crianças precisam de gordura saudável em suas dietas para que seus cérebros, mentes e corpos funcionem bem. Afinal de contas, 60% do peso do cérebro é de gordura (se removermos toda a água). Gorduras do tipo ácidos graxos ômega-3 são especialmente importantes para a saúde física, cerebral e mental, dado que sua deficiência já foi associada à depressão, ao TDAH, à obesidade, entre outras doenças.[6] No entanto, gorduras ruins, como a gordura trans (procure pela palavra "hidrogenada" nos rótulos dos alimentos), devem ser eliminadas.

Gorduras saudáveis

Abacate
Manteiga de cacau
Coco

Peixes: anchova, bacalhau, bagre, arenque, caranguejo-real, cavala, salmão, sardinha, robalo, pargo, linguado, truta e atum
Frutos do mar: mariscos, mexilhões, ostras e vieiras
Carnes: carne de boi alimentado com capim, carneiro, cordeiro e aves orgânicas
Oleaginosas
Azeitonas
Sementes

ÓLEOS SAUDÁVEIS (PROCURE POR ÓLEOS ORGÂNICOS, NÃO REFINADOS, PRENSADOS OU PRENSADOS A FRIO)

Azeite de oliva
Óleo de coco
Óleo de abacate
Óleo de linhaça
Óleo de macadâmia
Óleo de gergelim
Óleo de noz

---

7. **Crianças mentalmente fortes tomam vitaminas.** Crianças são muito ativas tanto física quanto mentalmente. Suas mentes em desenvolvimento e seus corpos em crescimento precisam de uma variedade de nutrientes essenciais, que *podem* ser obtidos *se* elas estiverem seguindo uma dieta perfeita. Imagine-se dizendo: "Crianças, fiz o jantar favorito de vocês: sardinha, beterraba, couve-de-bruxelas e batata-doce. Hora de mandar ver!". Considerando que a maioria das crianças não tem a dieta mais saudável possível, existe uma boa chance de que elas não estejam recebendo todos os nutrientes necessários. E, mesmo que você esteja fazendo o seu melhor para preparar refeições saudáveis para sua família, bons hábitos alimentares podem ser deixados de

lado durante festas de aniversário, festas do pijama, eventos esportivos e outras atividades infantis.

Acrescentar um suplemento multivitamínico às suas dietas, geralmente rápidas e seletivas, é importante para o cérebro e o corpo das crianças. Dê a elas um multivitamínico que ofereça 100% das doses diárias necessárias de vitaminas e minerais. O Dr. Amen também sugere acrescentar um suplemento de ômega-3 que tenha equilíbrio entre EPA e DHA. Ele recomenda a dosagem de 1.000 a 2.000 miligramas por dia para crianças. O terceiro suplemento que ele recomenda para todos os seus pacientes é a vitamina D (portanto, procure por um multivitamínico que contenha vitamina D). A maioria das pessoas tem déficit de vitamina D, que por sua vez é essencial para a saúde do cérebro, o bom humor, a memória e o peso.

8. **Crianças mentalmente fortes comem bons carboidratos.** Os carboidratos não são um inimigo. Eles são essenciais na vida do seu filho; o corpo dele precisa de carboidratos. No entanto, carboidratos ruins, sem nenhum valor nutricional, são os inimigos. Assim, certifique-se de comer seguindo as cores do arco-íris. Isso não é sinônimo de chicletes coloridos, balas de gelatina ou confeitos de chocolate. Alimentos coloridos oferecem inúmeros nutrientes, enzimas, vitaminas e minerais necessários para uma boa saúde. Verduras, frutas e legumes (feijão e ervilhas) são ricos em fibras que fazem bem. Com relação aos carboidratos, procure comer aqueles com baixo nível glicêmico e alto teor de fibras, que não aumentam muito o nível de açúcar no sangue nem muito rápido. Pense em um prato de arroz ou macarrão como o equivalente a comer um prato de açúcar, e ensine seus filhos a pensar da mesma forma. Isso não quer dizer que você nunca poderá comer esses alimentos, mas torne seu consumo raro e procure escolher opções que contenham proteínas e fibras, tais como o macarrão de ervilha ou o arroz preto.

9. **Crianças mentalmente fortes não comem pesticidas nem aditivos alimentares.** Procure comer alimentos orgânicos sempre que possível. Os pesticidas utilizados em plantações comerciais podem se acumular no cérebro e no corpo mesmo quando seus níveis em cada alimento forem baixos. O Environmental Working Group, uma organização não governamental americana, divulga uma lista anual de alimentos que têm níveis mais altos de pesticidas, bem como daqueles que têm os níveis baixos. Mantenha-se atualizado acessando o site ewg.org (conteúdo em inglês). Além disso, procure consumir carnes de animais que não receberam hormônios nem antibióticos, foram criados ao ar livre ou alimentados com capim. Você é o que come, mas também é o que esses animais comem. Quando fizer compras, comece a ler os rótulos dos alimentos. Transforme isso em um jogo com seus filhos, no qual eles devem buscar as melhores opções alimentares para a saúde do cérebro no supermercado, e evite comprar qualquer alimento que contenha aditivos, conservantes, corantes artificiais, adição de açúcar e adoçantes artificiais.

Será que o corante Vermelho 40 pode afetar a força mental do seu filho e talvez a sua também?

Uma das enfermeiras do Dr. Amen contou a ele que, quando seu filho tinha cerca de 7 anos, ela e o marido começaram a notar vários tiques e alterações neurológicas estranhas no menino. Sempre que ele comia algo de cor vermelho vivo ou bebia bebidas vermelhas, se comportava de forma agressiva e hostil. Ele chorava com facilidade e saía furioso, derrubando o que via pela frente. Por isso, ela passou a tentar minimizar a presença desses alimentos na dieta dele, porém ele acabava tendo acesso na escola: *Cheetos*, *Doritos*, ponche de frutas, balas de alcaçuz, pirulitos etc.

O que ela não percebeu foi que o iogurte de morango, as barras de cereais de morango e até o molho de tomate enlatado e o ketchup que ela comprava para o filho continham um ingrediente comum a todos os outros salgadinhos e doces vermelhos: um corante chamado Vermelho 40.

Quando o filho tinha 14 anos, ela e o marido o levaram ao consultório do Dr. Amen para confirmar a suspeita de que o adolescente estava sofrendo uma reação a esse aditivo alimentar. A tomografia computadorizada (SPECT) do cérebro dele revelou um aumento geral e significativo de atividade cerebral devido à exposição ao corante Vermelho 40. Depois que viram as imagens, os pais criaram o hábito de ler todos os rótulos de alimentos e ensinaram o filho a fazer isso também, para evitar o consumo desse corante artificial. Quando conseguiram eliminar o corante da dieta do filho, não só o humor e o comportamento do adolescente melhoraram como ele passou a tomar decisões muito melhores.

DANDO UM FIM ÀS BRIGAS SOBRE O QUE E QUANTO COMER

Você deve estar pensando que isso tudo parece muito interessante, mas que sua maior preocupação é a resistência que seus filhos demonstram à mesa, durante as refeições. Muitos pais se sentem frustrados com os hábitos alimentares dos filhos. Tudo o que querem é comer besteiras, e as refeições geralmente são tensas porque eles estão sempre retomando as repetitivas brigas sobre o que e quanto devem comer. Os pais costumam se ouvir dizendo: "Coma isso. Experimente aquilo. Coma as verduras. Coma só mais um pouquinho. Você não vai sair da mesa se não raspar o prato!". E a criança geralmente responde: "Não! Eu não gosto disso. Eu vou vomitar! Estou cheia (depois de duas colheradas). Eu quero comer outra coisa!". Todo mundo ao redor da mesa fica chateado, mas ninguém gosta de comer sozinho.

O Dr. Amen também passou por isso em sua casa. Quando seu filho mais velho, Antony, era bem pequeno, todo jantar era uma luta constante porque ele se recusava a comer tudo. A hora do jantar era terrível e afetava o humor de toda a família pelo resto da noite. Com a palavra, o Dr. Amen:

> "Durante o meu treinamento em psiquiatria infantil, no entanto, uma das minhas supervisoras nos ajudou a resolver esse problema. Ela nos disse que nosso filho não morreria de fome; que ele estava passando por um período normal de antagonismo e que, se continuássemos brigando sobre o quanto deveria comer, ele poderia desenvolver alguma forma de transtorno alimentar. Ela recomendou seguir estas cinco regras durante as refeições, para ajudar as crianças a desenvolver hábitos saudáveis:
>
> 1. Os pais decidem o cardápio das refeições, mas as crianças podem opinar.
> 2. A criança deve decidir a quantidade (muito ou pouco) que vai comer do que é servido em seu prato.
> 3. Se a criança for seletiva para comer, coloque apenas uma pequena quantidade de comida em seu prato.
> 4. Se a criança não comer nada, não providencie um "menu especial".
> 5. Tenha apenas comida saudável em casa.
>
> "A principal mensagem era parar com as brigas sobre o que e quanto comer. Para nossa surpresa, quando passamos a seguir essas regras e a permitir que nosso filho controlasse quanto comia durante as refeições, as brigas pararam. Ele começou a ganhar peso e as refeições em família se tornaram agradáveis."

O que você escolhe comer e os alimentos que tem em casa ensinam a seus filhos do que gostar e, portanto, o que escolher para comer. Ofereça uma ampla variedade de opções saudáveis, para que aprendam a gostar do tipo certo de comida e a fazer boas escolhas quando não estiverem com você.

Comer de uma forma que seja saudável para o cérebro é uma das principais demonstrações de amor por si mesmo e por seus filhos. Se você realmente ama e cuida da sua família, seja cuidadoso em abastecer seus corpos com combustíveis saudáveis. No longo prazo, isso deixará todos em sua família mais felizes, saudáveis e capazes de escolher outras atividades saudáveis para seus cérebros.

CRIANÇAS MENTALMENTE SAUDÁVEIS BRINCAM MUITO E DORMEM BEM

As outras duas principais necessidades das crianças mentalmente saudáveis são exercício físico e sono. Seus filhos precisam de ambos. Os corpos deles foram feitos para estar em movimento e precisam de descanso.

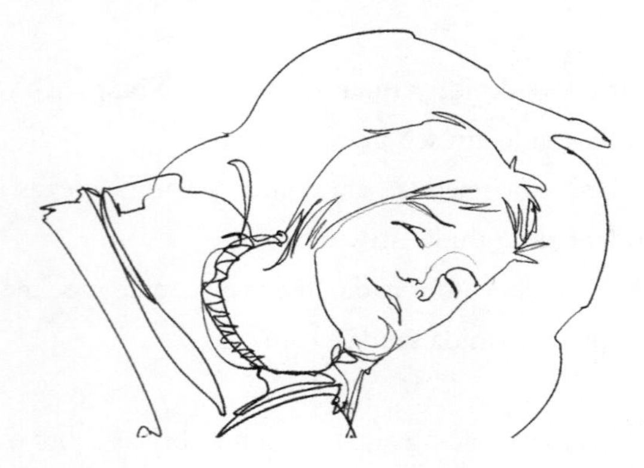

Se seu filho tem dificuldade para adormecer, procure facilitar o processo de entrada na Terra dos Sonhos. Estabeleça um horário fixo para dormir, até mesmo nos finais de semana. Coloque-o na cama no mesmo horário toda noite e acorde-o na mesma hora todo dia. Confira se o quarto está arejado, escuro e silencioso quando ele for dormir. Deixe que ele durma entre sete e dez horas por noite. Faça o possível para que acorde naturalmente, o que pode demandar um ajuste no horário de dormir. Cada criança é única, por isso o que funciona para uma pode não funcionar para outra. Continue tentando novas técnicas até encontrar a melhor rotina de sono.

Como dormir melhor

1. Desligue dispositivos eletrônicos e TVs pelo menos uma hora antes de ir dormir.
2. Resolva questões sentimentais e problemas de relacionamento antes de colocar as crianças para dormir.
3. Crie uma rotina noturna relaxante: um banho quente, meditação, oração ou uma leve massagem ajudam a relaxar e incentivam a chegada do sono.
4. Leia um livro ou um conto (nada com muita ação) antes de dormir (não deixe que seu filho leia em uma tela nesse momento da noite, pois ela estimula o cérebro a ficar acordado). O livro do Dr. Amen *Captain Snout and the Superpower Questions* [Capitão Focinho e as perguntas superpoderosas, em tradução livre][7] costuma fazer sucesso na hora de dormir.
5. Coloque sons relaxantes, que podem induzir a paz de espírito e ninar seu filho até que ele durma. Escolha sons da natureza, do sino dos ventos, do ventilador ou música suave. Estudos mostram que música clássica lenta, ou qualquer música que tenha um ritmo entre 60 e 80 bpm (batidas por minuto), ajuda a dormir.[8]
6. Hipnose ou meditação guiada podem ajudar seu filho a alcançar um estado de espírito mais relaxado. O livro do Dr. Amen *Time for Bed, Sleepyhead* [Hora de dormir, dorminhoco,

em tradução livre] é uma história hipnótica para dormir, recomendada para crianças de 3 a 8 anos.

7. Coloque uma gota de óleo essencial de lavanda debaixo do nariz do seu filho.
8. Peça que seu filho use meias para dormir.
9. Procure por suplementos de 5HTP ou de açafrão para crianças que se preocupam demais.

Durante o dia, quando seus filhos estiverem acordados, certifique-se de que estão se movimentando e brincando, afinal de contas a atividade física gasta a energia e facilita colocá-los para dormir à noite.

O exercício físico oferece muitos outros benefícios também. Fazer atividade física diariamente aumenta o metabolismo, o fluxo sanguíneo e aciona todos os neurotransmissores de bem-estar, garantindo um cérebro feliz. Durante a infância e a adolescência, a filha do Dr. Amen, Chloe, adorava fazer longas caminhadas e aulas de boxe e bicicleta. Ela, inclusive, disse ao pai: "Eu faço as minhas tarefas mais rápido [depois da atividade física]". Ela já sabia uma coisa importante: a relação entre cérebro e condicionamento físico. Na verdade, pesquisas comprovam que o condicionamento físico melhora o funcionamento do cérebro e o desempenho acadêmico.[9] Também melhora o humor, o foco, a autoconfiança, todos elementos essenciais para a força mental. Um dos estudos revelou que meninos que se exercitam ganham mais dinheiro quando começam a trabalhar na fase adulta.[10] O exercício protege a memória e ameniza os sintomas da depressão. Uma revisão da literatura, feita em 2022, de 21 experimentos controlados e randomizados confirmou que o exercício é tão eficaz quanto os antidepressivos na redução de sintomas em pessoas com depressão leve a moderada.[11] A atividade física também pode aliviar a ansiedade e os ataques de pânico.

Existem várias opções de esportes saudáveis e divertidos que não vão comprometer a saúde do cérebro e o futuro dos seus filhos. Tênis, tênis de mesa (os favoritos do Dr. Amen), raquetebol (*pickleball*), natação, basquete, vôlei, balé e outros tipos de dança são maneiras maravilhosas e seguras de exercitar um corpo em crescimento. Incentive seus filhos a se divertirem fazendo o que é bom para a saúde. Faça-os se mexer, brincar e correr. O cérebro e a mente ficarão mais fortes, flexíveis e rápidos.

EXERCÍCIOS PARA O CÉREBRO QUE MELHORAM A FORÇA MENTAL

Ainda que a atividade física beneficie o cérebro e o corpo, você também precisa exercitar o cérebro com atividades mentais. Uma das melhores formas é aprender algo novo todo dia, o que é mais fácil na infância.

Dizem que foi Einstein quem declarou que, se uma pessoa passasse quinze minutos por dia aprendendo algo novo (sobre um determinado assunto), ela levará apenas um ano para se tornar uma especialista. Assim, incentive seus filhos a encontrar formas de aplicar no dia a dia aquilo que estão aprendendo na escola. Quando aprende algo novo, o cérebro estabelece novas conexões, ao mesmo tempo que mantém e melhora o funcionamento de suas áreas menos utilizadas.[12]

Do mesmo modo que você faria na academia, alternando os exercícios segundo seus objetivos, certifique-se de que seus filhos façam várias atividades diferentes para o cérebro. Incentive as seguintes, regularmente:

- Matricule-os em aulas sobre assuntos fora da área de interesse deles.
- Estimule-os a aprender a tocar um instrumento musical.
- Incentive-os a se aprofundar nos assuntos que lhes interessam.
- Jogue um jogo novo com eles (por exemplo, jogos de palavras, de cartas, de tabuleiro, de memória e de matemática).
- Teste uma receita nova com eles.
- Invente um jogo para identificar semelhanças e diferenças entre itens parecidos, como: Qual seria a diferença entre as formas como a bola de beisebol pode ser arremessada? Ou entre as cores e imagens em pinturas? Ou, ainda, entre os sabores de diferentes temperos?
- Estimule seus filhos a terem vários amigos, para que se exponham a diferentes pontos de vista.
- Ria e faça-os rir bastante.
- Melhore a coordenação deles por meio de atividades como malabarismo, tênis de mesa, dança ou ioga.
- Incentive o treinamento cruzado (peça que tentem jogar em posições diferentes ou que troquem as tarefas domésticas entre si).
- Mate os PANs (veja o Capítulo 7).

Não os incentive a serem multitarefas

Ser multitarefas não faz bem para o cérebro — surpresa! Em vez de fazer seus filhos se tornarem mais produtivos, essa habilidade acaba sendo uma fonte de distrações. Fazer muitas coisas ao mesmo tempo, na verdade, resulta no uso ineficiente do tempo, piorando o desempenho (isso vale para os adultos também). A massa cinzenta do cérebro (células onde ocorre muito do trabalho feito pelo cérebro) tende a diminuir quando fazemos muitas tarefas ao mesmo tempo. Por isso, incentive seus filhos a se concentrar em uma tarefa por vez. Eles serão mais eficientes no que quer que estejam fazendo, e o sucesso obtido promoverá mais confiança e ainda mais sucesso.

Quando seus filhos estiverem aprendendo uma nova habilidade ou atividade, incentive-os a praticar com perfeição; peça que dediquem tempo para fazer algo corretamente, uma, duas, três vezes seguidas. A prática não leva à perfeição, a não ser que pratiquem com perfeição.

Ao mesmo tempo que você os incentiva a se esforçarem, elogie-os pela dedicação e não pelo resultado. Se você elogia a inteligência dos seus filhos, eles passam a focar mais o seu desempenho e presumem que a inteligência é algo que não pode ser melhorado. Isso se torna um fator desmotivador, que pode contribuir para que eles temam o fracasso, algo que acaba atrasando suas vidas. No entanto, se você elogia o esforço dos seus filhos, o efeito disso no cérebro é profundo. Eles realmente vão gostar de trabalhar, ter mais persistência e acreditar que podem ficar mais inteligentes a cada nova estratégia que descobrirem. Essas são as características de crianças mentalmente saudáveis.

A esposa do Dr. Amen, Tana, aprendeu essa lição com a mãe, Mary, desde cedo. Mary era uma mãe solteira que trabalhava em três lugares diferentes para conseguir sustentar a família. Naquela época, as mulheres não podiam fazer mais do que oito horas extras, e, sem um diploma de ensino médio, Mary tinha dificuldade para encontrar empregos que pagassem bem. Tana passava muito tempo sozinha e odiava o fato de sua mãe quase não ficar em casa. Mary tentava confortá-la, dividindo os sonhos que tinha para o futuro da filha. Mary explicava que seria necessário trabalhar muito para sair de onde estavam e chegar aonde queriam.

Um dia, uma amiga de Mary que não tinha muita ambição notou que ela estava exausta e sem forças. Com um cigarro na boca, a amiga disse: "Você precisa parar de trabalhar tanto. Você deveria solicitar o auxílio do governo e ficar em casa com a sua filha". Mary percebeu que Tana, na época com 9 anos, estava ali no canto, ouvindo, e logo presumiu que a filha acharia essa uma ótima ideia; qualquer coisa para ter a mãe em casa por mais tempo. Escolhendo muito bem as palavras, Mary disse: "Eu nunca vou permitir que o governo, ou quem quer que seja, tenha tanto controle sobre a minha vida ou o meu destino. Sei que o meu trabalho duro será recompensado. Isso é temporário. O caminho mais fácil só trará sofrimento no longo prazo, e nós ficaremos presas neste inferno para sempre. Se eu agir como vítima e desistir agora, nunca vencerei, porque vítimas não vencem. Elas são controladas por alguém".

Aquela conversa marcou Tana para o resto da vida, ensinando-a a trabalhar duro e ser recompensada. Sua mãe começou o próprio negócio (na garagem delas), que se tornou uma empresa de sucesso durante trinta anos.

CRIANÇAS MENTALMENTE SAUDÁVEIS SABEM LIDAR COM O ESTRESSE

O estresse pode tanto fortalecer quanto enfraquecer a força mental do seu filho. O estresse positivo motiva uma criança a fazer a tarefa da escola ou um adolescente a procurar um emprego. O estresse positivo melhora o sistema imune; todos precisamos de um pouco de estresse, para que nosso cérebro e corpo saibam como controlá-lo. No entanto, quando seu filho estiver aparentando sinais de muito estresse, vai precisar de ferramentas que o ajudem a relaxar. Existem várias técnicas simples que podem auxiliar:

- Esquentar as mãos — segure as mãos do seu filho; dê a ele uma bebida quente para segurar; coloque-o sentado diante de uma fogueira ou do aquecedor; ou peça que ele imagine que está na praia.
- Respirar lenta e profundamente pelo diafragma — ensine seu filho a fazer isso todas as vezes que ele ficar estressado, com raiva, ansioso ou assustado (ou seja, todas as vezes que ele parar de respirar ou tiver dificuldade para respirar).
- Orar ou meditar — fazer orações em silêncio ou em voz alta pode ser reconfortante, e existem várias formas simples de meditação. Ensine seu filho a meditar dizendo a ele para fechar os olhos e prestar atenção em sua respiração e pensamentos.
- Visualização — ajude seu filho a imaginar lugares ou coisas que o deixam feliz, calmo ou em paz, como um animal de estimação, uma viagem ou uma pessoa específica.
- Começar todo dia com intenção, gratidão e entusiasmo (isso já deveria fazer parte dos objetivos diários estabelecidos). Na casa do Dr. Amen, sua família começa todo dia dizendo "Hoje vai ser um dia incrível" durante o café da manhã; durante o jantar ou na hora de dormir, eles conversam sobre "O que aconteceu de bom naquele dia".[13] Isso os ajuda a direcionar sua mente para o que gostam em suas vidas ao invés de focar os problemas.

Lembre-se: sejam quais forem as mudanças que você quer introduzir na vida da sua família para promover a saúde do cérebro e do corpo, só serão efetivas se você tiver criado um ambiente familiar amoroso e acolhedor, repleto de olho no olho, carinho e diversão. Tudo o que a sua família faz pode ajudar ou prejudicar o cérebro, o corpo e a força mental. Se o cérebro e o corpo estão bem, a força mental melhora; e uma vida melhor faz seus filhos tomarem decisões melhores. Quanto mais você conversar sobre a saúde do cérebro e do corpo perto dos seus filhos e for um exemplo de comportamento nesse sentido, mais isso se tornará parte de suas vidas.

Passo a passo

- Ofereça a seus filhos alimentos que eles amem e que retribuam esse amor.
- Tenha apenas comidas saudáveis em casa.
- Deixe que seus filhos decidam quanto querem comer.
- Crie o hábito de se exercitar e praticar esportes com seus filhos.
- Faça com que o sono seja uma prioridade para todos em sua casa.
- Incentive seus filhos a ter curiosidade e os inspire a aprender coisas novas.
- Ensine a seus filhos técnicas simples para reduzir o estresse.

CAPÍTULO 10

QUANDO OS PAIS TÊM ESTILOS DIFERENTES DE EDUCAR: COMO FORMAR UM TIME UNIDO

Quando os pais não conseguem concordar sobre a maneira de educar, o resultado são filhos ansiosos e confusos.

Rose e Antonelli eram pessoas de bom coração e essencialmente bons pais. Eles procuraram a ajuda de um *coach* do Love and Logic Institute para ajudá-los a lidar com seus quatro maravilhosos filhos de 11 meses, 2 anos, 7 anos e a mais velha de quase 16. Chris, o filho de 7 anos, era o motivo principal de terem buscado ajuda: tinha sido suspenso da escola duas vezes em um ano e demonstrava atitudes arrogantes e desrespeitosas.

Durante a segunda sessão com o *coach*, Rose se lamentou:

— Antonelli é o pai divertido. Ele não se impõe. Está sempre preocupado se as crianças gostam dele ou não.

É óbvio que o pai não ficou nada satisfeito com a maneira como a esposa falou sobre o seu estilo de educar.

— Isso não é verdade. Rose, você é muito crítica. Não apenas com as crianças, mas comigo também. Semana passada, por exemplo, você disse: "Você precisa ser mais rígido! Será que você não é homem o bastante para educar seus filhos?".

Na terceira semana de sessão, ao mesmo tempo que a filha mais velha continuava sendo uma aluna exemplar, Chris continuava aprontando, o filho de

2 anos não queria fazer cocô no penico e o mais novo cuspia tudo que comia. Nada havia mudado a não ser o fato de que estava claro que os filhos eram espectadores ansiosos de uma batalha épica entre duas pessoas boas que queriam o melhor para eles, mas que não conseguiam concordar sobre como fazer isso.

O Dr. Fay já viu isso acontecer inúmeras vezes. Pais o procuram para falar de seus "filhos difíceis". Após uma ou duas sessões, ele descobre que a dificuldade está na percepção dos pais: cada um acredita que o outro é a criança que verdadeiramente se comporta mal. Quando os pais escolhem apontar o dedo um para o outro, a tensão resultante geralmente se manifesta no comportamento dos filhos. Como o vapor que sai de uma chaleira, esse conflito costuma se anunciar de um jeito triste: pelo menos um dos filhos se rebela, outro tenta ser perfeito para equilibrar a situação, e os demais adotam variações desses dois papéis.

Quando os pais começam a perceber que a mudança que desejam está em si mesmos, geralmente notam não só uma melhora significativa no comportamento dos filhos como também na relação um com o outro.

O alívio que a criança sente quando o cabo de guerra entre os pais termina é imenso:

— Durante uma das sessões, nós nos demos conta ao mesmo tempo — Antonelli e Rose disseram. — Percebemos que brigar e discutir sobre nossos estilos diferentes de educar estava causando mais danos do que os diferentes estilos de educar em si.

Pense nisso por um momento.

O conflito sobre diferentes estilos de educar causa mais danos do que os diferentes estilos de educar em si.

COMO CASAIS AMOROSOS ENTRAM EM CONFLITO

As descrições a seguir ilustram esse conceito fundamental sendo aplicado a outro casal com personalidades diferentes. Como veremos, os papéis geralmente são os mesmos, mas as pessoas que os desempenham, a intensidade do conflito e os muitos aspectos particulares dependem do caráter único da família.

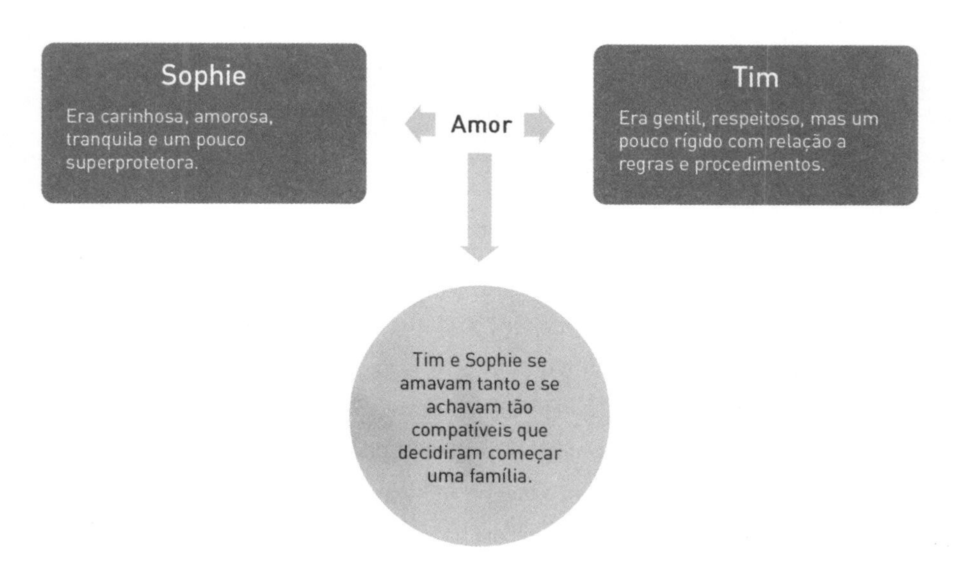

Antes da chegada dos filhos, amor e respeito eram as principais características do relacionamento entre Sophie e Tim. Observe que a seta no meio da figura está voltada para o impacto da interação entre eles e não para o impacto dos seus estilos individuais em si. Ambos desempenhavam um papel na felicidade do casal e ambos vão desempenhar um papel no conflito e na infelicidade que se anunciam no horizonte.

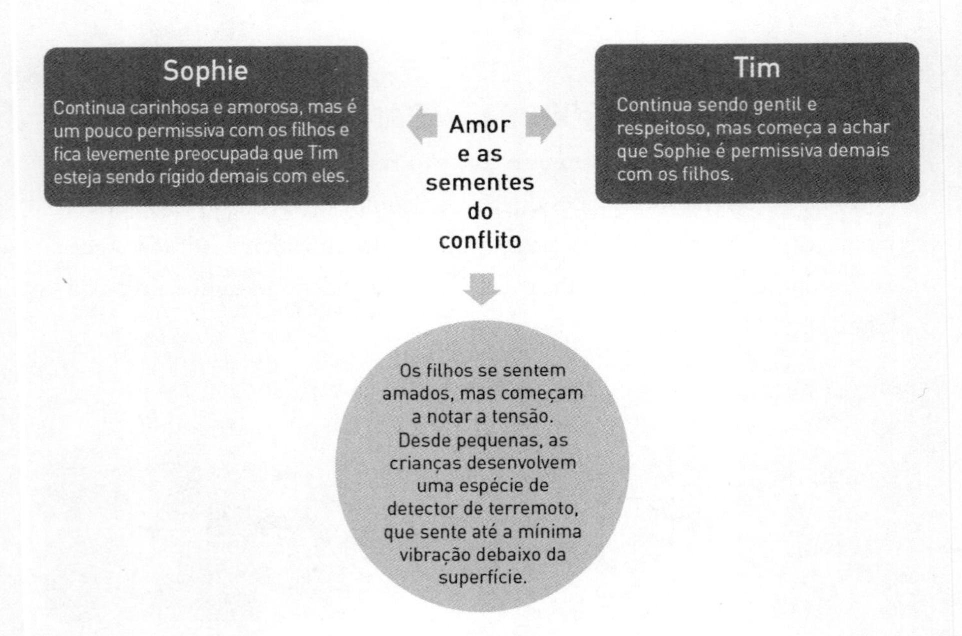

Sophie e Tim continuam perdidamente apaixonados, mas também se irritam um com outro com mais frequência do que antes. Enquanto tentam salvar os filhos do estilo de educar um do outro, acabam entrando em conflito, e essa batalha começa a fazer os filhos se sentirem progressivamente mais ansiosos.

Quando você estava no ensino fundamental chegou a fazer um experimento de ciências básico, com vinagre, um pouco de bicarbonato de sódio, uma garrafa de vidro vazia e uma rolha? Assim como acontece com personalidades diferentes e diferentes estilos de educar, nada acontece até que a professora combina os ingredientes na garrafa e tampa com a rolha. A combinação reage, fica efervescente e começa a borbulhar até que chega o momento em que a rolha estoura.

O bicarbonato de sódio não fez a rolha estourar; nem o vinagre. Foi a combinação dos dois que causou a pressão dentro da garrafa, provocando o estouro. Então, lembre-se deste conceito: os problemas familiares nem sempre são causados por pessoas difíceis; pelo contrário, os problemas geralmente acontecem quando pessoas boas culpam umas às outras, sentem necessidade de tentar mudar o outro e não conseguem aprender novas formas de pensar e agir.

Os filhos crescem e surgem alguns desafios

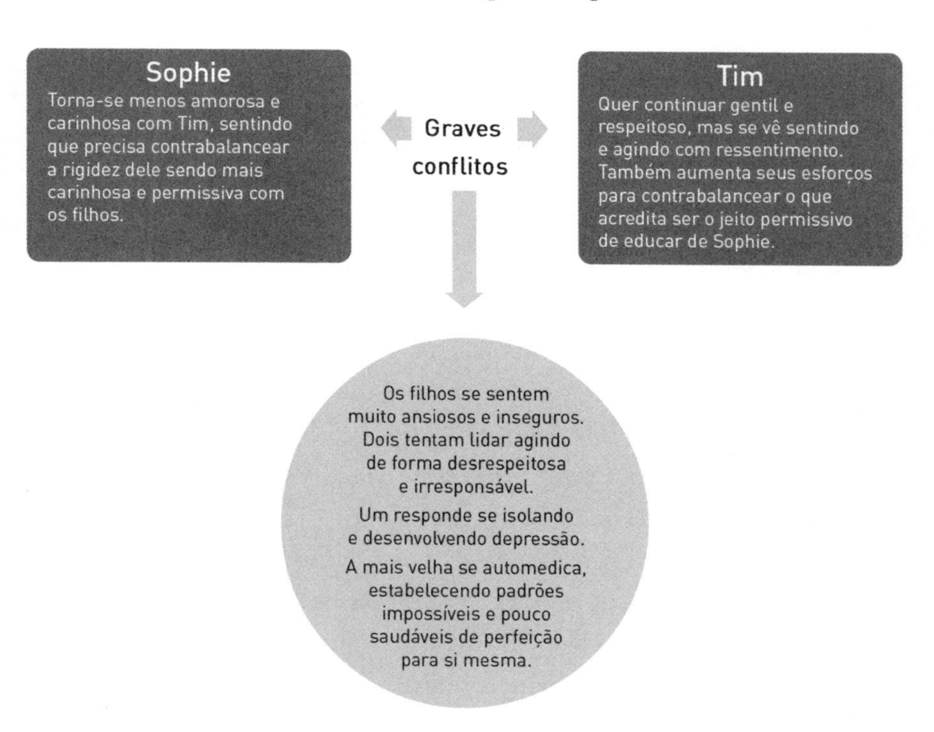

Tim e Sophie agora se perguntam por que se distanciaram tanto. Eles quase não têm mais intimidade um com o outro e estão constantemente discutindo sobre como educar os filhos. Sophie acredita que Tim é um pai-sargento extremamente rígido, e Tim a vê como uma mãe-helicóptero superpoderosa. Os filhos tentam ao máximo controlar a situação, enquanto os pais continuam distraídos pela disputa de poder entre eles.

Na verdade, Tim e Sophie continuam sendo pessoas de bom coração; e há esperança, tanto para o relacionamento deles quanto para seus filhos. A principal dificuldade que enfrentam é o hábito de enxergarem um ao outro como o problema, em vez de perceberem que a dificuldade está na maneira como interagem entre si. Consequentemente, eles também caíram na armadilha de tentar controlar um ao outro, ao invés de permitir que cada um cresça e aprenda sozinho. O medo que têm de que o estilo de educar do outro prejudique seus filhos se torna uma profecia que se autocumpre: seus filhos acabam sofrendo.

As disputas pelo poder costumam crescer quando são alimentadas pelo medo. O medo geralmente é o nosso adversário mais assustador.

Vamos apresentar um plano para evitar ou eliminar o medo, o conflito e as diferenças nocivas que assombram tantos pais inteligentes e carinhosos. Os pais que têm boas intenções mas que discordam cronicamente sobre como educar os filhos estão permitindo que seus medos e preocupações controlem suas vidas. Por favor, lembre-se de que tentar controlar os outros é uma ilusão. A verdadeira mudança vem de examinar os seus próprios PANs: aqueles pensamentos que perpetuam a negatividade e os conflitos em vez da cooperação e impedem que você siga estes passos.

Obs: Há momentos em que o medo é uma emoção útil e necessária para controlar uma situação que envolva abuso, negligência ou algum outro comportamento perigoso. Isso significa fazer tudo o que for preciso para proteger a si mesmo, aos seus filhos e a outras pessoas e, talvez, procurar ajuda profissional qualificada e aceitá-la.

PASSO 1: APRENDA A ESCUTAR

A maioria das pessoas nunca aprendeu a realmente escutar. Ao invés de permitir que os outros expressem completamente suas emoções, opiniões e vontades, elas estão constantemente interrompendo para compartilhar as próprias. Consequentemente, a frustração, a raiva, a mágoa e a falta de união se tornam o clima que prevalece em suas casas.

Ser ouvido também é uma necessidade emocional tão primária que nada mais funcionará até que os outros sintam essa necessidade. Mesmo as soluções mais sábias desaparecerão na neblina, perdidas para sempre, a não ser que pelo menos um dos pais faça um esforço consciente para fechar a boca e abrir os ouvidos. Para escutar de verdade é preciso ter mais do que boas intenções:

- Ninguém liga para quanto você sabe até saber o quanto você se preocupa. Embora seja um antigo clichê, essa afirmação foi testada e aprovada. Primeiro, permita que o outro expresse suas esperanças, sonhos, medos e frustrações, sem interrupções, mesmo que você se sinta ofendido.
- Demonstre que está escutando. Ficar sentado como um dois de paus não demonstra que você está escutando nem que se importa com o que a outra pessoa está dizendo. Bons ouvintes oferecem pequenas doses de empatia, refletem sobre os sentimentos que estão sendo expressos e comunicam sua compreensão repetindo de vez em quando o que o outro disse.
- Observe sua linguagem corporal. Não faça caretas, não revire os olhos, não fique checando o celular nem mostre outros comportamentos imaturos e passivo-agressivos. Sente-se de forma a manter a proximidade, o toque carinhoso e o contato visual saudável. Talvez vocês precisem programar um momento a sós para isso. Desligue o celular e prepare seu coração para dar em vez de receber.
- Lembre-se, durante toda a conversa, de que escutar é um ato de amor, que impactará mais no sucesso da sua família do que qualquer estratégia inovadora da psicologia que você utilizar. Escutar é realmente importante.

Vamos observar o desenrolar de uma conversa que começa assim:

Mãe: Estou tão cansada de as crianças deixarem tudo espalhado pela casa. Elas nunca guardam nada no lugar.

Pai: É porque você não insiste para eles guardarem. Se você simplesmente recolhe as coisas que eles deixam jogadas, então...

Pare!

Nós incluímos esse rápido exemplo para ilustrar o que *não deve* ser feito. Vejamos um exemplo melhor:

Mãe: Estou cansada de as crianças deixarem tudo espalhado pela casa. Elas nunca guardam nada no lugar. Estou exausta.

Pai: (*resistindo à vontade de dar a sua opinião sobre como resolver a situação*) É cansativo mesmo.

Mãe: É todo dia assim, eu não aguento mais! E você também não ajuda em nada.

Pai: (*aqui está o verdadeiro teste da habilidade dele como ouvinte! E ele passa no teste sendo empático*) É uma situação muito difícil mesmo, e você gostaria que eu ajudasse mais.

Mãe: Sim! Você precisa dizer a elas que isso não está certo.

Pai: Vou fazer isso. O que mais você acha que poderíamos fazer para resolver essa situação?

Mãe: Meus pais também dão coisas demais para elas. É tanta coisa que elas nem sabem o que fazer com tudo isso.

Pai: Então, uma parte disso tem a ver com a quantidade de coisas que elas têm?

Mãe: Sim! É coisa demais!

Pai: Vamos ver se eu entendi: toda essa situação é cansativa e muito frustrante para você. O que eu posso fazer é impor limites para as crianças sobre guardar as coisas no lugar. Você também acha que seus pais dão mais coisas do que as crianças precisam e isso é parte do problema. Foi isso que você quis dizer?

Para a maioria de nós, aprender a ter uma boa escuta ativa é um processo longo e desafiador, principalmente se seus pais não ofereceram a você esse tipo de escuta enquanto crescia. Pratique sua habilidade de escutar em todas as conversas, sobretudo aquelas sem emoções intensas. Isso o ajudará a criar o hábito. Você também pode praticar com um profissional especializado, ler livros sobre o assunto, ensaiar essas habilidades com seu parceiro e seus filhos ou fazer um curso sobre relacionamentos.

PASSO 2: ENTENDA COMO AS DISPUTAS PELO PODER AUMENTAM AS DIFERENÇAS

Existem muitos livros, artigos, blogs, podcasts e cursos que enfocam o conceito de que os pais precisam "falar a mesma língua". O argumento geral é o de que os pais devem adotar o mesmo estilo de educar e ser consistentes, para que os filhos possam florescer como rosas em um jardim bem cuidado. Com certeza esse é um objetivo nobre, embora muitas pessoas estejam se dedicando de corpo e alma a melhorar suas habilidades, ao mesmo tempo que *infelizmente* tentam aperfeiçoar as habilidades e atitudes do outro.

Como você sabe, é sempre muito agradável estar perto de alguém que se dedica a remediar suas falhas. Não há nada mais reforçador do que ficar ouvindo que você deveria se comportar melhor psicologicamente, socialmente ou moralmente. É ainda melhor quando alguém lhe oferece um livro ou o link para um site que o ajudará a extinguir suas ações e atitudes problemáticas. Você percebeu que estamos sendo sarcásticos?

Quantos relacionamentos já foram destruídos pelos esforços de um ou de ambos os pais para melhorar ou controlar o outro? O conceito de PANs discutido nos Capítulos 5 e 7 é central nessa dinâmica. Um PAN que tende a aparecer com frequência é: *Se eu conseguir convencer __________ a __________, então as crianças vão____________*. Talvez o principal desafio desse tipo de pensamento seja que o fato de que ele costuma ser verdadeiro. Geralmente esse pai ou mãe precisa mudar mesmo. Talvez seja permissivo demais, pouco consistente, crítico em seus comentários, fale palavras que envergonhariam até mesmo um pirata, controle excessivamente os filhos ou tenha outros hábitos questionáveis.

O problema desse PAN não é tanto a veracidade, mas sim o fato de que não é um pensamento prático. Quando você permite que esse tipo de pensamento controle a sua mente, passa a sentir mais medo, frustração e fica mais propenso a desenvolver comportamentos controladores que não costumam dar certo. Inconscientemente, o outro começa a pensar em formas de recuperar o controle, como parar completamente de ouvir o que você tem a dizer, adotar outros comportamentos passivo-agressivos, nutrir ressentimentos e se tornar ainda mais apegado ao próprio estilo de educar.

Liana, uma participante de um dos nossos treinamentos, falou sobre sua enorme frustração com a falta de capacidade do marido, Eddie, de estabelecer limites para os filhos deles:

— Nós já participamos de vários treinamentos, lemos os seus livros e até procuramos aconselhamento — ela relatou. — Ele sempre diz que vai ser mais firme, mas nunca dura muito tempo. Eu odeio ter que ficar insistindo com ele, mas Eddie age como uma criança.

Depois de ouvir e validar os sentimentos de Liana da melhor forma possível, o Dr. Fay perguntou:

— Posso fazer uma pergunta bem pessoal?

— Pode, sem problemas. Aceito qualquer ajuda que você puder me dar — ela respondeu.

O Dr. Fay, então, fez uma pergunta friamente calculada, baseada na sua impressão de que Eddie era um homem bom e gentil:

— Pelo que entendi, você está dizendo que Eddie não se importa com você, nem com as crianças, e que ele é completamente irresponsável. É isso? Quero dizer, ele parece ser bem desagradável.

Imediatamente, Liana começou a defender o marido:

— Não! Ele é muito bom e responsável. Não foi isso que eu quis dizer. É só que ele permite que as crianças joguem muito videogame, reclamem da minha comida e nem sempre mantém a rotina da hora de dormir. São essas coisas.

— Então... ele é um homem realmente bom, que ama você e seus filhos? — o Dr. Fay quis esclarecer.

— Sim. Com certeza. Ele é ótimo — Liana confirmou.

— Com que frequência você diz isso a ele? — o Dr. Fay perguntou.

— Acho que eu sei aonde você quer chegar — Liana respondeu com um sorriso meio sem graça.

À medida que eles continuaram a conversar, Liana admitiu que estava se concentrando demais naquilo que ela percebia como os defeitos de Eddie e muito pouco naquilo que realmente o motivaria a se tornar um pai melhor: sentir-se valorizado e respeitado pela esposa. Ela também começou a perceber que, ao tentar controlar o marido, estava fazendo com que ele se apegasse ainda mais às estratégias parentais pouco eficientes.

Verdade seja dita, nenhum de nós é perfeito, e todos precisamos crescer. Será que a motivação para a mudança surge quando somos controlados ou quando somos inspirados a mudar por estarmos rodeados daqueles que nos amam, respeitam e são exemplos de comportamentos saudáveis? Tornamos a repetir: nada funciona sem um bom relacionamento.

Mudando nossa perspectiva sobre a noção de mudança

Mudar é difícil, mas listamos quatro formas de facilitar esse processo:

- **Siga a regra do 10 para 1:** Compartilhe dez qualidades para cada defeito do outro. Mesmo que ele não mude, você passará a vê-lo de um jeito mais positivo.
- **Normalize os erros:** Se não for possível errar, as pessoas não aceitarão os riscos necessários para crescer. Você também continuará frustrado com seus próprios fracassos.

- **Demonstre empatia, perdão e amor incondicional:** As pessoas farão qualquer coisa por alguém que ofereça a elas esses presentes. Mesmo que não respondam como você gostaria, o seu coração estará livre do veneno do ressentimento.
- **Confronte seus medos:** Quando você se recusa a deixar que o medo determine como vai se relacionar com os outros, começa a perceber que as coisas tendem a se desenrolar melhor quando você não tenta controlar tudo.

PASSO 3: ABANDONE O PAPEL QUE VOCÊ DESEMPENHA NA DISPUTA PELO PODER

Quando perguntado sobre sua ex-esposa, Joel se lamentou:

— Nós discutimos sobre como educar nosso filho desde que o levamos da maternidade para casa. Eu tentei dizer a ela que o caminho pela rua Evans era mais rápido e seguro. Mas você acredita que, mesmo assim, ela foi pela rua Hampton, e desceu pela Avenida Universitária?

O terapeuta, então, respondeu:

— Quer dizer que você vem discutindo com ela durante todo esse tempo?

— E ela sempre faz o contrário do que eu acho que seria o melhor a ser feito — Joel acrescentou, confirmando.

— E toda vez que você tenta convencê-la a fazer algo vocês acabam brigando? — o terapeuta continuou.

John apertou os lábios, concordando em silêncio.

— Se você sabe que isso sempre gera discussão — o terapeuta insistiu —, por que, então, continua agindo assim?

Qual é a única coisa que conseguimos controlar? A resposta mais óbvia é a nós mesmos. Ainda que isso não necessariamente leve à mudança rápida que desejamos ver no outro, quando nos comprometemos a seguir nesse objetivo — 100% das vezes — obtemos um resultado mais favorável no longo prazo.

Liana, que mencionamos anteriormente, encontrou um momento tranquilo para ter uma conversa sem interrupções com o marido, Eddie. Quando percebeu que precisava tomar a iniciativa para encerrar a disputa pelo poder entre eles, começou a conversa segurando na mão dele, olhando em seus olhos e se desculpando:

— Eddie, eu sinto muito. Amo você profundamente, mas nem sempre reconheço o homem incrível que você é.

Eddie ficou sem palavras.

— Eu fico tentando fazer você educar nossos filhos de um jeito diferente e acabo ignorando o quanto você se preocupa com eles e comigo — Liana continuou.

Sem saber se podia acreditar na admissão da esposa, Eddie balbuciou:

— Está tudo bem. Eu amo você também.

— Não está tudo bem, Eddie — ela respondeu. — Eu preciso parar de tentar controlar o que você faz e começar a pensar na maneira como eu lido com isso. Você é um homem incrível e ama nossos filhos. Eu sei que você não faria nada para machucá-los de propósito. E sei que nossas discussões sobre como educá-los estão sendo mais prejudiciais a eles do que o simples fato de sermos diferentes. Preciso me concentrar em melhorar o que eu faço em vez de tentar controlar o que você faz.

Será que o coração de Eddie não amoleceu um pouquinho? Independentemente de essa conversa resultar em uma mudança da parte dele, Liana colocou um ponto-final na disputa pelo poder entre eles e passou a focar em si mesma.

A dificuldade associada a abandonar nosso papel na disputa pelo poder é geralmente proporcional à quantidade de medo, preocupação e raiva resultante, que nos mantêm presos ao conflito.

Medo e preocupação: os inimigos da resolução de problemas e da liberdade

O problema: pesquisas evidenciam que medo e preocupação doentios afetam negativamente e diretamente o cérebro e a capacidade de resolução de problemas,[1] incluindo:

- Falta de concentração;
- Impulsividade;
- Tentativas malsucedidas de controlar a situação ou os outros, que resultam na piora das interações;
- Piora na memória de curto prazo e em outros processos cognitivos;
- Dificuldade para encontrar soluções efetivas;
- Pouca confiança nas soluções implementadas.

Uma vez que os filhos recebem diretrizes emocionais dos adultos ao redor, testemunhar medo e preocupação doentios acaba fazendo com que interiorizem esses sentimentos exacerbados também.

A solução: os efeitos negativos do medo e da preocupação doentios diminuem consideravelmente quando:

- Identificamos e enfatizamos nossos objetivos;
- Direcionamos nosso foco mental para soluções e não para os problemas;
- Substituímos os PANs de preocupação por pensamentos mais verdadeiros, como "Problemas fazem parte da vida e nós podemos lidar com eles";
- Respiramos fundo e devagar deliberadamente;
- Reagimos testando soluções em vez de ficar ruminando sobre qual delas resolverá o problema.

As pesquisadoras e psicólogas Sandra Llera e Michelle Newman recentemente demonstraram que os passos acima ajudam as pessoas a desenvolverem soluções mais efetivas e a se sentirem mais confiantes e satisfeitas com essas soluções.[2]

O desafio: se você perceber que os medos e preocupações estão controlando sua vida, ofereça a si mesmo e a seus filhos este enorme presente: procure um profissional de saúde mental qualificado que possa ajudá-lo a se libertar do impacto corrosivo que esses PANs estão tendo em sua vida.

Desde os primórdios, pais imperfeitos educam adultos responsáveis e de bom coração. Tenha sempre isso em mente. Renunciar ao controle costuma ser a melhor forma de recuperá-lo. E é só quando nos apegamos à raiva e ao ressentimento que destruímos a saúde física, emocional, social e espiritual (Os Quatro Círculos da Força Mental) que desejamos ter. Perdoar é a única solução. Algo que pode ajudá-lo é fazer a si mesmo esta pergunta difícil: "Eu preciso carregar essa raiva e mágoa, mesmo sabendo que isso está machucando meus filhos?".

PASSO 4: DEMONSTRE LIDERANÇA AMOROSA AO SE ALONGAR E SE EXERCITAR

A maioria das pessoas tem consciência de que fazer alongamento antes dos exercícios é essencial para prevenir lesões. O alongamento também é uma das coisas mais importantes que podemos fazer para melhorar nossos relacionamentos, amar nossos filhos e fortalecer nossos cérebros. Ele envolve um movimento intencional, mas gentil, que nos tira da zona de conforto que nos impede de nos relacionarmos com os outros de formas saudáveis e amorosas. Veja um exemplo disso:

Sean cresceu em uma casa cheia de um tipo de humor ácido, repleto de provocações e sarcasmo.

— Sabíamos que éramos amados — ele costuma se lembrar — quando nosso pai bagunçava nosso cabelo, nos dava abraços de urso e dizia coisas como "Esse é um rosto que só uma mãe amaria". Acredite ou não, nunca ficávamos magoados quando ouvíamos pequenas provocações. Era só parte da tradição familiar.

Usar de sarcasmo era uma zona de conforto para Sean. Já para sua esposa e seus filhos não era bem assim, e isso estava gerando mágoa e conflitos. Perplexo e frustrado com a situação, ele desabafou com um velho amigo:

— Eles não conseguem aceitar uma piada. Por que se ofendem com tanta facilidade?

— Talvez seja porque você está sendo um babaca — seu amigo respondeu.

Embora acostumado a esse tipo de conversa franca, Sean ficou um pouco magoado com o comentário:

— Que palhaçada é essa? — ele questionou.

— Amigos de verdade são honestos uns com os outros — o amigo respondeu, com firmeza. — Mesmo que tenha funcionado para você quando criança, Nina e as crianças são diferentes. Se eles não estão achando graça, você não está sendo engraçado. Eu sei que você os ama, mas está errado sobre isso. Eu amo você, cara, por isso não seja um babaca e não estrague tudo.

Os conflitos entre Sean e Nina, sua esposa, não eram motivados apenas pelo seu sarcasmo. A permissividade dela com os filhos também alimentava as chamas. Quanto mais ela passava a mão na cabeça e mimava os filhos, mais ele tentava fortalecê-los com o seu tipo de humor. Quanto mais os filhos ficavam magoados, mais Nina os superprotegia e zelava por eles.

Mesmo relutante, Sean resolveu fazer um esforço e sair da sua zona de conforto, dividindo seu objetivo com Nina:

— Eu não percebi que estava sendo um babaca e provocando você e as crianças. Sinto muito. Eu não quero magoar vocês.

As mudanças que você decide implementar não têm o objetivo de tentar manipular os outros para se comportarem como você gostaria. Pelo contrário, elas se enquadram na categoria de fazer a coisa certa ao fazer a sua parte. Quando a mudança nos outros acontece como resultado disso, é apenas um efeito colateral bem-vindo e não uma recompensa esperada pelos seus esforços.

O esforço ajuda, mas você também precisa praticar a consistência. Esse exercício, no caso de Sean, envolvia substituir o PAN — *Eles precisam aprender a aceitar uma piada* — por um pensamento mais produtivo: *Uma piada só é engraçada quando as duas pessoas dão risada.*

Fazer a coisa certa é sempre a coisa certa a fazer, independentemente de isso melhorar ou não o comportamento dos outros. Fazer a coisa certa é o que fazemos pela nossa própria integridade e saúde, e não algo que fazemos para controlar os outros.

PASSO 5: REVEJA SEUS OBJETIVOS

É fácil cair na armadilha de pensar que existe uma única maneira efetiva de alcançar uma série de objetivos. É assim que os cultos são criados. Os cultos têm regras e procedimentos que todos precisam seguir rigorosamente do mesmo jeito. Dessa forma, os cultos criam pessoas incapazes de pensar por si mesmas. Ao contrário de celebrar relacionamentos saudáveis, a criatividade e os diferentes dons, isso se torna motivo de punição.

Enquanto educamos nossos filhos, às vezes questionamos tanto *a maneira como* as coisas são feitas que nada de bom acaba sendo feito. Antes de seguir com a leitura, separe um momento para revisar seus objetivos (Capítulo 2). Objetivos não são doutrinas de culto. Um dos motivos pelos quais famílias saudáveis permanecem saudáveis é porque elas se lembram de que seus objetivos podem ser alcançados de inúmeras formas. Por exemplo, um dos pais pode lidar com o filho que disse uma mentira informando a ele, calmamente mas com firmeza, que só o levará para a aula de futebol quando perceber que ele está sendo honesto e respeitoso. O outro dos pais nessa mesma família pode lidar com a mentira estabelecendo, de forma firme mas calma, que o filho se redimirá fazendo tarefas domésticas extras.

Juntos vocês estabelecerão objetivos que seguirão tão à risca que qualquer conflito resultante do desvio desses objetivos se dará de forma construtiva. Ao mesmo tempo, procure relaxar quando o assunto for a maneira como vocês alcançarão esses objetivos. Na verdade, procure aceitar o fato de que cada um de vocês pode lidar com as situações de formas diferentes, baseadas em suas personalidades, habilidades e contextos. Libertem-se de ter uma influência única e positiva sobre seus filhos. Muitos livros relevantes sobre liderança incorporaram esse conceito de liderança "firme e solta". Para quem tiver interesse em aprender mais sobre o assunto, nós recomendamos o livro *Learning by Doing* [Aprender fazendo, em tradução livre], de Richard e Rebecca DuFour.

A maravilhosa pergunta "Será que ajuda?" resume a essência desse tipo de liderança: oferece direção ao mesmo tempo que permite flexibilidade para lidar com situações desafiadoras por meio da criatividade. Ela também evita que você caia na armadilha das brigas desnecessárias e das disputas pelo poder, nas quais nunca há um vencedor.

PASSO 6: CRIE UM PLANO PARA LIDAR COM OS CONFLITOS MAIS COMUNS

Os tipos de conflito mais comuns surgem a partir de uma ou de ambas as situações a seguir:

- A criança diz algo como "Ah, mas o papai deixou" ou "A mamãe disse que podia" ou "Por que o papai é tão malvado?".
- Uma ou mais crianças estão se comportando mal e cada um dos pais tem uma opinião diferente sobre como lidar com a situação.

Tina e Jim estavam enfrentando problemas no casamento, principalmente porque a filha pequena e a adolescente perceberam que, quando colocavam um contra o outro, elas ficavam no comando da casa. Enquanto a mãe e o pai estavam discutindo sobre inúmeras questões, se distraíam de sua verdadeira tarefa: ensinar às filhas que a manipulação não vale a pena. Como todo o drama tinha exaurido esses pais, eles também não tinham energia para estabelecer e impor outros limites essenciais.

Após ler um breve artigo postado pelo Dr. Fay, Tina e Jim perceberam que estavam passando muito tempo chateados um com o outro e pouco tempo ensinando as filhas a se adaptarem às diferenças entre eles. Quando a filha adolescente falava "Ah, mas o papai deixou", Tina tinha o hábito de responder de duas maneiras problemáticas: acreditando na filha em vez de no marido e tentando demais parecer "justa" aos olhos da filha. Quando a filha pequena reclamava "A mamãe está sendo malvada", Jim ficava com pena e cedia. Ele se deu conta de que tinha permitido que sua filha fosse alvo de pena toda vez que ela se fazia de vítima.

Tina e Jim reverteram a situação quando identificaram um péssimo hábito que as pessoas geralmente desenvolvem: quando a pessoa A tem um problema com a pessoa B, ela reclama com a pessoa C.

Em vez de dar continuidade a esse padrão de comportamento, Tina e Jim se comprometeram a seguir as seguintes regras:

- Quando a pessoa A tem um problema com a pessoa B, a pessoa A resolve com a pessoa B.
- A pessoa C não se intromete a não ser para opinar quando for solicitado.

Eles decidiram como iriam lidar quando as filhas tentassem usar suas diferenças para dividi-los. A seguir, listamos alguns exemplos de como eles escolheram responder:

Exemplo

Filha: A mamãe está sendo malvada.

Pai: Parece que você está tendo um problema com a mamãe. Ela ama você, e eu tenho certeza de que ela está disposta a ouvir como você se sente sobre isso.

Exemplo

FILHA: Ah, mas o papai deixou.

MÃE: O que foi que eu disse?

FILHA: Você disse "não", mas...

MÃE: O que foi que eu disse? A minha resposta é "não".

Exemplo

FILHA: Mamãe acabou de dizer "não".

PAI: Às vezes nós damos respostas diferentes, porque somos diferentes ou a situação é diferente. A sua mãe sabe o que faz, e eu confio nela. Isso é algo que você precisa resolver com ela.

Exemplo

FILHA: Mãe, você pode me dar um dinheiro? O papai é muito pão-duro.

MÃE: Um dos motivos pelos quais eu me casei com ele é porque ele sempre foi muito sensato. Posso pensar em algumas tarefas extras aqui em casa que você poderia fazer para ganhar mais dinheiro.

FILHA: Mas eu preciso do dinheiro agora!

MÃE: Entendo que é uma situação difícil para você. A minha proposta continua de pé.

Mas e quando se tratar de conflitos em potencial sobre um padrão de mau comportamento desenvolvido pelas crianças, com o qual os pais precisam lidar demonstrando união? Vocês vão enfrentar situações assim. E como podem lidar com elas quando têm DNAs e experiências diferentes? Os objetivos que vocês estabeleceram durante a leitura do Capítulo 2 são a chave para o sucesso nesse caso.

Por exemplo, vamos imaginar que seu filho tenha desenvolvido o hábito de ser desrespeitoso e, até mesmo, desafiar os pais de vez em quando. Primeiro, vocês dois precisam discutir seus objetivos e não o comportamento desrespeito e antagonista do seu filho. Frequentemente os tomadores de decisão ficam presos nas diferenças de opiniões sobre estratégias porque não revisitaram primeiro o acordo que tinham sobre seus objetivos. Concentrar-se no problema acaba sobrecarregando a relação e contribuindo para o tipo de medo e preocupação que interfere na resolução do problema. Focar as soluções faz os cérebros de vocês saírem do modo de sobrevivência e entrarem no modo de resolução de problemas.

Em seguida, faça uma lista com as possíveis respostas para o problema:

- Talvez pudéssemos chamar a atenção e ameaçar tirar o celular dele.
- Talvez pudéssemos gritar e reforçar que ele é o filho e nós somos os pais.
- Talvez pudéssemos repetir com calma "Amamos você demais para discutir" quando ele tentar nos atrair para discussões.
- Talvez pudéssemos fazê-lo se envolver mais em serviços comunitários para aprender sobre a importância de colocar os outros em primeiro lugar.
- Talvez pudéssemos dizer carinhosamente: "Oferecemos privilégios nesta casa quando nos sentimos respeitados e vemos que você está fazendo o que pedimos".

Lembre-se de respirar. Não aja precipitadamente nem tente pensar em soluções perfeitas. Nesse momento, não avalie a qualidade das ideias. Simplesmente escreva aquilo que vier à cabeça. Tirar a pressão do processo acaba resultando em uma vasta lista de opções potencialmente efetivas. A criatividade demanda um cérebro tranquilo.

O último passo requer que vocês perguntem a si mesmos: "Quais dessas opções contribuem para os nossos objetivos?" e comecem a testá-las.

"Quais dessas opções contribuem" não é o mesmo que "Qual delas funcionará com certeza?". Novamente, o objetivo é que vocês permaneçam calmos e focados, em vez de sucumbirem diante do medo e da preocupação. Os melhores solucionadores de problemas *testam* soluções possíveis, em vez de ficarem presos na paralisia analítica ou no conflito interpessoal, tentando concordar quanto à estratégia perfeita. Testar é uma palavra poderosa, capaz de nos libertar da ansiedade desnecessária e das batalhas pelo controle com os outros.

O Dr. Fay trabalhou com a diretora do departamento de educação especial em uma grande escola distrital. Ela era conhecida e amada em todo o estado por promover a cooperação entre uma ampla e diversa comunidade de professores, diretores de escola e pais. Curioso com o sucesso dela em conseguir fazer tantas pessoas cooperarem, ele perguntou: "Qual é o seu segredo, Dra. Barber?". Em resumo, ela respondeu o seguinte:

> "Nós consideramos o nosso objetivo em comum e testamos. Praticamente tudo pode ser testado, desde que seja legal, moral e não viole nenhum dos nossos valores e objetivos centrais. Quando alguém sugere algo que eu acredito que não dará certo, mas que não causará nenhum mal, costumo sugerir que nós tentemos. Em seguida, eu me sento, ofereço o apoio de que precisam e permito que todos aprendamos com os resultados. Quando as coisas funcionam para os alunos, nós aprendemos. Quando as coisas não funcionam, nós aprendemos. Independentemente dos resultados dos primeiros testes, nós chegamos mais perto de encontrar estratégias com as quais as pessoas concordarão e que funcionarão para uma determinada criança. O maior desafio para mim é me lembrar da importância de ser paciente e empática enquanto as pessoas navegam por esse processo desafiador. A recompensa é que nós frequentemente estabelecemos vínculos uns com os outros durante a caminhada."

O que aconteceria se vocês colocassem essa sabedoria em prática na hora de tomar decisões sobre como educar seus filhos? Essa abordagem do "teste e cresça" pode ajudá-los a estabelecer vínculos e a aprender um com o outro, em vez de ter que lutar tantas batalhas.

Passo a passo

- Lembre-se de que o conflito sobre os diferentes estilos de educar causa mais danos do que os diferentes estilos de educar.
- Pratique a escuta ativa com o seu parceiro (e com seus filhos).
- Identifique todo e qualquer PAN sobre seu parceiro e questione toda e qualquer crença que estiver contribuindo para causar conflito entre vocês.
- Responsabilize-se pelo papel que desempenha na disputa pelo poder parental.
- Alongue-se e saia da sua zona de conforto, tomando a iniciativa de se reconectar com seu parceiro.
- Revisem juntos seus objetivos em comum para seus filhos, e permitam que eles direcionem seus comportamentos.
- Comprometa-se a seguir esta regra em casa: quando a pessoa A tem um problema com a pessoa B, a pessoa A resolve com a pessoa B. A pessoa C não se intromete a não ser para opinar quando for solicitado.

CAPÍTULO 11

LIDANDO COM UMA CRIANÇA DESMOTIVADA

Se falta motivação ao seu filho, fique curioso e não furioso.

A falta de motivação ou o baixo rendimento são alguns dos desafios mais complexos que crianças, pais e escolas enfrentam, podendo ter efeitos devastadores na autoestima e na força mental de uma pessoa jovem. Com frequência, os pais começam presumindo que a criança está simplesmente sendo preguiçosa. Em seguida, esses adultos bem-intencionados costumam recorrer a estratégias que pioram o problema, incluindo:

- Ameaças, sermões e avisos
- Punições
- Focar excessivamente em remediar os pontos fracos e esquecer de incentivar os esforços
- Estabelecer consequências que limitam o acesso da criança a atividades físicas e sociais saudáveis

Essas estratégias passam a impressão de que deveriam funcionar, e durante décadas foram utilizadas por pais e professores. Na verdade elas podem até gerar resultados positivos no curto prazo. No longo prazo, contudo, aumentam a desmotivação, causando ressentimento, dependência, arrogância, ansiedade e desesperança. Essas estratégias também diminuem o sentimento de autocompetência, principalmente em crianças que estão tendo problemas de aprendizagem, de saúde mental, com os familiares e os colegas da escola e com outras questões mais profundas. À medida que as percepções de autocompetência diminuem, tanto a motivação quanto a saúde mental e social também diminuem.

Anos atrás, um livro escrito pelo Dr. David Sousa intitulado *How the Brain Learns* [Como o cérebro aprende, em tradução livre][1] influenciou bastante o Dr. Fay. Enquanto lia, ele se lembrou de algo que havia observado durante décadas em seus próprios filhos e nos alunos que ensinou. Em resumo, os seres humanos nascem com uma necessidade inata de explorar, aprender e se aprofundar (curiosidade) e um sistema inato para recompensar essa curiosidade e o aprendizado quando ele ocorre. Por exemplo, observe uma criança pequena descobrindo diferentes formas de brincar. Ela pode encontrar um conjunto de blocos e começar a empilhá-los. Quando os blocos caem, ela provavelmente tentará de novo. Ninguém ensinou isso a ela, que está apenas respondendo ao desejo do seu cérebro de realização e conclusão. A pergunta "Será que eu consigo fazer isso?" começa a dominar sua mente.

Todos nós nascemos com esse pensamento "Será que" é o que motiva nossa curiosidade natural para saber como o mundo funciona. Quando permitimos que nossos pequenos aprendam e explorem em um ambiente seguro, isso estimula ainda mais a curiosidade, a experimentação, a inovação e a alegria associadas ao sucesso. O cérebro deles libera uma variedade de substâncias químicas de bem-estar, em sua maioria de dopamina, que servem como recompensa pelos seus esforços. A curiosidade se torna o guia à medida que naturalmente percebem que ela leva à realização e à alegria. Em 1954, um psicólogo chamado Abraham Maslow escreveu sobre uma descoberta que fez sem o auxílio da tecnologia moderna de tomografia cerebral.[2] Após observar centenas de pessoas durante décadas, ele desenvolveu uma teoria robusta sobre as necessidades que precisam ser supridas antes de nos sentirmos seguros o bastante para vivenciar experiências de conquistas acadêmicas, criatividade e inovação (todas categorizadas como "autorrealização"). A adaptação proposta pelo Dr. Fay para a pirâmide de Maslow mantém a progressão original das necessidades, mas atualiza as descrições para incluir aquelas que se aproximam mais da maneira como essas necessidades podem ser supridas em crianças e adolescentes nos dias de hoje. Comece na base da pirâmide, onde estão localizadas as necessidades mais básicas. Quando o primeiro nível de necessidades é suprido, então o cérebro se direciona para o próximo nível de necessidade. A realização completa de cada nível é pré-requisito para progredir para o próximo.

Desde o dia em que seu filho nasce, você começa a suprir suas necessidades físicas e de segurança mais básicas, bem como a criar vínculos por meio do amor e da aceitação. Isso cria um cenário ideal para o estímulo da curiosidade e do aprendizado do seu filho. À medida que ele cresce, infelizmente a motivação intrínseca pode ser prejudicada nas vidas de inúmeras crianças. A ansiedade, a insegurança e o medo — associados a problemas familiares, vizinhanças perigosas, doenças físicas, pais permissivos, métodos educacionais muito exigentes, traumas e outros problemas — se tornam os inimigos que podem roubar a alegria do aprendizado. Quando os desafios relacionados à sobrevivência física, mental ou emocional confrontam o cérebro, a necessidade inata de aprendizado vai para segundo plano, para que o cérebro consiga suprir a necessidade mais imediata de sobrevivência. É nesse momento que a criança pode entrar no modo de autopreservação, interrompendo o processo natural do ciclo de curiosidade, aprendizado e recompensa. Isso pode soar assustador; é por isso que compreender como se dá a progressão das necessidades do seu filho vai ajudá-lo. Seus esforços em casa influenciam na possibilidade de o seu filho sucumbir à ansiedade, à insegurança e, ao medo ou oferecem a ele a confiança e a competência necessárias.

Autorrealização
Moralidade, criatividade, espontaneidade, resolução de problemas, ausência de preconceitos, foco espiritual e crescimento.

Estima
Crenças saudáveis sobre a correlação entre o esforço e a realização, confiança, motivação para realizar, respeito por si mesmo e pelos outros.

Amor e pertencimento
Amor parental, incentivo, oportunidades de contribuir para a família, oportunidades de tomar decisões e de experimentar a liberdade, disciplina amorosa.

Segurança
Proteção física, proteção emocional por meio de supervisão, limites e distanciamento apropriado, proteção dos efeitos nocivos das redes sociais.

Necessidades fisiológicas
Água potável, alimentação saudável, casa, proteção contra doenças, toxinas e a exposição excessiva às telas, vestimenta e mais.

Ansiedade e cérebro

Na parte mais profunda do cérebro estão localizadas estruturas importantes chamadas amígdala e gânglio basal, responsáveis por regular o nível de ansiedade no corpo, entre outras funções. Nosso trabalho com as imagens cerebrais nas Clínicas Amen evidencia que, quando há muita atividade nessas áreas, as pessoas tendem a ser mais ansiosas, tensas, nervosas e temerosas. Elas também são mais propensas a paralisar diante de situações estressantes, a evitar conflitos e a ter bastante receio de receber críticas ou julgamentos dos outros. A falta de sono, uma alimentação com alto índice glicêmico (por exemplo, cereais matinais açucarados, doces e biscoitos), cafeína, álcool, maconha, pular refeições e acreditar nos pensamentos negativos sem questioná-los podem exacerbar a ansiedade. Veja o Capítulo 13 para aprender formas naturais de acalmar seu cérebro e o cérebro ansioso do seu filho.

NOVE DICAS PARA EDUCAR UMA CRIANÇA MOTIVADA E CONFIANTE NOS ESTUDOS

Dica nº 1: Pare com a disputa pelo controle.

Assim que começa a disputa pelo controle, a ansiedade aumenta e a motivação acadêmica diminui. Assim que começa a disputa pelo poder, o vínculo que construímos com nossos filhos enfraquece. Retomando a pirâmide de necessidades, é fácil perceber que as batalhas pelo controle podem prejudicar muitos aspectos do desenvolvimento dos nossos filhos. Vamos refletir sobre como os pais podem encerrar a guerra que estão travando com seus filhos sobre o aprendizado deles. Tenha em mente que o diálogo a seguir funciona de crianças que acabaram de começar o ensino fundamental até a fase adulta. É claro que você pode decidir mudar o fraseado com base na idade e na capacidade dos seus filhos. Essa também não é uma conversa do tipo "falei e acabou"; é apenas o começo de um amplo programa para colocar um fim nas doloridas disputas pelo poder.

PAI: Preciso me desculpar com você, filho.

FILHO: Pelo quê?

PAI: Eu amo tanto você que esqueci que a única pessoa capaz de decidir o tipo de vida que viverá é você.

FILHO: O que você está querendo dizer?

PAI: Existe alguém que pode obrigá-lo a aproveitar as oportunidades que a escola oferece para que você tenha o conhecimento e as habilidades necessárias para ter uma vida mais fácil quando for adulto?

FILHO: Não.

PAI: É isso. Você está no controle. Foi erro meu achar que posso obrigá-lo a escolher uma vida mais fácil. Isso tem causado várias discussões entre nós, e eu sinto muito por isso.

FILHO: Você está sempre no meu pé por causa da escola.

PAI: Sim. Eu fiz muito isso nos últimos anos. Mas agora estou percebendo que o meu trabalho é oferecer ajuda e não forçá-lo a tirar notas boas. Eu vou amá-lo quer você aproveite esse período na escola e aprenda coisas que facilitarão a sua vida, quer não o faça e acabe tendo uma vida mais difícil. Eu vou amá-lo da mesma forma, qualquer que seja a sua escolha. Só me diga como posso ajudar.

Pare um pouco para refletir sobre as necessidades básicas que foram supridas pelo pai nessa troca (amor e estima). O que pode ter mudado no ambiente da casa como um todo? Será que há menos ansiedade no ar?

Pode parecer que esse pai está renunciando a uma grande quantidade de controle. Na verdade ele está desistindo de um poder que nunca teve.

Dica nº 2: Transfira a responsabilidade pelo aprendizado para seu filho.
Estamos discutindo sobre o aprendizado de quem? O seu ou o do seu filho? Obviamente você não pode frequentar a escola no lugar do seus filho. No entanto, esse fato não impede muitos pais de assumirem muito mais responsabilidade pelo aprendizado dos filhos do que eles próprios. Você se enquadra nessa categoria de pais bem-intencionados que estão consistentemente se dedicando mais à educação dos filhos do que eles mesmos? Quais são as mensagens implícitas mas poderosas que estão sendo passadas para seu filho quando você comete esse erro? Essas mensagens comunicam que seu filho não é capaz e não precisa assumir a responsabilidade pelos desafios que enfrenta porque outra pessoa fará isso por ele. Interrompa esse padrão prejudicial já no início do ensino fundamental, se possível. Quanto mais ele dura, mais difícil fica para você e seu filho. A seguir, apresentamos um diálogo entre pai/mãe e filho que muitos pais já utilizaram como guia.

Como muitos dos exemplos neste livro, ajuste o fraseado com base na idade e na habilidade do seu filho:

> Filho: Você precisa mandar um e-mail para minha professora e dizer a ela que eu não vou conseguir fazer todas as tarefas até o fim da semana.
>
> Pai: Parece que você está se sentindo muito sobrecarregado.
>
> Filho: Sim! É óbvio, não?
>
> Pai: O que você acha que pode fazer? Gostaria de ouvir algumas sugestões?
>
> Filho: Eu preciso que você converse com ela.
>
> Pai: Filho, estamos falando das tarefas escolares de quem? Das minhas ou das suas?
>
> Filho: Bom... É coisa demais para eu dar conta.
>
> Pai: Fico feliz em dar algumas sugestões sobre como você pode conversar com a sua professora sobre isso. Posso até acompanhá-lo quando for conversar com ela.
>
> Filho: O que eu deveria fazer?
>
> Pai: Ser criança é difícil, eu sei. Estou sempre disposto a ajudar, contanto que não pareça que estou me esforçando mais pelo seu aprendizado e pelas suas notas do que você. Me avise quando decidir o que vai fazer. Se você quiser ouvir o que algumas pessoas costumam fazer nesse caso, é só pedir.

Quando você assume esse risco inteligente mas assustador, o que deve esperar como resultado? Erros. Simples assim. Seu filho cometerá mais erros porque recebeu uma responsabilidade nova e importante. Não se desespere. Essa é uma parte do processo de aprendizado e de se oferecer para pensar junto. Quando seu filho receber a responsabilidade de ser o principal responsável pelo próprio aprendizado, ele cometerá vários erros de custo baixo, mas também será livre para tomar grandes e incríveis decisões. Esse passo supre muitas das necessidades de estima e autorrealização, oferecendo ao seu filho uma sensação de liberdade (divisão do controle). Será que eles também experimentam sentimentos de competência quando percebem que podem aprender com seus erros? Será que eles sentem amor e pertencimento quando nos lembramos de lidar com seus erros com empatia em vez de raiva?

Dica nº 3: Responda com empatia e consequências plausíveis e lógicas.
A raiva fecha a porta para o aprendizado. A empatia abre a porta para o aprendizado. A raiva significa que o problema é nosso. A empatia permite que o problema permaneça com nossos filhos. A empatia, de modo geral, ajuda a suprir muitas das necessidades de amor e pertencimento. Ela acalma a ansiedade e permite que comuniquemos que entendemos os sentimentos dos nossos filhos. Vamos ver como isso funciona:

PAI: Obrigado por me mostrar o seu boletim. Eu imagino o quanto você deve estar chateado.

FILHO: Você está bravo comigo!

PAI: Eu realmente espero que você perceba que não estou bravo. Eu só lamento por você.

FILHO: Não é justo. Todos os meus professores agem como... É como se eles não se importassem.

PAI: Por favor, me diga como eu posso ajudar. E lembre-se de que vou sempre amar você... quer você tire notas boas ou não.

A empatia sincera é essencial. A responsabilização plausível e lógica também é. Você tem duas opções quando o assunto é responsabilização: sua motivação advém do desejo de usar as consequências como forma de punir seu filho até que ele se torne um aluno melhor? Ou sua motivação advém do mero desejo de ajudá-lo a ter uma visão correta dos desafios da vida e de como ele pode superá-los? A primeira motivação deixará você frustrado, ao mesmo tempo que prejudicará o relacionamento com seu filho. A segunda preservará esse relacionamento, enquanto dá a seu filho a oportunidade de perceber que ele pode resolver o problema que criou. A seguir, apresentamos duas breves interações entre pai e filho para ilustrar a essência de ambas as opções:

Pai: Essas notas são completamente inaceitáveis. O que preciso fazer para você começar a levar a escola a sério? Você ficará sem jogar videogame até que as suas notas comecem a melhorar.

Enquanto a estratégia desse pai pode parecer plausível, o tom evidencia mais sua raiva e a necessidade de controlar a situação. Vamos observar como isso pode se desenrolar de forma a apresentar o pai como um aliado ao invés de um inimigo.

Pai: O que você achou das suas notas?

Filho: Não sei. Nada demais.

Pai: Eu imagino que seja difícil admitir o quanto isso pode ser frustrante. Eu gostaria de poder ajudar.

Filho: O que você poderia fazer?

Pai: Eu tenho aprendido muito sobre o uso da tecnologia ultimamente, e sobre o fato de que as crianças que passam muito tempo diante das telas, jogando videogame e nas redes sociais costumam ter mais dificuldades na escola.

Filho: Ah, que ótimo! Lá vem. Imagino que você vai cortar tudo.

Pai: Eu gostaria de fazer um teste para ver se diminuir a quantidade de tempo que você gasta nessas atividades pode ajudá-lo na escola. Você gostaria que eu decidisse quanto tempo podemos diminuir ou você tem alguma sugestão sobre isso? Se tiver, eu gostaria de ouvir.

Filho: Você só está me punindo.

Pai: Eu sei que pode parecer que é isso. Pelo seu bem, espero que consiga perceber que a minha vontade é ajudar... e não piorar a sua vida. Eu amo você.

O pai está sendo gentil, ao mesmo tempo que cobra responsabilidade de seu filho. Ao participar da solução do problema, o filho tem mais chances de desenvolver sentimentos de competência do que uma criança que é responsabilizada por meio da punição. Fazer testes pode levar a descobertas que estimulam a autocompetência e a sabedoria. Sentir-se competente fará com que ele se sinta mais esperançoso e motivado para enfrentar todos os outros desafios que encontrar.

Dica nº 4: Siga algumas diretrizes para ajudar com as tarefas da escola. Pais bem-sucedidos se preocupam com as tarefas escolares dos filhos e seguem algumas diretrizes básicas para conseguir ajudar de forma produtiva:

Diretriz nº 1: Só ajude enquanto seu filho quiser ajuda. Com frequência, impomos nossa ajuda aos nossos filhos sem antes oferecer a eles a opção de recusá-la. Ter a sensação de controle é uma necessidade emocional importante. Se você perguntar "Você gostaria que eu ajudasse com isso?" e seu filho responder "Não", respeite a vontade dele. Mas mantenha a oferta dizendo: "Se mudar de ideia, por favor, me avise".

Diretriz 2: Só ajude quando seu filho provar que está prestando atenção na aula. Frequentemente as crianças se distraem na sala de aula e depois precisam da ajuda dos pais em casa. Antes de ajudar no automático, pergunte "O que foi que a professora ensinou sobre isso?" ou "Como ela explicou isso?". Se seu filho responder se fazendo de desentendido, responda: "Eu ajudarei assim que você me contar um pouco sobre como a sua professora explicou essa atividade. Talvez você possa tirar suas dúvidas com ela amanhã". Se ele responder "Mas a atividade é para amanhã!", você pode responder: "É uma pena, mas tenho certeza de que você vai conseguir resolver isso".

O custo para a criança de não conseguir fazer uma atividade escolar de vez em quando compensa, porque ela aprende a escutar com mais atenção seus professores. Se você perceber que o professor não está explicando as atividades com clareza, o primeiro passo é ensinar seu filho a conversar com o professor sobre o problema. Só se envolva e converse diretamente com o professor em última instância. Quando você dá a seus filhos os repertórios para eles resolverem a maioria dos desafios que encontram, eles se tornam pessoas resilientes e mentalmente fortes.

Diretriz nº 3: Só ajude se for sem raiva ou frustração. O objetivo é desenvolver e manter sentimentos positivos com relação ao aprendizado. Assim que o padrão de frustração ou raiva mostra as garras, é hora de dizer: "Eu ajudo contanto que seja bom e agradável para nós dois. Acho que isso é algo sobre o que você deveria conversar com o seu professor". Ainda que isso signifique que seu filho vai receber uma nota ruim na atividade, compensa por ser uma forma de evitar dar continuidade a um padrão negativo de interações relacionadas às tarefas da escola.

Diretriz nº 4: Ajude aos poucos, para que eles percebam que conseguem sozinhos. Uma coisa interessante acontece quando um pai/mãe ou professor cria o hábito de se sentar diariamente com um aluno para guiá-lo pelo processo de aprendizagem. Cada vez que a criança é guiada para o sucesso, ela começa a racionalizar: *Eu experimentei esses sentimentos bons porque um adulto me ajudou.* Basta algumas repetições para que eles acreditem que só terão sucesso quando um adulto estiver por perto.

Uma estratégia melhor envolve guiar seu filho aos poucos: se afastando para fazer outras atividades, voltando para ajudar mais um pouco, se afastando novamente, na esperança de que ele encontre a solução quando você não estiver por perto. Quando isso acontece, ele tem a oportunidade de perceber que pode aprender sem a ajuda constante, estimulando sua motivação interna. Embora seja uma espécie de arte, bons pais gradualmente desenvolvem uma intuição sobre quando o filho está prestes a ter um momento de aprendizado, estabelecendo certo distanciamento em relação a ele.

Dica nº 5: Escola é escola, casa é casa.

Como pais de uma criança com déficit de aprendizagem, os pais do Dr. Fay eram inundados por recados e ligações da escola de ensino fundamental de seu filho, querendo discutir o comportamento dele e sua falta de motivação para fazer as tarefas. Junto com os recados e ligações vinham atividades de reforço, consequências plausíveis com as quais ele deveria lidar e várias atividades extras para remediar as dificuldades de aprendizado de Charles.

Pais preocupados e obedientes que eram, ambos fizeram o melhor que podiam para seguir as recomendações da escola. Charles chegava em casa por volta das três da tarde. Às 15h10 ele já estava ocupado preenchendo as folhas de exercícios e reclamando com a mãe que não conseguia fazer a maioria deles. Na tentativa de ajudar, ela começava explicando com calma, passava a engolir sua frustração e acabava perdendo a paciência por volta das 17 horas, com um misto de sermão e lágrimas. O pai chegava às 17h45, e começava a tomar a tabuada as operações matemáticas e as noções básicas de gramática, que eram os pontos fracos de Charlie e parte do plano da escola para remediar a situação. Ainda na agenda estava o fato de que Charles havia atirado seu livro de matemática no chão durante a aula e gritado: "Divisão é um saco!". Completamente exaustos, a única coisa que seus pais tinham energia para fazer era gritar: "Você jogou o livro no chão durante a aula. Como castigo, vai para a cama mais cedo!". A única coisa boa que resultou de tudo isso foi que seu pai ficou motivado a pesquisar estratégias mais efetivas, que acabaram resultando na abordagem Amor e Lógica.

Agora, vamos imaginar se essa antiga estratégia dos pais do Dr. Fay funcionaria com Tammy, uma adulta que enfrenta dificuldades em seu novo emprego e está bastante estressada.

— Tammy, eu amo você — seu marido Jon diz, assim que ela entra em casa depois de um dia difícil no trabalho. — Conversei com seu chefe hoje e ele mencionou que muitas das suas habilidades computacionais poderiam melhorar — ele continua, preocupado.

Tammy fica atônita.

— Ele falou com você? Por que ele fez isso? Não faz sentido. Além disso, ele nunca deixa claro o que quer que eu faça, e eu não estava ciente de que precisaria aprender a mexer em um programa de equações multilineares no computador.

— Não precisa ficar na defensiva — Jon continua. — Só estamos tentando ajudar. Seu chefe me mandou alguns links de tutoriais que podem ajudá-la a melhorar suas habilidades. Ficarei feliz de sentar com você e ver se posso ajudar. Ele também mencionou que você não conseguiu terminar um dos seus relatórios, por isso acho que não poderemos ir para a praia neste final de semana.

Não há dúvida de que essa abordagem não funcionaria com casais. Também não funciona com os filhos. A casa precisa ser um santuário, onde os filhos possam desfrutar de suas famílias, recarregar suas baterias fazendo o que gostam e descansando. Tarefas da escola e de reforço deveriam tomar pouco tempo da vida doméstica deles. Nós concordamos com muitos especialistas que recomendam esta diretriz geral: dez minutos para a tarefa de cada matéria por noite. É claro que esse tempo pode variar dependendo do assunto e da habilidade da criança. Mas o mais importante é se lembrar de que as crianças crescem quando são desafiadas, mas não sobrecarregadas. Elas também se desenvolvem de forma saudável quando têm tempo para participar de outras atividades benéficas, incluindo exercícios, brincadeiras, momentos de diversão e de refeições com os familiares, bem como tarefas domésticas apropriadas para suas idades. Além disso, pesquisas acerca dos benefícios das tarefas escolares revelam que elas têm um impacto pequeno no desempenho escolar até que os alunos cheguem ao ensino médio, quando começam a estudar assuntos mais complexos, como química, física e matemática avançada.[3]

Manter a distinção entre o que acontece na escola e o que acontece em casa também é importante para os pais que educam seus filhos em casa (*homeschooling*). Os pais precisam de intervalos predeterminados, quando podem sair do papel de professores, e as crianças precisam desses momentos para descansar do papel de alunos. Estabeleça esses intervalos nas agendas diárias e mantenha-os, mesmo quando o tempo de aula não tiver sido tão produtivo e seu filho tiver tido dificuldades para terminar a tarefa. O Dr. Fay e sua esposa, Monica, escolheram educar o filho mais novo, Cody, em casa. Ele nasceu alguns anos depois dos seus dois irmãos mais velhos, que frequentaram escolas públicas. Monica aprendeu desde cedo que era importante manter um cronograma consistente, semelhante ao que Cody seguiria se frequentasse a escola fora de casa. O horário da escola era o mesmo todos os dias. Agora que Cody está na faculdade, o Dr. Fay sempre se lembra daquela época e se sente extremamente grato pela sabedoria da esposa durante todo o processo. Ele diz que aprendeu muitas coisas maravilhosas com ela ao longo dos anos.

Embora seja importante estabelecer limites saudáveis entre o que acontece na escola e o que acontece em casa, não é realista presumir que seus filhos nunca terão tarefas escolares ou precisarão de ajuda com elas. Também não é realista pensar que seus filhos nunca encontrarão um professor que passa muita tarefa de casa. Quando isso acontecer, evite dizer ou fazer qualquer coisa que contribua para que seus filhos demonstrem menos respeito por esse professor. Em vez disso, primeiro ensine seu filho a argumentar, oferecendo sugestões e praticando com ele como conversar com o professor. Fazer isso oferece a seu filho a oportunidade de aprender que consegue, respeitosamente, se defender sozinho. Se seu filho for mais novo, se estiver no ensino fundamental, por exemplo, o melhor é marcar uma reunião com o professor e acompanhar seu filho para apoiá-lo. Isso significa permitir que ele conduza a conversa, enquanto você preenche as lacunas sempre que necessário.

Ensinar é uma profissão extremamente desafiadora, e a maioria dos professores admite que às vezes exagera, passando tarefas que demandam muito tempo para serem feitas. Quando são abordados por alunos e pais de forma grata, gentil e bem-humorada, os professores geralmente estão dispostos a fazer ajustes.

Dica nº 6: Celebre sempre os esforços dos seus filhos.

É como o Dr. Fay sempre diz: nada é mais desmotivador do que uma dieta diária de críticas construtivas. Quando falamos em "críticas construtivas" estamos nos referindo ao criticismo. As críticas se tornam verdadeiramente construtivas apenas quando vêm de alguém em quem confiamos; alguém que acredita em nós, e alguém que entende que estamos mais propensos a adotar novos hábitos quando somos amados e valorizados pelos nossos pontos fortes. O princípio básico é:

Reforce os pontos fortes de seus filhos, para que eles estejam dispostos a aceitar os riscos relacionados aos seus pontos fracos.

As pessoas não se arriscam por aqueles em quem não acreditam ou que não respeitam, mas estão sempre dispostas a atravessar o fogo por aquelas pessoas especiais, que diariamente dizem "Você é a luz dos meus olhos. Eu acredito em você".

Como você já sabe, o Dr. Fay enfrentou inúmeras dificuldades de aprendizado na escola quando criança. Foi uma época muito difícil para ele. Na verdade ele passou grande parte dos seus primeiros anos de vida revisando resumos, treinando gramática, decorando a tabuada e as listas de soletração. Não funcionou. Ele continuava sendo um aluno abaixo da média, que se tornava cada dia menos motivado. Até que seu pai participou de uma palestra motivacional que mudou sua maneira de pensar. O palestrante disse: "Ajude seus filhos a descobrirem os dons que Deus lhes deu. Foque nesses dons. Treine-os para focar nesses dons, em vez de se concentrar nos seus pontos fracos. Ensine-os a viver dessa forma, a presentear os outros com os seus dons e, assim, a encontrar a alegria no esforço".

Toda a maneira como seu pai enxergava a motivação e a educação, tanto na escola quanto em casa, virou de cabeça para baixo com esse momento de revelação. Tanto que um dia ele deu um abraço apertado em Charles e o incentivou a concentrar sua energia mais em aprimorar seus dons do que em lutar contra suas dificuldades. O principal dom de Charles era sua habilidade para consertar quase tudo que se quebrava. Ao seguir o conselho do pai, ele se tornou um mecânico e passou cerca de dois anos depois do ensino médio consertando carros da marca Oldsmobile, fabricados pela General Motors. (O controle de qualidade deles na época era tão ruim que ele se sentia muito realizado de poder ajudar os consumidores que tiveram a má sorte de comprar aqueles carros.)

Depois disso, Charles percebeu que era capaz de aprender e de ser produtivo. Ele também descobriu que ajudar os outros era extremamente gratificante. Com o passar do tempo, ele fez uma faculdade e a pós-graduação, formando-se com honras. De alguma forma, o dom para a mecânica que Deus tinha dado a Charles desbloqueou seus outros dons, que ainda não haviam sido revelados, tais como a capacidade de explicar estatística avançada para jovens da graduação à beira de um ataque de nervos. Em uma ocasião, um desses alunos empurrou o livro para fora da mesa, em uma demonstração de frustração. O Dr. Fay se aproximou e sussurrou: "Eu sei que é difícil, mas você consegue". Ele nunca se esquecerá da expressão de surpresa e gratidão envergonhada daquele aluno.

Quando você começa a adotar uma abordagem focada nos dons, é muito provável que seus filhos sintam um alívio profundo e cresçam sabendo que podem construir suas vidas ao redor desses dons. A ansiedade deles se dissipará e eles se sentirão livres para descobrir e correr atrás dos seus sonhos.

Dica nº 7: Estabeleça limites efetivos.

Crianças que têm pais permissivos têm menos chances de serem bem-sucedidas na escola.[4] Isso é um fato científico, que faz sentido quando consideramos a pirâmide de necessidades e nos lembramos de que os limites são sinônimos de segurança e de amor. Embora já tenhamos discutido sobre limites no Capítulo 5, os limites aos quais nos referimos aqui não são apenas relacionados às tarefas e trabalhos escolares ou às notas. Também estão relacionados a demonstrar respeito, ajudar em casa, informar a localização, se comportar de forma aceitável durante atividades esportivas ou durante atividades extracurriculares, cuidar da alimentação, respeitar o horário de dormir, entre outras questões diárias. Esses limites diários, muitos dos quais não aparentam ter relação com a motivação escolar, têm tudo a ver com suprir as necessidades do seu filho de se sentir seguro e amparado.

Um dos limites mais importantes diz respeito ao uso de dispositivos eletrônicos, principalmente por parte de crianças que estão tendo dificuldades de aprendizagem na escola. Nós imploramos aos pais para limitarem o máximo possível o tempo de tela em casa quando seus filhos estão com problemas desse tipo na escola. Na verdade, o Dr. Fay sugere que os pais solicitem que tarefas e outras atividades para serem feitas em casa não exijam o uso da internet ou de dispositivos eletrônicos para sua realização. Um bom exemplo são as tarefas escritas à mão. Exercícios de matemática feitos com o auxílio de uma calculadora portátil e não de um computador são bons para as crianças. Esse tipo de atividade reduz a superestimulação e a ansiedade, que costumam prejudicar o desempenho de estudantes com déficit de aprendizagem. À medida que vivem experiências de sucesso e seus cérebros começam a se curar, você pode ir gradualmente reintroduzindo a tecnologia digital para auxiliar no aprendizado.

Dica nº 8: Ensine seus filhos a pensar como grandes vencedores.

Desde o início da sua carreira, Bernard Weiner, um dos principais psicólogos sociais dos Estados Unidos, se interessou pelos padrões de pensamento dos sujeitos de pesquisas que demonstravam alto rendimento em comparação com os daqueles que demonstravam baixo rendimento. Ele observou que aqueles que tinham alto rendimento geralmente atribuíam tanto o próprio sucesso como o próprio fracasso aos fatores que estavam dentro do seu controle,[5] tais como a quantidade de treinamento ou preparação, a quantidade de esforço, o nível de perseverança, entre outros. Em contrapartida, ele verificou que os sujeitos que apresentavam baixo rendimento atribuíam seu desempenho a fatores fora do seu controle, tais como sorte, qualidade do ensino, tipos de habilidade inatos ou nível de dificuldade da tarefa. Aqueles que atribuem seu desempenho a fatores fora do seu controle não têm motivação suficiente para melhorar ou insistir em tarefas difíceis. Em contrapartida, aqueles que atribuem seu desempenho a qualidades mutáveis têm mais motivação para melhorar suas habilidades e perseverar.

Recentemente, uma pesquisadora da Universidade Stanford, a Dra. Carol Dweck, não só identificou um padrão semelhante como coletou dados que corroboram a hipótese de que esses estilos de atribuição podem ser aprendidos.[6] Em sua pesquisa, ela descobriu que os sujeitos que recebiam consistentemente elogios não específicos, "Como você é inteligente" ou "Você é muito esperto", apresentavam maior propensão para desistir ou para evitar tarefas difíceis. Em resumo, essas crianças foram treinadas para atribuir seu sucesso a uma alta aptidão, um fator geralmente visto como genético e imutável. Consequentemente, quando encontravam tarefas que exigiam mais habilidade, elas acabavam desistindo, presumindo que não seriam capazes de fazer mais. Por outro lado, os sujeitos que recebiam elogios específicos, relacionados aos seus esforços, como "Bom trabalho" ou "Continue tentando", apresentavam maior propensão para perseverar e tentar fazer tarefas mais difíceis no futuro. Em seu maravilhoso livro *Mindset: A nova psicologia do sucesso*, Dweck apresenta uma importante distinção entre "*Mindset* fixo" e "*Mindset* de crescimento".

Paralelamente à pesquisa da Dra. Dweck, nós identificamos padrões similares nos estudantes de baixo rendimento que atendemos. Com base nessas observações sobre rendimento alto e baixo, desenvolvemos o processo a seguir, para ensinar as crianças a pensar como grandes vencedores:

- *Passo 1: Quando a criança fizer algo bem, reconheça e descreva o feito de forma específica.*
  Exemplo: "Você resolveu a questão 9 do exercício de matemática corretamente".

- *Passo 2: Pergunte à criança: "Como você fez isso?".*
  Importante: evite elogiar a criança dizendo algo como "Você é tão inteligente" ou "Isso é ótimo!".

- *Passo 3: Ofereça três possíveis razões para o sucesso da criança:*
  1. Você se esforçou?
  2. Você continuou tentando?
  3. Você tem estudado/praticado?

  Observação: Todas essas alternativas se referem ao esforço ou são atribuídas ao esforço, logo não importa qual delas a criança escolher.

- *Passo 4: Peça à criança para lhe dizer qual ela considera ser o motivo do sucesso dela.*

Nós acreditamos que as crianças estão mais propensas a internalizar uma crença quando a verbalizam. É por isso que recomendamos que você faça o possível para convencer seu filho a escolher e a dizer em voz alta uma dessas três razões para o sucesso. Assim como o pressuposto de que o cérebro usa o que vê e faz acontecer, descrito no Capítulo 2, ele também usa aquilo que escuta e o transforma em realidade. O Dr. Fay é conhecido por sorrir para uma criança que não tem certeza da resposta e perguntar: "Bom, mas, se você soubesse, qual dessas três razões seria?". Uma garotinha brilhante, quando perguntada por ele por que achava que tinha se saído bem na atividade de soletrar, respondeu, rindo: "Seu bobo! Todas essas três razões são iguais". Em seguida, ela continuou: "Eu acho que, se tivesse que escolher uma, diria que foi porque eu fiquei praticando".

As crianças são mais felizes quando nós usamos essa abordagem do que quando elogiamos com base na esperteza, na inteligência ou nos talentos.

Talvez seja porque esses elogios vêm acompanhados da pressão pelo bom desempenho, o que acaba sobrecarregando muitas crianças. Lembre-se: a ansiedade é inimiga da motivação. Quando as crianças começam a sentir que não vão conseguir corresponder às nossas expectativas, não demora muito para que elas se fechem. Em contrapartida, quando elas sabem que nós as amamos por quem são, sentem-se livres para explorar e errar e transformar esses erros no tipo de aprendizado que moldará suas vidas de maneira positiva.

Dica nº 9: Busque causas subjacentes para o baixo desempenho.

Se você tentou as estratégias deste capítulo mas ainda não está verificando uma melhora na motivação ou no desempenho do seu filho, não se martirize e não se irrite com ele. Seja curioso e não furioso. Investigue o que pode estar causando o problema. Pode ser que uma condição biológica ou um problema de saúde mental possa estar interferindo. Foi isso que aconteceu com o Dr. Fay. Como mencionado na introdução deste livro, quando estava começando na escola ele teve febre maculosa, uma doença bacteriana transmitida pela picada de carrapatos infectados. Os sintomas mais comuns incluem febre, dores de cabeça e coceira. Ele teve os três sintomas, mas também sentiu que a doença não só o impossibilitava de pensar com clareza como prejudicava seu aprendizado na escola. Ele estava certo. O que ele e seus pais não sabiam na época era que doenças causadas por carrapatos, incluindo a de Lyme, podem causar problemas cognitivos e psicológicos. Por exemplo, a doença de Lyme já foi associada ao déficit de atenção e foco, à menor capacidade de processamento mental, à dificuldade para resolver problemas, à depressão, entre outros males.[7] Provavelmente esse é o motivo pelo qual várias das estratégias adotadas para lidar com o problema não funcionaram para Charles. Ele continuou se sentindo desmotivado com suas notas, devido aos efeitos da doença. Quando ficou mais saudável, conseguiu melhorar sua motivação, tornando-se altamente produtivo e bem-sucedido.

Doenças causadas por carrapatos são apenas um tipo de problema de saúde que pode estar contribuindo para o baixo desempenho. Outros problemas incluem:

- TDAH
- Dislexia
- Síndrome de Irlen (uma dificuldade de processamento visual, geralmente observada em crianças e adultos com falta de motivação)
- Exposição ao mofo
- Covid longa
- Passar por anestesia
- Dieta pouco saudável

Diagnosticar e lidar com essas questões pode ser a chave para superar problemas prolongados de baixo rendimento. Veja o Capítulo 13 para saber mais sobre questões de saúde mental quando nada está funcionando.

ESTÁ TUDO LIGADO AO CARÁTER

A porcentagem de dificuldades escolares crônicas que se originam de transtornos legítimos que interferem no aprendizado e no desenvolvimento de competências acadêmicas não chega nem perto da porcentagem causada por problemas básicos de caráter, como falta de autocontrole, dificuldade de lidar com emoções, falta de experiência com dificuldades e perseverança, falta de conexão e de contribuição com a família, problemas para lidar com limites, entre outros. Quando o primeiro filho do Dr. Fay começou a ter dificuldades de aprender matemática na segunda série, sua professora era uma sábia mulher mais velha, com mais de 35 anos de experiência. O Dr. Fay nunca esqueceu o que ela lhe disse: "Ensine Mark a ser um homem bom. Isso é muito mais importante do que saber ler, escrever e calcular. Se você fizer isso, ele sempre encontrará uma maneira de ser bem-sucedido".

O Dr. Fay seguiu o conselho da professora e se esforçou para ensinar seu filho a se dedicar às suas tarefas, a tratar as pessoas com gentileza, a esperar pelo que desejava e a ser grato. À medida que os anos se passaram, o Dr. Fay percebeu que o filho ainda tinha dificuldades na escola, mas estava se tornando um homem gentil e responsável. Já adulto, seu filho descobriu que tratar a esposa, os colegas de trabalho, os clientes e todo mundo com dignidade é sinônimo de sucesso. Quando criamos filhos que sabem tratar bem os outros, cumprir com sua palavra e se responsabilizar por seus erros, são altas as chances de eles se tornarem bem-sucedidos.

Passo a passo

- Desista de tentar controlar o que está fora do seu controle.
- Transfira a responsabilidade pelo aprendizado para seu filho.
- Quando seu filho apresentar baixo rendimento, responda com empatia.
- Quando seus filhos, principalmente os mais novos, estiverem em casa, permita que eles se concentrem nas tarefas domésticas, como ajudar na cozinha, aprender a consertar as coisas em casa e outras atividades divertidas e interativas.
- Antes de correr para ajudar seu filho com as tarefas escolares, pergunte se ele quer sua ajuda.
- Concentre-se nos pontos fortes do seu filho, ao invés de insistir nos seus pontos fracos.
- Se seus filhos estiverem com dificuldades na escola, limite o tempo de tela deles.
- Quando seu filho for bem-sucedido, pergunte a ele se o motivo do sucesso dele foi se dedicar, tentar várias vezes ou praticar.
- Se nada funcionar, procure por condições biológicas ou problemas de saúde mental subjacentes.

CAPÍTULO 12

VÍCIO E MAU USO DA TECNOLOGIA

Nenhum recurso de bloqueio de tela ou de controle parental nos dispositivos é mais efetivo do que a supervisão dos pais.

A tecnologia é maravilhosa quando utilizada para o bem. "Eu amo poder usar meu telefone para falar com colegas de trabalho e clientes de praticamente qualquer lugar no planeta", o Dr. Fay diz. "Fico impressionado pelo fato de poder usá-lo para ficar de olho no trajeto do meu filho de 16 anos enquanto ele está dirigindo. Sou extremamente grato à mulher que mora dentro do meu telefone e está sempre disposta a me guiar, curva por curva, até onde preciso ir. Sem ela, eu estaria perdido. A tecnologia é incrível e nós somos fãs dela."

A maioria das pessoas concorda que a tecnologia pode ser terrível quando mal utilizada. Assim como uma motosserra, ela pode facilitar muito a vida quando utilizada com bastante cuidado, ao mesmo tempo que pode causar graves lesões quando mal utilizada. Um número crescente de pesquisas sugere que o uso excessivo de tecnologia — celulares, internet, redes sociais e games — está associado ao aumento do risco de ansiedade, depressão, impulsividade, abuso de substâncias, e mais.[1]

A TECNOLOGIA NÃO É CAPAZ DE RESOLVER TODOS OS NOSSOS PROBLEMAS COM A TECNOLOGIA

Alguns pais costumam pensar que a solução para os problemas tecnológicos passa pelo uso de mais tecnologia, como as ferramentas de controle parental, monitoramento etc. Essas ferramentas podem ser úteis e nós recomendamos que você faça o possível para monitorar e controlar os dispositivos dos seus filhos. O Dr. Fay já trabalhou com muitos pais que julgavam ter controle do celular, das redes sociais e dos jogos de videogame até descobrirem que os filhos haviam comprado um telefone secreto "descartável" ou outro tipo de dispositivo.

Um dos maiores desafios que enfrentamos é que nossos filhos têm mais tempo e energia do que nós. Eles não trabalham em tempo integral enquanto tentam completar a declaração de imposto de renda, levam os filhos para diferentes atividades e fazem todas as outras coisas necessárias para manter a família funcionando. Nossos filhos também têm um exército de consultores inteligentes, dispostos a compartilhar sua expertise sobre formas simples de burlar os programas de monitoramento e de bloqueio: seus amigos e a enorme quantidade de blogs e postagens na internet que compartilham estratégias para sabotar as salvaguardas que nós trabalhamos duro para implementar.

As ferramentas de controle parental podem oferecer uma falsa sensação de segurança para muitos pais ocupados. Algo semelhante aconteceu no início dos anos 2000 quando os sistemas de gerenciamento de voo se tornaram tão avançados que os pilotos começaram a confiar mais neles do que nas suas habilidades de controle manual da aeronave. Em 2013, essa questão já havia se tornado um grande fator de risco, evidenciado pela queda do voo 214 da Asiana Airlines. Quando se aproximava do aeroporto Internacional de São Francisco, voando muito baixo, o avião acabou batendo no quebra-mar. Três passageiros morreram na queda e centenas ficaram feridos. O Conselho Nacional de Segurança no Transporte dos Estados Unidos concluiu que os pilotos "confiaram demasiadamente nos sistemas automatizados, os quais não compreendiam em sua totalidade".[2] O acidente resultou em mudanças relevantes no treinamento de pilotos.

Qual é a moral dessa história? As ferramentas de controle parental podem ser boas, mas não existe um substituto adequado para as habilidades de supervisão parental. A seguir, listamos seis dicas que podem ajudar você e seu filho a navegar por esses cenários turbulentos sem causar uma rebelião ou disputas pelo poder das quais ninguém sai vencedor.

Dica tecnológica nº 1: Fortaleça o córtex pré-frontal. Ter um córtex pré-frontal (CPF) forte é essencial para controlar impulsos, por isso tenha certeza de que seu filho está desenvolvendo hábitos que melhoram o funcionamento do CPF. Nós abordamos esse assunto em outros capítulos, mas resumimos aqui os principais estimuladores do CPF:

- Estabelecer limites objetivos com o auxílio do exercício Uma Página Milagrosa
- Ter uma rotina de sono adequada
- Fazer exercícios de alta intensidade
- Orar ou meditar (sim, até mesmo as crianças pequenas podem aprender a meditar)
- Ter uma dieta saudável com ingestão de proteína em todas as refeições
- Encontrar significado e propósito

Dica tecnológica nº 2: Foque a construção de relacionamentos. Quanto mais fortes forem seus vínculos com seus filhos, mais influência você terá para evitar que eles caiam em buracos negros digitais. Um contribuinte importante para essa conexão também tem a ver com a discussão que teremos sobre os princípios do vício mais adiante neste capítulo. Quando temos coragem de abordar tópicos difíceis com os nossos pré-adolescentes e adolescentes, isso deixa claro para eles que nós os amamos e confiamos neles o bastante para lidar com questões importantes e profundas (um sinal de controle compartilhado). Nosso trabalho principal é ouvir as opiniões deles, lembrando que com frequência eles dirão coisas que não queriam realmente dizer. Por quê? Uma das principais características dos adolescentes é querer testar o nível de confiança que existe em nosso relacionamento com eles. Quando os escutamos sem fazer julgamentos, passamos no teste. Quando começamos a dar ordens e a discutir, aumentamos a probabilidade de que eles sintam a necessidade de fazer besteiras.

PAI: Parece que muitos adolescentes estão sendo incentivados a divulgar muita informação sobre si mesmos na internet. O que você acha disso?

ADOLESCENTE: Não sei do que você está falando.

PAI: Bem, eles dizem a estranhos onde moram, tiram fotos de si mesmos, das suas coisas, e até mesmo divulgam onde estarão com os amigos.

ADOLESCENTE: Isso não é nada demais! Todo mundo faz isso.

PAI: (*com calma e sinceridade*) Então, todo mundo faz isso e não é nada demais?

ADOLESCENTE: Foi o que eu disse.

PAI: Será que alguns desses adolescentes da internet não são na verdade adultos se passando por adolescentes para tentar descobrir onde eles moram?

ADOLESCENTE: Você se preocupa demais com tudo.

PAI: (*mantendo a calma e a sinceridade*) Você acha que eu me preocupo demais?

ADOLESCENTE: É... Você está sempre falando sobre essas coisas.

PAI: Por que você acha que eu faço isso? Será que é porque eu amo você ou porque eu não amo?

ADOLESCENTE: (*sorrindo*) Você é tão irritante.

PAI: (*sorrindo e abraçando o filho*) Obrigado, eu faço o que eu posso. Nos vemos depois da escola.

Essa interação entre pai e filho poderia ter se transformado em uma discussão ou disputa pelo poder. O pai fez a coisa certa, resistindo à tentação de discutir e escolhendo escutar. O interessante é que, quando você faz isso, os adolescentes tendem a se abrir para seu ponto de vista, mesmo quando não admitem para você (ou para si mesmos).

Dica tecnológica nº 3: Seja um exemplo do comportamento que você quer que seu filho adote. Seja um bom exemplo em termos de limitar o uso de dispositivos eletrônicos. Em vez de ficar sentado no sofá do lado do seu filho enquanto rola o *feed* da sua rede social, diga algo como "Vamos fazer alguma coisa juntos que não envolva tecnologia?". No início você pode ouvir muitas reclamações e notar muitas reviradas de olho. Não deixe que isso o impeça. Montem nas suas bicicletas (certificando-se de usar capacetes para proteger o cérebro de vocês) e pedalem, joguem bola, façam alguma manutenção no carro juntos ou saiam para dar uma volta. Enquanto faz isso, demonstre seu amor pelo seu filho, ao mesmo tempo que ignora qualquer atitude desagradável da parte dele. Se você transformar isso em um hábito diário e encontrar atividades que seu filho realmente goste de fazer, ele vai acabar parando de agir como se fosse o fim do mundo.

Dica tecnológica nº 4: Estabeleça limites firmes e amorosos. Limites efetivos constroem e mantêm relacionamentos positivos, ao mesmo tempo que estabelecem uma fronteira que mantém seus filhos seguros e saudáveis. Ambos os lados dessa moeda são essenciais. É o vínculo que você mantém com eles que determinará, em grande parte, se eles aprenderão a aceitar os limites que você estabelecer ou se rebelarão. Os filhos que enxergam seus pais como aliados estão menos propensos a se tornar aqueles que os desafiarão abertamente ou que mentirão e se tornarão sorrateiros.

É claro que encontrar o equilíbrio entre se manter firme e ao mesmo tempo amoroso não é uma tarefa fácil. Primeiro, lembre-se de que todas as relações saudáveis entre pais e filhos requerem limites, que são estabelecidos pelo adulto. Principalmente com relação à tecnologia, seus filhos precisam desses limites aos quais eles tanto resistem. Ser amoroso não significa permitir que eles façam o que *querem*; significa dar a eles o que eles *precisam*. Segundo, tenha sempre em mente a enorme importância que muitos de nós, principalmente os jovens, atribuem à tecnologia.

O Dr. Fay uma vez perguntou para uma adolescente:

— Qual é a importância do celular para a maioria das pessoas da sua idade?

— É quase como se fosse mais importante do que o ar! — ela respondeu, ofegante.

Com esse contexto em mente, comunique os limites de uso da tecnologia de forma amorosa, sincera e digna. Muito do que comunicamos é influenciado pelo nosso tom de voz e linguagem corporal. Embora uma atitude amorosa não faça seu filho responder com entusiasmo, servirá de exemplo para o tipo de comportamento que você deseja, aumentando as chances de que ele gradualmente amadureça, passando a enxergar você como um aliado em vez de um inimigo.

A seguir, listamos alguns exemplos de limites importantes ligados à tecnologia. Observe as mensagens de amor, preocupação ou empatia presentes em cada um desses limites:

- "Eu amo você. Você pode usar seus dispositivos, contanto que seja educado comigo quando eu pedir para desligá-los."
- "Eu amo conversar com você e poder ver seu olhar expressivo. Obrigada por esperar até o fim do jantar para usar seu telefone."

- "Todos precisamos ter alguém que se preocupa o bastante para cuidar de nós. É por isso que permitirei que você mantenha seus dispositivos, desde que eu tenha as senhas de acesso a eles."
- "Parece que você é como muitos de nós que nos sentimos ansiosos ou até mesmo com raiva quando passamos muito tempo diante de telas. É por isso que estou pedindo que você faça um intervalo, para que possamos desfrutar da companhia um do outro."
- "Eu entendo a sua frustração, mas eu acredito que é melhor esperar até que as crianças completem pelo menos 13 anos e demonstrem estar prontas para essa responsabilidade antes de permitir que elas tenham celulares."
- "Eu me preocupo muito com crianças que ficam com seus dispositivos no quarto durante a noite. É por isso que eu quero que você coloque o seu na cestinha da minha mesa de cabeceira às oito horas, toda noite."

Novamente, o fato de esses limites estarem temperados com amor não significa que seu filho não tentará discutir com você sobre eles. Responda de forma consistente, repetindo calmamente: "Eu amo você demais para ficar discutindo sobre isso. O que foi que eu disse?".

Dica tecnológica nº 5: Supervisione bem. Alguns pais cometem o erro de achar que quando seus filhos se tornam pré-adolescentes ou adolescentes já entenderam os problemas da tecnologia. Errado! Crianças nessa faixa etária precisam de ainda mais supervisão do que as pequenas, sobretudo com relação aos dispositivos eletrônicos. As crianças precisam que nós façamos buscas em seus quartos, de tempos em tempos, ou checagens de surpresa em seus celulares. Eles vão resistir. Contudo, eles precisam desesperadamente que nós os amemos o suficiente para protegê-los dos outros e de si mesmos. Uma das necessidades mais profundas deles é que sejamos fortes o bastante para estabelecer e impor limites.

Os adolescentes gostam de testar. Eles testam nossas intenções, testam para ver se estamos sendo sinceros ou hipócritas e testam para ver se estamos dispostos a continuar firmes em nosso compromisso com a supervisão. Rastreie o telefone celular deles. Rastreie o carro (os carros mais novos vêm com um dispositivo de localização, mas você também pode equipar os mais antigos com esse tipo de dispositivo). Essas ferramentas podem desempenhar um papel extremamente útil na nossa supervisão, contanto que deixemos sempre claro que elas devem permanecer ligadas e funcionando.

Uma mãe recentemente dividiu conosco o fato de que o telefone celular do seu filho adolescente de repente parava de compartilhar sua localização sempre que ele estava próximo da casa da namorada. Aparentemente, esse é um "problema" que afeta quase todos os dispositivos eletrônicos dos adolescentes. Assim que entram em qualquer tipo de zona de tentação, eles desligam os serviços de localização do telefone. Essa mãe, que conhecia adolescentes, mas não tanto tecnologias, comentou com seu filho:

— Parece que o seu telefone, o tablet e até mesmo o seu carro não são seguros. Seria melhor se eles ficassem em casa, no meu quarto e na garagem. Quero dizer, até que eu consiga descobrir por que eles continuam falhando.

É claro que a mãe acabou "descobrindo" que não havia nada de errado com os dispositivos eletrônicos do filho e que o principal culpado era uma "falha no CPF".

Dica tecnológica nº 6: Promova a responsabilização amorosa. Se você perceber que seu filho está ficando obcecado demais com seus dispositivos eletrônicos, que o CPF dele está tomando decisões ruins ou que ele está sendo vitimizado, interfira. Veja um exemplo:

Pai: Filho, estou muito preocupado. Parece que você está ficando viciado nesse telefone e a única forma de descobrir com certeza é se você ficar sem ele por um tempo.

Filho: Você não pode fazer isso! Não é justo! Eu preciso dele para as tarefas da escola.

Pai: O que foi que eu disse, filho?

Filho: Quando você vai me devolver?

PAI: Não sei. Vai depender se você vai seguir as regras da casa, se vai ser respeitoso conosco e de como vai usar o seu tempo em geral.

A resposta natural para a maioria dos adolescentes é se irritar, tentar transferir a culpa e discutir. Lembre-se destes dois objetivos: seja firme e gentil.

PRINCÍPIOS BÁSICOS DO VÍCIO EM TECNOLOGIA

As empresas de tecnologia são negócios grandes altamente voltados para a geração de lucro, que investiram pesado no estudo e em maneiras de cultivar a ciência do vício. O uso rotineiro de seus produtos é o que mantém seu retorno financeiro. Quando você entende os princípios básicos do vício, é capaz de ajudar melhor seus filhos a aprender sobre os perigos e sobre como evitá-los. Você também consegue identificar o vício em si mesmo e fazer o que é necessário para continuar sendo o exemplo que quer ser.

O vício em tecnologia tem origem no cérebro. Nas Clínicas Amen tratamos muitos adolescentes com vício em videogame. Um deles se tornava violento todas as vezes que os pais tentavam limitar o tempo que passava jogando. Fizemos uma tomografia do seu cérebro enquanto ele jogava videogame e uma depois que ele ficou um mês sem jogar. Foi como se estivéssemos examinando o cérebro de duas pessoas diferentes. O videogame causava um acionamento atípico do seu lobo temporal esquerdo, uma área do cérebro geralmente associada à violência. Quando ele parou de jogar, tornou-se um dos jovens mais doces e educados que já conhecemos.[3]

Em outras palavras, uma rede de sistemas cerebrais nos motiva a buscar experiências que nos proporcionam prazer — seja rolar o *feed* das redes sociais, comer um sundae de chocolate ou fazer carinho em um cachorro. O CPF ajuda a manter impulsos nocivos sob controle, apertando o freio quando estamos prestes a agir ou nos comportar de forma arriscada e prejudicial. Um CPF forte promove o controle de impulsos e o uso do bom senso para lutar contra desejos. O problema, como você deve se lembrar, é que o CPF só está completamente amadurecido por volta dos 25 anos, enquanto os sistemas de recompensa do cérebro já estão desenvolvidos. Isso faz com que esses sistemas tenham uma vantagem e consigam subjugar o CPF. O resultado são pré-adolescentes, adolescentes e jovens adultos mais vulneráveis a desenvolver hábitos nocivos e vícios, o que é corroborado por pesquisas baseadas em imagens do cérebro.[4]

A busca por emoção e formas de fuga. Os vícios se desenvolvem a partir de circunstâncias já identificadas: primeiro, a substância ou atividade é extremamente estimulante ou permite que o usuário fuja de algum aspecto da sua vida que seja entediante ou doloroso. Quantas crianças, adolescentes e adultos se tornam extremamente suscetíveis a isso devido à ansiedade, depressão ou falta de conexão que vivenciam em suas vidas? Nas nossas práticas clínicas vemos muitos que usam jogos, redes sociais e outras distrações digitais como meio de fuga de dores sociais ou familiares. Essa é uma das muitas razões pelas quais é tão importante se manter próximo dos seus adolescentes, fazendo o melhor possível para ficar atento às emoções deles. Se você está se sentindo estressado ou infeliz por causa de algum conflito na família, pode ter certeza que seus filhos estão sentindo o mesmo. Não ignore seus próprios sentimentos. Seus filhos provavelmente farão o mesmo. Procure ajuda agora, para que consiga restaurar a saúde e a paz em sua família, de modo que seus filhos tenham suas necessidades supridas com mais eficiência do que por meio da interação com seus dispositivos eletrônicos.

Imprevisibilidade. Outro princípio é a imprevisibilidade do anseio pela emoção ou pela fuga. As máquinas caça-níqueis operam com base nesse princípio, premiando de forma imprevisível. É por isso que muitas pessoas ficam sentadas por horas, acreditando que a próxima moeda é a que as fará ganhar o maior prêmio. Acreditar nisso, o que é comumente denominado "falácia do apostador", faz com que elas fiquem emocionalmente acorrentadas à máquina, que consome seu tempo e o dinheiro conquistado à custa de muito trabalho. Será que o próximo vídeo do YouTube ou postagem do Instagram fará você rir ou aprender algo novo? Eles podem manter você — e seu cérebro completamente amadurecido — refém por horas, filtrando um monte de conteúdo sem sentido. Imagine o impacto que isso pode ter no cérebro em desenvolvimento do seu filho. A falácia do apostador pode interferir na saúde do cérebro, no desenvolvimento e na tomada de decisão. O famoso psicólogo comportamental B. F. Skinner descobriu esse princípio básico de condicionamento. Ele verificou que animais de laboratório estavam mais propensos a desenvolver maior capacidade de aprendizado quando eram recompensados de maneira imprevisível, cunhando, assim, o termo "esquema de reforço intermitente".[5]

FOMO (*fear of missing out* ou medo de ficar de fora). Esse medo acorrenta muitos usuários de dispositivos eletrônicos aos seus teclados e telas.[6] As redes sociais não são as únicas que contribuem para o FOMO. Até uma pesquisa online básica pode fazer isso com um usuário que encontra resultados desinteressantes. Depois de alguns cliques aleatórios, no entanto, ele vai acabar encontrando algo empolgante ou interessante. Os games são desenvolvidos da mesma forma, para manter o usuário se perguntando quantos movimentos ou quanto tempo será necessário para passar para o próximo nível. Checar e responder ligações e mensagens de texto são outro exemplo. O FOMO desempenha um papel central nos acidentes e nas mortes que estamos vendo acontecer em nossas rodovias e estradas, quando tanto adolescentes quanto adultos se sentem compelidos a checar imediatamente mensagens de texto, ouvir mensagens de voz e atender ligações enquanto estão dirigindo.

Ensine a seus filhos por que algumas pessoas fazem o que fazem e como elas podem ser controladas ou manipuladas. Isso oferecerá a eles a percepção de quem pode estar tentando tomar decisões por eles. Durante uma conversa sobre esse assunto, um adolescente do ensino médio respondeu com raiva: "Eu não gosto de ser controlado por ninguém — nem mesmo os meus pais. Acho que é o trabalho deles, mas o meu celular? Isso é diferente. É um saco que eles nos tratem como ratos de laboratório só para ganhar mais dinheiro".

É interessante que os relacionamentos abusivos também operem dessa forma. Ainda que muitos abusadores não tenham consciência disso, suas atitudes pacíficas *e* dolorosas operam de formas imprevisíveis. As vítimas pisam em ovos, nunca sabendo o que vai acontecer, e costumam acreditar que, se conseguirem descobrir a razão para o comportamento do abusador, ele começará a tratá-las melhor: "Talvez hoje seja o dia em que eu vou descobrir como corresponder às expectativas dele e merecer sua aprovação". Essa esperança errônea é geralmente o motivo pelo qual uma pessoa permanece em um relacionamento tóxico e nocivo. A seguir vamos discutir maneiras de ajudar seus filhos a entender como relacionamentos online operam dessa forma.

A necessidade de atenção. Pessoas que se só se sentem importantes ou valorizadas quando recebem atenção geralmente se tornam vítimas do uso obsessivo e nocivo das redes sociais. Elas postam fotos de si mesmas, comentam sem parar e costumam alimentar dramas desagradáveis, colocando lenha na fogueira para suprir a necessidade de serem sempre o foco da atenção.

Onde você e seus filhos encontram satisfação? Obter um pouco de atenção e compartilhar detalhes empolgantes da sua vida é saudável e uma maneira de se relacionar. Em excesso, torna-se uma busca insaciável por ser o centro das atenções. Considerando que esse comportamento nocivo pode suscitar elogios online suficientes para provocar uma descarga de dopamina, é fácil entender por que tantas pessoas se viciam nisso. Contudo, não demora muito para aquele que as idolatravam se tornarem a fonte do seu desespero. A fama tem seu preço. Alguns conseguem colocar isso em perspectiva, outros se tornam cronicamente ansiosos e depressivos.

É por isso que é tão importante ajudar seus filhos a desenvolver propósitos para além das suas necessidades, evitando que eles busquem se tornar o centro da atenção. Apenas uma fonte saudável de satisfação vai durar por toda a vida. Os outros tipos só vão durar enquanto eles forem jovens, atraentes ou extremamente relevantes socialmente.

Guie seus filhos para que eles desenvolvam a perspectiva. Isso pode ajudá-los a entender que estar entediado ou sentir-se frustrado com o funcionamento do tablet não é sinônimo de crise. Também pode ajudá-los a perceber que eles têm o poder de encontrar significado de outras formas e que a paz individual não advém de coisas que eles acumulam, mas das pessoas que eles ajudam. A perspectiva também os ajuda a desenvolver um sentimento de gratidão. Quando eles adquirem o hábito de enxergar o todo e de suprir a necessidade dos outros, os aspectos positivos das suas vidas se tornam mais evidentes. Perpetuar esse hábito não é algo natural para a maioria das pessoas; pelo contrário, requer prática e a ajuda daqueles que nos amam o bastante para nos guiar de forma gentil porém assertiva na direção de manter o foco nas coisas positivas.

Desejo baseado na comparação social. O desejo perigoso de sempre ter mais nasceu muito antes da tecnologia digital. Considerando que as pessoas cobiçam com os olhos, basta uma imagem sedutora. Imagens editadas de beleza, dispositivos novos em folha, brinquedos, personagens de Pokémon, bem como recursos novos e aprimorados, atraem crianças de todas as idades, fazendo-as desejar ter mais coisas, mais beleza, mais dinheiro. Meninos e meninas veem imagens e anúncios e acabam comparando o que têm com o que os outros têm. Infelizmente, muitos se viciam em querer alcançar objetivos impossíveis, impraticáveis e nocivos. Toda família precisa discutir esse assunto e se fazer estas importantes perguntas: Estamos satisfeitos com o que temos? Estamos baseando nosso valor e nossa autoestima em possuir certas coisas ou nos comparando com padrões que não são reais?

Mal. Essa é uma palavra de três letras forte e pesada. Para alguns ela remete a batalhas no âmbito espiritual. Outros a consideram uma palavra tão desagradável que não querem acreditar que o mal exista. Não há dúvida, porém, de que existem pessoas cujo comportamento é sádico e oportunista. Esses indivíduos priorizam os adolescentes, mas às vezes escolhem adultos e idosos também. E a natureza do ambiente online torna muito mais fácil estar exposto a predadores. Eles se valem da manipulação para fazer os adolescentes se sentirem empolgados e esperançosos, para logo depois se sentirem envergonhados e com medo. Quando isso acontece, a vítima costuma ficar viciada na fantasia de que pode agradar o manipulador e voltar a ser adorada e especial aos olhos dele. O oportunista sádico mantém o adolescente sob seu controle, oferecendo apenas atenção e elogios o suficiente para mantê-lo envolvido.

Essas pessoas más são mestres do disfarce e, geralmente, parecem ser a melhor coisa desde a invenção da geladeira para os pré-adolescentes e adolescentes. Assim, devemos ajudar nossos filhos a identificar o ciclo de manipulação e a serem cautelosos sobre com quem interagem na internet.

Não permita que crianças com idades entre 6 e 11 anos, ou mais novas que isso, tenham acesso à internet sem sua supervisão ou sem a supervisão de um adulto em quem você confia. À medida que se tornarem adolescentes e conquistarem um pouco mais de liberdade, certifique-se de ensiná-los a reconhecer os sinais dos comportamentos manipulador e predatório. O sinal mais comum é quando o manipulador começa a fazer a vítima se sentir extremamente especial de alguma forma. Talvez ele elogie a música que a vítima posta, ou suas ideias e opiniões sobre algum assunto, ou seu estilo, ou sua beleza, ou o carro que ela dirige. Isso supre uma necessidade de amor, pertencimento e estima. Quanto mais elogios do criminoso, mais interessada e intrigada a vítima fica, mesmo quando ele se torna progressivamente nocivo e oportunista. É nesse momento que o manipulador começa a atrair jovens e idosos para golpes, roubando sua dignidade, seu dinheiro, sua esperança e, em alguns casos, sua vida.

Você provavelmente já leu notícias sobre crianças e adolescentes que foram manipulados para enviar fotos inapropriadas de si mesmos e, em seguida, o criminoso exigiu dinheiro para não torná-las públicas. Infelizmente, eles ficam tão sobrecarregados com a culpa e a vergonha que ficam depressivos e com medo.

Esta semana mesmo o Dr. Fay teve uma conversa com seu filho de 16 anos sobre um caso trágico de um adolescente que foi vítima desse tipo de extorsão. Infelizmente a situação terminou em suicídio. Poderia ter sido o seu filho. Todo pai ou mãe precisa conversar sobre esse perigo com seus filhos. Nossos filhos precisam saber que essas coisas acontecem e, o mais importante, que nada no céu ou na terra faria com que nós os amássemos menos se se envolvessem em um problema online e nos procurassem para pedir ajuda. Uma estratégia útil de prevenção é buscar por "golpes em adolescentes" na internet. Existem muitos sites confiáveis que podem abrir os olhos de todos sobre o que acontece no mundo. Um dos nossos favoritos é o *komando.com* (conteúdo em inglês). Sente-se ao redor da mesa com seus filhos, leia algumas dessas informações e converse sobre o que eles podem fazer para se proteger (pensamento compartilhado). A melhor forma de prevenção é saber que isso pode acontecer com qualquer um.

Comportamento estranho. O vício pode levar uma pessoa a fazer coisas que nunca imaginaríamos que ela faria. Por exemplo, com certeza seus filhos não ficariam tão obcecados com um grupo online que acabariam divulgando suas informações pessoais, participando de desafios perigosos ou combinando de encontrar alguém que eles não conhecem. Com certeza seus filhos não enviariam fotos comprometedoras de si mesmos para seus amigos. Isso nunca aconteceria.

A negação está à espreita nas sombras de todo coração. Ela está escondida tanto nos nossos corações como nos seus.

Com certeza nossos filhos adolescentes não aceitariam ser ridicularizados, abusados e intimidados pelos outros. Eles se defenderiam. Eles nunca ficariam tão deprimidos a ponto de tentar acabar com suas vidas. Eles seriam fortes o bastante para parar de usar a internet e de sofrer abusos.

Isso também é negação.

Seu pai e sua mãe nunca atualizariam suas informações bancárias preenchendo um formulário financeiro na internet, que exige que eles informem o número da conta, a data de nascimento, o número do documento e outras informações altamente sensíveis. Eles são inteligentes demais para isso.

Outro exemplo de negação.

Quando uma pessoa se torna clinicamente viciada em uma substância, sua reação pode ser muito mais extrema, e até mesmo violenta. Um exemplo é o caso do menino de 11 anos de Indiana que atirou e atingiu seu pai quando descobriu que ele tinha confiscado sua coleção de games.[7] Outro exemplo é o caso do adolescente de 16 anos que atirou no pai e matou a mãe quando eles se recusaram a deixá-lo jogar um jogo violento.[8] Infelizmente, esses casos trágicos são apenas uma amostra dos incidentes graves que ocorrem quando crianças e adultos se tornam viciados na tecnologia que utilizam. É por isso que devemos nos preparar para cada reação, sobretudo se nossos filhos tiverem um histórico grave de problemas comportamentais e de saúde mental. Talvez seja essencial procurar ajuda profissional. Um profissional capacitado pode oferecer uma assistência valiosa no planejamento e na realização de uma sessão de responsabilização, bem como dar sequência aos atendimentos tanto em caso de internação como em casa. É verdade que algumas crianças precisam frequentar um programa de saúde comportamental para receber a assistência necessária para vencer sua dependência em tecnologia digital. Um bom programa também pode ajudá-las a sanar qualquer problema de saúde do cérebro e questões psicológicas que possam ter contribuído para o problema. O programa reSTART, um dos nossos favoritos, é administrado por funcionários familiarizados com a abordagem Amor e Lógica. Aprenda mais sobre o programa visitando *restartlife.com*.

Você agora tem uma enorme vantagem para educar crianças capazes de navegar pelo mundo da tecnologia sem serem consumidas por ele. Uma mãe dividiu conosco sua experiência:

— Depois de ouvirmos um psicólogo confiável, nós julgamos necessário tirar qualquer acesso do nosso filho ao videogame e a jogos online. Ele ficou furioso. Nós removemos a porta do quarto dele, o que o deixou ainda mais revoltado. Nós consideramos essa medida necessária, porque ele costumava fechar e trancar a porta, não permitindo que nós víssemos o que ele fazia lá dentro. À medida que os meses se passaram, ele aos poucos voltou a ser o garoto de que lembrávamos. Ele começou a sair e a ter amigos de verdade. Passou a rir das piadas bobas contadas pelo avô e até foi pescar com o pai. Eles se divertiram. Foi a primeira "interação de qualidade" que eles tiveram em anos. Um dia desses ele me agradeceu. Nós estávamos no carro e ele disse: "Mãe, eu fiquei tão bravo com vocês por tirarem todos os meus jogos. Hoje eu sou grato. Hoje eu sei que estava fora de controle. Amo você".

Passo a passo

- Fortaleça o córtex pré-frontal dos seus filhos incentivando a prática de atividade física.
- Concentre-se em criar um vínculo com seus filhos por meio de uma escuta atenta e sem julgamentos.
- Seja um bom exemplo; deixe o celular de lado quando estiver com seus filhos.
- Crie uma regra geral sobre os limites de uso dos dispositivos eletrônicos para todos da família.
- Não se esqueça de supervisionar seus filhos. Faça a checagem pontual dos celulares deles.
- Esteja preparado para tirar o celular dos seus filhos e para buscar ajuda profissional se observar que estão se viciando nele.

CAPÍTULO 13

QUANDO NADA PARECE FUNCIONAR: AJUDA PARA PROBLEMAS DE SAÚDE DO CÉREBRO

Saúde mental é sinônimo de saúde do cérebro.

Sempre que o Dr. Amen dá palestras, as pessoas da plateia o abordam depois para dividir histórias pessoais. Uma mulher, Sarah, estava chorando quando se aproximou dele. Entre lágrimas, ela contou ao Dr. Amen que estava tendo problemas com o filho adolescente, William. Ele havia sido diagnosticado com TDAH anos antes e tinha se adaptado bem à medicação, porém, à medida que foi crescendo, passou a se recusar a tomar os remédios. Ele dizia que não queria precisar de remédio e que só queria ser normal como as outras crianças da sua idade. Sem a medicação, William estava prestes a não conseguir se formar no ensino médio; seu quarto parecia ter sido atingido por um ciclone; ele tinha o impulso de ser rude com Sarah para tirá-la do sério; e não fazia nada que ela pedisse. Sarah já não sabia mais o que fazer e se sentia uma péssima mãe.

Ela contou ao Dr. Amen que ficou surpresa ao ouvi-lo dizer em um programa da TV aberta que a maioria das pessoas enfrenta problemas de saúde mental — ou melhor, de saúde do cérebro — em algum momento da vida. Na verdade, isso é mais normal do que não ter nenhum problema. Ele sempre dizia aos seus pacientes: "Ser normal é um mito". Sarah gravou o programa para poder mostrá-lo mais tarde a seu filho. Quando William percebeu que não só ter problemas de saúde mental era muito comum como problemas assim são, de fato, problemas de saúde do cérebro que afetam nossa mente, ele concordou em voltar a tomar seus remédios. Ele melhorou, e as estratégias parentais de Sarah se tornaram muito mais efetivas. Sua vida ficou menos estressante e ela não se sentia mais um fracasso; além disso, ela e William aprofundaram o vínculo entre eles.

Se você estiver se empenhando para colocar em prática as estratégias parentais deste livro mas seu filho ainda estiver se comportando mal, causando conflitos, sentindo-se desmotivado, procrastinando, demonstrando baixo desempenho na escola e dificuldades para fazer amigos, entre outras questões, é possível que a causa seja um problema de saúde do cérebro. Problemas psiquiátricos e déficits de aprendizagem — que não passam de problemas de saúde do cérebro — estão aumentando entre os mais de 73 milhões de crianças com idades entre zero e 17 anos nos Estados Unidos.[1] Basta olhar para as estatísticas:

- 75% de todos os problemas de saúde mental/do cérebro começam antes dos 25 anos.[2]
- Cerca de 50% das crianças que enfrentam problemas de saúde mental/do cérebro ainda não foram diagnosticadas ou não recebem nenhum tipo de tratamento.[3]
- 46% dos estudantes com algum problema de saúde mental/do cérebro abandonam a escola.[4]
- Entre 65% e 75% dos jovens encarcerados têm doenças mentais ou do cérebro, incluindo lesões cerebrais.[5]
- 57% das adolescentes, em 2021, relataram sentir-se tristes e desesperançosas com frequência (um aumento de quase 60% desde 2011); 29% dos adolescentes relataram o mesmo tipo de tristeza e desesperança persistente.[6]
- O suicídio é a segunda principal causa de morte, atrás apenas dos acidentes, entre adolescentes de 15 a 19 anos.[7]

- 30% das adolescentes do ensino médio em 2021 relataram ter pensado seriamente em suicídio no ano anterior.[8]
- 24% das adolescentes no ensino médio em 2021 já fizeram planos para se suicidar.[9]
- 13% das adolescentes no ensino médio em 2021 admitiram que tentaram se suicidar.[10]
- As três porcentagens anteriores relacionadas às adolescentes são aproximadamente o dobro do que foi relatado por meninos adolescentes.[11]
- 86% dos adolescentes conhecem alguém com algum problema de saúde mental/do cérebro.[12]
- Mais de 86% dos adolescentes não consideram a saúde mental um assunto importante.[13]
- Mais de 84% dizem que existe um estigma em torno da saúde mental.[14]

Embora aproximadamente metade de todos os problemas de saúde mental/do cérebro se manifeste até a metade da adolescência,[15] a maioria das crianças não é diagnosticada e não recebe tratamento durante anos após o surgimento dos primeiros sintomas. Isso não é uma surpresa, porque a maioria dos pais não é especialista nas diferenças entre comportamentos "normais" e "anormais", nem em saúde emocional e bem-estar mental e do cérebro. Os pais geralmente só têm contato com seus filhos, sobrinhos e os filhos dos seus amigos. Assim, quando seu filho parece estar sempre desanimado, preocupado ou sendo agressivo, é natural presumir que seja algo apenas da personalidade dele ou que ele tenha um problema de comportamento. Se você confunde um problema subjacente de saúde mental/do cérebro com um problema de comportamento, sua primeira reação pode ser aumentar a disciplina e as consequências, o que pode ser prejudicial. Muitas crianças que enfrentam problemas de saúde mental/do cérebro na verdade estão se esforçando muito para fazer o que a mãe e o pai pedem, mas acabam não conseguindo fazê-lo em função da forma como seus cérebros são configurados.

Se o seu filho está sempre com dificuldades na escola, tendo problemas para se relacionar com os outros ou perdendo a paciência, pare por um momento e se pergunte: "Será que isso pode ser um sinal de outra coisa?". Se você tiver um pressentimento de que sua criança ou adolescente pode ter um problema de comportamento, emocional ou de aprendizagem, não espere. Informe toda e qualquer preocupação com seus filhos para os pediatras ou outros profissionais de saúde. Pequenos problemas que não são tratados podem se transformar em grandes problemas. Por outro lado, intervir desde cedo pode dar fim a problemas indesejáveis e melhorar o futuro do seu filho. Em alguns casos, bastam simples mudanças no estilo de vida ou o uso de suplementos nutricionais. Se você está notando questões comportamentais ou emocionais é importante colocar seu filho em um programa de saúde do cérebro o mais rápido possível.

Quando esses problemas seguem sem tratamento, podem ter consequências para a vida toda, dificultando ainda mais a tarefa de educar. No curto prazo, eles estão associados ao aumento de discussões familiares, ao baixo desempenho acadêmico, entre outros. Ao longo do tempo e na idade adulta, estão ligados ao aumento do risco de evasão escolar, acidentes de trânsito, abuso de substâncias, demissões e desemprego, problemas financeiros, obesidade, divórcios e pensamentos e comportamentos suicidas. É essencial estar ciente dos sinais e sintomas dos problemas de saúde mental/do cérebro mais comuns e buscar ajuda profissional quando necessário. Depois de trabalhar com milhares de crianças, podemos garantir a você que buscar tratamento para problemas de saúde mental/do cérebro e de aprendizagem não é um sinal de fraqueza, mas sim de força e de amor pelo seu filho.

OS QUATRO CÍRCULOS TAMBÉM SE APLICAM À SAÚDE MENTAL

No Capítulo 1, introduzimos o conceito dos Quatro Círculos da Força Mental, que incluem *fatores biológicos*, psicológicos, sociais e espirituais. Esses mesmos quatro círculos também desempenham um papel importante na saúde mental/do cérebro dos seus filhos, e da sua também. Quando os quatro círculos estão equilibrados e fortalecidos, aumentam o bem-estar mental/do cérebro das crianças e suas capacidades de tomar boas decisões, respeitar as regras familiares, terminar o que começaram e se relacionar bem com os outros. No entanto, problemas em qualquer um dos quatro círculos podem contribuir para doenças psiquiátricas, problemas comportamentais e déficits de aprendizagem. Veja o breve panorama, a seguir, dos fatores que podem fomentar problemas.

Fatores biológicos

Quando há atividade demais ou de menos no cérebro, ou há lesões em regiões do cérebro, esses fatores estão associados a um aumento no risco de problemas. Qualquer coisa que machuque o cérebro (como os onze principais fatores de riscos mencionados no Capítulo 1) pode influenciar negativamente a saúde mental. Um exemplo breve é o dos níveis de açúcar no sangue, que têm um forte impacto no funcionamento do cérebro.[16] O Dr. Amen uma vez tratou de um ator mirim que estava constantemente se envolvendo em brigas. Quando testaram os níveis de açúcar em seu sangue, descobriram que estavam muito abaixo do padrão. O baixo nível de açúcar no sangue está associado à perda de autocontrole e também pode causar sentimentos de raiva, além de ansiedade e depressão.[17] Um elemento importante em seu plano de tratamento era fazer pequenas refeições, que incluíssem a ingestão de proteína quatro vezes ao dia, para ajudar a manter os níveis de açúcar no sangue mais equilibrados. O resultado? Ele parou de brigar e de se envolver em confusões.

Fatores psicológicos

A maneira como pensamos, falamos com nós mesmos e nos enxergamos tem uma influência enorme no nosso bem-estar. Fatores psicológicos adicionais que desempenham um papel importante incluem o modo como a criança foi educada, seu desenvolvimento, seus sucessos e fracassos, bem como seus sensos de autoestima e de controle sobre a própria vida. O trauma é uma das maiores influências negativas na mente do seu filho. (Veja a seção sobre experiências adversas na infância, a seguir.)

Quando uma criança é cronicamente exposta a experiências traumáticas, como a morte de um parente, divórcio complicado dos pais, ou vivencia uma pandemia, isso pode causar alterações no cérebro que dificultam o autocontrole, a regulação emocional, as habilidades sociais, o aprendizado e mais. A pandemia de covid-19 teve um efeito significativo em uma geração inteira de crianças e adolescentes. Pesquisas alarmantes revelam que a procura por atendimento emergencial relacionado às questões de saúde mental/do cérebro cresceu 24% entre crianças de 5 a 11 anos e 31% entre adolescentes de 12 a 17 anos.[18] Surpreendentemente, um histórico de trauma familiar também pode favorecer problemas nas crianças. Experiências adversas alteram os genes das pessoas, podendo posteriormente ser passadas para as próximas gerações. Isso recebe o nome de trauma geracional ou ancestral. Por exemplo, os netos cujos avós são sobreviventes de um grande trauma, eram alcoólatras ou sofreram uma grande perda têm mais risco de desenvolver problemas de saúde mental.

Questionário de Experiências Adversas na Infância (EAI)

Entre 1995 e 1997, o CDC e a Kaiser Permanente (uma instituição de saúde privada dos Estados Unidos) realizaram um estudo em larga escala envolvendo mais de 17 mil adultos para investigar a prevalência de experiências adversas na infância (EAIs), bem como suas consequências no longo prazo.[19] Essa pesquisa pioneira revelou que um em cada cinco participantes do estudo tinha sido exposto a três ou mais das oito experiências incluídas no estudo original. Desde então, o questionário EAI passou por pequenas modificações e atualmente inclui dez perguntas abrangendo experiências adversas e traumáticas na infância.

A pontuação varia de zero a 10, sendo que zero significa nenhuma exposição e 10 significa uma pessoa que foi exposta a níveis significativos de trauma antes de completar 18 anos de idade. Quanto maior a pontuação, maior é o risco de consequências físicas e mentais no longo prazo.[20] Por favor, responda Sim (S) ou Não (N) para cada uma das perguntas a seguir. Recomendamos que tanto você quanto seus filhos respondam ao questionário, para que tenham uma ideia de como o trauma pode estar impactando a vida de vocês. Tenha em mente que as perguntas se referem a comportamentos e atitudes que ocorreram até seu aniversário de 18 anos.

1. Seus pais ou outro adulto em sua casa tinham o costume de ofendê-lo, insultá-lo, diminuí-lo ou humilhá-lo? Ou agiam de forma que você tivesse medo de sofrer violência física? ______

2. Seus pais ou outros adultos em sua casa tinham o hábito de empurrar, segurar com força, bater ou atirar algo em você? Ou já o agrediram de modo a deixar marcas ou machucados em você? ______

3. Um adulto ou uma pessoa no mínimo cinco anos mais velha do que você já o tocou, acariciou ou pediu que você tocasse o corpo dele de um jeito sexual? Ou tentou fazer sexo oral, anal ou vaginal com você? ______

4. Você frequentemente sentia que ninguém na sua família o amava ou o considerava importante ou especial? Ou que os membros da sua família não cuidavam uns dos outros, não eram próximos uns dos outros nem se apoiavam? ______

5. Você costumava sentir que não comia o suficiente, era obrigado a usar roupas sujas e não tinha quem o protegesse?

Ou que seus pais estavam bêbados ou drogados demais para cuidar de você ou levá-lo ao médico se fosse necessário?

______

6. Você chegou a perder o contato com algum genitor biológico devido a divórcio, abandono ou qualquer outro motivo? ______

7. Sua mãe ou madrasta costumava ser empurrada ou segurada com força, apanhava ou era alvo de objetos atirados contra ela? Ou costumava levar chutes, mordidas, socos ou ser atingida por algum objeto pesado? Ou era agredida repetidas vezes durante alguns minutos, ou ameaçada com armas ou facas? ______

8. Você chegou a morar com alguém que causava problemas quando bebia, era alcoólatra ou usava drogas? ______

9. Algum morador da sua casa tinha problemas de depressão, de saúde mental, ou tentou o suicídio? ______

10. Algum morador da sua casa já foi preso? ______

PONTUAÇÃO

Some a quantidade de vezes que você respondeu "Sim" e preencha o espaço a seguir: ______. Essa é a sua pontuação no questionário EAI.

Fatores sociais

Será que seus filhos mantêm vínculos fortes com familiares e amigos ou sentem falta de ter uma conexão mais profunda com os outros? Será que eles estão felizes na escola ou ela é uma fonte de pressão e problemas? Será que os níveis de estresse deles estão altos demais? Quando o cotidiano ou os relacionamentos da criança são repletos de estresse, isso impacta na sua necessidade de amor e pertencimento, aumentando o risco de problemas de saúde mental/do cérebro. Relações amorosas estimulam o cérebro, pois induzem a liberação de um neuroquímico chamado oxitocina, que reforça os vínculos e a confiança. Altos níveis de oxitocina são associados a menos ansiedade, estresse e medo, enquanto níveis baixos desse neuroquímico podem influenciar em casos de depressão, autismo e outros problemas psiquiátricos.[21]

Fatores espirituais

O conceito de espiritualidade vai além da crença em Deus: inclui os sentimentos de significado e propósito, bem como os valores e a moral dos seus filhos. O sentimento de conexão dos seus filhos com o passado (por meio dos avós, por exemplo), com as gerações futuras, com o planeta, com o mundo como um todo, influencia na saúde espiritual deles. Quando não estabelecem nenhuma forma de conexão espiritual, as pessoas ficam mais propensas a sentir que suas vidas não têm significado, aumentando a probabilidade de desenvolverem problemas de depressão, vício e, em alguns casos, pensamentos suicidas.

SINAIS E SINTOMAS DE PROBLEMAS DE SAÚDE MENTAL/DO CÉREBRO COMUNS EM CRIANÇAS

Esta seção introduzirá alguns dos problemas de saúde mental mais comuns em crianças, bem como sinais e sintomas que podem ajudá-lo a reconhecê-los. Você também encontrará algumas estratégias naturais que o ajudarão a cuidar do cérebro e melhorar os sintomas.

Transtorno do déficit de atenção com hiperatividade (TDAH)

O TDAH é caracterizado pela redução da capacidade de manter a atenção, distração, procrastinação, desorganização e pouca supervisão interna (como problemas de julgamento e controle de impulsos). Observe que a hiperatividade *não* é um dos cinco principais sintomas. As crianças podem ter TDAH e não ser hiperativas, o que torna mais difícil para que seus pais percebam. Nosso trabalho com imagens do cérebro nas Clínicas Amen possibilitou que identificássemos sete tipos de TDAH, cada um deles com seu próprio plano de tratamento. Por exemplo, o uso de medicamento estimulante, o tipo de tratamento padrão para TDAH, pode ajudar em alguns casos e piorar em outros. É importante saber o tipo de TDAH do seu filho, para encontrar a forma de tratamento mais efetiva. (Faça uma avaliação gratuita em *ADDtypetest.com*, onde você também encontrará mais informações sobre os tipos de TDAH; conteúdo em inglês).

Sintomas de TDAH em crianças

- Desatenção
- Comportamento disruptivo durante as aulas
- Começar brigas com irmãos e colegas de escola
- Distrair-se com facilidade
- Esperar até o último minuto para começar a fazer tarefas domésticas ou da escola
- Perder prazos
- Atraso crônico

- Quarto e mesa bagunçados
- Dificuldade de aprender com o erro
- Impulsividade
- Estar em constante movimento — agitação, inquietação, brincadeiras de "lutinha"

Estratégias naturais que ajudam todos os tipos de TDAH

- Eliminar da dieta familiar corantes, conservantes e adoçantes artificiais.
- Minimizar ou eliminar o consumo de comidas processadas (qualquer alimento vendido em caixas).
- Tentar fazer uma dieta de eliminação por três semanas, cortando alimentos com açúcar, glúten, leite, milho, soja e outros tipos de comida potencialmente alergênicos. Em seguida, voltar a adicionar esses alimentos um de cada vez e ficar atento a possíveis reações alérgicas, indícios de que seu filho deve evitar seu consumo permanentemente.
- Aumentar a prática de atividade física para 45 minutos, quatro vezes na semana.
- Aumentar o tempo de sono e desenvolver bons hábitos para dormir.
- Diminuir o tempo de tela.
- Fazer consultas frequentes com um médico generalista para monitorar os níveis de ferritina, vitamina D, magnésio, zinco e hormônios da tireoide, bem como fazer todos os outros tipos de exames de laboratório para, assim, conseguir balancear qualquer um dos resultados que não estiverem em níveis ótimos.
- Neuroterapia (*neurofeedback*): essa terapia não invasiva e interativa ajuda crianças a fortalecer e retreinar seus cérebros para desenvolver maior capacidade de foco.
- Plano de educação individualizado (PEI): se necessário, procure a escola para estabelecer um PEI com as devidas adaptações de ensino.
- Tente retardar a entrada das crianças na escola (geralmente são as crianças mais novas da sala que estão mais propensas a serem diagnosticadas com TDAH).

- Ofereça suplementos nutricionais, como:
  - Ômega-3 EPA + DHA: 1.000 mg/dia para 18 kg de peso corporal até no máximo 3.000 mg/dia.
  - Fosfatidilserina: 100-300 mg/dia.
  - Citrato ou glicinato de zinco 30 mg (34 mg/dia para adolescentes; crianças pequenas devem receber uma dosagem menor).
  - Citrato, glicinato ou malato de magnésio: 100-400 mg/dia.

Se a criança realmente tiver TDAH, ela ainda terá em alguns meses, portanto vale a pena dedicar tempo para otimizar a saúde mental e do cérebro dela antes de dar início a uma medicação que ela tomará durante anos, ou até mesmo décadas. Depois disso, considere introduzir nutracêuticos ou medicamentos voltados para o tipo específico de TDAH da criança. (Veja o livro *Healing ADD* [Curando o TDA, em tradução livre], do Dr. Amen.)

No caso do TDAH, que foi uma das primeiras áreas de expertise do Dr. Amen, existe um enorme preconceito sobre o uso de medicação. Ele já ouviu inúmeros pais dizerem:

— Não vou drogar meu filho.

— Se você tomar essa droga, perderá a sua criatividade.

— Você deixará de ser você.

O problema é que muitos médicos presumem que existe apenas um tipo de TDAH, por isso receitam sempre o mesmo tipo de medicamento — estimulantes como a Ritalina ou o Adderall. Esses medicamentos ajudam muitas pessoas com TDAH, mas também pioram os casos de diversas outras. Existem diversas histórias tanto de milagres quanto de terror sobre o uso de estimulantes. Uma das filhas do Dr. Amen foi de aluna medíocre a aluna nota dez durante dez anos enquanto usava uma medicação estimulante para otimizar a baixa atividade em seu córtex pré-frontal. Ela também foi aceita em uma das melhores faculdades de veterinária do mundo. A medicação estimulava os lobos frontais dela (região do CPF), permitindo que tivesse melhor acesso às próprias habilidades, o que também melhorava sua autoestima. Por outro lado, o Dr. Amen teve outro paciente que foi encaminhado para ele por ter desenvolvido tendências suicidas após o uso de Ritalina. O cérebro dele já era superativo, logo, estimulá-lo só o deixou mais ansioso e transtornado. O problema é que os médicos presumem que todos que apresentam os mesmos sintomas têm os mesmos padrões cerebrais, o que não só não é verdade como leva a fracassos e frustrações. Quando a medicação é necessária, ela se torna mais efetiva quando é direcionada para o tipo de TDAH da pessoa.

Transtornos de ansiedade

Todas as crianças se sentem ansiosas de vez em quando. É completamente normal se sentir apreensivo antes de uma prova, de uma apresentação oral na escola ou no primeiro dia de aula. Como mencionamos no Capítulo 11, garantir que as necessidades básicas dos seus filhos estão sendo supridas pode aliviar muito da ansiedade deles. Quando a ansiedade se transforma em uma constante, no entanto, ou é tão avassaladora que impede seu filho de ter um desempenho condizente com seu potencial ou de participar de atividades, pode se tratar de um caso de transtorno de ansiedade. Muitos pais confundem ansiedade ou sintomas físicos com reclamação ou birra e reagem de forma negativa ao comportamento do filho, podendo exacerbar o problema. A ansiedade é a condição de saúde mental mais comum nos Estados Unidos, afetando mais de 9% de todas as crianças, número esse que cresceu 29% de 2016 a 2020, de acordo com um estudo de 2022 publicado na revista *JAMA Pediatrics*.[22] Os níveis de ansiedade aumentaram ainda mais em função da pandemia, portanto é bom estar alerta para qualquer sinal dessa condição. Imagens do cérebro mostram que existem sete tipos de ansiedade e depressão, e é importante saber qual tipo é o do seu filho.

Sintomas de ansiedade em crianças

- Sentir-se ansioso ou nervoso com frequência
- Preocupação excessiva
- Assustar-se com facilidade
- Evitar conflitos
- Aumento da tensão muscular
- Dores de cabeça e de estômago
- Timidez ou vergonha excessivas
- Envergonhar-se com facilidade

Estratégias naturais que ajudam com todos os tipos de ansiedade

- Fazer pequenas refeições e lanches saudáveis: a hipoglicemia (baixo nível de açúcar no sangue), que pode ocorrer quando pulamos refeições ou comemos muito carboidrato refinado (como doces, bolo, roscas e pães), é uma causa comum de ansiedade, por isso ofereça pequenas refeições e lanches saudáveis para seus filhos durante o dia para manter seus níveis de açúcar no sangue equilibrados.
- Respiração diafragmática: ensine seu filho a inspirar por 4 segundos, segurar por 1 segundo, exalar durante 8 segundos e repetir esse processo 10 vezes, para que ele possa aprender a se acalmar sozinho e rapidamente.
- Aquecer a mão: ensine seus filhos a visualizar que estão segurando uma xícara de chocolate quente, o que pode aquecer as mãos deles, contrabalancear o estresse e ajudá-los a relaxar.
- Livre-se dos PANs: ensine seus filhos a questionar seus pensamentos ansiosos e suas preocupações (Veja o Capítulo 7).
- Exercícios para acalmar: fazer ioga ou caminhar pela natureza pode ter um efeito relaxante.

- Hipnose: poderosa forma de acalmar, que ajuda a mudar o estado de espírito da criança de ansioso para calmo.
- Neuroterapia: essa técnica não invasiva usa o *biofeedback* do eletroencefalograma (EEG) para medir as ondas cerebrais em tempo real, ajudando a retreinar o cérebro para conseguir atingir um estado de espírito mais saudável e equilibrado. Se você estiver interessado em explorar essa forma de tratamento, procure um profissional de saúde mental licenciado e treinado em neuroterapia.
- Oferecer suplementos nutricionais, como:
  - L-teanina 100-300 mg
  - GABA 125-500 mg
  - Ashwagandha 125-600 mg
  - Citrato, glicinato ou malato de magnésio: 100-400 mg/dia

Problemas de humor e depressão

Todas as crianças se sentem tristes ou desesperançadas às vezes. Quando um animal de estimação querido da família morre, quando um amigo da escola se muda, ou quando não se é escolhido para entrar no time da escola ou para a peça de teatro, é comum sentir tristeza, desespero e se sentir inútil. Porém, quando o desânimo persiste por semanas e meses, pode ser um sinal de depressão, condição que cresceu 27% em crianças de 2016 a 2020 de acordo com o estudo da *JAMA Pediatrics* mencionado anteriormente.[23] Isso equivale a quase 3 milhões de crianças afetadas pela depressão, contudo esse número também aumentou desde a pandemia. A seguir, apresentamos alguns sinais de que uma criança pode estar com depressão.

Sintomas de depressão em crianças

- Sentimentos de tristeza, desesperança ou impotência
- Falta de interesse em hobbies ou atividades das quais costumavam gostar
- Sensação de fadiga
- Mudanças de apetite — comer consideravelmente mais ou menos do que o costume
- Dormir mais ou menos do que o costume
- Dificuldade de concentração
- Aparente falta de motivação
- Dores e desconforto no corpo
- Irritabilidade
- Comportamentos autodestrutivos ou de automutilação (incluindo pensamentos e comportamentos suicidas)

Estratégias naturais que ajudam com todos os tipos de depressão:

- Incentivar as crianças a questionarem seus PANs (veja livro do Dr. Amen *Captain Snout and the Superpower Questions* [Capitão Focinho e as perguntas superpoderosas, em tradução livre]).
- Contato com a natureza — andar ou brincar ao ar livre.
- Tomar sol — ou usar uma lâmpada de terapia com luz brilhante durante o inverno ou em dias nublados.
- Dieta rica em frutas, verduras e legumes.
- Fazer consultas frequentes com um médico generalista para monitorar e otimizar os níveis de tireoide, folato (vitamina B9), vitamina D, entre outros, do seu filho.
- Eliminar comidas processadas, corantes, conservantes e adoçantes artificiais.

- Testar uma dieta de eliminação por três semanas (veja a seção sobre TDAH para mais detalhes).
- Fazer atividade física.
- Oferecer suplementos nutricionais, como:
    - Açafrão 10-30 mg.
    - Curcumina 100-400 mg.
    - Citrato ou glicinato de zinco 30 mg (34 mg/dia para adolescentes; crianças pequenas devem receber uma dosagem menor).
    - Ômega-3 EPA + DHA: 1.000-3.000 mg/dia (O Dr. Amen está convencido de que sem esses suplementos nutricionais as crianças não responderão à medicação).

A depressão pode ser devastadora, porém é comum que as pessoas recebam indicação do uso de inibidores seletivos da recaptação de serotonina (IRSS) durante uma visita rápida ao médico antes que tenham lidado com causas subjacentes. Esses inibidores não só são medicações difíceis de serem retiradas como têm apresentado resultados negativos em algumas crianças. Se as intervenções acima forem ineficientes, então é hora de tentar outros nutracêuticos ou medicações voltadas para o tipo específico de depressão (Veja o livro do Dr. Amen *Healing Anxiety and Depression* [Curando a ansiedade e a depressão, em tradução livre].)

Transtorno obsessivo-compulsivo (TOC)

O TOC é caracterizado por pensamentos recorrentes, indesejáveis e desagradáveis que causam preocupação, vergonha, culpa e/ou compulsões que interferem na vida cotidiana. Entre os comportamentos repetitivos mais comuns estão contar, lavar as mãos, conferir e tocar. Crianças com TOC, que afeta entre 1% e 4% da população,[24] sentem que precisam realizar esses comportamentos de forma rígida e rigorosa, seguindo regras específicas e autoimpostas. Uma criança com compulsão por contar, por exemplo, pode se sentir compelida a contar cada rachadura na calçada a caminho da escola. O que seria uma caminhada de cinco minutos para a maioria das pessoas pode se tornar uma viagem de uma hora para uma criança com TOC. Essas crianças têm um sentimento de urgência de "Eu tenho que fazer isso" dentro de si mesmas.

O Dr. Amen já tratou muitas pessoas com TOC, e a mais nova delas tinha 5 anos. Era um menino com uma compulsão pela conferência; ele tinha que conferir todas as fechaduras da casa à noite de vinte a trinta vezes até que conseguisse adormecer.

Sintomas de TOC em crianças

- Pensamentos obsessivos
- Compulsões — contar, lavar as mãos excessivamente etc.
- Preocupação excessiva ou sem sentido
- Tendência ao hiperfoco
- Antagonismo — a palavra favorita delas é "não"
- Argumentativos
- Guardam rancor
- Chateiam-se quando as coisas não saem como gostariam
- Perfeccionismo prejudicial
- Chateiam-se quando as coisas estão fora do lugar

Estratégias naturais para ajudar todos os tipos de TOC

- Certifique-se de fazer exames para verificar infecções subjacentes como estreptococos, covid longa ou doença de Lyme. A síndrome neuropsiquiátrica pediátrica autoimune associada a infecções estreptocócicas (PANDAS, em inglês) e a síndrome neuropsiquiátrica pediátrica de início agudo (PANS, em inglês, que não deve ser confundida com os PANs — pensamentos automáticos negativos, que já foram apresentados no livro), associadas com outras infecções, podem causar novos sintomas de TOC. Veja a próxima seção.
- Tenha uma dieta rica em carboidratos complexos: alimentos como batata-doce e grão-de-bico podem ajudar a aumentar os níveis de serotonina.

- Evite dietas ricas em proteína: esse tipo de dieta pode aumentar o foco, exacerbando os sintomas de TOC.
- Terapia comportamental: ajuda a fortalecer o córtex pré-frontal para que ele consiga acalmar a hiperatividade no giro do cíngulo anterior.
- Distração: quando perceber que seu filho está ficando preso em preocupações ou comportamentos, procure distraí-lo cantando uma música, saindo para dar uma volta ou jogando com ele.
- Ofereça suplementos nutricionais, como:
    - 5HTP 50-300 mg
    - Açafrão 10-30 mg
    - Erva-de-São-João 300-900 mg

PANS e PANDAS

Eric era uma criança tranquila até completar 5 anos. De repente ele desenvolveu uma raiva intensa e um tique estranho, encolhendo os ombros e balançando a cabeça de um lado para o outro. Seus pais o levaram a um psiquiatra e, posteriormente, a outros médicos, resultando em diversos diagnósticos, incluindo TDAH, TOC, transtorno opositor desafiador (TOD), entre outros. Quando os pais de Eric o levaram para as Clínicas Amen, ele estava tomando inúmeras medicações que não estavam funcionando. Após realizar uma avaliação completa, incluindo uma cintilografia (SPECT) e exames laboratoriais, Eric recebeu um diagnóstico diferente: PANDAS.

A síndrome neuropsiquiátrica pediátrica autoimune associada a infecções estreptocócicas (PANDAS), considerada um subtipo de síndrome neuropsiquiátrica pediátrica de início agudo (PANS), consiste em problemas mentais e de comportamento que ocorrem repentinamente após uma infecção. Consideradas controversas pela psiquiatria tradicional, PANDAS e PANS são condições bem reais, que afetam aproximadamente 10% das crianças diagnosticadas com TOC ou síndrome de Tourette. A principal característica de PANS/PANDAS é o início agudo e repentino de sintomas neuropsiquiátricos debilitantes. Infecções bacterianas e virais associadas com PANS/PANDAS incluem:

- Streptococo
- Mononucleose
- Doença de Lyme
- Vírus Epstein-Barr
- Pneumonia por mycoplasma (pneumonia ambulante)

Atualmente, pesquisadores estão investigando se existe uma correlação entre infecções por covid e PANS/PANDAS. O tratamento da infecção subjacente é essencial para o processo de cura.

Sintomas de PANS/PANDAS em crianças

- TOC
- Alimentação seletiva
- Ataques de pânico intensos ou surgimento de novas fobias
- Desatenção ou hiperatividade
- Tiques vocais e motores
- Pensamentos e comportamentos depressivos e/ou suicidas
- Raiva ou agressão
- Comportamento antagonista
- Sensibilidade sensorial
- Regressão comportamental
- Declínio das habilidades de escrita e matemáticas
- Dificuldade para dormir
- Enurese noturna
- Sintomas associados ao autismo
- Psicose
- Declínio do desempenho escolar

Estratégias naturais para ajudar com PANS/PANDAS:

- Seguir uma dieta saudável para o cérebro: pode ser benéfico alimentar o cérebro com alimentos nutritivos.

- Reduzir a exposição a toxinas: é importante evitar toxinas que aumentam os danos no cérebro.
- Controle do estresse: pode ser útil ajudar as crianças a aprender a se acalmar sozinhas.
- Procurar um profissional de saúde especialista em PANS/PANDAS para ter acesso a mais estratégias.

Problemas de saúde mental e do cérebro são tratáveis, não só os descritos neste capítulo, mas também o transtorno opositor desafiador (TOD), o autismo, o transtorno bipolar, o transtorno do estresse pós-traumático (TEPT), a esquizofrenia, os transtornos alimentares, entre outros. Intervir desde cedo pode fazer uma enorme diferença na trajetória de vida do seu filho, portanto não espere até que os sintomas desapareçam. Procure ajuda assim que for necessário.

QUANDO PROCURAR AJUDA PROFISSIONAL

Como saber que chegou o momento de procurar ajuda? Se as atitudes, comportamentos, sentimentos e pensamentos do seu filho estão interferindo na capacidade dele de ser bem-sucedido em casa ou na escola, e os hábitos de saúde do cérebro e os princípios da abordagem Amor e Lógica não tiverem ajudado a aliviar o problema, procure ajuda profissional. Além disso, se os sintomas interferirem na capacidade do seu filho de realizar suas atividades, ser produtivo ou sentir alegria, então ele precisa de ajuda. Se você conhece os sinais aos quais deve estar atento, então também saberá quando houver algo de errado com seu filho.

Como encontrar um profissional competente

Até mesmo os pais que seguem as melhores estratégias parentais e têm os melhores hábitos para a saúde do cérebro enfrentam dificuldades quando estão lidando com o estresse diário de uma criança com problemas de saúde mental/

do cérebro. Os irmãos geralmente sentem vergonha do comportamento dessa criança e os pais com frequência se sentem culpados. Procurar ajuda profissional é essencial para um resultado saudável para a criança e o resto de sua família. Encontrar o profissional de saúde certo é ainda mais importante.

Oito Passos para Encontrar o Melhor Profissional de Saúde Mental

1. *Procure pela melhor pessoa que puder encontrar.* Não confie em um terapeuta apenas porque atende pelo seu plano de saúde ou cobra um preço acessível. Essa pessoa pode não ser uma boa opção para você ou seu filho. Poupar dinheiro no início pode custar muito mais caro no longo prazo. A ajuda certa não só tem o melhor custo-benefício no longo prazo como evita dor e sofrimento desnecessários.

2. *Procure um especialista.* A ciência do cérebro está evoluindo rapidamente. Especialistas se mantêm atualizados com os últimos desenvolvimentos em suas áreas de atuação, enquanto generalistas (médicos de saúde da família) precisam tentar acompanhar e se atualizar em tudo. Se você tivesse uma arritmia no coração, não iria preferir procurar um cardiologista em vez de um clínico geral?

3. *Peça indicações de pessoas que demonstram ter muito conhecimento sobre o problema.* Às vezes pessoas bem-intencionadas dão informações ruins. O Dr. Amen conheceu muitos médicos e professores que relevam problemas nos sistemas do cérebro, como TDAH, transtornos de aprendizagem ou depressão e que desencorajam as pessoas a procurarem ajuda. Um médico generalista uma

vez disse a um dos pacientes do Dr. Amen: "Ah, o TDAH é uma moda passageira. Você não precisa de ajuda; é só se esforçar mais". Entre em contato com especialistas que trabalham na área, pessoas de dentro dos grandes centros de pesquisa e dos grupos de apoio específico para o problema. Pesquise na internet grupos de assistência médica na sua região. Esses grupos geralmente têm membros que já fizeram consultas com profissionais locais e podem oferecer a você informações importantes sobre médicos e profissionais da saúde, como relação médico-paciente, competência, responsabilidade e organização.

4. *Confira as credenciais.* Médicos devem ser licenciados pelos respectivos conselhos. Para se tornarem licenciados, eles devem passar por testes orais e escritos específicos. Precisam ter estudado para adquirir conhecimento e habilidade especializada. Não atribua credibilidade excessiva à universidade ou ao programa de residência no qual o profissional se formou. O Dr. Amen trabalhou com alguns médicos que frequentaram as Universidades Yale e Harvard, mas que não tinham a menor noção de como oferecer o tratamento correto aos pacientes, enquanto outros médicos formados em universidades menos prestigiosas eram excelentes, visionários e cuidadosos.

5. *Marque uma consulta para decidir se quer contratar um determinado profissional.* Geralmente você terá que pagar pelo atendimento, mas vale a pena dedicar um tempo para conhecer a pessoa na qual você vai confiar para obter ajuda. Se você sentir que não vai funcionar, continue procurando.

6. *Muitos profissionais escrevem artigos ou livros, fazem palestras em reuniões ou grupos locais.* Se for possível, leia um pouco do que eles escreveram ou vá ouvi-los falar, para ter uma ideia de como eles são e da sua capacidade de ajudá-lo.

7. *Procure por profissionais que tenham a mente aberta, que estejam atualizados e dispostos a testar novas abordagens.*

8. *Procure por profissionais que o tratem com respeito, o escutem e respondam às suas necessidades.* Você está buscando uma relação colaborativa e de confiança.

Pode ser difícil encontrar um profissional que atenda a todos esses critérios e que tenha recebido o treinamento certo em fisiologia do cérebro, mas não é impossível. Seja persistente. O profissional certo é essencial para ajudar a curar o cérebro do seu filho.

Passo a passo

- Aceite que problemas de saúde mental/do cérebro são comuns.
- Entenda como Os Quatro Círculos da Força Mental podem ter impacto negativo ou positivo na saúde mental/do cérebro do seu filho.
- Saiba que problemas de saúde mental/do cérebro não tratados podem ter consequências significativas de longo prazo na vida do seu filho.
- Conheça os sinais e sintomas de problemas de saúde mental/do cérebro em crianças.

- Reconheça que problemas pediátricos de saúde mental/do cérebro são problemas de saúde do cérebro.
- Teste estratégias naturais assim que identificar os problemas.
- Se suspeitar de um problema, comece conversando com o pediatra do seu filho.
- Para o tratamento, procure um especialista em saúde mental/do cérebro que tenha bastante experiência em saúde do cérebro.

PARTE 2

DICAS E FERRAMENTAS PARA TRANSFORMAR DESAFIOS COMUNS EM FORÇA DE CARÁTER

O caminho para a sabedoria, a força de caráter e a fé é cheio de armadilhas.
A caminhada é difícil, mas o destino é maravilhoso.

Agora que você já tem acesso a ferramentas e técnicas comprovadas para educar crianças respeitosas, responsáveis e com cérebros saudáveis, ofereceremos dicas objetivas sobre como lidar com desafios comuns do dia a dia, que incluem: treinamento de uso do banheiro; rivalidade entre irmãos; intimidação (bullying); participação em atividades esportivas; pressão de amigos e colegas da escola; namoro; divórcio e parentalidade por parte de madrastas e padrastos. Com as estratégias certas, você pode superar os desafios diários e transformá-los em oportunidades de aprendizado que promovam a força mental. Quando você lida com problemas comuns usando técnicas baseadas no funcionamento do cérebro e na abordagem Amor e Lógica, pode ajudar seu filho a ter mais facilidade para resolver problemas, desenvolver a autoestima e adotar uma postura proativa. Se os seus esforços não surtirem efeito, ou se você suspeitar de que alguma coisa mais séria pode estar causando esses problemas, é importante procurar um profissional de saúde mental (conforme descrito no Capítulo 7).

CAPÍTULO 14

DESAFIOS COMUNS: TRANSFORMAR O TREINAMENTO DE USO DO BANHEIRO EM UMA EXPERIÊNCIA POSITIVA

Quem diria que ensinar as crianças a usar o banheiro poderia ser tão divertido?

O treinamento de uso do banheiro pode ser frustrante para ambos os pais e seus filhos pequenos, mas muitas das dificuldades se tornam desnecessárias quando os pais entendem três coisas:

- As mensagens negativas que geralmente recebemos sobre qual seria a idade na qual todas as crianças deveriam ser treinadas.
- O ritmo e a trajetória do desenvolvimento normal.
- Como colocar em prática os três pilares da abordagem Amor e Lógica para ajudar as crianças a aproveitarem o processo.

Informações incorretas e pessimistas sobre o treinamento de uso do banheiro advêm de uma variedade de fontes, incluindo outros pais, redes sociais, blogs e alguns autodenominados "especialistas" em educação, que não possuem as credenciais ou a experiência necessárias para corroborar suas alegações. A seguir, listamos algumas das mensagens mais prejudiciais.

- **Mensagem prejudicial nº 1: Todas as crianças são iguais.** A verdade é que a biologia e o desenvolvimento de cada criança são únicos. Não espere que o seu segundo filho siga o mesmo cronograma do seu primogênito. E não presuma que o seu filho se desenvolverá no mesmo ritmo que o filho dos seus melhores amigos.
- **Mensagem prejudicial nº 2: É uma competição.** Pense naquelas mães que colam um adesivo na blusa dos filhos dizendo "Eu sei usar o banheiro", como se fosse uma espécie de símbolo de status. A maioria dos cuidadores consegue descobrir com facilidade se uma criança já domina essa habilidade, mesmo se ela não usar um adesivo.
- **Mensagem prejudicial nº 3: É questão de estabelecer as consequências certas.** Alguns pais acreditam que, se punirem a criança o bastante, a bexiga dela vai cooperar.
- **Mensagem prejudicial nº 4: É questão de descobrir a recompensa certa.** Propor recompensas tangíveis de vez em quando pode ser uma

> boa forma de moldar comportamentos desejados; porém, essas recompensas nem sempre funcionam como planejado. Tenha em mente duas coisas: (1) As recompensas não vão acelerar a prontidão para o desenvolvimento; e (2) As recompensas raramente são efetivas se não forem acompanhadas do reforço positivo dos pais. Os maiores motivadores que existem são seu amor, incentivo e entusiasmo.

Essas inverdades geram frustração, tanto para pais quanto para seus filhos.

Na realidade, existem inúmeros tipos de "normal" quando o assunto é o ritmo e a trajetória do desenvolvimento. A idade média para começar o treinamento de uso do banheiro nos Estados Unidos fica entre 2 e 3 anos,[1] embora algumas crianças consigam aprender antes ou depois dessa idade. Por exemplo, pesquisas mostram que as meninas costumam concluir o treinamento de uso do banheiro de 2 a 3 meses antes dos meninos.[2] É importante lembrar que um número impressionante de processos complexos de crescimento físico e neurológico deve acontecer antes que a criança esteja pronta para iniciar o treinamento de uso do banheiro. Quando interferimos no desenvolvimento saudável delas, geralmente tentando acelerar o processo, causamos um estresse desnecessário, que costuma ter o efeito contrário, atrasando o desenvolvimento.

O incremento da habilidade de usar o banheiro é como vários outros tipos de processos. É uma progressão, e não algo estável ou linear. Seu filho pode ter avanços rápidos, atingir um platô ou até mesmo regredir um pouco. Isso é normal. Quando você entende isso, fica menos propenso a entrar em pânico, sentir-se frustrado ou perder a paciência com seu filho quando deslizes ou retrocessos acontecerem.

Aprenda a colocar em prática os três pilares da abordagem Amor e Lógica:

- Seja um exemplo de comportamento saudável
- Permita que pequenos erros aconteçam
- Seja empático

Observe como uma mãe solteira reverteu a situação com sua filha que estava começando a criar resistência para usar o banheiro. Quando Jéssica procurou o Dr. Fay, ela alegou já ter tentado de tudo, inclusive ser um pouco mais rígida com a filha. O Dr. Fay perguntou se Jéssica ficava mais propensa a fazer algo quando era advertida ou quando via outras pessoas se divertindo fazendo aquilo. Ele sugeriu que ela desse o exemplo quando estivesse usando o banheiro, transformando essa experiência em uma atividade divertida.

Um mês depois ele perguntou como estava o processo. Jéssica respondeu que a nova estratégia estava funcionando e estava até se divertindo fazendo caretas bobas e acrescentando efeitos sonoros. Quando andava de costas em direção ao sanitário, fazia o barulho "Bip bip bip", igual a um caminhão dando ré. Isso fazia sua filha rir e querer tentar imitá-la.

— Mas há um problema — ela disse. — Falta de privacidade. Toda vez que vou ao banheiro agora, ela fica me vigiando. No entanto, estamos progredindo. Um dia desses, ela disse: "Mamãe, você precisa de privacidade?", e eu respondi: "É muito gentil da sua parte perguntar; sim, um pouquinho de privacidade seria ótimo". Então ela entrou, fechou a porta do banheiro e continuou me encarando.

A moral dessa história é que essa mãe solteira e ocupada continuou agindo de forma simples e divertida, sempre se lembrando de que o desenvolvimento ótimo é favorecido quando as necessidades físicas e emocionais estão sendo constantemente supridas. Ela não permitiu que as mensagens prejudiciais que a rodeavam a fizessem adotar práticas que acrescentassem o cortisol (o hormônio responsável pela resposta ao estresse) à mistura. Em vez disso, ela foi um exemplo de comportamento para sua filha, de um jeito que continuou a fortalecer o vínculo de confiança e afeto entre elas, que durará a vida toda. A seguir, listamos algumas dicas para o treinamento de uso do banheiro para ajudá-lo a começar:

- Espere até que as crianças completem 2 ou 3 anos para dar início ao treinamento de uso do banheiro.
- Seja um exemplo de como fazer e torne isso divertido. Cante músicas,

faça barulhos divertidos, bata palmas ou qualquer outra coisa que demonstre o quanto é divertido usar o banheiro.
- Use uma boneca para demonstrar como usar o banheiro.
- Quando seu filho conseguir usar o banheiro corretamente, comemore!
- Estabeleça um cronograma com horários para ajudar as crianças a entender quando é hora de usar o banheiro.
- Evite punir. Não há bronca que faça a bexiga do seu filho cooperar.
- Ensine seu filho a dizer "pipi" ou "totô" quando precisar ir ao banheiro.
- Não dê importância aos retrocessos.
- Faça a transição gradual das fraldas para o treinamento e depois para a roupa de baixo.

E como lidar com o xixi na cama? Embora a enurese, o termo médico para o xixi na cama durante a noite, não seja uma condição grave, ela pode ser frustrante para os pais. Um estudo mostra que cerca de 30% das crianças ainda molham a cama aos 4 anos e meio, e quase 10% das que têm por volta de 9 anos e meio fazem xixi na cama.[3] Isso pode causar culpa e vergonha na criança, culminando em problemas de baixa autoestima. O Dr. Amen fazia xixi na cama quando criança e isso o deixava com muita vergonha. Toda manhã ele acordava apavorado, se perguntando se os lençóis estariam encharcados. Estresse e ansiedade são gatilhos comuns para a enurese, e as pesquisas mostram que crianças com TDAH estão mais propensas a sofrer com isso.[4] Para os pais, o segredo é ser paciente e deixar o filho desenvolver o controle noturno da bexiga naturalmente.

Não fique bravo com seu filho, nem o faça se sentir culpado, ou sentir que está fazendo algo errado. Isso pode ser prejudicial de muitas maneiras. Um exemplo extremo é o caso de Louis Peoples, condenado pelo assassinato de quatro pessoas em 1997.[5] Nós fizemos uma tomografia do seu cérebro, que revelou uma atividade anormal no córtex pré-frontal consistente com abuso de drogas e traumas na cabeça. Além disso, descobrimos que ele tinha um histórico de enurese, que durou até sua adolescência. Se ele fizesse xixi na cama, seus pais pegavam os lençóis molhados e usavam para amarrá-lo a uma árvore do lado de fora. Embora essa punição terrível não seja desculpa para os assassinatos que ele cometeu, foi extremamente prejudicial para a saúde do cérebro dele.

Inúmeras estratégias ajudam a reduzir as chances de enurese. Por exemplo, não deixe que seu filho beba líquido à noite e evite a ingestão de cafeína, que é diurética. Certifique-se de que ele faça xixi antes de ir para a cama e novamente se demorar mais para dormir. Alarmes de enurese também podem ser úteis. Se a enurese continuar para além dos 7 anos, consulte o profissional de saúde, para descartar qualquer problema subjacente, como apneia do sono ou constipação. Em alguns casos, o uso de medicação também pode ajudar.

Passo a passo

- Use as dicas de treinamento de uso do banheiro que considerar mais efetivas para você e seu filho.
- Faça com que seja algo divertido e não estressante para o seu filho.
- Não espere que o processo seja linear. Retrocessos são comuns.

CAPÍTULO 15

DESAFIOS COMUNS: RIVALIDADE ENTRE IRMÃOS

Como pais, não podemos obrigar irmãos e irmãs a se amar, mas devemos ensiná-los a se respeitar.

Irmãos podem ser melhores amigos ou agir como os piores inimigos uns dos outros. Esse relacionamento, além de ser essencial, pode estimular o desenvolvimento de importantes habilidades sociais e emocionais, bem como a autoconfiança, ou alimentar o medo, o ressentimento, a ansiedade e a depressão.[1] Bons resultados dependem do entendimento de que o relacionamento entre irmãos pode proporcionar um ambiente seguro e efetivo de treinamento para as crianças.

Quando você considera a rivalidade entre irmãos uma oportunidade de aprendizado, fica menos propenso a se apavorar tentando garantir que seus filhos sejam gentis uns com os outros. Entretanto, as brigas entre irmãos só ajudam no desenvolvimento de habilidades quando os pais entendem os passos necessários para que as crianças aprendam a:

1. Identificar o problema ou o conflito.
2. Esforçar-se para resolver o problema ou o conflito.
3. Aceitar os limites e direcionamentos estabelecidos por um adulto.
4. Lidar com as dificuldades do problema.
5. Obter sucesso a partir do próprio esforço.

Ter dificuldades, limites e direcionamento oferece as ferramentas necessárias para que as crianças consigam pensar em soluções, construindo força mental e relacionamentos saudáveis. Quando você permite que as crianças resolvam os próprios conflitos, no final elas passam a respeitar mais umas às outras. (O mesmo vale para os adultos.) Lembre-se de que não é sua obrigação fazer seus filhos se amarem; sua obrigação é ajudá-los a aprender a lidar tanto com o conflito quanto com quem é diferente delas.

Talvez a questão mais importante para manter um relacionamento saudável entre irmãos seja como você demonstra respeito, perdão e gentileza para com os outros. Tenha em mente que as crianças acabam ficando mais parecidas conosco do que imaginamos. É por isso que é tão importante dar o exemplo de autocuidado, tranquilidade e bons limites enquanto lida com as desavenças entre seus filhos. A seguir, listamos algumas dicas sobre como ajudar a resolver a rivalidade entre irmãos e ao mesmo tempo promover controle e pensamento compartilhados:

1. **Celebre os pontos fortes individuais de cada criança.** Não compare seus filhos uns com os outros. Eles são indivíduos e precisam saber que você respeita e ama cada um deles por sua individualidade. Isso também exemplifica como você espera que eles ajam com relação aos irmãos. Como costumamos enfatizar, a qualidade do relacionamento entre você e seus filhos influencia todas as outras relações

que eles estabelecem. Se eles amam e respeitam você, estão mais propensos a aprender a amar e respeitar uns aos outros.

2. **Ensine a eles que tentar a rivalidade com você não funcionará.** Vários casos de rivalidade entre irmãos são, na verdade, sinais de que as crianças não estão respeitando seus pais o suficiente para parar de brigar quando eles pedem. Se seus filhos não aprenderam a obedecer a pedidos simples, como tirar o lixo, limpar o quarto, lavar e guardar a louça que utilizam, quais são as chances de eles obedecerem quando você pedir que parem de se bater ou de gritar uns com os outros? Se seus filhos não foram treinados para ouvir, revise o Capítulo 6, sobre disciplina.

3. **Cuide bem de si mesmo e deixe que os problemas interpessoais dos seus filhos continuem sendo só deles.** Você pode se sentir tentado a interferir quando seus filhos estão discutindo ou brigando. Isso ensina a eles que alguém sempre aparecerá para resgatá-los quando tiverem ou criarem problemas com alguém. Uma estratégia melhor envolve deixar que o problema continue sendo deles para resolver. Digamos que você esteja dirigindo e seus filhos comecem não só a gritar e a brigar no banco de trás como a chutar o seu banco. A conversa com eles pode se desenrolar desta forma:

MÃE: Que situação chata. Parece que vocês têm um problema que precisam resolver. E precisam resolver porque estão criando um problema para mim. Como vão resolver esse problema?

FILHOS: Ah, mas ele me chamou de... / Mas ele fica implicando comigo! Ela me beliscou.

MÃE: Como vocês vão resolver esse problema? Se quiserem soluções, ficarei feliz de dar algumas sugestões. Mas se esse comportamento continuar vou ter que fazer alguma coisa a respeito quando chegarmos em casa.

Filhos: O que você vai fazer?

Mãe: Preciso pensar, mas parece que os dois estão precisando passar um tempo juntos para se entenderem.

Um filho para o outro: Um tempo juntos quer dizer fazendo as tarefas domésticas juntos.

Mãe: Fazer tarefas juntos sempre ajuda a restaurar a união, não é?

Filhos: (*imediatamente se abraçando*) Nós nos amamos. Não achamos que precisamos de mais união.

Mãe: (*sorrindo*) Bom, isso é ótimo. Fico feliz de ver que o relacionamento entre vocês já melhorou.

Como você deve imaginar, essa não é a primeira experiência que essas crianças tiveram com a abordagem Amor e Lógica. A primeira aconteceu mais ou menos assim:

Mãe (*com calma e empatia*): Que situação chata. Vocês estão prestes a ter que fazer várias tarefas domésticas para repor as minhas energias e aprender a se entender.

Filha: Isso é besteira. Eu não ligo.

Filho: Eu não quero me dar bem com ela.

Mãe *(mantendo a calma)*: Então eu terei que fazer algo a respeito disso, mas não agora. Preciso prestar atenção enquanto dirijo. Conversaremos depois.

Filhos: O que você vai fazer?

Mãe: Ainda não sei. Conversamos depois.

Filhos: Você precisa dizer!

Mãe (*falando com calma, mas com firmeza*): Conversamos depois.

Em casa. Algumas horas depois:

Mãe (*com empatia*): O jeito que vocês estavam brigando um com outro sugou todas as minhas energias lá no carro. O que vocês acham que podem fazer para repor o que eu perdi?

FILHA: Ele é um chato! Não foi culpa minha.

FILHO: Sem essa! Você que começou.

MÃE (*certa de que ambas as crianças estavam envolvidas no problema, responde com firmeza, mas com empatia*): Isso é muito chato mesmo. Eu amo demais os dois, por isso sempre fico sem energia quando vocês se recusam a tentar se entender. Acho que vocês podem repor minhas energias ficando em casa esta semana para eu não precisar ter que levá-los de carro para suas atividades extraescolares; ou podem passar um tempo juntos, terminando algumas das minhas tarefas domésticas, como passar o aspirador, tirar a poeira dos móveis, limpar os banheiros e o que mais que der para vocês fazerem. Eu aprendi que fazer tarefas juntas ajuda as pessoas a se unirem, para que elas comecem a se entender, mas a escolha é de vocês. Se decidirem fazer as tarefas, vou mostrar o que precisa ser feito até segunda-feira às 18 horas.

Observe como essa mãe cuidou de si mesma, em vez de ser arrastada para a briga entre seus filhos. Observe também como ela usou a estratégia do "sugador de energia" mencionada no Capítulo 6. É importante lembrar aqui que a estratégia do "sugador de energia" não foi criada para ser utilizada com sarcasmo ou raiva. Além disso, não foi inventada com a intenção de causar sentimento de culpa em seus filhos. Ela foi desenvolvida para oferecer uma oportunidade para que eles se responsabilizem pelas consequências do mau comportamento deles. O benefício extra é que eles costumam se sentir muito orgulhosos de si mesmos quando terminam.

4. **Não tente descobrir quem começou a briga.** Se pudéssemos engarrafar toda a energia que é gasta pelos pais tentando determinar "quem começou" uma briga, seríamos capazes de iluminar uma enorme área metropolitana durante meses, talvez anos. Em tese, "todos começaram" de algum jeito, modo ou forma. Geralmente a criança que aparenta ser a vítima foi quem começou o jogo de

rancor, com um olhar feio ou sussurrando uma provocação. A menos que você tenha certeza de quem começou, não vire um detetive. Se fizer isso, pode acabar reforçando algum comportamento velado, porém prejudicial, desempenhado pela criança que aparenta estar quieta em seu canto. Nenhum pai ou mãe deseja perpetuar esse tipo de comportamento até a fase adulta.

Passo a passo

- Descubra uma forma de celebrar, hoje, os pontos positivos únicos de cada criança.
- Não entre no meio de uma discussão entre seus filhos.
- Pergunte como eles vão resolver seus problemas.
- Não perca tempo tentando descobrir quem começou.

CAPÍTULO 16

DESAFIOS COMUNS: QUANDO SEU FILHO É ALVO DE PROVOCAÇÕES OU BULLYING

Ensinar seu filho a lidar com provocações é uma habilidade que pode ser vantajosa em todas as idades.

Poucas coisas podem causar mais frustração e raiva do que descobrir que seu filho se tornou alvo de provocações ou bullying. Embora seja tentador intervir e resgatar seu filho, nem sempre essa é a abordagem mais sábia — a não ser que o bullying tenha se transformado em abuso ou agressão. Recentemente, o Dr. Fay assistiu ao vídeo de um menino pequeno sendo estrangulado, levando socos e tapas dentro de um ônibus escolar. O agressor parecia ser mais velho e muito maior do que ele. Os comentaristas do noticiário ficavam o tempo todo se referindo ao comportamento como uma forma de bullying, mas não era; tratava-se de abuso e agressão. Tanto o abuso quanto a agressão são crimes, logo, os pais devem se envolver plenamente e até mesmo solicitar providências legais.

Dito isso, é comum que as crianças que estão sendo provocadas ou sofrendo bullying acreditem que alguém virá resgatá-las assim que entrarem em um conflito ou forem maltratadas por alguém. Isso acontece quando o triângulo do drama, tema amplamente discutido pelo médico Stephen Karpman, persiste de maneira crônica.[1] Essa dinâmica cria uma situação na qual a pessoa que está sendo maltratada assume perpetuamente o papel de "vítima", porque recebe mais atenção e pena quando está tendo uma crise do que quando está ativamente se esforçando para prevenir ou resolver essa crise. Curiosamente, é comum que os papéis se invertam, fazendo a vítima criticar quem a resgata por falhar em salvá-la da forma como ela gostaria. A vítima demonstra um comportamento arrogante e se sente no direito de descontar em quem a intimidou primeiro. É um tipo de drama complexo, que ninguém em sã consciência quer ver acontecer em sua família ou escola.

Em crianças, o Dr. Fay observou que a forma mais rápida de ajudá-las a evitar ou sair de um padrão nocivo do triângulo do drama é empoderando a vítima para prevenir ou minimizar que ela encarne o papel emocional de vítima. Isso implica ajudá-la a aprender a lidar com essas situações com assertividade, humor e tranquilidade, ou qualquer outra forma de comportamento que demonstre ao intimidador que a possível vítima *não* é um alvo divertido e instigante.

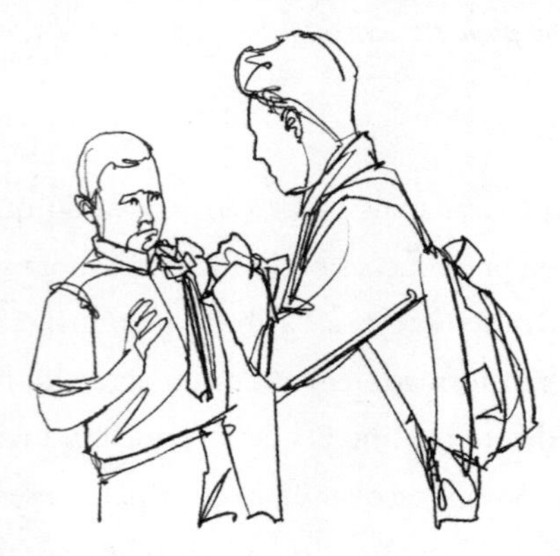

Não vamos interferir no desenvolvimento dos nossos filhos assumindo com frequência o papel de salvadores. Quando fazemos isso, estamos automaticamente colocando-os no papel de vítima. Se o seu filho não estiver correndo risco emocional ou físico evidente, o melhor a fazer é permitir que ele sofra um pouco enquanto aprende habilidades maravilhosas, que lhe serão úteis para o resto da vida. Quando as crianças percebem que conseguem, nada supera a alegria e a melhora da autoestima delas. Como sabemos, os casos de bullying não cessam depois da pré-escola, do ensino fundamental ou do ensino médio. Muitos de nós testemunhamos ou vivenciamos esse tipo de situação quando adultos. A seguir, listamos alguns aspectos-chave para educar e empoderar crianças de todas as idades:

1. **Ajude-as a entender a diferença entre o bullying e a discordância.** Observe estes dois exemplos de pequenas discordâncias confundidas com bullying:

    - Uma aluna do segundo ano procurou a administração da escola alegando que estava sofrendo bullying. Quando perguntada sobre o que tinha acontecido, ela disse: "A Emma disse que não gostou dos meus sapatos".
    - Um aluno do primeiro ano do ensino médio disse aos pais que tinha sofrido bullying porque um colega de sala disse que o *quarterback* favorito dele na NFL (Liga de Futebol Americano), Tom Brady, jogava mal.

    Discordar não configura automaticamente bullying. Uma boa forma de explicar isso é dizer que todos temos um dispositivo interno invisível que controla nossa reação quando os outros discordam de nós. Nós o chamamos de "Ofensômetro". O Ofensômetro de algumas pessoas pode estar com a contagem elevada, o que significa que elas se chateiam com qualquer pequena discordância. Por exemplo, se alguém diz que não gosta da cor da sua blusa, pronto, o Ofensômetro daquela pessoa dispara e acaba com o dia inteiro dela. Você não acha isso triste? Outras pessoas têm uma contagem média ou baixa em seus Ofensômetros. Aquelas com a contagem baixa costumam ser as mais felizes, porque alguém pode dizer algo de que discordam, mas elas não se importam muito. Simplesmente deixam para lá e continuam tendo um ótimo dia.

2. **Ensine a eles o "poder da tranquilidade".** Uma abordagem efetiva é ajudar seus filhos a entender que uma forma de diminuir a probabilidade de que continuem sendo alvo de bullying é demonstrar, ou pelo menos fingir, que não estão chateados ou incomodados com o que é dito. Peça a seus filhos para descrever o que acontece quando o

Ofensômetro deles é ativado, e eles começam a fazer ou a dizer coisas que indicam que estão chateados ou irritados. Em seguida pergunte: "Será que isso aumenta ou diminui a probabilidade de você sofrer bullying?".

Muitas crianças são rápidas em responder que os autores do bullying parecem gostar de implicar com as crianças que ficam chateadas. Em outras palavras, muitas crianças intuitivamente entendem que quem faz bullying se sente poderoso quando consegue causar estresse emocional nos outros. Se seu filho tiver dificuldade para entender essa noção, explique a ele, gentilmente, que uma resposta emocional funciona como uma espécie de recompensa para o autor do bullying.

O Sr. Menendez entendia essa noção, por isso ensinou seus alunos do segundo ano a agir quando alguém dissesse algo desagradável. Durante as aulas, eles praticavam fingir estarem calmos, tranquilos e no controle quando começavam a sentir que os seus Ofensômetros tinham sido ativados. O Sr. Menendez ajudou seus alunos a praticar bastante o fingir que não ligavam para seus Ofensômetros ou para o que as outras crianças diziam ou faziam. Ele descrevia essa estratégia como "Manifestando o poder da tranquilidade".

Manny, um dos alunos do Sr. Menendez, estava sendo alvo de provocações feitas por alguns alunos mais velhos enquanto andava pelos corredores da escola. Quase todos os dias eles o provocavam dizendo: "A sua mãe faz...", "A sua mãe é...", "Eu vi a sua mãe na...". Depois de aprender sobre "o poder da tranquilidade", Manny parou de ficar irritado e frustrado. Em vez disso, ele sorria e respondia: "Eu sei. Já falei para ela parar de fazer essas coisas, mas ela não me escuta". Os autores do bullying logo perceberam que não conseguiam mais tirar Manny do sério e começaram a procurar outra pessoa que não tivesse "o poder da tranquilidade".

3. **Lembre-se de questionar seus PANs sobre sofrer bullying.** Todos precisamos nos lembrar de que os PANs sempre pioram as coisas,

independentemente da situação. Ser provocado ou sofrer bullying não é diferente. Na verdade, é nesse momento que precisamos ter os pensamentos o mais saudáveis possível. Alguns PANs comuns relacionados às provocações e ao bullying incluem:

- *Eu sou uma vítima.*
- *Eu sou um perdedor.*
- *É minha culpa eles estarem sendo maldosos comigo.*
- *Eu odeio aquelas crianças. Elas vão ver só uma coisa.*
- *Não há nada que eu possa fazer. Não tem solução.*

O Dr. Fay estava conduzindo uma assembleia escolar sobre bullying na cidade de Houston, no Texas, e conta: "Nós estávamos discutindo sobre como confrontar os PANs quando uma garotinha levantou a mão e disse: 'O meu papai sempre diz para usar frases mágicas. Nós precisamos ter frases mágicas para repetir para nós mesmos quando alguém implica conosco ou algo dá errado'. Eu pedi um exemplo e ela disse: 'Quando alguém implica comigo ou é maldoso, eu repito para mim mesma: *Não se deixe vencer pelo mal, mas vença o mal com o bem*. Eu repito isso para mim mesma o tempo todo. Meu pai falou para não dizer em voz alta; só para mim mesma'". Essa garotinha tem sorte de ter um pai tão sábio.

Questionar a veracidade dos PANs e substituí-los por um pensamento verdadeiro e apropriado ou por uma frase mágica pode ajudar qualquer criança a aprender a ver os autores do bullying como pessoas *com* dores ao invés de como pessoas que *causam* dores. Fazer isso pode ajudar os adolescentes a entender que não precisam acreditar em tudo que alguém diz nem no que é dito sobre eles mesmos a não ser que seja verdadeiro. Um adolescente compartilhou sua frase mágica favorita: "O dia que estou tendo depende só de mim". Essa frase simples o fazia lembrar de que a forma como respondia às situações estava completamente em seu controle. O Dr. Fay foi *coach* de uma mulher que usava uma determinada frase mágica quando sua sogra, que era extremamente crítica, fazia bullying com ela: "Sou muito grata que o filho dela tenha uma personalidade diferente". Para ter acesso a outras excelentes sugestões sobre esse assunto, leia o livro extremamente necessário de Sally Ogden, *Words Will Never Hurt Me* [Palavras nunca vão me ferir, em tradução livre].[2] A maioria das crianças pode ler o livro sozinha e facilmente colocar em prática as sugestões da autora.

4. **Ensine-os a evitar dar início ou continuidade ao bullying.** Um especialista proeminente no assunto, Dan Olweus, passou mais de quarenta anos investigando por que o bullying é tão problemático e o que podemos fazer a respeito. Em seu valioso livro *Bullying at School: What We Know and What We Can Do* [Bullying na escola: o que sabemos e o que podemos fazer, em tradução livre], ele descreve o que chamou de vítima provocadora.[3] São crianças que desempenham um papel nos maus-tratos que sofrem, quando instigam e sustentam o conflito, sutilmente alternando entre os papéis de vítima indefesa e da instigadora maliciosa. Geralmente são aquelas crianças que fazem coisas sorrateiramente, como ofender, lançar olhares maliciosos, fazer fofoca, responder com sarcasmo, começar discussões desnecessárias com outras crianças, provocar ou brincar de maneira bruta. As crianças que têm TDAH estão mais propensas a sofrer bullying e podem ser "vítimas provocadoras" devido à sua impulsividade, sua hiperatividade e por serem facilmente afetadas emocionalmente.[4] Crianças que apresentam hiperatividade no giro do cingulado anterior do cérebro podem ser extremamente persistentes e continuar investidas em uma disputa mesmo quando estão perdendo a luta.

   O Sr. Menendez, o professor que ensinou aos seus alunos o "poder da tranquilidade", usava uma estratégia efetiva para ajudá-los a identificar quando deveriam fazer o possível para evitar participar de provocações ou bullying. É óbvio que ele ajudava quando as crianças precisavam ser resgatadas, mas, do contrário, simplesmente as chamava no canto e sussurrava: "Você está usando as habilidades que aprendemos para lidar com as provocações e o bullying?". Essas habilidades envolviam o uso do "poder da tranquilidade" e tentar evitar comportamentos que provocassem os outros.

Ele percebeu que geralmente ficava claro quais estudantes estavam usando o "poder da tranquilidade" e fazendo o melhor que podiam para manter a paz. Nesses casos, ele assumia um papel mais ativo na resolução do problema, garantindo que o bullying parasse. Nos outros casos, no entanto, era evidente que o aluno estava a salvo, mas usando o conflito para tentar extrair o máximo de drama e atenção possíveis. Nesses casos, ele dizia: "Parece que agora é um bom momento para usar suas habilidades; depois me conte se deu certo".

Às vezes essa estratégia incentiva a criança a usar suas habilidades e a situação se resolve, o que é um ótimo estímulo para a autoestima dela. Outras vezes, pode ser necessário que você tome uma atitude para resolver o problema.

5. **Ensine seus filhos a criar uma rede de apoio e utilizá-la.** Dan Olweus identificou três grupos de crianças, cada um desempenhando um determinado papel no problema do bullying: (1) O autor do bullying, (2) A vítima e (3) O espectador.

   Os espectadores são aqueles que testemunham o bullying, mas temem se envolver. As escolas podem contribuir enormemente para a redução do comportamento de bullying se ajudarem seus alunos a enxergá-lo como o problema que representa e a intervir numericamente, denunciando sua prática. Informe seu filho de que, se ele estiver sendo alvo de provocações ou bullying, deve caminhar, com calma, na direção de seus amigos ou de um adulto, sem dizer nada sobre o problema naquele momento. Quando a criança caminha em direção à segurança da sua rede de apoio, mas aponta o dedo para o autor do bullying dizendo algo como "Ele me chamou de..." ou "Ele está implicando comigo", acaba correndo o risco de sofrer retaliação do autor do bullying.

Nossos filhos também precisam relatar a situação para seus professores e descrever o que estão fazendo para evitar o problema. Quando conseguem fazer isso com calma e descrevem estratégias maduras para lidar com o problema, ajudam os adultos a entender melhor a gravidade da situação.

6. **Interfira quando o bullying continuar ou escalar.** Embora seja difícil oferecer respostas diretas e rápidas sobre quando devemos intervir, dois princípios costumam ser verdadeiros: (1) se abuso ou agressão estiverem acontecendo, faremos o que pudermos para resolver o problema; (2) quando as provocações e o bullying ocorrem, fazemos o nosso melhor para ajudar nossos filhos a perceber que eles conseguem resolver o problema definitivamente sem a nossa ajuda. Se não conseguirem, nós interviremos. Quando o resgate é necessário, os pais devem procurar a equipe da escola de maneiras que continuem empoderando seus filhos. Descrever os episódios por escrito, detalhando cuidadosamente como você empoderou seu filho para resolver o problema, é uma forma importante de dar continuidade a uma reunião presencial ou um telefonema para a escola.

Passo a passo

- Ajude seus filhos a diferenciar entre o bullying e a discordância.
- Ensine seus filhos a utilizar o "poder da tranquilidade".
- Incentive seus filhos a desafiar seus PANs relacionados ao bullying e às provocações.
- Certifique-se de que seus filhos sabem como não encorajar o bullying.

- Ajude seus filhos a perceber que seus amigos e os adultos ao seu redor podem agir como uma rede de apoio quando o bullying acontece.
- Se os esforços dos seus filhos não forem suficientes para resolver o problema do bullying ou se ele evoluir para algum tipo de abuso, interfira.

CAPÍTULO 17

DESAFIOS COMUNS: MANTENDO A PRÁTICA ESPORTIVA SAUDÁVEL E DIVERTIDA

Não espere que a prática de esportes construa o caráter. Espere que o caráter aprimore a experiência esportiva.

A partir do ensino fundamental, a prática de esportes pode ser benéfica para as crianças, ensinando-as a trabalhar em equipe, a dar valor ao esforço e a estabelecer objetivos. Outros benefícios incluem a melhora do desempenho na escola, da capacidade de autorregulação, da saúde física, e mais.[1] Em alguns casos, no entanto, a prática de esportes pode desafiar a histamina emocional, o autocontrole e a maturidade de todos os envolvidos. Para que essa prática continue sendo tanto divertida quanto física e emocionalmente saudável, procure observar os passos a seguir.

1. **Proteja o cérebro das crianças.** Futebol, futebol americano e outros esportes associados a lesões podem atrapalhar o futuro do seu filho. Cerca de 3,8 milhões de lesões cerebrais traumáticas ocorrem anualmente nos Estados Unidos, e aproximadamente 10% delas ocorrem devido à prática de esportes e traumatismos cranianos ligados às atividades recreativas.[2] Os traumatismos cranianos podem ser devastadores para a força mental, uma vez que estão associados ao aumento do risco de problemas de saúde mental no futuro, tais como ansiedade, depressão, TDAH, abuso de drogas e álcool, déficit de aprendizagem, agressividade, entre outros.

   Embora alguns capacetes ofereçam certo nível de proteção, o impacto — mesmo o menor deles — ainda pode causar lesões no cérebro. Quando uma criança é atingida na cabeça, o cérebro pode chacoalhar dentro do crânio, colidindo com suas áreas acentuadas e causando lesões. Um dos vários problemas das lesões dentro da cabeça é que elas não *parecem* causar danos no curto prazo. Uma única lesão ou lesões causadas por repetidos golpes, como cabecear bolas de futebol durante os treinos, podem se agravar ao longo do tempo. Geralmente vemos crianças, adolescentes e adultos com graves problemas de autocontrole, foco, ansiedade, desânimo, raiva, impulsividade na tomada de decisão, entre outros problemas, que podem estar relacionados com traumas cerebrais.

2. **Proteja o corpo das crianças.** Protocolos para descanso e metodologias adequadas tanto na prática de esportes na escola quanto em esportes recreativos avançaram bastante na última década. Muitos técnicos passaram a se preocupar com o tipo e a quantidade de repetições que permitem que as crianças façam durante os treinos, para proteger seus corpos em desenvolvimento. Aqueles que não o fazem ou não têm conhecimento ou simplesmente não se importam. Não deixe a decisão sobre as questões de saúde física do seu filho nas mãos do treinador. Aprenda tudo o que puder sobre o assunto e interfira

se houver um problema. O Dr. Fay tirou seu filho de 10 anos de um time de beisebol porque o treinador não seguia as regras recomendadas para os números de arremessos e de descansos.

3. **Cobre dos seus filhos responsabilidade e bom caráter em todos os momentos.** A competição pode revelar o melhor e o pior em todos nós. Estabeleça limites firmes para seus filhos sobre de quem é a responsabilidade de assegurar que o equipamento deles esteja organizado e pronto para ser utilizado nos dias de treinos e jogos. Quando seu filho esquecer a luva de beisebol, a raquete de tênis, os sapatos do golfe, considere isso uma oportunidade para que ele aprenda com as pequenas consequências. Também estabeleça limites sobre como eles devem se comportar durante jogos e treinamentos: não usar o celular, não fazer comentários maldosos sobre os outros, não discutir ou lançar olhares maliciosos para a arbitragem e para os técnicos, não falar palavrões, não ter preguiça ou demonstrar desinteresse. Na verdade, cobre deles que se comportem melhor do que muitos atletas profissionais se comportam.

   Na casa do Dr. Fay, ele e a esposa deixaram claro que só permitiriam a prática esportiva se nenhuma dessas coisas se tornasse um problema. E eles estavam preparados para proibir qualquer atividade esportiva se qualquer comportamento virasse um problema. Quando seus filhos sabem que você está disposto a cumprir a palavra, é menos provável que você seja forçado a isso.

4. **Cobre de si mesmo demonstrar responsabilidade e bom caráter em todos os momentos.** Como pai de um arremessador do time de beisebol de uma escola do ensino médio, o Dr. Fay sempre teve dificuldade para não gritar e para se comportar enquanto assistia às partidas na arquibancada. “Felizmente eu tenho dois córtex pré-frontais; um dentro do meu crânio e o outro dentro do da minha esposa. Juntos conseguimos não enlouquecer.” Gritar com os treinadores e com as

crianças, ter acessos de raiva e outros comportamentos desagradáveis envergonha seus filhos, é desmotivador, além de um péssimo exemplo. Seus filhos não testemunham esse comportamento e pensam: *Nossa, ainda bem que tenho pais dispostos a brigar por mim.* Um jogador, uma vez, confidenciou para o Dr. Fay: "Às vezes eu gostaria que o meu taco fosse uma pá, para que eu pudesse cavar um buraco no chão e me esconder. Minha mãe fica fora de controle".

5. **Seja pai ou mãe dos seus filhos e não treinador deles.** Por que estragar a sua empolgação e a do seu filho com o esporte tentando treiná-lo? Não tem problema se divertir jogando em casa, mas evite tentar apurar ou moldar as habilidades deles. Além disso, é provável que o técnico ou treinador já tenha ensinado determinadas sequências e movimentos nos quais deve focar. Quando você tenta instruir, acaba confundindo seu filho. Nós também preferimos que os pais não treinem o time dos seus filhos. Já conhecemos muitos que conseguem fazer um bom trabalho, porém é uma atividade que pode se tornar complicada e incitar conflitos à medida que a criança cresce e começa a participar de competições. Infelizmente, alguns pais escolhem assumir o papel de treinador, para preparar seus filhos para entrar em ligas esportivas profissionais e ignoram completamente o fato de que isso não é justo com o próprio filho ou com as outras crianças no time.

6. **Permita que seu filho se comunique diretamente e resolva sozinho possíveis problemas com o técnico.** Muitos técnicos de crianças são homens e mulheres bons, que se preocupam muito com a saúde e bem-estar dos seus jovens atletas. Eles entendem que as crianças ficam mais motivadas a se esforçar por aqueles que consideram firmes e carinhosos. Eles têm padrões altos, mas ajudam seus atletas a alcançá-los de maneiras positivas. Nós tiramos o chapéu para esses técnicos! As crianças se beneficiam enormemente quando os pais não

interferem na maioria dos assuntos, permitindo que elas conversem sobre os problemas diretamente com o técnico.

Infelizmente alguns técnicos agem como idiotas. "Idiota" é um termo clínico para alguém egoísta, que se preocupa mais com os próprios desejos de controle e glória do que com a saúde dos seus atletas. De vez em quando, não é o fim do mundo se as crianças tiverem um técnico que age como um "pequeno idiota". Esses técnicos podem ajudá-las a se fortalecerem e se tornarem mais capazes de lidar com um mundo cheio de pequenos idiotas. Pode ser que eles tenham o costume de gritar um pouco mais, façam comentários sarcásticos, tenham favoritos ou discutam com a arbitragem. Mesmo nesses casos, é importante deixar seu filho responsável pela comunicação direta com o técnico. Não interfira na maioria dos problemas, para que seu filho desenvolva as habilidades necessárias para lidar com outros idiotas no futuro.

As pessoas que são "grandes idiotas" costumam ser intimidadoras, narcisistas, tóxicas, personificando tudo o que é contrário aos valores da sua família. Elas empurram fisicamente as crianças, gritam palavrões para a arbitragem, exaltam-se com os outros, chutam e atiram objetos e geralmente escolhem favoritos. São mestres da enganação, que dizem e fazem todas as coisas certas diante dos seus superiores. Com frequência, fazem seus jogadores sentirem que precisam guardar segredo de seus pais e de outros adultos. Muitos pais têm medo desse tipo de idiota, por isso não espere que as coisas mudem. É grande o número de pais dispostos a permitir que seus filhos e outras crianças sofram só para que possam ter a oportunidade de jogar ou conseguir a tão cobiçada bolsa para a faculdade. Infelizmente, coordenadores distritais de muitas escolas também têm medo ou são enganados por esses técnicos manipuladores. Mexer no vespeiro que é enfrentar um técnico intimidador costuma ser mais do que eles conseguem lidar.

Mas o que fazer quando seu filho é prejudicado por esse tipo de treinador? Não espere que seu filho consiga reabilitá-lo e não se sinta mal se tiver que interferir. Geralmente, a melhor abordagem é trocar seu filho de time. Embora seja uma alternativa dolorosa, a saúde mental e física do seu filho é mais importante. Outro fator que ajuda nesses casos é lembrar que a porcentagem de atletas do ensino médio que compete em times universitários é de aproximadamente 7%.[3] A porcentagem de atletas que saem da universidade para jogar profissionalmente é de cerca de 2%. Menos de 1% dos jogadores da Liga Infantil de beisebol consegue chegar à Liga Principal.[4] Quando você coloca a prática de esportes em perspectiva, consegue transformar essa participação em uma oportunidade saudável para seus filhos.

Passo a passo

- Incentive seus filhos a praticar esportes que não aumentem o risco de lesões na cabeça.
- Não permita que seus filhos cabeceiem bolas de futebol ou pratiquem futebol americano e certifique-se de que eles usem capacete quando necessário.
- Esteja ciente das exigências físicas feitas aos seus filhos.
- Cobre um bom comportamento dos seus filhos, ao mesmo tempo que demonstra ser um bom exemplo disso em todos os eventos esportivos.
- Dedique tempo para praticar esportes com seu filho, mas evite dar instruções.
- A não ser que tenha motivos para acreditar que um técnico é abusivo ou um grande idiota, não interfira tentando conversar com ele quando houver um problema. Incentive seu filho a falar diretamente com o técnico.

CAPÍTULO 18

DESAFIOS COMUNS: PRESSÃO DE AMIGOS E DE COLEGAS DA ESCOLA

Quando você estabelece um vínculo forte com seu filho, ele provavelmente escolherá amigos que compartilham dos mesmos valores. Quando não há esse vínculo, ele tende a procurar amigos que não terão sua aprovação.

Amizades são essenciais para o círculo social da força mental. As crianças que têm pelo menos um ou dois amigos leais são menos propensas a desenvolver problemas de saúde, de comportamento ou de abuso de substâncias.[1] Enquanto algumas crianças introvertidas desejam ter apenas um ou dois amigos próximos, as extrovertidas querem a amizade da escola inteira. Ambas as personalidades são saudáveis, ambas fazem parte do desenvolvimento pré-natal da criança e é improvável que ambas mudem à medida que a criança cresce.

As amizades podem proporcionar algumas das maiores alegrias nas vidas das crianças, porém, em alguns casos, também podem gerar ansiedade em você. Por exemplo, quando uma criança escolhe uma amizade que você acredita não ser boa para ela, isso causa atrito. O Dr. Fay vê exemplos disso em famílias nas quais pais do tipo sargento e helicóptero são controladores demais e acabam levando seus filhos a se rebelarem, fazendo amizades com crianças das quais os pais não gostam. Essa situação requer cuidado, porque você não tem nenhum tipo de controle prático sobre ela. Você pode se mudar para outra cidade, mudar seu filho de escola, viver numa comunidade isolada ou entrar em algum tipo de programa de proteção à testemunha. Nenhuma dessas medidas drásticas surtirá efeito; seus filhos, ainda assim, encontrarão pessoas das quais você terá dificuldade de gostar.

Como uma atitude desesperada, pode ser que você proíba seu filho de fazer amizade com qualquer pessoa que não tiver preenchido os critérios preestabelecidos por você. Embora seja uma medida drástica, muitos pais tentam:

PAI: Você está proibido de ver o Zack de novo!
FILHO: Você não pode me obrigar.
PAI: Ele é má influência para você.
FILHO: Ele é superlegal. Você que não conhece ele.
PAI: Se descobrirmos que você está se encontrando com ele, você ficará bem encrencado.
FILHO: Os meus amigos não são da sua conta.

Esse tipo de diálogo não é prático nem efetivo e provavelmente será um incentivo para mais rebeldia, podendo deixar seu filho ainda mais determinado a continuar vendo aquele amigo *justamente* porque você não o aprova. Em última instância, quando você tenta controlar as amizades do seu filho, passa uma mensagem negativa de: "Você não é capaz de pensar sozinho". Isso alimenta ainda mais o atrito, podendo prejudicar o relacionamento entre vocês.

Quando tiver que lidar com uma situação na qual seu filho está convivendo com amigos que você considera questionáveis, tente uma abordagem diferente: dê um voto de confiança a ele, ao mesmo tempo que aponta alguns desafios possíveis que ele pode enfrentar se escolher passar tempo com aquelas pessoas. Veja um exemplo de como essa conversa pode se desenrolar.

PAI: Percebi que você gosta mesmo de andar com o Zack.

FILHO: Gosto. O que tem de errado com isso?

PAI: Não, nada. Isso é ótimo. Acho bom que ele tenha você como amigo.

FILHO: Bom, você não parece gostar muito dele.

PAI: Não é isso. Acho que me preocupo com algumas das coisas que ele faz, porque parecem ser um pouco arriscadas e talvez não muito saudáveis. Mas felizmente eu acabo me preocupando menos com isso agora que ele tem você como amigo. Tenho certeza de que não existe ninguém melhor do que você para mostrar a ele como tomar decisões melhores com relação a assuntos difíceis, por exemplo, beber, usar drogas e outros comportamentos arriscados.

FILHO: Você está falando sério?

PAI: Estou. Quem é o responsável por decidir como viver a sua vida? Eu ou você? O Zack ou você? Acho que sua mãe e eu fizemos um bom trabalho ensinando você a decidir por si mesmo. É por isso que considero você capaz de lidar com esse tipo de situação.

Essa é uma abordagem mais positiva e prática porque estabelece expectativas altas para seu filho. Pesquisas mostram que as expectativas são extremamente poderosas. Nossos filhos podem corresponder a elas ou não.[2] Essa estratégia também tende a minimizar atos de rebeldia e a ajudar no relacionamento com seu filho. O Dr. Fay trabalhou com muitos pais que tentaram essa tática e foram bem-sucedidos. Esses pais geralmente descobrem que o interesse do filho nesse amigo começa a desaparecer. Muitos relatam que os filhos percebem por conta própria que o amigo não é tão divertido assim, justamente porque causa problemas demais.

Outra estratégia é procurar conhecer e construir relacionamentos com esse amigo. Isso lhe dá a oportunidade de ser uma influência positiva para ele. Convide-o para jantar ou sair com a família. Ao fazer isso, você não só oferece um ambiente seguro para a criança ou adolescente como também um exemplo de como funciona uma família que se preocupa.

Mesmo que você não seja uma pessoa de fé, pode se interessar e procurar na Bíblia pelo belo exemplo de como Jesus amou as pessoas e usou desse amor para chegar até aqueles tradicionalmente vistos como maus ou pecadores. Com frequência, pais dizem coisas como: "Você não deveria andar com aquela criança, ela não é boa influência". Em resposta, a criança ou adolescente que frequentou a igreja pode argumentar: "Bom, Jesus comeu com os pecadores, então, por que eu não posso?".

Quando você abre sua casa para os amigos dos seus filhos, crianças que podem estar machucadas ou sofrendo, permite-se construir relacionamentos saudáveis com eles. Talvez você exerça um impacto positivo sobre eles. Talvez eles fiquem menos propensos a levar seus filhos para o mau caminho. Talvez seja mais seguro que eles se relacionem com seus filhos dentro da sua casa, em vez de em um lugar sem a sua supervisão. Certamente você pode ser o exemplo do tipo de compaixão que seus filhos precisam testemunhar. Consequentemente, eles estarão mais propensos a respeitá-lo e menos propensos a vê-lo como um hipócrita, que merece receber rebeldia em troca.

Passo a passo

- Não tente controlar as amizades dos seus filhos.
- Sinalize os possíveis desafios que seus filhos podem enfrentar com algumas amizades.
- Convide os amigos do seu filho para jantar ou para participar de um passeio em família, para que você possa construir um relacionamento com eles.

CAPÍTULO 19

DESAFIOS COMUNS: QUANDO SEUS FILHOS COMEÇAM A NAMORAR

Quando o amor da juventude faz as crianças cometerem loucuras, o melhor que os pais podem fazer é demonstrar empatia e não criticar.

Quando pré-adolescentes e adolescentes começam a ver outras crianças da sua idade namorando, querem namorar também. Entretanto, não se apresse a chamar isso de "namoro" nos dias de hoje, ou provavelmente ouvirá seus filhos protestarem, dizendo que não é isso o que está acontecendo. Eles podem estar apenas "conversando" ou "saindo" ou simplesmente "passando um tempo" com alguém — a terminologia pode causar confusão em um período da vida dos adolescentes que já é confuso. E, mesmo que o relacionamento pareça estar mais "sério" e você possa achar que virou namoro, o problema é que muitos adolescentes não sabem o que realmente significa namorar. Na realidade, poderíamos argumentar que nossa sociedade, no geral, tem uma noção incompleta ou incorreta do que seja namorar ou se envolver romanticamente. Essa falta de entendimento também pode levar os pais na direção de uma ou duas estradas esburacadas e repletas de problemas.

1. **Estrada "liberada para todos":** Essa é uma estrada sem limite de velocidade, sem divisão entre as pistas ou zonas de ultrapassagem e sem guardrail. É aquela que muitos pais escolheram para si próprios e onde, consequentemente, cometeram erros que os perseguem pelo resto de suas vidas. O problema dessa abordagem é que ela coloca nossos filhos em situações que requerem habilidades, informações e maturidade do córtex pré-frontal que eles ainda não possuem. Também passa uma mensagem prejudicial de "Eu não me preocupo com você o suficiente para dizer 'não', e não me preocupo o bastante para guiá-lo do jeito que você precisa".

2. **A estrada do "só quando você fizer 40 anos":** Embora 40 anos possa ser um exagero, muitos pais deixam claro que seus filhos não vão "namorar" (ou seja, passar um tempo com alguém por quem nutrem um interesse romântico) até que sejam adolescentes mais velhos — digamos, com 17 ou 18 anos — ou mesmo já adultos. Essa é a estrada com barreiras de cimento e uma placa de "via interditada". É aquela que muitos pais acreditam que evitará que seus filhos cometam erros que vão atormentá-los por toda a vida. A ironia é que essa abordagem é tão prejudicial quanto a da estrada "liberada para todos", porque priva seus filhos de desenvolver habilidades comprovadamente

essenciais para que tenham relacionamentos saudáveis quando as barreiras forem removidas e o sinal de "via interditada" retirado. Essa abordagem também envia uma mensagem prejudicial implícita de: "Eu não acredito que você seja inteligente o bastante para tomar boas decisões ou para assumir o controle saudável da sua vida". Essa mensagem subentendida, mas clara, costuma provocar atitudes de rebeldia graves, nas quais os filhos pulam a barreira e correm por aquela que pode ser a estrada que levará a inúmeras consequências físicas e emocionais. Imagine nunca ter dirigido um carro e, de repente, se ver atrás de um volante em uma estrada cheia de curvas acentuadas, no alto de uma montanha, sem guardrail e com carros acelerando na sua direção.

Mas o que significa realmente "namorar"? Nós definimos o namoro simplesmente como uma amizade mais profunda. É isso. Embora deixar a intimidade física para o casamento seja uma visão arcaica, você consegue imaginar como os números de divórcios cairiam se essa perspectiva fosse adotada em larga escala? Imaginamos que muitos adultos gostariam de voltar no tempo e gastar mais tempo na parte da amizade e menos na da paixão física. Provavelmente ainda escolheriam a mesma pessoa, porém teriam desenvolvido mais habilidades antes de fazer um compromisso de longo prazo com outra pessoa.

Durante o namoro ou a amizade mais profunda, os adolescentes têm a oportunidade de aprender a estabelecer limites saudáveis. Essa é a base de todo bom relacionamento. A maioria dessas coisas ele já deve ter aprendido anteriormente por meio dos seus exemplos, nos quais pôde testemunhar você dizendo "não" e impondo limites. Como seus filhos saberão dizer "não" aos outros se nunca ouviram isso de você? Como seus filhos saberão estabelecer limites para a maneira como alguém de quem gostam os trata se não tiverem visto você fazer o mesmo em casa? Se você ainda não ensinou ao seu adolescente sobre limites, não é tarde demais para ir corrigindo isso à medida que ele se aproxima da idade na qual começa a querer namorar.

Seguindo uma abordagem neuropsicológica prática para educar em qualquer idade

Nunca é tarde demais para mudar sua abordagem ou estilo de educar. Quer seus filhos sejam crianças, pré-adolescentes ou adolescentes, você pode mudar para uma estratégia mais efetiva que envolva aprimorar a saúde mental, a identificação de objetivos, o desenvolvimento de relacionamentos e o estabelecimento de limites. Quando estiver pronto para incorporar essas novas estratégias à sua rotina, seja honesto com seus filhos. Diga a eles que aprendeu um jeito melhor de amar e cuidar deles. Informe a eles que algumas mudanças podem causar estranhamento no início, mas, no fim, beneficiarão todos vocês. Incentive seus filhos a dizer o que pensam enquanto você implementa as novas estratégias. Isso não quer dizer permitir que eles lhe digam como educá-los. Significa demonstrar que você está aberto a mudar quando acreditar que a opinião deles é válida. Isso o ajudará a obter um progresso melhor na direção de educar uma criança mentalmente forte.

Para evitar os dramas dos romances adolescentes, também é essencial ter conversas pontuais sobre tópicos como:

As causas e consequências do sexo antes do casamento: A intimidade física pode atrapalhar o processo de aprendizagem da amizade. Ela coloca o foco no sexo, em vez de no aprendizado de habilidades de relacionar-se de maneira saudável. Pode ser uma época dolorosa para pré-adolescentes e adolescentes que precisam enfrentar as montanhas e vales do amor da juventude. Namorar é ainda mais difícil na nossa cultura saturada pelo sexo, que faz muitos jovens se sentirem tão apaixonados que simplesmente não conseguem — ou não deveriam ter que — esperar. Quando seu filho começar a namorar, seja um bom ouvinte, demonstre empatia, estabeleça limites e faça o melhor que puder para supervisioná-lo.

Como o amor impacta na tomada de decisão: Sentimentos intensos podem afetar a tomada de decisão. Pesquisas baseadas em imagens do cérebro mostram que as pessoas que estão profundamente apaixonadas experimentam mudanças no cérebro que aumentam a produção de dopamina, podendo fazer com que só consigam focar no novo amor e em mais nada.[1] Pergunte aos seus filhos se eles acham que tomam as melhores decisões quando estão obcecados por uma pessoa que acreditam ser perfeita. Pergunte se eles acham que tomam as melhores decisões quando se sentem inseguros, na dúvida se alguém ainda gosta deles. Questione se tomam as melhores decisões quando sentem ciúme ou raiva. Esse tipo de questionamento não é feito para chatear ou fazer seu filho se sentir interrogado, mas sim para ser uma maneira gentil de plantar sementes sobre a importância de esperar até que a mente deles esteja funcionando mais ativamente do que seus sentimentos.

Quem é responsável pela felicidade do outro: É muito importante que os jovens entendam isso. Se o seu filho está constantemente tentando agradar a pessoa especial para que ela se sinta feliz, ou se a felicidade dele passa a depender da outra pessoa, isso se torna um problema. Diga a seu filho que pessoas saudáveis encontram a felicidade dentro de si mesmas e não precisam recebê-la de mais ninguém. Ele também não precisa controlar os outros para se sentir bem. Incentive-o a se manter assertivo sobre suas convicções e a prestar muita atenção na forma como o outro reage. Diga ao seu adolescente que a maneira como os outros reagem quando ele diz "não" para atividades ou experimentos nocivos diz muito sobre eles. Pessoas que demonstram irritação, tentam diminuí-lo, tornam-se insistentes, tentam fazê-lo se sentir culpado, o isolam da família e dos amigos e têm outros comportamentos prejudiciais não são o tipo de pessoa que ele deveria querer ter por perto. Um bom amigo é aquele que prontamente valoriza e aceita a sua vontade, mesmo quando a dele é diferente.

Quando alguém o maltrata: Este tópico remete a saber como estabelecer limites saudáveis. Diga a seu filho que ele pode dizer para alguém: "Eu gosto de você de verdade, mas você está sendo tão desagradável agora que vou escolher passar um tempo longe. Ficarei feliz de me aproximar novamente quando você estiver mais legal".

É importante que as crianças saibam que não devem nunca se diminuir ou ficar recebendo críticas constantes. Elas nunca deveriam se sentir pisando em ovos, sempre temendo que suas "amizades" fiquem bravas, agressivas ou as rejeitem. Seu filho nunca deveria ter que testemunhar os amigos controlando e machucando os outros e se perguntar se será o próximo. Saber como alguém trata os animais também pode ser um bom indicativo sobre como essa pessoa vai acabar tratando os outros. Seu filho precisa saber que o charme é passageiro e que a maneira como as pessoas o tratam quando estão chateadas ou estressadas diz muito sobre o caráter delas. Ajude-o a reconhecer os sinais de alerta que indicam problema à vista.

Quando alguém o faz se sentir inseguro: Ajude seu filho a saber que não é normal alguém tentar fazê-lo se sentir inseguro. Deixe claro que você vai até ele a qualquer momento do dia ou da noite se ele se sentir ameaçado ou assustado.

Quando seu filho gostar de alguém mas perceber que eles têm objetivos diferentes: Explique que ele pode gostar de alguém, mas, se os valores e planos deles não se alinharem, não tem problema decidir serem apenas amigos.

Ter essas conversas pode ajudar o seu adolescente a desenvolver melhor suas habilidades e a tomar decisões melhores com relação às suas amizades especiais.

Passo a passo

- Converse com seu filho sobre namoro e explique o conceito de amizade profunda.
- Converse com seu filho sobre sexo antes do casamento e suas consequências.
- Converse com seu filho sobre como o amor romântico impacta no cérebro e na tomada de decisão.
- Converse com seu filho sobre o fato de que ele é o responsável pela própria felicidade, mas não pela felicidade dos outros.
- Converse com seu filho sobre como estabelecer limites saudáveis quando alguém não o tratar bem.
- Converse com seu filho sobre o que fazer se ele se sentir inseguro em um relacionamento.
- Converse com seu filho e diga que não tem problema deixar que alguém saia da sua vida se não compartilhar dos mesmos valores que os dele.

CAPÍTULO 20

DESAFIOS COMUNS: MANTENDO A PARENTALIDADE SAUDÁVEL APÓS O DIVÓRCIO

Quando o assunto for o(a) ex, seja sempre elegante.

A maioria das pessoas que já passou por um divórcio admite que foi uma das experiências mais dolorosas que já vivenciou. Geralmente repletos de sentimentos de perda, raiva, medo, culpa, dúvida e incerteza, os pais podem ter dificuldade para reunir os recursos emocionais necessários para ajudar seus filhos a lidar com essas mesmas emoções. Para dificultar ainda mais, muitos dos ex-parceiros descontam sua raiva e mágoa nos filhos. Quando isso acontece, as diferenças no estilo de educar se acentuam. O pai que antes era alguém que resgatava pouco se torna um pai-helicóptero equipado com mísseis nas laterais. O que tinha um pouco de dificuldade para conter a raiva ou o excesso de controle se torna um perfeito pai-sargento. Alguns chegam a deflagrar campanhas de alienação, tentando fazer uma lavagem cerebral nos filhos para que acreditem que o ex-parceiro não é confiável e é diabólico. Como manter sua parentalidade saudável, independentemente do quanto se sente abalado ou do mau comportamento do seu ex-parceiro?

Concentre-se naquilo que consegue controlar. Quando o casamento termina, os ex-casais podem ficar presos na tentativa de controlar o comportamento do ex com relação aos filhos. Na maioria das vezes essa é uma batalha perdida, que gera ainda mais conflitos. O Dr. Fay costuma perguntar aos pais nessa situação: "Se você não conseguia controlar o comportamento dele quando eram casados, acredita que terá mais ou menos chances de conseguir fazer isso agora?". Essa pergunta não é feita para que a pessoa se sinta ainda pior; pelo contrário, ela é feita para libertá-la da dor de dar murro em ponta de faca. Quando tentamos controlar alguém que não está disposto a ceder, isso certamente resultará em mais sentimentos de raiva, frustração e desesperança.

Se você está navegando por essas águas turbulentas, procure enxergar seus próprios recursos físicos e emocionais como limitados e muito preciosos. Esses recursos devem ser empregados em se manter saudável e demonstrar aos seus filhos como preservar a racionalidade e a tranquilidade diante de circunstâncias difíceis. O Dr. Fay já ensinou muitos pais a se lembrarem de repetir o mantra: "Seja saudável e elegante". Fazer isso os ajuda a focar em como ajudar a si mesmos e principalmente a seus filhos. Fazer isso ajuda a lembrá-los de que controlar o próprio comportamento, mesmo quando o outro não controla o dele, gera uma satisfação imensa.

Mantenha rotinas e padrões saudáveis em casa. Quando as crianças alternam entre as casas dos dois pais, provavelmente têm regras e rotinas diferentes em cada uma delas. Os filhos de 3 e 6 anos de uma das mães que atendemos geralmente voltavam da casa do pai completamente fora de controle. Eles também costumavam dizer coisas como: "Mas o papai deixa. Isso não é justo. Por que você não quer deixar?".

Seguindo a abordagem Amor e Lógica, essa mãe aprendeu uma habilidade útil para redefinir o tom quando os filhos chegavam em casa agindo dessa forma. Ela sorria e sugeria com empolgação:

— Ei, que tal se fôssemos lá para fora?

— Por quê? O que está acontecendo? — os filhos respondiam.

Ela, então, gesticulava em direção à porta, pegando cada um pela mão, e respondia:

— Vamos, vamos lá fora.

Quando chegavam do lado de fora, ela perguntava de um jeito engraçado:

— Estou confusa. Vocês podem me ajudar? De quem é esta casa?

— Sua. Mamãe, você está muito engraçada — eles respondiam.

— E como fazemos na casa da mamãe? — ela perguntava.

As crianças pensavam por um momento e então respondiam:

— Nós entramos em silêncio e tiramos o sapato.

— Isso mesmo. Então vamos tentar de novo — a mãe dizia. Às vezes ela tinha que repetir esse processo algumas vezes para conseguir que eles se acalmassem; e, por um tempo, também precisou fazer essa "redefinição" com eles toda manhã, conforme fosse necessário. Com amor, humor, firmeza e consistência, ela ajudou seus filhos pequenos a entender como fazer essa transição de forma mais tranquila e alegre.

Ajudar crianças mais velhas e adolescentes não é muito diferente. Um pai de Denver ajudou os dois filhos adolescentes a entender que ele e a mãe deles tinham expectativas diferentes:

— Por que vocês acham que eu lido com as coisas de forma diferente da sua mãe? — ele perguntou.

— Por que você quer dificultar nossas vidas — o mais teimoso dos dois respondeu.

Escolhendo ignorar esse comentário, o pai continuou:

— É porque nós somos diferentes, só isso. Ela tem o jeito dela e eu tenho o meu. Não existe um jeito melhor ou pior; eles só são diferentes.

Esse pai entendeu que era importante nunca menosprezar a mãe dos seus filhos, ao mesmo tempo que era igualmente importante para ele ser consistente com as próprias expectativas. Se você cede, nem que seja só um pouco, seus filhos rapidamente aprendem que podem manipulá-lo, sendo impertinentes, desagradáveis e não obedecendo. A consistência é a chave. Ainda que mantê-la seja um grande desafio no curto prazo, valerá muito a pena no longo prazo. Os filhos passam a amar e a respeitar o pai ou mãe que oferece e impõe limites de forma firme e amorosa.

Se necessário, informe-se sobre a síndrome de alienação parental. Infelizmente, às vezes pais divorciados podem fazer tudo certo e, mesmo assim, sofrer alienação parental. Esse problema doloroso e extremamente prejudicial é bem comum. Ele ocorre quando um, ou às vezes os dois pais, consciente ou inconscientemente, tentam fazer uma lavagem cerebral nos filhos para que acreditem que o outro genitor é diabólico. Uma das principais características da síndrome de alienação parental é que a forma como o filho enxerga o genitor alienado se torna completamente negativa. O filho não vê nenhuma qualidade naquele pai ou mãe, que está realmente fazendo o seu melhor para ser firme e amoroso. Não importa o quanto o filho e o pai ou mãe se divirtam juntos durante as visitas, o filho relata a experiência como se tivesse sido horrível, terrível e, até mesmo, torturante. Isso muda a perspectiva do filho, fazendo-o desenvolver uma mentalidade na qual tende a ver as coisas como totalmente boas ou totalmente ruins (um dos PANs discutidos no Capítulo 7). Esse tipo de pensamento pode ser prejudicial durante toda a vida desse filho. Uma ótima referência sobre esse assunto é o livro do Dr. Richard Warshak *Divorce Poison: How to Protect Your Family from Bad-Mouthing and Brainwashing* [O veneno do divórcio: Como proteger sua família da difamação e da lavagem cerebral, em tradução livre].[1] Em alguns casos, esse tipo de situação pode demandar auxílio tanto de um advogado quanto de um profissional de saúde mental especializado no assunto.

Passo a passo

- Entenda que você não consegue controlar o comportamento do seu ex, por isso se concentre naquilo que consegue controlar.
- Explique para seus filhos que você e seu ex fazem coisas de formas diferentes porque são diferentes, e isso não é um problema.
- Procure manter rotinas e padrões saudáveis em sua casa.
- Não use os filhos para se vingar do seu ex.
- Se necessário, informe-se sobre a síndrome de alienação parental.

CAPÍTULO 21

DESAFIOS COMUNS: SEU PAPEL COMO PADRASTO OU MADRASTA

Estabelecer limites pessoais saudáveis é o primeiro passo do padrasto ou da madrasta.

A pergunta mais frequente que ouvimos quando alguém se torna padrasto ou madrasta é, de longe: "Qual é o meu papel? Devo começar tentando discipliná-los para que eles saibam que devem me obedecer, ou devo começar simplesmente construindo um relacionamento e permitindo que os pais lidem com a questão da disciplina?".

Outra preocupação comum é: "Eles me desrespeitam muito. Às vezes fazem brincadeiras e agem como se eu não existisse. Fico muito magoada. Eu sei que não sou mãe deles 'de verdade', o que eles fazem questão de me lembrar quase diariamente, mas também não parece ser saudável para eles acreditar que podem me tratar tão mal". Essas perguntas e preocupações estão intimamente relacionadas. Vamos começar definindo qual é o papel desempenhado por padrastos e madrastas bem-sucedidos.

O PAPEL DO PADRASTO OU MADRASTA

Em última instância, o papel do padrasto ou madrasta é estabelecer limites pessoais saudáveis para que consigam permanecer biologicamente, psicologicamente, socialmente e espiritualmente saudáveis. Limites pessoais saudáveis devem vir antes de tudo. Quando estabelecemos esses limites, a maioria das coisas na vida dá certo. Na verdade, limites pessoais saudáveis são o que nos permite estabelecer os limites mais importantes que precisamos impor: aqueles que estabelecemos conosco. Adultos saudáveis estabelecem limites para si mesmos, para que consigam manter os hábitos necessários para cuidar do cérebro, do corpo, da higiene mental, dos relacionamentos interpessoais e do senso de propósito. Quando você não consegue fazer isso de forma consistente, fica impossível ser o tipo de pessoa que as crianças acabam passando a respeitar e a amar. Para relembrar, releia o Capítulo 5, sobre limites e regras. Também recomendamos a leitura do livro de Henry Cloud e John Towsend, *Boundaries: When to Say Yes, How to Say No to Take Control of Your Life* [Limites: Quando dizer "sim" e como dizer "não" para recuperar o controle da sua vida, em tradução livre].[1] Quando seus limites são fracos, a vida fica fora de controle, simplesmente porque suas decisões se baseiam nas suas emoções em vez de na lógica. O seu córtex pré-frontal senta no sofá e assiste passivamente a um doloroso drama da vida real baseado na sua vida. Veja estes cenários comuns, envolvendo alguns tipos de padrastos e madrastas:

- **Ajudante e Amigável Antônio(a):** Esse é o tipo de padrasto ou madrasta que pensa: *Bom, se eu chegar e adotar uma postura amigável e tranquila, a paz vai prevalecer. Serei o herói/a heroína.* Esse é o padrasto ou madrasta que opera como um pai-helicóptero.
- **Rígido(a) Rogério(a):** Esse é o tipo de padrasto ou madrasta que age como um pai-sargento, dando ordens e exigindo respeito.
- **Hesitante Heleno(a):** Esse é o tipo de padrasto ou madrasta que não sabe o que fazer mas quer fazer bem-feito. Costuma ficar preso no Ciclo da Culpa, alternando entre tentar disciplinar e ser o herói/a heroína.

É evidente que esses três tipos de padrasto ou madrasta estão fadados ao fracasso. Felizmente existe um quarto tipo, que tende a extrair o melhor de todos os envolvidos:

- **Saudável Sandro(a):** Esse tipo de padrasto ou madrasta não é especialista em psicologia infantil, dinâmicas conjugais ou nada do tipo; ele é simplesmente um adulto saudável, de bom coração, com bons limites e algum bom senso.

O melhor estilo de padrasto ou madrasta é o Saudável Sandro(a), que não gasta muito tempo ou energia pensando sobre como ser amigável, resgatar as crianças, ou fazer com que elas o respeitem. Em vez disso, ele demonstra qualidades como:

1. Amor e respeito pelo novo parceiro.
2. Amor e respeito pelas crianças.
3. Cuidar bem de si mesmo, estabelecendo limites pessoais claros sobre como quer ser tratado pelos outros.
4. Cuidar bem de si mesmo, permitindo que os outros se responsabilizem e resolvam os próprios problemas.
5. Oferecer conselhos apenas quando os outros insistem em pedir.

QUALIDADES DE UM PADRASTO OU MADRASTA BEM-SUCEDIDO

As primeiras duas qualidades são autoexplicativas, por isso vamos pular para a número 3: estabelecer limites pessoais claros sobre como quer ser tratado. Bons limites pessoais são como bons limites em geral; não têm a ver com a maneira como os outros devem agir, mas sim com a maneira como você vai agir. Imagine que um dos enteados do (Saudável) Sandro insista em provocá-lo com discussões incessantes. Sem dar sermão ou ameaçar, ele pode sorrir e dizer: "Parece que muitas coisas são importantes para você, mas só vou ouvi-lo quando a sua voz estiver tranquila como a minha".

Da última vez que Sandro permitiu que os enteados usassem sua raquete de tênis, ela voltou suja e um pouco arranhada. Quando vieram pedi-la emprestado novamente, ele respondeu com empatia: "É uma pena, mas só empresto minhas coisas para quem cuida bem delas. A minha raquete de tênis ficou em péssimo estado na última vez que vocês a usaram".

Um dos enteados desenvolveu o hábito de fazer comentários sarcásticos direcionados a Sandro. Ele resolveu pensar um pouco antes de decidir dizer: "Quando eu ouço comentários como esses que você têm feito, não me sinto respeitado. Tenho sempre mais disposição para fazer mais pelas pessoas que me tratam bem".

A qualidade número 4 tem a ver com quem deve se responsabilizar e resolver os problemas que surgem na família. Em lares saudáveis, permite-se que a pessoa que causou o problema assuma a responsabilidade por tentar resolvê-lo primeiro. No entanto, e com frequência, pode ser que você fique tentado a intervir e se esforce demais para dar conselhos ou para tentar resgatar essa pessoa. Adultos saudáveis passam mais tempo escutando do que falando. Vejamos um exemplo de como isso pode se desenrolar, quando Sandro descobre que sua enteada tirou nota baixa em inglês.

ENTEADA: Mamãe vai me matar quando descobrir que tirei nota baixa em inglês.

SANDRO: Parece que você está mesmo preocupada com a reação dela.

Enteada: Bom, não sei. É mais porque ela vai ficar decepcionada comigo.

Sandro: É difícil para você vê-la decepcionada?

Enteada: Sim. Às vezes eu preferiria que ela simplesmente gritasse comigo.

Sandro: Eu entendo. Percebo que você realmente está com medo de contar a ela.

Enteada: O que você faria?

Sandro: Eu poderia dizer, mas acho que você já deve ter algumas ideias.

Enteada: Acho que deveria esperar até ela estar de bom humor para contar.

Sandro: É uma opção. Você acha que vai funcionar?

Enteada: Talvez seja melhor contar logo. Ela é muito inteligente, iria descobrir logo.

Sandro: Fico muito feliz que você tenha me contado. Como eu disse, sei como você se sente, mas tenho certeza de que você consegue lidar com isso. Eu acredito em você.

Ao mesmo tempo que Sandro permitiu que a nota baixa em inglês continuasse na responsabilidade da enteada, ele também demonstrou a última qualidade: evitar dar conselhos. Ele habilidosamente desviou da tentativa de se envolver na tomada de decisão. Embora existam situações em que um padrasto ou madrasta pode oferecer conselhos, é importante que os enteados ou o pai/mãe deles deixem bem claro que querem esse conselho.

Ser um padrasto ou madrasta saudável significa conseguir nadar no mar agitado de uma nova família. No curto prazo, seus limites pessoais podem irritar ou até mesmo deixar seus enteados com raiva. Com o passar do tempo, o respeito conquistado por escutar e demonstrar um comportamento saudável faz com que eles desenvolvam laços de amor e de respeito fortes com você. Na verdade, muitas pessoas que tiveram padrastos ou madrastas assim passaram a amá-los e a desejar sua orientação. Irônico, não? Quando o respeito e o comportamento saudável começam com você, geralmente passam para seus enteados.

Passo a passo

- Não tente ajudar em tudo nem bancar o herói.
- Evite dar ordens aos seus enteados.
- Não hesite alternando entre agir como um helicóptero e sargento.
- Lembre-se de que tanto estabelecer limites pessoais saudáveis quanto ter uma escuta ativa são as bases de um bom relacionamento.

CAPÍTULO 22

CRIANÇAS ADULTAS E ADULTOS QUE AGEM COMO CRIANÇAS

Nós ensinamos às pessoas como nos tratar com base no que toleramos.

Dezoito anos — aquele número mágico que consideramos a "idade adulta". Bem antes de chegarmos a essa idade, muitos de nós esperamos que nossos filhos estejam desenvolvendo independência, proatividade, responsabilidade e resiliência. Como os pais mais experientes já sabem, no entanto, a maioria de nós só consegue sentir que nossos filhos não precisam mais da nossa orientação quando eles estão chegando aos 25 anos ou mais. O cérebro deles ainda está em desenvolvimento até os 25 anos. "Orientação" não significa que precisamos estar extremamente envolvidos nas vidas adultas deles, tentando controlar suas decisões, nem que devemos continuar a resgatá-los de suas decisões ruins ou das dificuldades de sempre. Orientação significa demonstrar que nos preocupamos e acreditamos neles, continuando a ser um exemplo do que esperamos que se tornem e dividindo nossa sabedoria quando solicitados. É por isso que a maioria das habilidades parentais da neurociência prática também pode ser aplicada a jovens adultos. Quando você enfrentar dificuldades no relacionamento com eles ou ficar sabendo das suas dificuldades, não hesite em responder com amor e firmeza.

REVISITANDO OS PRINCÍPIOS DA ABORDAGEM AMOR E LÓGICA

Quando o terceiro ano do ensino médio de Rachel passou, seus pais, Mark e Robin, viram todas as suas esperanças de vê-la dar os primeiros passos no mundo real se esvaírem. Em vez de tirar proveito do conselheiro da escola, do conselheiro particular, ou mesmo das tentativas de ambos os pais de ajudar, ela não terminou nenhuma inscrição para a universidade. Apesar de tirar notas boas, ela achava mais gratificante se divertir com as amigas, só pensar em redes sociais e aumentar sua enorme coleção de multas de trânsito. Quando dias se transformaram em semanas e semanas em meses, ela completou 18 anos, se formou no ensino médio e continuou não fazendo nada para se preparar para ser uma adulta responsável. Sua mãe, Robin, se lamentou:

— Eu só queria gritar. Nós demos a ela todas as oportunidades, mas ela não aproveitou nenhuma. Também não demonstra nenhum respeito por nós. Às vezes fico tão cansada de tudo que gostaria de expulsá-la de casa. Depois me sinto uma péssima mãe porque sei que criei esse problema.

Embora possa parecer tarde demais para que os pais de Rachel consigam aprender a lidar com ela, os princípios da abordagem Amor e Lógica ainda podem ajudar.

Como você se tornará autossuficiente?

No início do livro introduzimos os Cinco Princípios da Abordagem

Amor e Lógica. Como em uma deliciosa refeição, os primeiros quatro princípios são os ingredientes. O quinto representa os maravilhosos resultados da combinação entre eles: Dignidade mútua + Pensamento compartilhado + Controle compartilhado + Empatia = Relacionamentos saudáveis.

Dignidade mútua

O princípio de dignidade mútua significa que ambas as partes em um relacionamento respeitam e valorizam uma à outra. Mark e Robin eram bons em mimar a filha, achando que ao fazer isso estimulariam sua autodignidade e estariam sendo um exemplo de que ela deveria tratar os outros de maneira digna. É óbvio que não funcionou. Por quê?

Colocar alguém em um pedestal, cobrindo-o de elogios e presentes dignos da realeza, não só acaba criando uma grande confusão como gera arrogância e um sentimento de raiva por parte daqueles que dão os presentes. Além disso, desempenha o triste papel de atrapalhar o desenvolvimento de habilidades para lidar com a adversidade. A força mental está sempre aquém em pessoas que foram idolatradas e muito pouco cobradas. Elas tendem a manifestar mais ansiedade, baixo desempenho acadêmico, abuso de substâncias e outros resultados negativos.[1]

Quando alguém tenta fazer tudo por nós, nos dar tudo o que queremos e de que precisamos, isso interfere no trabalho árduo necessário para que possamos crescer e desenvolver os pilares da maturidade. Assim como os animais selvagens que são constantemente alimentados por amantes de animais bem-intencionados mas imprudentes, nós nos tornamos dependentes. Essa dependência causa ressentimento, podendo levar à agressão. Profissionais de saúde mental costumam chamar esse resultado de dependência hostil.[2]

Mark e Robin descobriram que poderiam prover a dignidade mútua se praticassem constantemente três coisas com Rachel:

- Pedir com educação
- Manter limites pessoais saudáveis
- Estabelecer limites

Pedir com educação

Nem sempre conseguimos o que queremos quando pedimos com educação, contudo é uma forma de demonstrar respeito e dignidade. No início da sua carreira, o Dr. Fay estava lecionando para um grupo de alunos de oitava série bem difícil. Jovem e recém-contratado, ele estava muito preocupado em descobrir o que poderia fazer para que o líder do grupo parasse de atirar bolinhas de papel com cuspe nas suas costas toda vez que ele se virava para escrever no quadro. Ele releu seus livros de psicologia e educação, procurando por uma resposta psicológica válida. Chegou a considerar ser duro com o aluno, fazendo ameaças e sermões. Porém, a professora da sala ao lado foi quem ofereceu o conselho mais simples: "Você já tentou pedir com educação para ele parar?".

No dia seguinte, quando esse aluno difícil caminhava pelo corredor em direção à sala de aula do Dr. Fay, ele o parou e perguntou, em voz baixa e com um sorriso:

— Eu não gostaria de envergonhá-lo na frente dos seus amigos, por isso pensei em pedir a você aqui no corredor. Você me faria o favor de parar de jogar bolinhas em mim? Eu ficaria muito grato.

A reação do aluno foi de surpresa:

— Tá bom, cara. Pode deixar.

O Dr. Fay ficou chocado, mas não deveria. Mel sempre funciona melhor do que vinagre. Mesmo quando não funciona, demonstrar respeito é sempre um bom primeiro passo.

Mark e Robin tiveram uma experiência mais difícil quando tentaram essa abordagem com Rachel:

— Vocês estão sempre pegando no meu pé. Estão perdendo tempo me pedindo para fazer todas essas tarefas domésticas. Não tenho tempo para isso.

Ainda que não fosse a resposta que esperavam, eles conseguiram algo importante: ao demonstrarem dignidade, não precisariam se sentir culpados por nada. À medida que começaram a colocar em prática estratégias adicionais, focaram apenas o fato de que desrespeito nunca cura desrespeito e raiva nunca acalma raiva. Um dos aspectos-chave para ajudar a filha a se tornar uma mulher forte e responsável dependia da habilidade deles de permanecer gentis e firmes mesmo quando ela estava fora de controle. Isso ofereceria um bom exemplo do que eles esperavam dela como uma jovem mulher: graciosidade sob pressão.

Mantendo limites pessoais saudáveis

O cientista Kenji Kameguchi propôs que os limites pessoais nos relacionamentos humanos funcionam de forma similar às membranas celulares. Todo processo biológico que sustenta a vida tem suas raízes nas nossas células e depende da fina camada das membranas celulares para sua sobrevivência. Resumidamente, a membrana celular tem cinco funções:

- Manter as coisas ruins do lado de fora
- Deixar as coisas boas entrarem
- Não deixar que os componentes da célula se desfaçam
- Manter as células individuais distintas umas das outras
- Permitir que as células individuais interajam

Pessoas que têm limites pessoais saudáveis reconhecem situações ou padrões prejudiciais e têm facilidade para evitar que eles sejam incorporados a suas vidas.[3] Como esses limites são permeáveis, assim como a membrana da célula, permitem que os nutrientes entrem e as toxinas saiam. Esses limites pessoais também ajudam as pessoas a manter seus princípios éticos, objetivos e direcionamentos quando encontram incentivos para a abandoná-los. Em outras palavras, bons limites pessoais nos permitem ajudar os outros sem transformar o problema deles em nosso. Eles nos mantêm emocionalmente distintos, enquanto nos permitem desfrutar da proximidade com os outros. O conceito de limites pessoais ou emocionais não é novo e nós não o descobrimos. Em 1974, Salvador Minuchin escreveu o maravilhoso livro *Famílias: funcionamento e tratamento*, que rapidamente se tornou o "padrão ouro" para como entender e lidar com famílias. O conceito de limites pessoais é bastante discutido ao longo do livro e da abordagem proposta pelo autor, comumente denominada teoria dos sistemas familiares.[4] Recentemente, os Drs. Henry

Cloud e John Townsend escreveram em detalhes sobre limites em muitas áreas da vida. Para ter uma ótima introdução ao trabalho deles, leia o livro *When to Say Yes, How to Say No to Take Control of Your Life* [Limites: Quando dizer "sim" e como dizer "não" para recuperar o controle da sua vida, em tradução livre].[5]

Mark e Robin perceberam que seus limites pessoais precisavam ser reajustados. A vida deles estava intrinsecamente entrelaçada com a da filha, tanto que que era impensável para eles permitir que ela passasse por dificuldades, atribulações e triunfos necessários para adentrar a idade adulta emocional. Sentados no consultório do Dr. Fay, Mark e Robin conversaram sobre seus limites pessoais. O Dr. Fay oferece um teste rápido de limites pessoais para ajudar as pessoas a identificarem seus pontos fortes e fracos em relação a pessoas ou situações específicas.

TESTE RÁPIDO DE LIMITES PESSOAIS

Limite pessoal nº 1

Não conseguirei agir de maneira saudável com essa pessoa se não cuidar bem de mim mesmo.

|__________|__________|__________|__________|

1 2 3 4 5

Sempre me esqueço disso. Nunca me esqueço disso.

Comentários: ______________________________

Limite pessoal nº 2

Não consigo me manter saudável quando esqueço a quem o problema deveria pertencer.

|__________|__________|__________|__________|

1 2 3 4 5

Sempre me esqueço disso. Nunca me esqueço disso.

Comentários: ______________________________

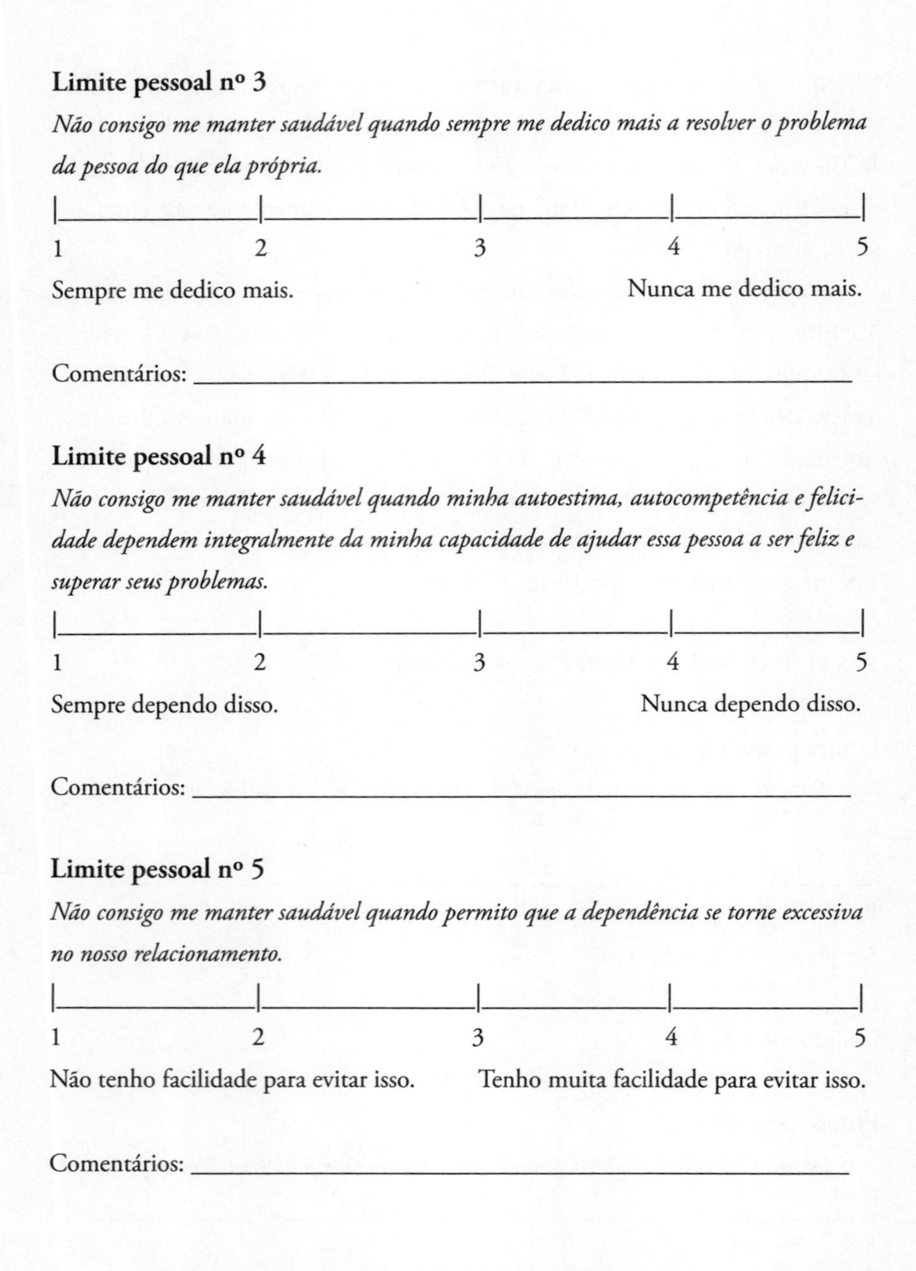

Limite pessoal nº 3

Não consigo me manter saudável quando sempre me dedico mais a resolver o problema da pessoa do que ela própria.

|_____|_____|_____|_____|

1 2 3 4 5

Sempre me dedico mais. Nunca me dedico mais.

Comentários: ______________________________

Limite pessoal nº 4

Não consigo me manter saudável quando minha autoestima, autocompetência e felicidade dependem integralmente da minha capacidade de ajudar essa pessoa a ser feliz e superar seus problemas.

|_____|_____|_____|_____|

1 2 3 4 5

Sempre dependo disso. Nunca dependo disso.

Comentários: ______________________________

Limite pessoal nº 5

Não consigo me manter saudável quando permito que a dependência se torne excessiva no nosso relacionamento.

|_____|_____|_____|_____|

1 2 3 4 5

Não tenho facilidade para evitar isso. Tenho muita facilidade para evitar isso.

Comentários: ______________________________

— O número 1 é um dos nossos problemas — Mark e Robin admitiram. — Fazemos o possível e o impossível para ajudá-la e estamos exaustos. Considerando o número 2, percebemos que transformamos a falta de preparo dela em um problema nosso, quando estamos sempre cobrando, reclamando e fazendo de tudo para resolvê-lo. O número 3 é óbvio. Dr. Fay, lembramos do que você disse: "Quanto mais trabalhamos para resolver o problema do outro, menos preocupação e esforço ele vai demonstrar".

Depois de uma pausa para respirar fundo, Mark continuou:

— Parece que o número 5 também é uma dificuldade nossa. Ela parece estar ficando cada vez mais dependente de nós, em vez de se sentir livre para mergulhar de cabeça na vida com confiança e força mental.

Estabelecendo limites

Como sabemos, ideias, conscientizações e boas intenções têm menos chances de promover mudanças, a menos que sejam acompanhadas de atitudes consistentes. Essas atitudes geralmente se manifestam no ato de estabelecer e impor limites. A seguir, listamos alguns exemplos, cada um deles voltado para estabelecer limites saudáveis, enquanto a dignidade de todos os envolvidos é mantida.

- "Estou disposto a ajudá-lo com isso, desde que você se dedique mais para resolver o seu problema do que eu."
- "Você pode morar conosco, desde que ajude nas tarefas domésticas diárias, seja agradável de conviver e esteja fazendo progressos tangíveis para se tornar independente."
- "Ficarei feliz em providenciar um carro para você usar, desde que você cubra todos os custos extras envolvidos."
- "Passarei tempo com você, desde que perceba que você está assumindo a responsabilidade pela sua vida, em vez de me criticar pelos seus problemas."
- "Nós amamos você. Qual é o seu plano para se tornar um adulto autossuficiente?"
- "Só vou conversar com você quando perceber que a sua voz está calma e eu estou sendo tratado com respeito."
- "Nós amamos você e gostaríamos de ajudar, mas quem precisa agir para superar esse vício? Somos nós ou a pessoa que está usando as drogas?"

- "Nós vamos continuar amando você, tanto se estiver tomando boas decisões e vivendo em um lugar limpo e seguro quanto se estiver tomando decisões ruins e vivendo em um lugar insalubre e perigoso."

Como você pode perceber, estabelecer limites saudáveis para situações difíceis não é para qualquer um. Você também deve ter observado outra coisa: quando estabelecemos limites saudáveis para nos distanciar da situação, na maioria das vezes estamos estabelecendo um limite para nós mesmos. A mudança que gostaríamos de ver nos outros começa com os comportamentos que estamos dispostos a permitir ao nosso redor e dentro das nossas próprias membranas celulares, porque isso é tudo que podemos controlar.

Depois de refletirem sobre os conceitos de estabelecer limites pessoais e em geral, Mark e Robin perceberam que não havia nada de errado com a filha Rachel. Ela estava fazendo o que qualquer pessoa da idade dela faria *sem* o benefício de ter limites firmes e amorosos. Eles também descobriram que a melhor herança que poderiam deixar para ela não envolvia dinheiro, mas sim mostrar a ela como homens e mulheres fortes se comportam. É verdade que nossos filhos provavelmente terão grandes dificuldades para manter limites pessoais saudáveis com os outros se não estabelecermos esses mesmos limites com eles.

Seria pouco dizer que Rachel ficou chocada quando Mark e Robin colocaram em prática esses conceitos:

— Nós amamos você, querida. Mas qual é o seu plano para se tornar uma adulta autossuficiente?

Esse limite importante, estabelecido na forma de uma pergunta, abriu a porta para discussões difíceis, embora úteis, sobre como a casa de Mark e Robin começaria a funcionar dali em diante. E qual era o principal tema dessas discussões?

— Nós amamos você demais para continuar oferecendo a você o estilo de vida de uma pessoa rica e famosa quando não vemos você fazer nenhum esforço para crescer.

Pensamento compartilhado e controle compartilhado

Limites pessoais ajudam a fazer a transição da responsabilidade e do compromisso para quem de direito. Quando você aceita isso, desiste de tentar controlar seu filho, permitindo que ele assuma o controle e aprenda a usar o próprio cérebro. Essa é a única forma de seu filho crescer, e de você conseguir sair do papel de pai ou mãe. Quando ficou claro para Rachel que ela não continuaria a receber tudo de graça, ela logo correu para procurar um emprego de meio período e se matricular na faculdade comunitária da cidade. Um benefício adicional foi ela ter passado a usar o transporte público, aumentando significativamente a segurança da comunidade.

— Ajudá-la a entender que evitar se tornar adulta não era uma opção e que nós não continuaríamos a prover um carro ou um lugar para morar se ela continuasse escolhendo ser irresponsável foi uma das coisas mais dolorosas que fizemos. Tivemos que encarar o medo constantemente, mas não demorou muito para começarmos a ver uma mulher mais feliz, digna e mentalmente forte no lugar da criança infeliz, mimada e impotente — disseram Mark e Robin.

Empatia

Já escrevemos muito sobre o papel da empatia na educação dos filhos. É uma habilidade para a vida toda, que vai ajudar a manter o relacionamento com seus filhos saudável, mesmo que eles saiam dos trilhos quando adultos. É essencial que a empatia seja acompanhada de escuta, pedidos educados e limites pessoais em qualquer idade.

Brenda e Tony amavam seu filho, Manny, de 30 anos, mais do que tudo no mundo. Quando ele era criança, eles descobriram a abordagem Amor e Lógica e colocaram em prática o que aprenderam. Manny sempre foi uma criança divertida, amada por adultos e crianças. Tudo parecia estar correndo bem até que ele começou a andar com um novo grupo de amigos, durante o ensino médio. Foi nessa época que começou seu problema com o vício em drogas. Ele tinha períodos em que ficava sóbrio, seguido por períodos de muita dependência e depressão. Não demorou para ficar completamente viciado em heroína e começar a roubar tudo o que podia para sustentar o vício.

Enquanto morava com os pais, Manny basicamente transformou a casa em um lugar de uso e distribuição de drogas. Paralisados pela indecisão e pela culpa, Brenda e Tony permitiram que isso acontecesse. Até que se viram sendo levados, algemados, para a delegacia de polícia.

Quando a vida de Manny passou a ser controlada pelas drogas, seus pais passaram a agir motivados pela culpa e tentaram de tudo para fazer a vida dele ser perfeita. *Talvez se permitirmos que ele more conosco*, eles pensaram, *ele não fique tão ansioso e não precise das drogas. Além disso, ele estará longe daquelas más influências.*

Eles procuraram aconselhamento para o filho e garantiram que ele recebesse tratamento. Brenda e Tony aprenderam com os terapeutas do filho que recaídas faziam parte do processo, mas se culpavam por serem "péssimos pais" todas as vezes que Manny tinha uma recaída. Quanto mais ansiosos eles ficavam, mas tempo Manny passava se drogando.

— Foi uma época muito assustadora — Tony contou. — As pessoas batiam nas nossas portas e janelas a qualquer hora da noite. Até que as autoridades invadiram nossa casa... Esse foi o momento da virada.

Quando as coisas foram esclarecidas com as autoridades, Brenda e Tony sentiram ainda mais culpa, enquanto fantasiavam sobre não ter o tão amado filho e os problemas dele afetando suas vidas. Ambos descobriram que seus limites pessoais eram fracos e que precisavam estabelecer limites de verdade com Manny. Essa percepção foi reforçada pelo terapeuta deles, que disse uma verdade importante:

— Às vezes, pais realmente bons e conscientes têm filhos que desenvolvem vícios e outros problemas sérios. Vocês não causaram isso e não é um problema que vocês têm que resolver. Se vocês se preocupam com Manny como eu acho que se preocupam, precisam parar de tentar resgatá-lo.

Ambos concordaram que o filho precisava morar em outro lugar. Veja o teste de limites pessoais deles:

TESTE RÁPIDO DE LIMITES PESSOAIS DE BRENDA E TONY COM O FILHO, MANNY

Limite pessoal nº 1

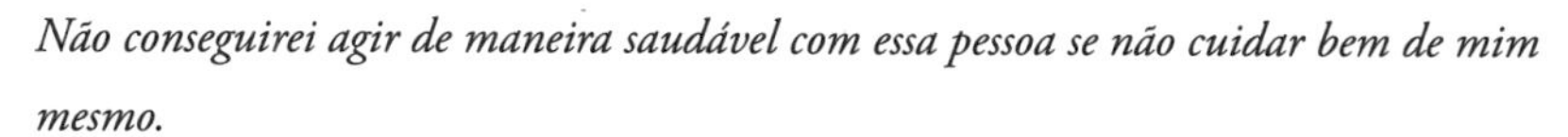

Não conseguirei agir de maneira saudável com essa pessoa se não cuidar bem de mim mesmo.

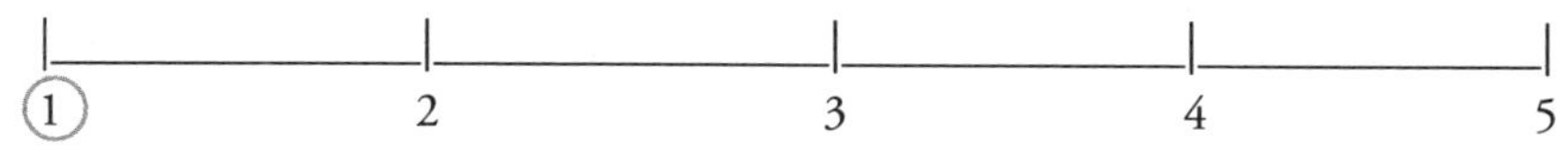

(1) 2 3 4 5

Sempre me esqueço disso. Nunca me esqueço disso.

Comentários: O nosso sentimento de culpa faz com que continuemos nos punindo e resgatando Manny toda vez que ele se envolve em problemas.

Limite pessoal nº 2

Não consigo me manter saudável quando esqueço a quem o problema deveria pertencer.

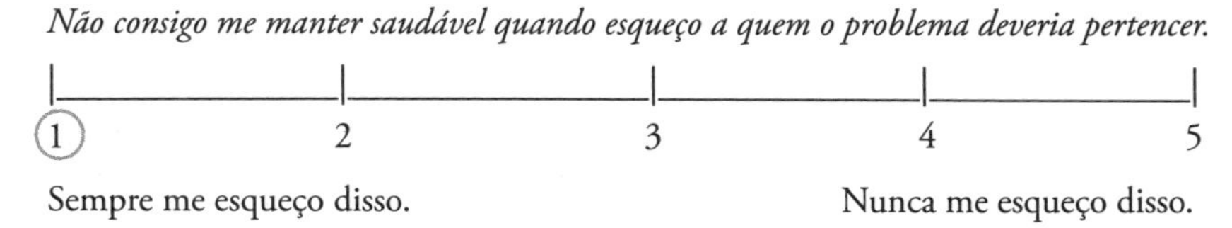

(1) 2 3 4 5

Sempre me esqueço disso. Nunca me esqueço disso.

Comentários: Precisamos fazer isso se tornar um problema do Manny.

Limite pessoal nº 3

Não consigo me manter saudável quando sempre me dedico mais a resolver o problema da pessoa do que ela própria.

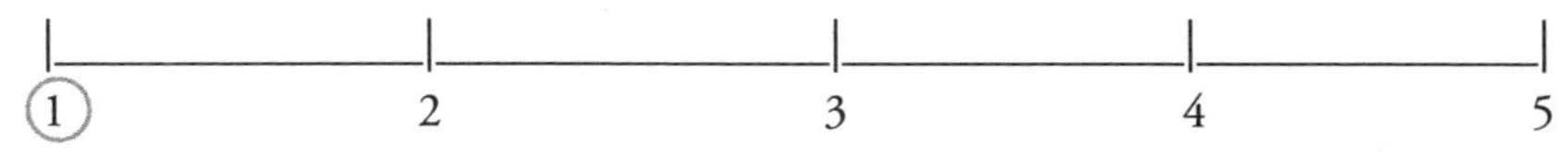

(1) 2 3 4 5

Sempre me dedico mais. Nunca me dedico mais.

Comentários: Achamos que fazer o que é saudável nos fará sentir muito mal no curto prazo.

Limite pessoal nº 4

Não consigo me manter saudável quando minha autoestima, autocompetência e felicidade dependem integralmente da minha capacidade de ajudar essa pessoa a ser feliz e superar seus problemas.

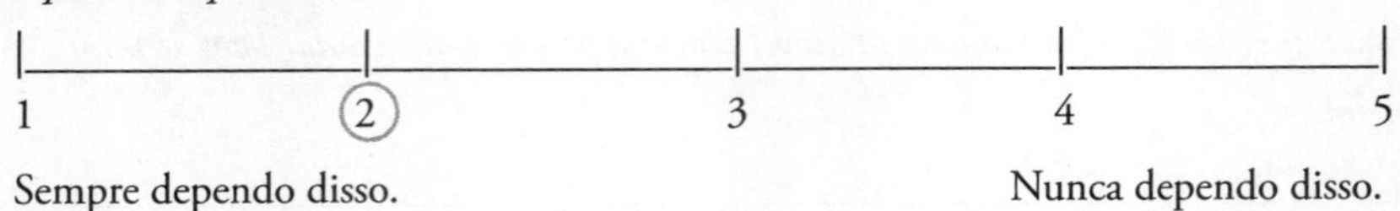

Sempre dependo disso. Nunca dependo disso.

Comentários: *Podemos escolher levar uma vida saudável e feliz, mesmo que nosso filho não esteja fazendo o mesmo. Não devemos sentir culpa por isso. Isso vai ajudá-lo mais do que se continuarmos mal e infelizes.*

Limite pessoal nº 5

Não consigo me manter saudável quando permito que a dependência se torne excessiva no nosso relacionamento.

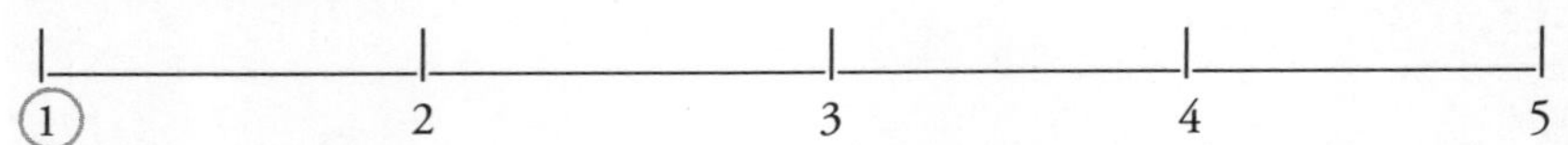

Não tenho facilidade para evitar isso. Tenho muita facilidade para evitar isso.

Comentários: *Coisas ruins podem acontecer com pessoas verdadeiramente boas. Manny era uma criança forte e independente até se viciar em drogas. As mudanças nele fizeram com que nos transformássemos em salvadores. Agora, sabemos que precisamos retomar as habilidades da abordagem Amor e Lógica, que funcionou tão bem quando ele era pequeno.*

Brenda e Tony recorreram à empatia quando estabeleceram um limite importante para Manny:

— Manny, amamos você, e podemos imaginar o quanto as coisas estão difíceis para você. Queremos visitá-lo aqui na prisão sempre que pudermos. Gostaríamos que soubesse que a duração das visitas será proporcional à forma como formos tratados. E mais uma coisa: gostaríamos de nos desculpar por tratá-lo como se você não fosse capaz de superar seu vício. Nós acreditamos em você e prometemos parar de nos dedicar mais à sua vida do que você. Isso quer dizer que, quando você sair daqui, será o responsável por encontrar um lugar para morar.

Embora tenha sido uma conversa sofrida, foi um passo importante oferecer a base necessária para a recuperação de Manny. Estamos orando pela família, enquanto eles continuam a percorrer esse caminho. As chances de um milagre aumentam quando seguem confiando em Deus para abençoar seus esforços de manter limites pessoais saudáveis ao mesmo tempo que continuam amando o filho.

* * *

Quando você educa seus filhos com uma abordagem neuropsicológica prática, oferece a eles a base necessária de que precisam para se tornar adultos mentalmente fortes, confiantes, competentes e resilientes. Outros fatores podem intervir, fazendo a idade adulta ser ainda mais desafiadora para eles. De qualquer forma, lembre-se de que seus filhos adultos são os únicos responsáveis pelas próprias escolhas. Seu trabalho é amá-los com firmeza, gentileza e empatia. Manter-se firme nesse propósito fortalecerá o relacionamento de vocês, ao mesmo tempo que tanto deixará claro que seus filhos estão no controle da própria vida quanto vai assegurá-los de que têm a quem recorrer se precisarem de ajuda.

Passo a passo

- Lembre-se dos cinco princípios da abordagem Amor e Lógica: Dignidade mútua + Pensamento compartilhado + Controle compartilhado + Empatia = Relacionamentos saudáveis.
- Se o seu filho jovem adulto não estiver se comportando ou se esforçando para se tornar autossuficiente, comece pedindo com educação.

- Faça o Teste Rápido de Limites Pessoais tendo em mente um relacionamento específico, para identificar os aspectos fortes e fracos dos seus limites.
- Estabeleça e imponha limites a jovens adultos, deixando claro a quem pertencem a responsabilidade e o compromisso.
- Prepare-se para as reações negativas quando for estabelecer limites mais tarde na vida da criança, e considere procurar a ajuda profissional de um psiquiatra, psicólogo ou terapeuta familiar para guiá-lo durante o processo.

CAPÍTULO 23

130 DICAS QUE VOCÊ PODE COLOCAR EM PRÁTICA PARA AJUDAR SEU FILHO A CRESCER E SER MENTALMENTE SAUDÁVEL

Quando se sentir sobrecarregado, comece pelas pequenas coisas que podem gerar o maior impacto.

Ao longo deste livro, nós apresentamos diversas dicas e estratégias comprovadas para ajudá-lo a educar crianças e jovens adultos mentalmente fortes. Neste capítulo, compilamos algumas das técnicas mais efetivas para aumentar sua eficiência como pai ou mãe e estabelecer Os Quatro Círculos da Saúde Mental, para que seus filhos tenham a base de que precisam para atingir todo o seu potencial. Algumas dessas dicas apareceram em capítulos anteriores, mas são tão importantes que estão sendo incluídas aqui como lembretes. Não esperamos que você siga todas as sugestões listadas. Escolha aquelas que se encaixam mais na sua situação. Reunimos estas "dicas que você pode colocar em prática com seu filho" durante décadas trabalhando com crianças, adolescentes e jovens adultos "difíceis" e "nem tão difíceis" — e seus pais.

LEMBRE-SE DE COMO ERA SER CRIANÇA

1. Lembre-se de como era ser criança (a parte boa e a parte ruim). Lembre-se de como se sentia quando tinha a idade dos seus filhos. Isso vai ajudá-lo a lidar com as preocupações e receios deles com empatia.
2. Lembre-se de como se sentia quando sua mãe ou seu pai não tinham tempo para você.
3. Lembre-se de como era contar uma mentira e de como você gostaria que seus pais reagissem quando descobrissem.
4. Lembre-se de como se sentia quando seus pais discutiam. (Você discute do mesmo jeito com seu parceiro ou com o pai/mãe da criança?)
5. Lembre-se de como se sentia quando sua mãe ou seu pai o levavam a um lugar especial.
6. Lembre-se das refeições em família quando você era criança. Eram experiências positivas (justifique) ou negativas (justifique)?
7. Lembre-se de como se sentia na hora de dormir.
8. Lembre-se da primeira vez que você convidou ou foi convidado para um encontro e da intensidade da ansiedade e da empolgação do namoro.

9. Lembre-se dos seus sentimentos e experiências sexuais enquanto era criança e adolescente.
10. Lembre-se dos piores professores que teve para conseguir compreender seus filhos quando eles reclamarem da escola.
11. Lembre-se dos melhores professores que teve para que possa dizer aos seus filhos que a escola também pode ser um lugar bom.

ESTABELEÇA OBJETIVOS CLAROS TANTO PARA VOCÊ COMO PAI OU MÃE QUANTO PARA SEUS FILHOS

12. Estabeleça objetivos claros e por escrito para educar seus filhos, detalhando o tipo de pessoa que gostaria que eles se tornassem. Olhe para seus objetivos todo dia para verificar se o seu comportamento está incentivando o que deseja. Em todas as suas interações com seus filhos, pergunte-se se suas atitudes estão incentivando os comportamentos almejados.

OBJETIVOS PARA SI MESMO COMO PAI OU MÃE

(O objetivo geral é ser uma força competente e positiva na vida do seu filho.)

13. Estar envolvido na vida dos seus filhos. Faça o possível para passar tempo suficiente com eles para que possa influenciar seus caminhos.
14. Demostrar abertura para a conversa. Converse com seus filhos — praticando a escuta ativa e a empatia — de modo a incentivá-los a procurá-lo para conversar quando precisarem.
15. Ser firme e estabelecer limites. Ofereça supervisão e limites apropriados até que eles desenvolvam os próprios controles morais/internos.
16. Ter um bom relacionamento coparental. Seja estando casado ou divorciado, é melhor quando os pais se apoiam em suas interações com os filhos.
17. Ser gentil. Eduque seus filhos de maneira que eles queiram voltar para visitá-lo depois que saírem de casa. Ser pai ou mãe também é um trabalho egoísta.

18. Ser divertido. Faça piadas, palhaçadas e brinque com seus filhos. Divertir-se é essencial para a saúde física e emocional deles.

ESTABELEÇA OBJETIVOS CLAROS PARA SEUS FILHOS

(O objetivo geral é melhorar o desenvolvimento deles.)

19. Relacionar-se. Vivemos em um mundo baseado em relações. É imperativo que você ensine seus filhos a se darem bem com as outras pessoas.
20. Ser responsável. Seus filhos precisam acreditar e agir como se tivessem o controle compartilhado sobre a própria vida, para que, quando coisas ruins acontecerem, a culpa não seja sempre do outro. Do contrário, eles agirão como vítimas que não têm vontade própria.
21. Ser independente. Permita que seus filhos tenham alguma escolha (controle compartilhado) sobre suas próprias vidas. Isso os tornará capazes de tomar decisões por conta própria.
22. Ser autoconfiante. Incentive seu filho a participar de diferentes atividades, nas quais possa sentir autocompetência. A autoconfiança geralmente resulta da habilidade de ter um bom desempenho em tarefas, esportes e atividades.
23. Ter autoaceitação. Aponte mais as qualidades que os defeitos dos seus filhos. Isso os fará se aceitarem também.
24. Ter capacidade de adaptação. Exponha seus filhos a diferentes situações, para que se tornem flexíveis o bastante para lidar com as inúmeras pressões que encontrarão ao longo da vida.
25. Ter saúde emocional. Permita que seus filhos se expressem em um ambiente de aceitação. Busque ajuda se demonstrarem sintomas prolongados de problemas emocionais.
26. Ser divertido. Ensine seus filhos a se divertir e a rir.
27. Ter foco. Ajude seus filhos a desenvolver objetivos claros para si mesmos tanto de curto quanto de longo prazo.

TER AUTORIDADE É ESSENCIAL

28. Ter autoridade é essencial para manter a ordem e a estrutura familiar. A geração dos anos 1960 esqueceu que o conceito de autoridade é uma coisa boa.
29. Ser firme com seu filho *não* é a mesma coisa que ser cruel.
30. Seu filho vai respeitá-lo mais se você acreditar que é a figura de autoridade no relacionamento de vocês.
31. Estabelecer a autoridade (de maneira gentil) com crianças promove a criatividade. Elas sabem quais são os limites e não precisam insistir em testá-los, guardando energia para atividades mais produtivas.
32. Estabelecer a autoridade (de maneira gentil) com uma criança vai ajudá-la a lidar com figuras de autoridade quando for adulta.
33. Mantenha sua palavra. Não permita que o sentimento de culpa faça você voltar atrás naquilo que sabe que é o certo a fazer.

SEU RELACIONAMENTO COM SEUS FILHOS É A CHAVE DO SUCESSO

34. Seu relacionamento pessoal com seus filhos importa para o bem-estar emocional deles. Muitos pais subestimam a influência que têm sobre os filhos. Se o relacionamento for bom, seus filhos virão procurá-lo quando precisarem. Se for ruim, seus filhos vão procurar outras pessoas (como os colegas) para pedir conselhos.
35. Se o relacionamento entre pai/mãe e filho for bom, quase todas as formas de disciplina funcionarão. Se for ruim, quase nenhuma forma de disciplina funcionará.
36. Respeite seus filhos. Trate-os em casa como trataria na rua. Isso também os ensinará a respeitar os outros.
37. Passe um tempo especial e exclusivo com seus filhos todos os dias, fazendo o que eles quiserem fazer. Meros vinte minutos diários de tempo especial e exclusivo fortalecerão o vínculo entre vocês e farão uma enorme diferença na qualidade do relacionamento

de vocês. Estar disponível para seus filhos fará com que se sintam importantes e aumentará a autoestima deles.

38. Seja um bom ouvinte. Descubra o que seus filhos acham *antes* de dizer a eles o que você acha.
39. Fique na altura dos seus filhos quando for conversar com eles.
40. Fale baixo com seus filhos. Eles ficarão mais propensos a ouvi-lo.
41. Evite gritar com seus filhos. Como você se sente quando gritam com você? Provavelmente fica irritado, estressado ou com medo. O mesmo acontece com seus filhos.
42. Cumpra as promessas que fizer a seus filhos.
43. Seus filhos aprendem sobre relacionamentos observando como os pais se relacionam um com o outro. Você está dando um bom exemplo?

UM AMBIENTE AMOROSO E PROVEITOSO

44. Diga a seus filhos que os ama todos os dias.
45. Mantenha contato físico com seus filhos todos os dias — abrace-os, segure suas mãos, massageie seus ombros, bagunce seus cabelos.
46. Estabeleça contato visual com seus filhos todos os dias e pergunte como foi o dia deles.
47. Aproveite para abraçar seus filhos sempre que eles vierem se sentar no seu colo (ou estiverem perto de você).
48. Preste atenção nas músicas que eles escutam para ver o tipo de informação que estão consumindo.
49. Limite o tempo de tela: televisão, videogame, redes sociais e tablets. Essas costumam ser atividades que não estimulam o cérebro e contribuem pouco para o desenvolvimento dos seus filhos.
50. Não permita que seus filhos assistam muito ao noticiário. Eles ficarão assustados, aumentando sua sensação de ansiedade interna.
51. Tenha rituais (como a hora de dormir, a das refeições e as férias

em família) para promover continuidade, estrutura e estabilidade para seus filhos.

52. Permita que seus filhos vivenciem inúmeras experiências, mesmo que eles se mostrem hesitantes.
53. Jogue com seus filhos. Brincadeiras são essenciais para uma vida feliz e equilibrada.

EXPECTATIVAS CLARAS

54. Seja claro sobre o que espera dos seus filhos pequenos ou adolescentes. Costuma funcionar para as famílias ter as todas as regras por escrito, detalhando as "leis" e valores familiares. (Veja as oito regras essenciais do Dr. Amen no Capítulo 5.) E lembre-se da regra abrangente da abordagem Amor e Lógica: não provoque problemas.

APONTE MAIS COISAS DE QUE GOSTA DO QUE COISAS DE QUE NÃO GOSTA

55. Quando seus filhos cumprirem suas regras e expectativas, faça questão de deixar claro para eles que você percebeu. Se você nunca reforçar o bom comportamento, é pouco provável que consiga promovê-lo.
56. Aponte os comportamentos dos quais gosta em seus filhos dez vezes mais do que aqueles dos quais não gosta. Isso os ensina a identificar motivos para gostarem de si mesmos em vez de crescerem com uma visão crítica sobre si mesmos.
57. Elogios e incentivos geram melhorias no comportamento e ensinam novas habilidades para seus filhos. A raiva e a punição podem até suprimir problemas de comportamento, mas não ensinam nada de bom para eles no longo prazo.
58. Elogios e incentivos fortalecem o vínculo entre pais e filhos. A raiva destrói esse vínculo.

DISCIPLINA

59. Não repita um pedido dez vezes para seus filhos para conseguir que eles obedeçam. Espere que obedeçam de primeira! Esteja preparado, com as consequências apropriadas, para provar que está falando sério.
60. Nunca tente disciplinar seus filhos quando estiver descontrolado. Dê um tempo antes de perder a paciência.
61. Use a disciplina para ensinar em vez de punir seus filhos ou se vingar pelo mau comportamento deles.
62. Veja o mau comportamento como um problema que você vai resolver em vez de "seus filhos tentando tirá-lo do sério".
63. É importante garantir que as consequências rápidas e claras para as regras descumpridas sejam aplicadas de maneira direta e imparcial. Intimidar e gritar são reações destrutivas e ineficientes.
64. Lembre-se das palavras *firmeza* e *gentileza*. Um pai que conhecemos usa a expressão "Seja firme como uma rocha e gentil como um sorriso". Tente equilibrar as duas ao mesmo tempo.
65. Quando seus filhos insistirem em comportamentos negativos, tente distraí-los e retome a questão mais tarde.
66. Lide com mentiras e roubos imediatamente.
67. Não fuja da responsabilidade de lidar com situações difíceis (sexo, drogas, desrespeito) com seus filhos adolescentes e jovens adultos. Trate essas situações com firmeza e gentileza.
68. Evite bater ou recorrer a qualquer outra forma de punição corporal; elas são prejudiciais.

ESCOLHAS

69. Deixe que seus filhos escolham entre duas ou mais opções em vez de impor o que eles devem fazer, comer ou vestir. Se você tomar todas as decisões pelos seus filhos, eles serão incapazes de tomar as próprias decisões no futuro.
70. Incentive seus filhos a tomar decisões com independência e

baseadas nos próprios conhecimentos, em vez de se basearem no que seus amigos podem dizer ou fazer.

SUPERVISÃO

71. Supervisione a experiência escolar dos seus filhos. Conheça os professores deles. Seja participativo. Às vezes os pais são os últimos a perceber quando as coisas não estão bem. Ser participativo ajudará a manter seus filhos nos trilhos
72. Sempre saiba onde seus filhos estão, sejam eles crianças ou adolescentes. Diga que quer saber com quem eles estão, o que estão fazendo e a que horas voltarão para casa. Informe a eles que vai fazer uma checagem periódica. No início eles vão reclamar da sua invasão, mas no longo prazo serão gratos por seu cuidado e preocupação.
73. A confiança se baseia em experiências anteriores. Informe seus filhos de que o grau de liberdade é proporcional a quanto eles demonstram ser confiáveis.
74. Passe tempo com os amigos dos seus filhos (mesmo que não goste deles) para saber o tipo de influência que eles exercem na vida dos seus filhos.

APOIO PARENTAL

75. Os pais precisam trabalhar juntos para se apoiar, mesmo que sejam divorciados.
76. Quando os filhos conseguem dividir a autoridade parental, passam a ter mais poder do que é saudável para eles.
77. Os pais precisam de um tempo só para eles. Pais que estão exaustos não têm energia sobrando para oferecer aos filhos o seu melhor.
78. Uma das melhores coisas que você pode fazer pelos seus filhos é dar o exemplo de um relacionamento amoroso com seu parceiro.

AUTOESTIMA

79. Tenha cuidado com os apelidos e termos que usa para descrever seus filhos. Eles tendem a fazer jus aos rótulos que atribuímos a eles.
80. A autoestima dos seus filhos é mais importante do que a qualidade das suas tarefas da escola.
81. Incentive as áreas de interesse dos seus filhos (esportes, música etc.). A autoestima costuma se basear na capacidade da pessoa de se sentir competente.

ENSINANDO AS CRIANÇAS

82. Ensine seus filhos sobre valores por meio do seu comportamento. Os filhos aprendem muito sobre valores observando o comportamento dos pais.
83. Ensine seus filhos com base nas suas experiências de vida.
84. Converse com seus filhos sobre drogas e sexo. Não deixe essa responsabilidade nas mãos da escola, das redes sociais, dos programas de televisão ou dos amigos!
85. Ajude seus filhos a aprender com os próprios erros. Não os recrimine ou os menospreze, do contrário eles criarão o hábito de fazer isso consigo mesmos (e com os outros).
86. Tenha apenas comidas saudáveis em casa, para que seus filhos aprendam a amar as comidas que retribuam esse amor.
87. Pratique exercícios com seus filhos. Ajude-os a incluir a prática de atividade física em suas rotinas diárias.
88. Ensine seus filhos a prestar atenção no que há de melhor em suas vidas.
89. Ensine seus filhos que a vida tem um início e um fim, para ajudá-los a entender por que a saúde espiritual é importante.
90. Ensine a seus filhos a prever o melhor para si mesmos.
91. Não permita que seus filhos culpem os outros pelo que acontece em suas vidas.

92. Ensine seus filhos a escrever bilhetes de agradecimento.
93. Ensine a seus filhos habilidades organizacionais que facilitem suas vidas. (Isso pode significar fazê-los manter seus quartos em ordem mesmo quando eles não demostrarem uma tendência natural para isso.)
94. Leia para seus filhos (ou peça que eles leiam para você) com frequência.
95. Ensine seus filhos a usar novas tecnologias com responsabilidade, estabelecendo tempo e limites de uso.

TRABALHO E FILHOS

96. Não dê a seus filhos tudo o que pedirem. Incentive-os a trabalhar — fazendo tarefas domésticas, por exemplo — para conseguir o que querem.
97. Trabalhar faz bem aos seus filhos; fazer tudo por eles não.

IRMÃOS

98. Incentive e recompense a demonstração de respeito entre irmãos. Corrija comportamentos hostis e inapropriados entre eles.
99. Um pouco de rivalidade entre irmãos é normal. Mas lembre-se da história bíblica sobre os primeiros irmãos. Ela não terminou muito bem.

AMIGOS E COLEGAS DA ESCOLA

100. Não lute as batalhas de seus filhos com os amigos e colegas da escola por eles, mas esteja disponível para aconselhá-los.
101. Ofereça um lar seguro e aconchegante que inspire seus filhos a querer convidar os amigos para visitá-los.

QUANDO SURGIREM PROBLEMAS

102. Procure ajuda para seus filhos quando eles apresentarem sinais de problemas de saúde mental/do cérebro. Lembre-se de que o

intervalo entre a primeira manifestação do problema e a primeira consulta para buscar ajuda é de onze anos em média.[1]

103. Não varra os problemas para debaixo do tapete. Ensine seus filhos a falar sobre seus problemas e tudo o que não vai bem em suas vidas.
104. Peça desculpas para seus filhos quando errar.
105. Ajude seus filhos a olhar para suas dificuldades e pontos fracos do passado como forma de enxergar e valorizar seus pontos fortes.

ENTENDA O QUE É NORMAL

106. Aja como o córtex pré-frontal dos seus filhos até que o deles esteja completamente desenvolvido — por volta dos seus 25 anos —, gradualmente transferindo para eles mais responsabilidade e controle à medida que crescem.
107. Aprenda sobre o que é normal no desenvolvimento, como a crise dos 2 anos, o desenvolvimento de independência e identidade nos adolescentes, entre outras questões.
108. Quando seus filhos adolescentes se afastarem de você, busque se aproximar com gentileza e não com raiva.
109. Não diga a seu filho de 18 anos o que fazer. Ele provavelmente fará o oposto. Sugira alternativas, escute e ajude oferecendo opções. Cuidado com suas palavras. Existe uma grande possibilidade de que ele responda com algo do tipo "Já tenho 18 anos. Posso fazer o que eu quiser".

APRENDA TUDO QUE PUDER

110. Educar com efetividade é uma habilidade que aprendemos. Esforce-se para aprender tudo o que puder.
111. Mantenha seu cérebro afiado aprendendo novas habilidades e saindo da zona de conforto.

INTERVENÇÕES NO CÉREBRO

112. Faça seus filhos usarem capacete quando estiverem andando de bicicleta, skate, patins ou em situações de alto risco.
113. Sempre faça seus filhos usarem cinto de segurança em veículos.
114. Ofereça uma dieta equilibrada para seus filhos, com baixo teor de açúcares refinados e carboidratos simples. Convide-os para ir ao supermercado com você comprar alimentos saudáveis para o cérebro.
115. Ensine seus filhos a pensar do jeito certo; pensamentos saudáveis fortalecem os exterminadores internos saudáveis que combatem a infestação de PANs (pensamentos automáticos negativos).
116. Todos os dias, incentive seus filhos a se concentrar nas coisas pelas quais são gratos em suas vidas. Comece todo dia dizendo: "Hoje será um ótimo dia".
117. Na hora de dormir, pergunte a seus filhos: "O que deu certo hoje?".
118. Faça do sono uma prioridade para seus filhos. O hormônio do crescimento funciona melhor quando as crianças estão dormindo.
119. Cerque seus filhos com aromas calmantes como lavanda (para humor e ansiedade), hortelã-pimenta (para energia e foco), jasmim (para humor e relaxamento) e camomila (para acalmar a ansiedade e melhorar o sono).
120. Incentive seus filhos a construir uma biblioteca mental com suas maravilhosas experiências de vida. Peça que façam uma lista com suas lembranças mais felizes para que eles possam consultá-la quando precisarem de um incentivo.
121. Faça as refeições com seus filhos para que eles possam vê-lo saboreando comidas saudáveis e para fortalecer o vínculo familiar.
122. Ensine a seus filhos técnicas de respiração que podem ajudá-los a se acalmar e a controlar suas emoções e inquietações.
123. Ajude seus filhos, principalmente os adolescentes e jovens adultos, a descobrir seus propósitos na vida. Para isso, pergunte o que amam fazer e de que maneira isso ajuda os outros.

124. Cante ou cantarole com seus filhos sempre que puder.
125. Inclua belas músicas nas vidas dos seus filhos.
126. Certifique-se de que seus filhos façam exames regulares de saúde e visitas ao dentista. Corpos e gengivas saudáveis são essenciais para a saúde do cérebro deles.
127. Mantenha seus filhos longe da cafeína.
128. Não consuma álcool na frente dos seus filhos ou de outras crianças, e nunca use drogas ilegais perto deles.
129. Procure evitar que seus filhos pratiquem esportes nos quais os traumas cerebrais são comuns, e não permita que eles cabeceiem bolas de futebol.
130. Não permita que seus filhos batam na cabeça em sinal de frustração. Ensine-os a amar seus cérebros.

CAPÍTULO 24

20 COISAS QUE OS PAIS DE CRIANÇAS MENTALMENTE SAUDÁVEIS NUNCA FAZEM

Às vezes aquilo que você não faz é mais importante do que aquilo que faz.

Se você ama seus filhos (e nós temos certeza de que ama) e quer que sejam bem-sucedidos, felizes e saudáveis, então é essencial que você preste atenção ao seu próprio comportamento. Depois de trabalhar com pais e filhos por décadas, criamos uma lista com o top 20 de coisas que os pais de crianças mentalmente saudáveis *nunca* fazem.

1. **Ignoram o cérebro dos filhos.** Quando você não pensa sobre a saúde do cérebro, abre caminho para que seus filhos tenham inúmeros problemas em casa, na escola e em seus relacionamentos. Em vez disso, você precisa amar e cuidar do cérebro dos seus filhos,

que controla tudo o que eles fazem — a maneira como pensam, se sentem, agem e interagem com os outros. Quando o cérebro deles funciona bem, eles funcionam bem. Quando o cérebro deles tem problemas, eles têm problemas. Quando seus filhos forem decidir sobre praticar qualquer esporte, lembre-se de proteger o cérebro deles se quiser que eles sejam felizes, saudáveis e mentalmente fortes para o resto de suas vidas.

2. **Desconsideram comportamentos normais.** Quando você não entende como funciona o desenvolvimento normal de uma criança, provavelmente esperará mais dos seus filhos, sejam eles crianças, adolescentes ou jovens adultos, do que eles são capazes de oferecer. Isso gera atritos, frustrações e sensação de fracasso. Quando você tem o entendimento básico sobre o desenvolvimento de crianças, tem mais capacidade de notar quando algo está dentro ou fora do que é esperado. Por exemplo, é normal que os adolescentes queiram ser mais independentes e começar a tomar as próprias decisões. Saber que isso é uma parte normal do desenvolvimento deles tornará mais fácil para você honrar e respeitar esse processo enquanto segue supervisionando.

3. **São péssimos exemplos.** Se o seu lema é "faça o que eu digo, mas não o que eu faço", você está pedindo para ter problemas. Se você mente, trapaceia, é rude ou desrespeitoso, não segue uma dieta saudável e nunca se preocupa com a própria saúde, seus filhos seguirão seu exemplo. Por isso, seja um exemplo daquilo que quer que eles sejam.

4. **Esquecem como é ser criança ou adolescente.** Se você não consegue ter empatia por seus filhos, pode acabar por aliená-los, fazê-los se sentir incompreendidos ou passar a mensagem de que os sentimentos deles não são válidos. Lembrar-se de como era quando você tinha a idade dos seus filhos e de todos os desafios e dificuldades

que enfrentou o ajudará a ter muito mais empatia por eles. Você será mais capaz de ajudá-los assim do que se abordar a vida deles a partir da perspectiva de um adulto.

5. **São permissivos demais.** Múltiplos estudos mostram que crianças cujos pais nunca estabeleceram limites apropriados são as que desenvolvem os principais problemas psicológicos depois de adultas.

6. **Menosprezam o pai ou mãe.** Embora possa ser tentador, é essencial que você não critique, diminua ou reclame do pai ou mãe na frente dos seus filhos. Fazer isso não só prejudica a efetividade do outro como afeta a autoestima dos seus filhos. Eles são um produto de ambos os pais, e, quando você diz coisas negativas sobre o outro genitor, está dizendo coisas negativas sobre seus filhos também.

7. **Raramente passam tempo de qualidade com os filhos.** Relacionamentos precisam de duas coisas: tempo e disposição para ouvir. Se você não passa tempo com seus filhos ou não tem um bom relacionamento com eles, é provável que eles acabem ficando ressentidos e se rebelando contra você. Se você passa tempo de qualidade e tem um bom relacionamento com seus filhos (o que é essencial para estabelecer vínculos), eles tendem a escolher e seguir seus valores morais. Fazer o que seus filhos gostam de fazer e ouvi-los fará uma enorme diferença na qualidade do relacionamento de vocês.

8. **São péssimos ouvintes.** Quando você discorda dos seus filhos e eles estão falando, você costuma interrompê-los? Você está tentando entender o que eles estão dizendo ou está pensando em como vai responder? Ser um mau ouvinte transmite a mensagem de que seus filhos não são importantes o bastante para merecer sua atenção, podendo causar efeitos devastadores na autoestima deles. Aprenda a fazer uma escuta ativa. Não julgue ou critique o que eles estão

dizendo; em vez disso, repita o que ouvir. No fim, você perceberá que seus filhos conseguem resolver a maioria dos seus problemas se puderem falar sobre eles.

9. **Rotulam os filhos.** Rótulos negativos não ajudam seus filhos em nada. Eles vão internalizar esse rótulos e fazer jus aos nomes negativos que você atribui a eles. Seja um bom exemplo para seus filhos, por meio da sua própria conduta.

10. **Só apontam o que os filhos fazem de errado.** Apontar todos os pequenos erros cometidos por seus filhos os leva a desenvolver uma mentalidade e uma autopercepção negativas, que podem perdurar até a idade adulta e impedi-los de atingir seu pleno potencial. Além disso, se você só presta atenção em seus filhos quando eles estão fazendo algo de errado, está ensinando a eles que fazer coisas erradas é a melhor maneira de ganhar sua atenção. Em vez disso, esforce-se para pegá-los fazendo coisas certas sempre que possível. Ao fazer isso, você reforçará o bom comportamento e as boas escolhas deles.

11. **Cedem à pirraça e a outros maus comportamentos.** Quando você faz isso, mesmo que apenas uma vez, está ensinando a seus filhos o que vai tolerar. Eles aprenderão a lição de que o mau comportamento os ajuda a conseguir o que querem. Eles precisam entender que não conseguem manipulá-lo pelo modo como se comportam.

12. **São reativos.** Quando o seu estilo de educar é altamente reativo, você pode estar enviando mensagens ambíguas para seus filhos. Para evitar isso, estabeleça seus objetivos para eles. Que tipo de filhos quer criar? Que tipo de pai ou mãe quer ser? Por exemplo, se você quer educar uma criança para ser gentil, competente e prestar uma grande contribuição para a sociedade, então precisa ser

um exemplo disso, ao mesmo tempo que reforça comportamentos que incentivam esses objetivos, em vez de simplesmente reagir de acordo com cada situação.

13. **Falham em supervisionar.** A falta de supervisão faz com que decisões importantes fiquem a cargo apenas dos seus filhos, cujos cérebros ainda não se desenvolveram por completo. Isso pode resultar em decisões ruins com relação ao álcool, às drogas, ao sexo e a outras coisas nocivas que afetarão a força mental deles. Você também precisa saber onde seus filhos estão e com quem — e depois ir verificar. Quando o assunto são seus filhos, lembre-se do que o presidente Ronald Reagan disse: “Confie, mas verifique”. Se eles sabem que você vai verificar, tenderão a tomar melhores decisões do que se souberem que você nunca o fará.

14. **Nunca procuram conhecer os amigos dos filhos.** Durante a adolescência, as pessoas mais influentes na vida dos seus filhos são os amigos com os quais eles passam a maior parte do tempo — e não os pais. É por isso que você precisa saber quais são os valores das pessoas com quem eles estão convivendo. Entenda que tentar controlar as amizades dos seus filhos pode dar errado. Se você não gostar do que descobrir, então procure envolver seus filhos em atividades com outras crianças cujos valores você aprova. Convide os amigos dos seus filhos para frequentar sua casa, para que eles possam se beneficiar dos valores e dos relacionamentos amorosos da sua família.

15. **Oferecem uma dieta pobre em nutrientes para os filhos.** O cérebro humano usa de 20% a 30% das calorias que uma pessoa consome. Se você alimenta seus filhos com uma dieta baseada em fast-food, eles terão uma mentalidade de fast-food, que costuma ser associada com TDAH, depressão e demência no futuro. Esforce-se para

alimentar seus filhos com comidas saudáveis para o cérebro, a fim de otimizar o desenvolvimento e o funcionamento do cérebro deles.

16. **Permitem que os filhos durmam tarde.** As crianças precisam de muito mais sono do que os pais imaginam para otimizar o desenvolvimento e o funcionamento de seu cérebro. A falta de sono drena o foco e a energia, diminui o desempenho acadêmico e físico, aumenta o mau humor, o estresse e ansiedade, além de piorar a tomada de decisões.

17. **Dizem aos filhos o que pensar.** Se a criança não tem liberdade para explorar diferentes formas de pensamento e de ver o mundo, e, em vez disso, se sente supercontrolada, fica mais propensa a se rebelar e a ter um relacionamento conflituoso com você. Para evitar isso, quando o assunto forem os seus filhos, adote esta filosofia: "Seja curioso e não furioso". Em outras palavras, deixe que seus filhos pensem por si próprios, enquanto você atua como um bom treinador e não como um ditador.

18. **Dizem aos filhos que eles são inteligentes.** Se você faz isso e seus filhos acabam tendo dificuldade para aprender (o que provavelmente vai acontecer em algum momento de suas vidas), eles dirão a si mesmos que não são inteligentes de verdade, e estarão mais propensos a desistir. Em vez disso, mencione o quanto eles se esforçam. Dessa forma, quando encontrarem dificuldades em suas vidas, eles vão perseverar e se esforçar mais, porque a autoestima deles advém do trabalho árduo e não da inteligência deles.

19. **Ignoram os problemas de saúde mental dos filhos.** Problemas de saúde mental, como TDAH, ansiedade, depressão, transtorno bipolar, transtorno obsessivo-compulsivo, entre outros, podem ter um impacto devastador nas vidas dos seus filhos. Esse tipo de

problema pode afetar a força mental, a felicidade, a autoestima, a motivação e o foco deles. Como pai ou mãe, fique atento e leve-os para fazer uma avaliação se notar qualquer coisa preocupante.

20. **Ignoram a própria saúde mental.** Pode ser devastador para seus filhos se você estiver lutando contra os sintomas de um problema de saúde mental não tratado, como a depressão, a ansiedade ou o vício. Para conseguir ser o melhor pai ou mãe que puder, você precisa cuidar da sua própria saúde — incluindo a saúde mental. Tratar sua própria saúde mental pode mudar os rumos da vida dos seus filhos.

Agradecimentos do Dr. Amen

Muitas pessoas participaram da criação de *Educar sem surtar*. Em primeiro lugar, quero agradecer à minha melhor amiga, parceira e esposa, Tana Amen, que abraçou todos os princípios da abordagem Amor e Lógica desenvolvida por Jim Fay e pelo Dr. Foster Cline, que nos ajudaram a educar filhos saudáveis, audaciosos, responsáveis, focados e legais. Tana foi incrível, aprendendo e ensinando a abordagem Amor e Lógica para os outros. É claro que também preciso agradecer ao meu amigo e mentor, Jim Fay, e seu filho Dr. Charles Fay, meu parceiro maravilhoso, coautor e desenvolvedor deste projeto, por quem nutro carinho, gratidão e respeito profundos.

Também gostaria de agradecer a Frances Sharpe, nossa incrível e principal *storyteller* das Clínicas Amen, que ajudou a combinar com maestria a voz de Charles e a minha. Andrea Vinley Converse é uma editora muito especial que nos ajuda a melhorar e a deixar nosso trabalho mais acessível.

Também sou grato às dezenas de milhares de pacientes e familiares que procuraram as Clínicas Amen e permitiram que nós os ajudássemos nas suas jornadas de cura. Em especial, agradeço aos pacientes que me autorizaram a contar parte das suas histórias neste livro.

Sou grato à maravilhosa equipe das Clínicas Amen, que trabalha duro todos os dias no atendimento dos nossos pacientes e nos ajuda a divulgar o nosso trabalho pelo mundo. Em especial, agradeço a Kim Schneider, Christine Perkins, Rob Patterson, Jim Springer, Natalie Buchoz, Stephanie Villafuerte, Jeff Feuerhaken e James Gilbert pelas sugestões, pelo amor e pelo apoio. Também sou grato ao meu agente literário, Greg Johnson, e à equipe da Tyndale, principalmente Jan Long Harris, que ajudou a colocar este trabalho no mundo.

Agradecimentos do Dr. Fay

Enquanto escrevia este livro, Deus me abençoou com o apoio, a orientação e o incentivo de inúmeras pessoas. Sem elas, este livro nunca teria sido escrito. Agradeço ao Dr. Daniel Amen, que gentilmente me ofereceu a oportunidade de escrever este livro em coautoria com ele. Sua gentileza e sabedoria tornaram este projeto possível.

O meu muito obrigado ao meu pai, Jim Fay, e ao Dr. Foster Cline, que desenvolveram a abordagem Amor e Lógica quando eu era apenas uma criança. Pai, seu enorme carinho, sua orientação e suas contribuições profissionais abençoaram milhares de pessoas. Foster, sua amizade e conhecimento mudaram a minha vida. Você mudou outros milhares de vidas.

Agradeço a Frances Sharpe pela valiosa assistência durante o processo de escrita e edição deste manuscrito. Sua enorme habilidade e sua atitude positiva tornaram divertido um processo que era desafiador. Andrea Vinley Converse (To the Point Editorial Services) e Janis Long Harris (editora executiva da Tyndale) também merecem um enorme obrigado. A assistência preciosa de vocês fez toda a diferença.

À minha esposa, Monica. Você é o amor da minha vida! Sua enorme paciência, sua bondade e seu trabalho incansável me possibilitaram crescer e ajudar os outros. Obrigada por ser uma esposa, mãe, amiga e colaboradora incrível. Você é um presente de Deus.

Sobre o Dr. Daniel G. Amen

O Dr. Amen é médico, psiquiatra certificado em psiquiatria infantil e adulta, pesquisador renomado e autor de 19 best-sellers nos Estados Unidos. Seus vídeos sobre o cérebro e a saúde mental têm mais de meio bilhão de visualizações. Foi considerado pelo Sharecare o especialista e defensor da saúde mental mais influente da internet e definido pelo *Washington Post* como o psiquiatra mais popular dos Estados Unidos.

Ele é o fundador e o CEO das Clínicas Amen, com filiais em todo o país. O Dr. Amen é o pesquisador chefe do maior estudo sobre imagens do cérebro e reabilitação de jogadores profissionais de futebol americano. Suas pesquisas não só revelaram altos níveis de danos cerebrais em jogadores como possibilitaram a recuperação significativa de muitos a partir dos princípios que embasam seu trabalho.

Junto com o pastor Rick Waren e o Dr. Mark Hyman, o Dr. Amen é um dos principais desenvolvedores do Plano Daniel, um programa voltado para a promoção da saúde mundial por meio de organizações religiosas que vem sendo conduzido em centenas de igrejas, mesquitas e sinagogas.

O Dr. Amen é autor e coautor de mais de 80 artigos profissionais, 9 capítulos de livros e mais de 40 livros, dos quais 19 foram best-sellers nacionais e 12 foram best-sellers do *New York Times*, incluindo o best-seller número 1 desse jornal, *Plano Daniel*, e o best-seller que vendeu mais de 1 milhão de exemplares *Transforme seu cérebro, transforme sua vida*, que o *The VOU* listou com um dos melhores livros de autoajuda de todos os tempos, junto com *The End of Mental Illness*; *Healing ADD*; *Mude seu cérebro, mude seu corpo*; *Memory Rescue*; *Your Brain Is Always Listening*; *You, Happier*; e *Change Your Brain Every Day*. Seus livros foram traduzidos para 46 idiomas.

Os artigos científicos publicados pelo Dr. Amen foram citados em inúmeras publicações científicas de prestígio. Em janeiro de 2016, a pesquisa da sua equipe sobre as diferenças entre o TEPT (transtorno de estresse pós-traumático) e a lesão cerebral traumática (LCT), desenvolvida com base em 21 mil tomografias SPECT, foi considerada uma das cem melhores pesquisas científicas pela revista *Discover*. Em 2017, sua equipe publicou um estudo embasado por 46 mil tomografias mostrando as diferenças entre os cérebros feminino e masculino; e em 2018 publicou outra pesquisa sobre o envelhecimento do cérebro baseada em 62.454 tomografias SPECT.

O Dr. Amen escreveu, produziu e apresentou 18 programas na TV aberta sobre a saúde do cérebro, que foram ao ar mais de 150 mil vezes em toda a América do Norte.

Fez participações em filmes, incluindo *Quiet Explosions*, *After the Last Round* e *The Crash Reel*, e foi um dos consultores de *Concussion*. Ele participou da série documental *Justin Bieber: Seasons* e participou diversas vezes dos programas *Dr. Phil* e *The Dr. Oz Show*. Também já participou dos programas *Today Show*, *Good Morning America*, *The Early Show*, de programas na CNN, na Fox, de *The Doctors*, além de ter participado do programa vencedor do Emmy *The Truth About Drinking*.

Além disso, o Dr. Amen é um dos especialistas em saúde mental e do cérebro de maior visibilidade e influência, com milhões de seguidores em suas redes sociais. Em 2020, ele lançou sua série digital *Scan my Brain*, que contou com a participação de atores, músicos, atletas, empresários e influenciadores famosos do YouTube e do Instagram. Mais de cem episódios já foram produzidos, fazendo o conteúdo do programa viralizar nas redes sociais com milhões de visualizações coletivas.

Ele também apresentou palestras ao redor do mundo em lugares de prestígio no Canadá, no Brasil, em Israel e em Hong Kong. Apresentou palestras na Agência de Segurança Nacional (NSA), na Fundação Nacional da Ciência (NSF), na Conferência do Cérebro e do Aprendizado de Harvard, no Departamento do Interior, no Conselho de Juízes da Família e Juventude, na Suprema Corte de Ohio, Delaware e Wyoming e para grandes corporações como Merryl Lynch Hitachi, Bayer Pharmaceuticals, GNC, árbitros da NBA, comissão técnica do Miami Heat e muitas outras. Em 2016, o Dr. Amen participou da prestigiosa série de palestras *Talks at Google*.

O trabalho do Dr. Amen já foi citado em jornais, revistas e programas de rádio, como *New York Times, New York Times Magazine, Washington Post Magazine, MIT Technology, Newsweek, Time, Huffington Post, ABC World News, 20/20, BBC, London Telegraph, Parade Magazine, World Economic Forum, LA Times, Men's Health, Bottom Line, Vogue, Cosmopolitan, LA Style, NPR* e muitos outros.

Em novembro de 2017, uma postagem anônima sobre a paixão do Dr. Amen por seu trabalho (com duração de seis minutos) viralizou e teve mais de 40 milhões de visualizações. Seus dois *TED Talks* têm mais de 25 milhões de visualizações.

O Dr. Amen é casado com Tana, pai de seis filhos e avô de cinco netos. Ele é um ávido jogador de tênis de mesa.

Sobre o Dr. Fay

Charles Fay é PhD, pai, especialista em psicoterapia infantil, adolescente e familiar, autor internacionalmente reconhecido, consultor, palestrante habilidoso e presidente do Love and Logic Institute, que passou a integrar as Clínicas Amen em 2020.

Milhões de educadores, profissionais de saúde mental e pais do mundo todo já se beneficiaram das soluções práticas e simples do Dr. Fay para os comportamentos mais comuns e frustrantes demonstrados por jovens de todas as idades. Esses métodos são resultado de anos de pesquisa e experiência clínica no atendimento de jovens com distúrbios graves e suas famílias, em hospitais psiquiátricos, escolas públicas e privadas e em domicílio.

O interesse do Dr. Fay pela educação e a psicologia surgiu na infância, após anos de exposição a alguns dos mais dinâmicos especialistas no assunto do país. Essa exposição foi resultado de sua participação em eventos de treinamento com seu pai, Jim Fay. Jim é um dos maiores especialistas do país em disciplina infantil e tem mais de cinquenta anos de experiência com educação pública. A abordagem Amor e Lógica, hoje reconhecida internacionalmente, foi desenvolvida com base em Charles Fay enquanto ele crescia. Atualmente ele brinca: "Acho que foi por isso que me tornei um psicólogo... para descobrir o que eles faziam comigo quando eu era criança. Mas... falando sério agora... Eu amo minha mãe e meu pai por causa disso".

O Dr. Fay obteve seu PhD com honras pela Universidade da Carolina do Sul. Antes e durante seu treinamento universitário em escolas e clínicas de psicologia, ele adquiriu uma vasta experiência trabalhando com crianças em escolas públicas e clínicas psiquiátricas e de saúde mental.

Atualmente, o Dr. Fay trabalha em tempo integral como autor, consultor, palestrante e presidente do Love and Logic Institute. Por causa do seu maravilhoso senso de humor e de sua habilidade para contar histórias, o público vivencia experiências memoráveis e transformadoras de aprendizado — aprendizado esse que está conectado mentalmente à alegria e aos exemplos da vida real. Muitos dos participantes de suas conferências relatam: "O tempo passou tão rápido... ótimo palestrante", "Sou muito grata por ele ter nos dado coisas que realmente podemos usar, em vez de teoria e coisas pouco práticas", e "Eu ouvi o Dr. Fay falar pela primeira vez há quinze anos e ainda estou usando as habilidades que aprendi tantos anos atrás!".

Recursos

CLÍNICAS AMEN, INC.

AMENCLINICS.COM

As Clínicas Amen foram criadas em 1989 pelo Dr. Daniel G. Amen e têm filiais em diversos pontos dos Estados Unidos. Somos especializados em diagnósticos e planos de tratamento inovadores para uma ampla variedade de problemas comportamentais, de aprendizagem, emocionais, cognitivos e relacionados ao peso em crianças, adolescentes e adultos. As imagens de tomografias SPECT do cérebro são uma das principais ferramentas de diagnóstico usadas em nossas clínicas. Temos a maior base de dados de tomografias cerebrais do mundo para problemas emocionais, cognitivos e comportamentais. Nossa reputação é reconhecida internacionalmente na avaliação de problemas de comportamento e do cérebro, como TDAH, depressão, ansiedade, problemas de aprendizagem, lesões cerebrais traumáticas e concussões, transtorno obsessivo-compulsivo, agressividade, conflitos conjugais, declínio cognitivo, toxicidade cerebral causada pelo uso de drogas e álcool, obesidade, entre outros. Além disso, trabalhamos com pessoas para otimizar o funcionamento do cérebro e reduzir o risco da doença de Alzheimer e de outros problemas relacionados ao envelhecimento. Nossas clínicas agradecem e aceitam encaminhamentos de médicos, psicólogos, assistentes sociais, terapeutas de casais e familiares, conselheiros para tratamento do vício em drogas e álcool e de nossos pacientes e seus familiares. Para mais informações, visite nosso site.

LOVE AND LOGIC

LOVEANDLOGIC.COM

Fundado em 1977, o Love and Logic é líder global no oferecimento de ferramentas práticas para pais, educadores e outros profissionais ao redor do mundo. Com sua filosofia baseada em pesquisas e em uma visão holística da criança, o Love and Logic Institute se dedica a transformar o ensino e a educação parental em uma tarefa divertida e recompensadora, em vez de estressante e caótica. Disponibilizamos ferramentas e técnicas práticas que ajudam os adultos a construir relacionamentos saudáveis e respeitosos com seus filhos. Todo o nosso trabalho é baseado em filosofias da educação e estratégias parentais validadas pela psicologia denominada Love and Logic (abordagem Amor e Lógica).

BRAINMD

BRAINMD.COM

Desde 2010, a BrainMD oferece suplementos e alimentos funcionais de alta qualidade, voltados para a saúde do cérebro e comprovados cientificamente, bem como uma ampla variedade de conteúdos educativos sobre a saúde do cérebro, como livros, vídeos, música e muito mais.

UNIVERSIDADE AMEN

AMENUNIVERSITY.COM

Em 2014, o Dr. Amen fundou a Universidade Amen, que oferece cursos sobre neurociência prática, que incluem tópicos de saúde geral do cérebro, TDAH, ansiedade, depressão, memória, trauma emocional, lesões cerebrais, desenvolvimento de cérebros saudáveis em crianças e adolescentes, autismo, insônia e felicidade. A Universidade Amen também oferece cursos com certificado em saúde do cérebro para profissionais da área médica e de saúde mental, bem como para técnicos e treinadores esportivos. Até o momento, já certificamos técnicos em saúde do cérebro em 56 países.

Notas

INTRODUÇÃO

1. Diana Baumrind, "Effects of Authoritative Parental Control on Child Behavior", *Child Development 37*, n. 4 (dezembro de 1966): 887-907. Disponível em: https://www.jstor.org/stable/1126611.

CAPÍTULO 1

1. Daniel G. Amen, *Transforme seu cérebro, transforme sua vida*. São Paulo: Mercuryo Jovem, 2000.
2. Daniel G. Amen, *Transforme seu cérebro, transforme sua vida*. São Paulo: Mercuryo Jovem, 2000.
3. Jonathan Day et al., "Influence of Paternal Preconception Exposures on Their Offspring: Through Epigenetics to Phenotype", *American Journal of Stem Cells 5*, n. 1 (15 de maio de 2016): 11-18. Disponível em: https://www.ncbi.nlm.nih.gov/pmc/articles/PMC4913293/.
4. Esses princípios foram introduzidos em: Daniel G. Amen, *Making a Good Brain Great* (New York: Harmony, 2005) e Amen, *Transforme seu cérebro, transforme sua vida*, cap. 1.
5. Esses princípios foram introduzidos em: Daniel G. Amen, *Memory Rescue* (Carol Stream, IL: Tyndale, 2017).
6. Wanze Xie et al., "Chronic Inflammation Is Associated with Neural Responses to Faces in Bangladeshi Children", *NeuroImage 202* (15 de novembro de 2019): 116110. Disponível em: https://www.sciencedirect.com/science/article/pii/S1053811919307013.
7. Virginia A. Rauh e Amy E. Margolis, "Research Review: Environmental Exposures, Neurodevelopment, and Child Mental Health — New Paradigms for the Study of Brain and Behavioral Effects", *Journal of Child Psychology and Psychiatry 57*, n. 7 (14 de março de 2016): 775-793. Disponível em: https://acamh.onlinelibrary.wiley.com/doi/full/10.1111/jcpp.12537.
8. "Mental Health by the Numbers", *National Alliance on Mental Illness (NAMI)*, última atualização em junho de 2022. Disponível em: https://nami.org/mhstats.
9. Marco Colizzi, Antonio Lasalvia e Mirella Ruggeri, "Prevention and Early Intervention in Youth Mental Health: Is It Time for a Multidisciplinary and Trans-diagnostic Model for Care?", *International Journal of Mental Health Systems 14* (24 de março de 2020): 23. Disponível em: https://ijmhs.biomedcentral.com/articles/10.1186/s13033-020-00356-9.
10. Sarah L. O'Dor et al., "A Survey of Demographics, Symptom Course, Family History, and Barriers to Treatment in Children with Pediatric Acute-Onset Neuropsychiatric

Disorders and Pediatric Autoimmune Neuropsychiatric Disorder Associated with Streptococcal Infections", *Journal of Child and Adolescent Psychopharmacology 32*, n. 9 (novembro de 2022): 476487. Disponível em: https://pubmed.ncbi.nlm.nih.gov/36383096/.

11. Institute of Medicine, "Extent and Health Consequences of Chronic Sleep Loss and Sleep Disorders", in *Sleep Disorders and Sleep Deprivation: An Unmet Public Health Problem*, ed. Harvey R. Colten e Bruce M. Altevogt (Washington, DC: National Academies Press, 2006), cap. 3. Disponível em: https://www.ncbi.nlm.nih.gov/books/NBK19961/.

    Jamie Cassoff, Sabrina T. Wiebe e Reut Gruber, "Sleep Patterns and the Risk for ADHD: A Review", *Nature and Science of Sleep*, n. 4 (29 de maio de 2012), 73-80. Disponível em: https://www.ncbi.nlm.nih.gov/pmc/articles/PMC3630973/.

12. Adam Winsler et al., "Sleepless in Fairfax: The Difference One More Hour of Sleep Can Make for Teen Hopelessness, Suicidal Ideation, and Substance Use", *Journal of Youth and Adolescence 44*, n. 2 (fevereiro de 2015): 362-378. Disponível em: https://pubmed.ncbi.nlm.nih.gov/25178930/.
13. Jesus Pujol et al., "Breakdown in the Brain Network Subserving Moral Judgment in Criminal Psychopathy", *Social Cognitive and Affective Neuroscience 7*, n. 8 (novembro de 2012): 917923. Disponível em: https://pubmed.ncbi.nlm.nih.gov/22037688/.

    Lena Hofhansel et al., "Morphology of the Criminal Brain: Gray Matter Reductions Are Linked to Antisocial Behavior in Offenders", *Brain Structure and Function 225*, n. 7 (setembro de 2020): 2017-2028. Disponível em: https://pubmed.ncbi.nlm.nih.gov/32591929/.

CAPÍTULO 2

1. United States Census Bureau, "Census Bureau Releases New Estimates on America's Families and Living Arrangements", press release n. CB22-TPS. 99, 17 de novembro de 2022. Disponível em: https://www.census.gov/newsroom/press-releases/2022/americas-families-and-living-arrangements.html.
2. Keita Umejima et al., "Paper Notebooks vs. Mobile Devices: Brain Activation Differences during Memory Retrieval", *Frontiers in Behavioral Neuroscience 15* (19 de março de 2021). Disponível em: https://www.frontiersin.org/articles/10.3389/fnbeh.2021.634158/full.
3. Gail Matthews, "Goals Research Summary" (apresentação, Ninth Annual International Conference on Psychology, Athens Institute for Education and Research, Atenas, Grécia, 25-28 de maio de 2015), Dominican University of California. Disponível em: https://www.dominican.edu/sites/default/files/2020-02/gailmatthews-harvard-goals-researchsummary.pdf.
4. Por exemplo, Daniel G. Amen, *Transforme seu cérebro, transforme sua vida*. São Paulo: Mercuryo Jovem, 2000.

CAPÍTULO 3

1. Diana Baumrind, "Effects of Authoritative Parental Control on Child Behavior", *Child Development 37*, n. 4 (dezembro de 1966): 887-907. Disponível em: https://www.jstor.org/stable/1126611.

Diana Baumrind, "Authoritarian vs. Authoritative Parental Control", *Adolescence 3*, n. 11 (1968): 255-272.

Diana Baumrind, "Current Patterns of Parental Authority", *Developmental Psychology 4*, n. 1, parte 2 (1971): 1-103. Disponível em: https://psycnet.apa.org/record/1971-07956-001.

Diana Baumrind, "Rearing Competent Children", in *Child Development Today and Tomorrow*, ed. William Damon (San Francisco: Jossey-Bass, 1989), 349-378.

Diana Baumrind, "The Influence of Parenting Style on Adolescent Competence and Substance Abuse", *Journal of Early Adolescence 11*, n. 1 (1991): 56-95. Disponível em: https://psycnet.apa.org/record/1991-18089-001.

Christopher Spera, "A Review of the Relationship among Parenting Practices, Parenting Styles, and Adolescent School Achievement", *Educational Psychology Review 17*, n. 2 (2005), 125-146. Disponível em: https://psycnet.apa.org/record/2005-07205-002.

Sofie Kuppens e Eva Ceulemans, "Parenting Styles: A Closer Look at a Well-Known Concept", *Journal of Child and Family Studies 28*, n. 1 (2019): 168-181. Disponível em: https://pubmed.ncbi.nlm.nih.gov/30679898/.

2. Jim Fay, *Helicopters, Drill Sergeants, and Consultants: Parenting Styles and the Messages They Send* (Golden, CO: Cline/Fay Institute, 1986), fita cassete.

   Foster Cline e Jim Fay, *Parenting with Love and Logic: Teaching Children Responsibility* (Colorado Springs, CO: Piñon Press, 1990), 23-25.

   Jim Fay e David Funk, *Teaching with Love and Logic: Taking Control of the Classroom* (Golden, CO: Love and Logic Press, 1995), 22-25.

3. Robert I. Sutton, *The No Asshole Rule: Building a Civilized Workplace and Surviving One That Isn't* (New York: Warner Business Books, 2007).
4. Jim Fay e Charles Fay, *Teaching with Love and Logic: Taking Control of the Classroom*, ed. rev. (Golden, CO: Love and Logic Institute, 2016), 19-28.
5. Jim Fay, *Helicopters, Drill Sergeants, and Consultants: Parenting Styles and the Messages They Send* (Golden, CO: Cline/Fay Institute, 1986), fita cassete.

   Foster Cline e Jim Fay, *Parenting with Love and Logic: Teaching Children Responsibility* (Colorado Springs, CO: Piñon Press, 1990), 23-25.

   Jim Fay e David Funk, *Teaching with Love and Logic: Taking Control of the Classroom* (Golden, CO: Love and Logic Press, 1995), 22-25.

6. Donald Meichenbaum, *Stress Inoculation Training* (New York: Pergamon Press, 1985).
7. Qutaiba Agbaria, Fayez Mahamid e Guido Veronese, "The Association between Attachment Patterns and Parenting Styles with Emotion Regulation among Palestinian Preschoolers", *SAGE Open 11*, n. 1 (10 de fevereiro de 2021). Disponível em: https://journals.sagepub.com/doi/10.1177/2158244021989624.
8. Analisa Arroyo e Chris Segrin, "Family Interactions and Disordered Eating Attitudes: The Mediating Roles of Social Competence and Psychological Distress", *Communication Monographs 80*, n. 4 (17 de setembro 2013): 399-424. Disponível em: https://www.tandfonline.com/doi/abs/10.1080/03637751.2013.828158.
9. Agbaria, Mahamid e Veronese, "Association between Attachment Patterns and Parenting Styles".

CAPÍTULO 4

1. National Research Council and Institute of Medicine, *Preventing Mental, Emotional, and Behavioral Disorders among Young People: Progress and Possibilities* (Washington, DC: National Academies Press, 2009). Disponível em: https://www.ncbi.nlm.nih.gov/books/NBK32775/.

2. J. Silk e D. Romero, "The Role of Parents and Families in Teen Pregnancy Prevention: An Analysis of Programs and Policies", *Journal of Family Issues 35* (10: 2014): 1339-1362. Disponível em: https://doi.org/10.1177/0192513X13481330.

3. Mary D. Salter Ainsworth et al., *Patterns of Attachment: A Psychological Study of the Strange Situation* (New York: Psychology Press, 2015).

   John Bowlby, *Attachment* (New York: Basic Books, 1969).

   Foster W. Cline, *Conscienceless Acts Societal Mayhem: Uncontrollable, Unreachable Youth and Today's Desensitized World* (Golden, CO: Love and Logic Press, 1995), 51-55.

4. Tyler Schmall, "Most Parents Think Their Kids Avoid Talking to Them", *New York Post*, 7 de setembro de 2018. Disponível em: https://nypost.com/2018/09/07/most-parents-think-their-kids-avoid-talking-to-them/.

5. Esse conceito foi introduzido em: Daniel G. Amen, *Transforme seu cérebro, transforme sua vida*. São Paulo: Mercuryo Jovem, 2000.

6. Jim Fay, *Helicopters, Drill Sergeants, and Consultants: Parenting Styles and the Messages They Send* (Golden, CO: Cline/Fay Institute, 1986), fita cassete.

   Jim Fay, *Four Steps to Responsibility* (Golden, CO: Cline/Fay Institute, 1986), fita cassete.

   Foster Cline e Jim Fay, *Parenting with Love and Logic: Teaching Children Responsibility* (Colorado Springs, CO: Piñon Press, 1990), 96-111.

   Foster Cline e Jim Fay, *Parenting Teens with Love and Logic: Preparing Adolescents for Responsible Adulthood* (Colorado Springs, CO: Piñon Press, 1992), 39.

7. Sabrina Suffren et al., "Prefrontal Cortex and Amygdala Anatomy in Youth with Persistent Levels of Harsh Parenting Practices and Subclinical Anxiety Symptoms over Time during Childhood", *Development and Psychopathology 34*, n. 3 (agosto de 2022): 957-968. Disponível em: https://pubmed.ncbi.nlm.nih.gov/33745487/.

   University of Montreal, "Does 'Harsh Parenting' Lead to Smaller Brains?" *ScienceDaily*, 22 de março de 2021. Disponível em: https://www.sciencedaily.com/releases/2021/03/210322085502.htm.

8. Kun Meng et al., "Effects of Parental Empathy and Emotion Regulation on Social Competence and Emotional/Behavioral Problems of School-Age Children", *Pediatric Investigation 4*, n. 2 (junho de 2020): 91-98. Disponível em: https://mednexus.org/doi/full/10.1002/ped4.12197.

9. Jean Decety e Meghan Meyer, "From Emotion Resonance to Empathic Understanding: A Social Developmental Neuroscience Account", *Development and Psychopathology 20*, n. 4 (outono de 2008): 1053-1080. Disponível em: https://pubmed.ncbi.nlm.nih.gov/18838031/.

10. Kamila Jankowiak-Siuda, Krystyna Rymarczyk e Anna Grabowska, "How We Empathize with Others: A Neurobiological Perspective", *Medical Science Monitor 17*, n. 1 (2011): RA18-RA24. Disponível em: https://www.ncbi.nlm.nih.gov/pmc/articles/PMC3524680/.

11. Daniel G. Amen, *Feel Better Fast and Make It Last* (Carol Stream, IL: Tyndale, 2018), 135-136.

12. Esses princípios são introduzidos em: Amen, *Feel Better Fast and Make It Last,* 132-133.

13. Daniel G. Amen, *Transforme seu cérebro, transforme sua vida*. São Paulo: Mercuryo Jovem, 2000.

14. Fay, *Four Steps to Responsibility.*

    Cline e Fay, *Parenting Teens with Love and Logic*, 139-140.

CAPÍTULO 5

1. Rafaela Costa Martins et al., "Effects of Parenting Interventions on Child and Caregiver Cortisol Levels: Systematic Review and Meta-analysis", *BMC Psychiatry 20* (2020): 370. Disponível em: https://bmcpsychiatry.biomedcentral.com/articles/10.1186/s12888-020-02777-9.

2. Diana Baumrind, "Effects of Authoritative Parental Control on Child Behavior", *Child Development 37*, n. 4 (dezembro de 1966): 887-907. Disponível em: https://www.jstor.org/stable/1126611.

3. Matthew T. Birnie e Tallie Z. Baram, "Principles of Emotional Brain Circuit Maturation", *Science 376*, n. 6597 (2 de junho de 2022): 1055-1056. Disponível em: https://www.science.org/doi/10.1126/science.abn4016.

4. Daniel G. Amen, *Healing ADD*, ed. rev. (New York: Berkley Books, 2013), 297-298.

5. B. F. Skinner, "Two Types of Conditioned Reflex: A Reply to Konorski and Miller", *Journal of General Psychology 16*, n. 1 (1937): 272-279. Disponível em: https://www.tandfonline.com/doi/abs/10.1080/00221309.1937.9917951.

6. Daniel G. Amen, *Transforme seu cérebro, transforme sua vida*. São Paulo: Mercuryo Jovem, 2000.

7. Cline e Fay, *Parenting with Love and Logic*, 60-63.

8. K. A. Cunnien, N. Martinrogers e J. T. Mortimer, "Adolescent Work Experience and Self-efficacy", *International Sociological Social Policy*, n. 29 (março/abril de 2009): 164-175. Disponível em: doi: 10.1108/01443330910947534. PMID: 19750144; PMCID: PMC2742471.

9. Jim Fay e Charles Fay, *Love and Logic Magic for Early Childhood: Practical Parenting from Birth to Six Years*, ed. rev. (Golden, CO: Love and Logic Institute, 2015), 88-92.

   Jim Fay e Charles Fay, *Early Childhood Parenting Made Fun! Creating Happy Families and Responsible Kids from Birth to Six*, kit (Golden, CO: Love and Logic Institute, 2005).

CAPÍTULO 6

1. Carl Lindberg, "The Kurt Lewin Leadership Experiments", *Leadershipahoy*, 20 de agosto de 2022. Disponível em: https://www.leadershipahoy.com/the-kurt-lewin-leadership-experiments/.

2. Joan Durrant e Ron Ensom, "Physical Punishment of Children: Lessons from 20 Years of Research", *Canadian Medical Association Journal 184*, n. 12 (4 de setembro de 2012): 1373-1377. Disponível em: https://www.cmaj.ca/content/184/12/1373.

3. Jorge Cuartas et al., "Corporal Punishment and Elevated Neural Response to Threat in Children", *Child Development 92*, n. 3 (2021): 821-832. Disponível em: https://psycnet.apa.org/record/2021-43033-001.

4. Cline e Fay, *Parenting with Love and Logic*, 197.

CAPÍTULO 7

1. Daniel G. Amen, *Transforme seu cérebro, transforme sua vida*. São Paulo: Mercuryo Jovem, 2000.
2. Daniel G. Amen, *Transforme seu cérebro, transforme sua vida*. São Paulo: Mercuryo Jovem, 2000.
3. Daniel G. Amen, *Transforme seu cérebro, transforme sua vida*. São Paulo: Mercuryo Jovem, 2000.
4. Bernard Weiner, "Attribution Theory, Achievement Motivation, and the Educational Process", *Review of Educational Research 42*, n. 2 (primavera de 1972): 203-215. Disponível em: https://journals.sagepub.com/doi/10.3102/00346543042002203.

   Carol S. Dweck, *Mindset: A nova psicologia do sucesso*. São Paulo: Objetiva, 2017.
5. John Sabini, Michael Siepmann e Julia Stein, "The Really Fundamental Attribution Error in Social Psychological Research", *Psychological Inquiry 12*, n. 1 (2001): 115. Disponível em: http://www.jstor.org/stable/1449294.
6. Howard J. Markman, Scott M. Stanley e Susan L. Blumberg, *Fighting for Your Marriage: A Deluxe Revised Edition of the Classic Best Seller for Enhancing Marriage and Preventing Divorce* (San Francisco, CA: Jossey-Bass, 2010), 50-54.
7. Tristen K. Inagaki et al., "The Neurobiology of Giving versus Receiving Support: The Role of Stress-Related and Social Reward-Related Neural Activity", *Psychosomatic Medicine 78*, n. 4 (maio de 2016): 443-453. Disponível em: https://www.ncbi.nlm.nih.gov/pmc/articles/PMC4851591/.
8. Byron Katie e Stephen Mitchell, *Loving What Is: Four Questions That Can Change Your Life* (New York: Harmony Books, 2002), 18-19.
9. Daniel G. Amen, *Transforme seu cérebro, transforme sua vida*. São Paulo: Mercuryo Jovem, 2000.

CAPÍTULO 8

1. Kenneth D. Stewart e Paul C. Bernhardt, "Comparing Millennials to Pre-1987 Students and with One Another", *North American Journal of Psychology 12*, n. 3 (2010): 579-602. Disponível em: https://psycnet.apa.org/record/2011-04684-012.
2. Simine Vazire e David C. Funder, "Impulsivity and the Self-Defeating Behavior of Narcissists", *Personality and Social Psychology Review 10*, n. 2 (2006): 154-165. Disponível em: https://journals.sagepub.com/doi/10.1207/s15327957pspr1002_4.
3. Donald Meichenbaum, *Stress Inoculation Training* (New York: Pergamon Press, 1985).

   Teri Saunders et al., "The Effect of Stress Inoculation Training on Anxiety and Performance", *Journal of Occupational Health Psychology 1*, n. 2 (abril de 1996): 170-186. Disponível em: https://psycnet.apa.org/record/1996-04478-005.

   Fahimeh Kashani et al., "Effect of Stress Inoculation Training on the Levels of Stress, Anxiety, and Depression in Cancer Patients", *Iranian Journal of Nursing and Midwifery Research 20*, n. 3 (maio-junho de 2015): 359-364. Disponível em: https://www.ncbi.nlm.nih.gov/pmc/articles/PMC4462062/.

4. Peter L. Benson, Judy Galbraith e Pamela Espeland, *What Kids Need to Succeed: Proven, Practical Ways to Raise Good Kids*, ed. rev. (Minneapolis, MN: Free Spirit Publishing, 1998).
5. Eric S. Kim et al., "Sense of Purpose in Life and Likelihood of Future Illicit Drug Use or Prescription Medication Misuse", *Psychosomatic Medicine 82*, n. 7 (1º de setembro de 2020): 715-721. Disponível em: https://europepmc.org/article/med/32697442.

   Viktor E. Frankl, *Man's Search for Meaning* (Boston: Beacon Press, 2006), 141-143.

   George Kleftaras e Irene Katsogianni, "Spirituality, Meaning in Life, and Depressive Symptomatology in Individuals with Alcohol Dependence", *Journal of Spirituality in Mental Health 14*, n. 4 (novembro de 2012): 268-288. Disponível em: https://www.researchgate.net/publication/268511923_Spirituality_Meaning_in_Life_and_Depressive_Symptomatology_in_Individuals_with_Alcohol_Dependence.
6. Patricia A. Boyle et al., "Effect of a Purpose in Life on Risk of Incident Alzheimer Disease and Mild Cognitive Impairment in Community-Dwelling Older Persons", *Archives of General Psychiatry 67*, n. 3 (março de 2010): 304-310. Disponível em: https://www.ncbi.nlm.nih.gov/pmc/articles/PMC2897172/.
7. Anthony L. Burrow e Nicolette Rainone, "How Many Likes Did I Get? Purpose Moderates Links between Positive Social Media Feedback and Self-Esteem", *Journal of Experimental Social Psychology 69* (março de 2017): 232-236. Disponível em: https://www.sciencedirect.com/science/article/abs/pii/S0022103116303377.
8. Viktor E. Frankl, *Em Busca de Sentido: Um psicólogo no campo de concentração*. 60ª edição. São Leopoldo: Sinodal; Petrópolis: Vozes, 2024.
9. Laila Kearney, "Later Retirement Linked to Lower Risk of Alzheimer's, Study Shows", *Reuters*, 15 de julho de 2013. Disponível em: https://www.reuters.com/article/us-usa-alzheimers-retirement/later-retirement-linked-to-lower-risk-of-alzheimers-study-shows-idUSBRE96F02M20130716.
10. Deanna L. Tepper, Tiffani J. Howell e Pauleen C. Bennett, "Executive Functions and Household Chores: Does Engagement in Chores Predict Children's Cognition?" *Australian Occupational Therapy Journal 69*, n. 5 (outubro de 2022): 585-598. Disponível em: https://pubmed.ncbi.nlm.nih.gov/35640882/.

    Elizabeth M. White, Mark D. DeBoer e Rebecca J. Scharf, "Associations between Household Chores and Childhood Self-Competency", *Journal of Developmental and Behavioral Pediatrics 40*, n. 3 (abril de 2019): 176-182. Disponível em: https://pubmed.ncbi.nlm.nih.gov/30507727/.
11. Walter Mischel, *The Marshmallow Test: Mastering Self-Control* (New York: Little, Brown, 2014).

CAPÍTULO 9

1. University of Warwick, "Fruit and Veggies Give You the Feel-Good Factor", *ScienceDaily*, 10 de julho de 2016. Disponível em: https://www.sciencedaily.com/releases/2016/07/160710094239.htm.

   Redzo Mujcic e Andrew J. Oswald, "Evolution of Well-Being and Happiness after Increases in Consumption of Fruit and Vegetables", *American Journal of Public Health 106*, n. 8 (1º de agosto de 2016): 1504-1510. Disponível em: https://ajph.aphapublications.org/doi/full/10.2105/AJPH.2016.303260.
2. O Dr. Amen aborda essas regras sobre comida em seus livros e palestras porque elas são a base para a saúde do cérebro em qualquer idade.

3. Matthew T. Gailliot et al., "Self-Control Relies on Glucose as a Limited Energy Source: Willpower Is More Than a Metaphor", *Journal of Personality and Social Psychology 92*, n. 2 (2007): 325-336. Disponível em: https://psycnet.apa.org/record/2007-00654-010.
4. Centers for Disease Control and Prevention (CDC), "New Research Uncovers Concerning Increases in Youth Living with Diabetes in the U.S.", press release, 24 de agosto de 2021. Disponível em: https://www.cdc.gov/media/releases/2021/p0824-youth-diabetes.html.
5. Lawrence E. Armstrong et al., "Mild Dehydration Affects Mood in Healthy Young Women", *Journal of Nutrition 142*, n. 2 (fevereiro de 2012): 382-388. Disponível em: https://www.sciencedirect.com/science/article/pii/S0022316622028899.

   Matthew S. Ganio et al., "Mild Dehydration Impairs Cognitive Performance and Mood of Men", *British Journal of Nutrition 106*, n. 10 (novembro de 2011): 1535-1543. Disponível em: https://pubmed.ncbi.nlm.nih.gov/21736786/.
6. Klaus W. Lange, "Omega-3 Fatty Acids and Mental Health", *Global Health Journal 4*, n. 1 (março de 2020): 18-30. Disponível em: https://www.sciencedirect.com/science/article/pii/S241464472030004X.
7. Daniel G. Amen e Brendan Kearney (ilustrador), *Captain Snout and the Superpower Questions* (Grand Rapids, MI: Zonderkidz, 2017).
8. László Harmat, Johanna Takács e Róbert Bódizs, "Music Improves Sleep Quality in Students", *Journal of Advanced Nursing 62*, n. 3 (maio de 2008): 327-335. Disponível em: https://pubmed.ncbi.nlm.nih.gov/18426457/.

   Tabitha Trahan et al., "The Music That Helps People Sleep and the Reasons They Believe It Works: A Mixed Methods Analysis of Online Survey Reports", *PLOS One 13*, n. 11 (14 de novembro de 2018): e0206531. Disponível em: https://www.ncbi.nlm.nih.gov/pmc/articles/PMC6235300/.
9. Institute of Medicine, *Educating the Student Body: Taking Physical Activity and Physical Education to School* (Washington, DC: National Academies Press, 2013).
10. Jaana T. Kari et al., "Childhood Physical Activity and Adulthood Earnings", *Medicine and Science in Sports and Exercise 48*, n. 7 (julho de 2016): 1340-1346, https://pubmed.ncbi.nlm.nih.gov/26871991/.
11. Francesco Recchia et al., "Comparative Effectiveness of Exercise, Antidepressants and Their Combination in Treating Non-severe Depression: A Systematic Review and Network Meta-analysis of Randomised Controlled Trials", *British Journal of Sports Medicine 56*, n. 23 (dezembro de 2022): 1375-1380, https://pubmed.ncbi.nlm.nih.gov/36113975/.
12. Ian M. McDonough et al., "The Synapse Project: Engagement in Mentally Challenging Activities Enhances Neural Efficiency", *Restorative Neurology and Neuroscience 33*, n. 6 (2015): 865-882. Disponível em: https://content.iospress.com/articles/restorative-neurology-and-neuroscience/rnn150533.
13. Daniel G. Amen, *You, Happier* (Carol Stream, IL: Tyndale, 2022), 15, 218.

CAPÍTULO 10

1. Lucas S. LaFreniere e Michelle G. Newman, "Probabilistic Learning by Positive and Negative Reinforcement in Generalized Anxiety Disorder", *Clinical Psychological Science 7*, n. 3 (2019): 502-515. Disponível em: https://journals.sagepub.com/doi/10.1177/2167702618809366.

Evgenia Stefanopoulou et al., "Are Attentional Control Resources Reduced by Worry in Generalized Anxiety Disorder?", *Journal of Abnormal Psychology 123*, n. 2 (maio de 2014): 330-335. Disponível em: https://psycnet.apa.org/fulltext/2014-22133-005.html.

Kelly Trezise e Robert A. Reeve, "Worry and Working Memory Influence Each Other Iteratively over Time", *Cognition and Emotion 30*, n. 2 (2016): 353-368. Disponível em: https://www.tandfonline.com/doi/abs/10.1080/02699931.2014.1002755.

2. Sandra J. Llera e Michelle G. Newman, "Worry Impairs the Problem-Solving Process: Results from an Experimental Study", *Behaviour Research and Therapy 135* (dezembro de 2020): 103759. Disponível em: https://www.sciencedirect.com/science/article/abs/pii/S0005796720302138.

CAPÍTULO 11

1. David A. Sousa, *How the Brain Learns*, 4ª edição (Thousand Oaks, CA: Corwin, 2011).
2. Abraham H. Maslow, *Motivation and Personality*, 2ª edição (1954; New York: Harper and Row, 1970).
3. Gökhan Baş, Cihad Şentürk e Fatih Mehmet Ciğerci, "Homework and Academic Achievement: A Meta-analytic Review of Research", *Issues in Educational Research 27*, n. 1 (2017): 31-50. Disponível em: https://www.iier.org.au/iier27/bas.pdf.
4. Martin Pinquart, "Associations of Parenting Styles and Dimensions with Academic Achievement in Children and Adolescents: A Meta-analysis", *Educational Psychology Review 28*, n. 3 (2016): 475-493. Disponível em: https://psycnet.apa.org/record/2015-41312-001.
5. Bernard Weiner, "Attribution Theory, Achievement Motivation, and the Educational Process", *Review of Educational Research 42*, n. 2 (1972): 203-215. Disponível em: https://psycnet.apa.org/record/1973-10105-001.
6. Carol S. Dweck, *Mindset: a nova psicologia do sucesso*. São Paulo: Objetiva, 2017.

   David Scott Yeager e Carol S. Dweck, "Mindsets That Promote Resilience: When Students Believe That Personal Characteristics Can Be Developed", *Educational Psychologist 47*, n. 4 (2012): 302-314. Disponível em: https://psycnet.apa.org/record/2012-28709-004.
7. Brian A. Fallon et al., "Lyme Borreliosis and Associations with Mental Disorders and Suicidal Behavior: A Nationwide Danish Cohort Study", *American Journal of Psychiatry 178*, n. 10 (2021): 921-931. Disponível em: https://ajp.psychiatryonline.org/doi/10.1176/appi.ajp.2021.20091347.

CAPÍTULO 12

1. Dimitri A. Christakis, "The Challenges of Defining and Studying 'Digital Addiction' in Children", *JAMA 321*, n. 23 (18 de junho de 2019): 2277-2278. Disponível em: https://jamanetwork.com/journals/jama/article-abstract/2734210.

   Tim Schulz van Endert, "Addictive Use of Digital Devices in Young Children: Associations with Delay Discounting, Self-Control and Academic Performance", *PLOS One 16*, n. 6 (2021): e0253058. Disponível em: https://www.ncbi.nlm.nih.gov/pmc/articles/PMC8219150/.

Fazida Karim et al., "Social Media Use and Its Connection to Mental Health: A Systematic Review", *Cureus 12*, n. 6 (2020): e8627. Disponível em: https://www.ncbi.nlm.nih.gov/pmc/articles/PMC7364393/.

2. Associated Press em Washington, "Asiana Airlines Crash Caused by Pilot Error and Confusion, Investigators Say", *Guardian*, 24 de junho de 2014. Disponível em: https://www.theguardian.com/world/2014/jun/24/asiana-crash-san-francisco-controls-investigation-pilot.
3. Daniel G. Amen, *Your Brain Is Always Listening* (Carol Stream, IL: Tyndale, 2021), 185-186.
4. Ken C. Winters e Amelia Arria, "Adolescent Brain Development and Drugs", *Prevention Researcher 18*, n. 2 (2011): 21-24. Disponível em: https://www.ncbi.nlm.nih.gov/pmc/articles/PMC3399589/.
5. C. B. Ferster e B. F. Skinner, *Schedules of Reinforcement* (New York: Appleton-Century-Crofts,1957).
6. Irem Metin-Orta, "Fear of Missing Out, Internet Addiction and Their Relationship to Psychological Symptoms", *Addicta: The Turkish Journal on Addictions 7*, n. 1 (2020): 67-73. Disponível em: https://www.addicta.com.tr/en/fear-of-missing-out-internet-addiction-and-their-relationship-to-psychological-symptoms-13150.
7. Associated Press e Matthew Wright, "Boy, 11, Rampages through His Home Shooting His Cop Father [...]", *Daily Mail*, 7 de março de 2019. Disponível em: https://www.dailymail.co.uk/news/article-6782651/Investigators-Indiana-boy-shot-trooper-dad-video-games.html.
8. Marvin Fong, "Daniel Petric Killed Mother, Shot Father Because They Took Halo 3 Video Game, Prosecutors Say", *Plain Dealer*, Cleveland.com, 15 de dezembro de 2008. Disponível em: https://www.cleveland.com/metro/2008/12/boy_killed_mom_and_shot_dad_ov.html.

CAPÍTULO 13

1. Lydie A. Lebrun-Harris et al., "Five-Year Trends in US Children's Health and Well-Being, 2016–2020", *JAMA Pediatrics 176*, n. 7 (2022): e220056. Disponível em: https://jamanetwork.com/journals/jamapediatrics/fullarticle/2789946.
2. "Mental Health Conditions", *National Alliance on Mental Illness (NAMI)*, acessado em 31 de março de 2023. Disponível em: https://www.nami.org/about-mental-illness/mental-health-conditions.
3. Daniel G. Whitney e Mark D. Peterson, "US National and State Level Prevalence of Mental Health Disorders and Disparities of Mental Health Care Use in Children", *JAMA Pediatrics 173*, n. 4 (2019): 389-391. Disponível em: https://jamanetwork.com/journals/jamapediatrics/fullarticle/2724377.
4. Michelle V. Porche et al., "Childhood Trauma and Psychiatric Disorders as Correlates of School Dropout in a National Sample of Young Adults", *Child Development 82*, n. 3 (2011): 982-998. Disponível em: https://www.ncbi.nlm.nih.gov/pmc/articles/PMC3089672/.
5. Linda A. Teplin et al., "Psychiatric Disorders in Youth in Juvenile Detention", *Archives of General Psychiatry 59*, n. 12 (dezembro de 2002): 1133-1143. Disponível em: https://www.ncbi.nlm.nih.gov/pmc/articles/PMC2861992/.

6. Centers for Disease Control and Prevention, "U.S. Teen Girls Experiencing Increased Sadness and Violence", press release (13 de fevereiro de 2023). Disponível em: https://cdc.gov/media/relases/2023/p0213-yrbs.html.

7. "Distribution of the 10 Leading Causes of Death among Teenagers Aged 15 to 19 Years in the United States in 2019", *Statista*, 25 de outubro de 2021. Disponível em: https://www.statista.com/statistics/1017959/distribution-of-the-10-leading-causes-of-death-among-teenagers/.

8. Centers for Disease Control and Prevention, *Youth Risk Behavior Survey 2011-2021*, 66. Disponível em: https://www.cdc.gov/healthyyouth/data/yrbs/pdf/YRBS_Data-SummaryTrends_Report2023_508.pdf.

9. *Youth Risk Behavior Survey 2011-2021*, 68.

10. *Youth Risk Behavior Survey 2011-2021*, 70.

11. *Youth Risk Behavior Survey 2011–2021*, 66, 68, 70.

12. "Teen Trend Report", *High School, Stage of Life*, março de 2014. Disponível em: https://www.stageoflife.com/StageHighSchool/TeensandMentalIllness.aspx.

13. "Teen Trend Report".

14. "Teen Trend Report".

15. Ronald C. Kessler et al., "Age of Onset of Mental Disorders: A Review of Recent Literature", *Current Opinion in Psychiatry 20*, n. 4 (julho de 2007): 359-364. Disponível em: https://www.ncbi.nlm.nih.gov/pmc/articles/PMC1925038/.

16. Anika Knüppel et al., "Sugar Intake from Sweet Food and Beverages, Common Mental Disorder and Depression: Prospective Findings from the Whitehall II Study", *Scientific Reports 7* (2017): 6287. Disponível em: https://www.nature.com/articles/s41598-017-05649-7.

17. Brad J. Bushman et al., "Low Glucose Relates to Greater Aggression in Married Couples", *Proceedings of the National Academy of Sciences of the United States of America 111*, n. 17 (29 de abril de 2014): 6254-6257. Disponível em: https://pubmed.ncbi.nlm.nih.gov/24733932/.

    Sue Penckofer et al., "Does Glycemic Variability Impact Mood and Quality of Life?" *Diabetes Technology and Therapeutics 14*, n. 4 (abril de 2012): 303-310. Disponível em: https://pubmed.ncbi.nlm.nih.gov/22324383/.

18. Ashley Abramson, "Children's Mental Health Is in Crisis", *Monitor on Psychology 53*, n. 1 (1º de janeiro de 2022): 69. Disponível em: https://www.apa.org/monitor/2022/01/special-childrens-mental-health.

19. Robert F. Anda et al., "The Enduring Effects of Abuse and Related Adverse Experiences in Childhood. A Convergence of Evidence from Neurobiology and Epidemiology", *European Archives of Psychiatry and Clinical Neuroscience 256*, n. 3 (abril de 2006): 174-186. Disponível em: https://www.ncbi.nlm.nih.gov/pmc/articles/PMC3232061/.

20. Disponível em: https://cdn.who.int/media/docs/default-source/documents/child-maltreatment/ace-iq_brazilian_version.pdf?sfvrsn=a49c212c_5.

21. Martin Sack et al., "Intranasal Oxytocin Reduces Provoked Symptoms in Female Patients with Posttraumatic Stress Disorder Despite Exerting Sympathomimetic and Positive Chronotropic Effects in a Randomized Controlled Trial", *BMC Medicine 15*, n. 1 (fevereiro de 2017): 40. Disponível em: https://www.ncbi.nlm.nih.gov/pmc/articles/PMC5314583/.

    Jessie L. Frijling, "Preventing PTSD with Oxytocin: Effects of Oxytocin Administration on Fear Neurocircuitry and PTSD Symptom Development in Recently Trauma-Exposed

Individuals", *European Journal of Psychotraumatology 8*, n. 1 (11 de abril de 2017): 1302652. Disponível em: https://www.ncbi.nlm.nih.gov/pmc/articles/PMC5400019/.

David Cochran et al., "The Role of Oxytocin in Psychiatric Disorders: A Review of Biological and Therapeutic Research Findings", *Harvard Review of Psychiatry 21*, n. 5 (setembro/outubro de 2013): 219-247. Disponível em: https://journals.lww.com/hrpjournal/fulltext/2013/09000/the_role_of_oxytocin_in_psychiatric_disorders_a.1.aspx.

22. Lebrun-Harris et al., "Five-Year Trends in US Children's Health".
23. Lebrun-Harris et al., "Five-Year Trends in US Children's Health".
24. Ahsan Nazeer et al., "Obsessive-Compulsive Disorder in Children and Adolescents: Epidemiology, Diagnosis and Management", *Translational Pediatrics 9*, suplemento 1 (22 de fevereiro de 2020): S76-S93. Disponível em: https://tp.amegroups.com/article/view/31620/28326.

CAPÍTULO 14

1. American Academy of Pediatrics, "The Right Age to Potty Train", *HealthyChildren.org*, última atualização em 24 de maio de 2022. Disponível em: https://www.healthychildren.org/English/ages-stages/toddler/toilet-training/Pages/The-Right-Age-to-Toilet-Train.aspx.
2. Timothy R. Schum et al., "Sequential Acquisition of Toilet-Training Skills: A Descriptive Study of Gender and Age Differences in Normal Children", *Pediatrics 109*, n. 3 (março de 2002): E48. Disponível em: https://pubmed.ncbi.nlm.nih.gov/11875176/.
3. Richard J. Butler e Jon Heron, "The Prevalence of Infrequent Bedwetting and Nocturnal Enuresis in Childhood. A Large British Cohort", *Scandinavian Journal of Urology and Nephrology 42*, n. 3 (2008): 257-264. Disponível em: https://pubmed.ncbi.nlm.nih.gov/18432533/.
4. Srirangram Shreeram et al., "Prevalence of Enuresis and Its Association with Attention-Deficit/Hyperactivity Disorder among U.S. Children: Results from a Nationally Representative Study", *Journal of the American Academy of Child and Adolescent Psychiatry 48*, n. 1 (janeiro de 2009): 35-41. Disponível em: https://www.sciencedirect.com/science/article/abs/pii/S0890856708601689.
5. People v. Peoples, n. S090602 (Suprema Corte da Califórnia, 2016). Disponível em: https://caselaw. findlaw.com/ca-supreme-court/1725241.html.

CAPÍTULO 15

1. Lucy Bowes et al., "Sibling Bullying and Risk of Depression, Anxiety, and Self-Harm: A Prospective Cohort Study", *Pediatrics 134*, n. 4 (outubro de 2014): e1032-e1039. Disponível em: https://pubmed.ncbi.nlm.nih.gov/25201801/.

CAPÍTULO 16

1. Stephen B. Karpman, *A Game Free Life: The Definitive Book on the Drama Triangle and the Compassion Triangle by the Originator and Author* (San Francisco: Drama Triangle Publications, 2014).

2. Sally Northway Ogden, *"Words Will Never Hurt Me": Helping Kids Handle Teasing, Bullying and Putdowns* (Seattle, WA: Elton-Wolf Publishing, 2004).

3. Dan Olweus, *Bullying at School: What We Know and What We Can Do* (Malden, MA: Blackwell, 1993), 57-58.

4. Rebecca R. Winters, Jamilia J. Blake e Siqi Chen, "Bully Victimization among Children with Attention-Deficit/Hyperactivity Disorder: A Longitudinal Examination of Behavioral Phenotypes", *Journal of Emotional and Behavioral Disorders 28*, n. 2 (2020): 80-91. Disponível em: https://journals.sagepub.com/doi/10.1177/1063426618814724.

CAPÍTULO 17

1. Katherine B. Owen et al., "Sport Participation and Academic Performance in Children and Adolescents: A Systematic Review and Meta-analysis", *Medicine and Science in Sports and Exercise 54*, n. 2 (1º de fevereiro de 2022): 299-306. Disponível em: https://pubmed.ncbi.nlm.nih.gov/34559728/.

   Geneviève Piché et al., "Associations between Extracurricular Activity and Self-Regulation: A Longitudinal Study from 5 to 10 Years of Age", *American Journal of Health Promotion 30*, n. 1 (2015): e32-e40. Disponível em: https://journals.sagepub.com/doi/10.4278/ajhp.131021-QUAN-537.

2. Christopher S. Sahler e Brian D. Greenwald, "Traumatic Brain Injury in Sports: A Review", *Rehabilitation Research and Practice 2012* (9 de julho de 2012): 659652. Disponível em: https://www.hindawi.com/journals/rerp/2012/659652/.

3. "High School Athletes Playing College Sports", *RecruitLook*, 3 de agosto de 2019. Disponível em: https://recruitlook.com/what-percentage-of-high-school-athletes-play-college-sports/.

4. Eric Ortiz, "Little League Legends Who Became Big League Stars", *Stadium Talk*, 28 de outubro de 2022. Disponível em: https://www.stadiumtalk.com/s/best-mlb-players-who-played-in-little-league-baseball-world-series-8582eb74a7bb483e.

CAPÍTULO 18

1. Joseph P. Allen et al., "When Friendships Surpass Parental Relationships as Predictors of Long-Term Outcomes: Adolescent Relationship Qualities and Adult Psychosocial Functioning", *Child Development 93*, n. 3 (maio de 2022): 760-777. Disponível em:https://www.ncbi.nlm.nih.gov/pmc/articles/PMC9167890/.

   Koji Ueno, "The Effects of Friendship Networks on Adolescent Depressive Symptoms", *Social Science Research 34*, n. 3 (setembro de 2005): 484-510. Disponível em: https://www.sciencedirect.com/science/article/abs/pii/S0049089X04000419.

   G. David Batty et al., "The Aberdeen Children of the 1950s Cohort Study: Background, Methods and Follow-up Information on a New Resource for the Study of Life Course and Intergenerational Influences on Health", *Paediatric and Perinatal Epidemiology 18*, n. 3 (maio 2004): 221-239. Disponível em: https://pubmed.ncbi.nlm.nih.gov/15130162/.

   Sara Brolin Låftman e Viveca Ostberg, "The Pros and Cons of Social Relations: An Analysis of Adolescents' Health Complaints", *Social Science and Medicine 63*, n. 3 (agosto de 2006): 611-623. Disponível em: https://pubmed.ncbi.nlm.nih.gov/16603298/.

2. Robert Rosenthal e Lenore Jacobson, *Pygmalion in the Classroom: Teacher Expectation and Pupils' Intellectual Development* (New York: Holt, Rinehart and Winston, 1968).

CAPÍTULO 19

1. Andreas Bartels e Semir Zeki, "The Neural Basis of Romantic Love", *NeuroReport 11*, n. 17 (27 de novembro de 2000): 3829-3834. Disponível em: https://journals.lww.com/neuroreport/Fulltext/2000/11270/The_neural_basis_of_romantic_love.46.aspx.

CAPÍTULO 20

1. Richard A. Warshak, *Divorce Poison: How to Protect Your Family from Bad-Mouthing and Brainwashing*, ed. rev. (New York: Harper, 2010).

CAPÍTULO 21

1. Henry Cloud e John Townsend, *Boundaries: When to Say Yes, How to Say No to Take Control of Your Life*, ed. rev. (Grand Rapids, MI: Zondervan, 2017).

CAPÍTULO 22

1. J. Benjamin Hinnant et al., "Permissive Parenting, Deviant Peer Affiliations, and Delinquent Behavior in Adolescence: The Moderating Role of Sympathetic Nervous System Reactivity", *Journal of Abnormal Child Psychology 44*, n. 6 (agosto de 2016): 1071-1081. Disponível em: https://www.ncbi.nlm.nih.gov/pmc/articles/PMC4909613/.

   Karin S. Nijhof e Rutger Engels, "Parenting Styles, Coping Strategies, and the Expression of Homesickness", *Journal of Adolescence 30*, n. 5 (outubro de 2007): 709-720. Disponível em: https://onlinelibrary.wiley.com/doi/10.1016/j.adolescence.2006.11.009.

   Deborah A. Cohen e Janet Rice, "Parenting Styles, Adolescent Substance Use, and Academic Achievement", *Journal of Drug Education 27*, n. 2 (1997): 199-211. Disponível em: https://journals.sagepub.com/doi/10.2190/QPQQ-6Q1G -UF7D-5UTJ.
2. C. Knight Aldrich, *An Introduction to Dynamic Psychiatry* (New York: Blakiston Division, McGraw-Hill,1966).
3. K. Kameguchi, "Chaotic States of Generational Boundaries in Contemporary Japanese Families", in *Research on Family Resources and Needs across the World*, ed. Mario Cusinato (Milan: Edizioni Universitarie di Lettere Economia Diritto, 1996).
4. Salvador Minuchin, *Famílias: funcionamento e tratamento*. Porto Alegre: Artes Médicas, 1982.
5. Henry Cloud e John Townsend, *Boundaries: When to Say Yes, How to Say No to Take Control of Your Life*, ed. rev. (Grand Rapids, MI: Zondervan, 2017).

CAPÍTULO 23

1. Philip S. Wang et al., "Delays in Initial Treatment Contact after First Onset of a Mental Disorder", *Health Services Research 39*, n. 2 (abril de 2004): 393-415. Disponível em: https://www.ncbi.nlm.nih.gov/pmc/articles/PMC1361014/.

Outros livros de Daniel G. Amen

Change Your Brain Every Day: Simple Daily Practices to Strengthen Your Mind, Memory, Moods, Focus, Energy, Habits, and Relationships, Tyndale, 2023.

You, Happier: The 7 Neuroscience Secrets of Feeling Good Based on Your Brain Type, Tyndale, 2022.

Your Brain Is Always Listening: Tame the Hidden Dragons That Control Your Happiness, Habits, and Hang-Ups, Tyndale, 2021.

The End of Mental Illness: How Neuroscience Is Transforming Psychiatry and Helping Prevent or Reverse Mood and Anxiety Disorders, ADHD, Addictions, PTSD, Psychosis, Personality Disorders, and More, Tyndale, 2020.

Change Your Brain, Change Your Grades, BenBella, 2019.

Feel Better Fast and Make It Last: Unlock Your Brain's Healing Potential to Overcome Negativity, Anxiety, Anger, Stress, and Trauma, Tyndale, 2018.

Memory Rescue: Supercharge Your Brain, Reverse Memory Loss, and Remember What Matters Most, Tyndale, 2017.

Stones of Remembrance: Healing Scriptures for Your Mind, Body, and Soul, Tyndale, 2017.

Captain Snout and the Superpower Questions: How to Calm Anxiety and Conquer Automatic Negative Thoughts (ANTs), Zonderkidz, 2017.

The Brain Warrior's Way: Ignite Your Energy and Focus, Attack Illness and Aging, Transform Pain into Purpose, com Tana Amen, New American Library, 2016.

The Brain Warrior's Way Cookbook: Over 100 Recipes to Ignite Your Energy and Focus, Attack Illness and Aging, Transform Pain into Purpose, com Tana Amen, New American Library, 2016.

Time for Bed, Sleepyhead: The Falling Asleep Book, Zonderkidz, 2016.

Use seu cérebro para mudar sua idade, BestSeller, 2015.

Plano Daniel: 40 dias para uma vida mais saudável, Editora Vida, 2014.

Mude seu cérebro, mude seu corpo, BestSeller, 2013.

Healing ADD: The Breakthrough Program That Allows You to See and Heal the 7 Types of ADD (revisado), Berkley, 2013.

Unleash the Power of the Female Brain: Supercharging Yours for Better Health, Energy, Mood, Focus, and Sex, Harmony Books, 2013.

The Brain in Love: 12 Lessons to Enhance Your Love Life (anteriormente intitulado *Sex on the Brain*), Three Rivers Press, 2007.

Transforme seu cérebro, transforme sua vida, Mercuryo Jovem, 2000.

os de
es Fay

rget, Love and Logic Institute, 2016.

Childhood: Practical Parenting from Birth to Six Years, com
itute, 2015.

Sane, Love and Logic Institute, 2015.

From Great Life!: Unlocking the Mystery of Achievement for Your Child,*
Love and ute, 2011.

Parenting for S cess: Happy, High Achieving Kids, Love and Logic Institute, 2008.

Outros livros de Daniel G. Amen

Change Your Brain Every Day: Simple Daily Practices to Strengthen Your Mind, Memory, Moods, Focus, Energy, Habits, and Relationships, Tyndale, 2023.

You, Happier: The 7 Neuroscience Secrets of Feeling Good Based on Your Brain Type, Tyndale, 2022.

Your Brain Is Always Listening: Tame the Hidden Dragons That Control Your Happiness, Habits, and Hang-Ups, Tyndale, 2021.

The End of Mental Illness: How Neuroscience Is Transforming Psychiatry and Helping Prevent or Reverse Mood and Anxiety Disorders, ADHD, Addictions, PTSD, Psychosis, Personality Disorders, and More, Tyndale, 2020.

Change Your Brain, Change Your Grades, BenBella, 2019.

Feel Better Fast and Make It Last: Unlock Your Brain's Healing Potential to Overcome Negativity, Anxiety, Anger, Stress, and Trauma, Tyndale, 2018.

Memory Rescue: Supercharge Your Brain, Reverse Memory Loss, and Remember What Matters Most, Tyndale, 2017.

Stones of Remembrance: Healing Scriptures for Your Mind, Body, and Soul, Tyndale, 2017.

Captain Snout and the Superpower Questions: How to Calm Anxiety and Conquer Automatic Negative Thoughts (ANTs), Zonderkidz, 2017.

The Brain Warrior's Way: Ignite Your Energy and Focus, Attack Illness and Aging, Transform Pain into Purpose, com Tana Amen, New American Library, 2016.

The Brain Warrior's Way Cookbook: Over 100 Recipes to Ignite Your Energy and Focus, Attack Illness and Aging, Transform Pain into Purpose, com Tana Amen, New American Library, 2016.

Time for Bed, Sleepyhead: The Falling Asleep Book, Zonderkidz, 2016.

Use seu cérebro para mudar sua idade, BestSeller, 2015.

Plano Daniel: 40 dias para uma vida mais saudável, Editora Vida, 2014.

Mude seu cérebro, mude seu corpo, BestSeller, 2013.

Healing ADD: The Breakthrough Program That Allows You to See and Heal the 7 Types of ADD (revisado), Berkley, 2013.

Unleash the Power of the Female Brain: Supercharging Yours for Better Health, Energy, Mood, Focus, and Sex, Harmony Books, 2013.

The Brain in Love: 12 Lessons to Enhance Your Love Life (anteriormente intitulado *Sex on the Brain*), Three Rivers Press, 2007.

Transforme seu cérebro, transforme sua vida, Mercuryo Jovem, 2000.

Outros livros de Charles Fay

Bullying: When Your Child Is the Target, Love and Logic Institute, 2016.

Love and Logic Magic for Early Childhood: Practical Parenting from Birth to Six Years, com Jim Fay, Love and Logic Institute, 2015.

Stepparenting: Keeping It Sane, Love and Logic Institute, 2015.

From Bad Grades to a Great Life!: Unlocking the Mystery of Achievement for Your Child, Love and Logic Institute, 2011.

Parenting for Success: Happy, High Achieving Kids, Love and Logic Institute, 2008.